Ricardo Castañón Gómez, Ph.D.

HÁBITOS Y ACTITUDES :
Cuando la palabra hiere...

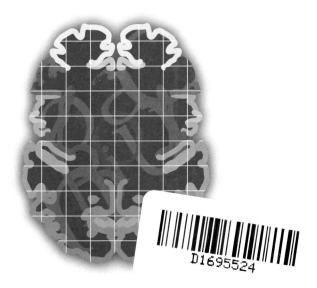

Grupo Internacional para la Paz
Medellín - Colombia
2020

2004   Dr. J. Ricardo Castañón-Gómez

Es propiedad del autor.
Quedan reservados los derechos de propiedad bajo registro.

Depósito Legal: 2-1-584-04

ISBN: 84-8370-290-8

Editado por:
"Grupo Internacional para la Paz"
México-Bolivia-Guatemala-Colombia-El Salvador

www.latiendadeldiscipulo.com

Décima sexta Edición Internacional, marzo de 2020

DISTRIBUIDORES:

Email: mabamec@gmail.com

   latiendadeldiscipulo@gmail.com

Impreso en Colombia

En Memoria de:

- Mi madre, de quien escuché las primeras palabras de amor, y cuyas últimas palabras, dulcemente nos despidieron.

- Mi padre, quien estimuló aquel esfuerzo que lleva al conocimiento y a la ciencia.

- Julio Soliz, Tomás García, Oreste Santoro y Jorge Saavedra Carrión, inolvidables amigos y maestros.

Dedicado a:

- Natty y Reynaldo, mis hermanos, con quienes comparto la unidad y el cariño que obsequia el buen diálogo.

- Miguel Brems, el maestro y sabio amigo que todos quisieran conocer y amar.

- Todos aquellos que hacen de la palabra un mensaje de amor y unidad.

- Aquellos que han aprendido el noble y necesario arte del silencio.

CONTENIDO

RECONOCIMIENTOS			9
INTRODUCCIÓN			11
PRÓLOGO DE LA DÉCIMA SEXTA EDICIÓN			15
CAPÍTULO	1	POLIGENIA Y CONDUCTA	21
	1.1.	Huella Bio-genética	22
	1.2.	Herencia y Comportamiento	24
CAPÍTULO	2	APRENDER PARA RECORDAR	31
	2.1.	Modelos mnémicos	33
	2.1.1.	Memoria explícita	34
	2.1.2.	Memoria implícita	34
	2.2.	Condicionamiento	37
	2.3.	Los tiempos de la memoria	39
CAPÍTULO	3	LA CIUDADELA CEREBRAL: Bases neurales	41
	3.1.	Las Neuronas: una población muy especial	41
	3.1.1.	Irritabilidad bioeléctrica	42
	3.1.2.	Un baño químico	43
CAPÍTULO	4	LA HORA DEL APRENDIZAJE	47
	4.1	Zonas neurales de convergencia	48
	4.2.	Potenciación	49
CAPÍTULO	5	LA FORMACIÓN DEL HÁBITO	53
	5.1.	HÁBITOS y hábitos	55
	5.2.	Formas de habituación	56
	5.3.	La habituación para Eric Kandel	57
	5.4.	Se hace camino al andar	60
	5.5.	El cuidado del hábito	62

CAPÍTULO	6	ACTITUDES: La intimidad manifiesta	65
	6.1.	Funciones	69
	6.2.	Conformación de actitudes	70
	6.2.1.	Influencia Directa e Indirecta	71
	6.2.2.	Influencia masiva	74
	6.3.	Actitud y conducta manifiesta	75
	6.4.	Intensidad y Coherencia	77
CAPÍTULO	7	ESQUEMAS MENTALES y HUELLAS NEURALES	81
	7.1.	Huellas neurales	84
	7.2.	Darwinismo neuronal	85
	7.3.	Grafos neurales: Jean-Pierre Changeux	87
	7.4.	Conexiones cerebrales: Carla J. Schatz	89
	7.5.	El Innatismo de Michael Gazzaniga	91
	7.6.	Imágenes neurales: Antonio Damasio	93
	7.7.	Aprendizaje y Conocimiento	97
	7.8.	El cerebro es testigo...	98
	7.9.	A modo de conclusión	100
CAPÍTULO	8	COGNICIÓN y LÓBULOS FRONTALES	103
	8.1.	Cognición	103
	8.2.	Lóbulos frontales	108
	8.3.	Deficiencias frontales en pruebas psicológicas	112
CAPÍTULO	9	PALABRA y LENGUAJE	115
	9.1.	¿Por qué el lenguaje?	118
	9.2.	Vínculo social	118
CAPÍTULO	10	CEREBRO Y LENGUAJE	123
	10.1.	Bases neurales	125
	10.2.	El lenguaje de los gestos	134
CAPÍTULO	11	EL IMPACTO NEURO-PSICOLÓGICO DE LA PALABRA	137
	11.1.	Percepción de la palabra	140
	11.2.	Mecanismos auditivos	142
	11.3.	Procesamiento de la palabra	143
	11.4.	La atención	145

	11.5.	Relieve instrumental psicofisiológico	149
	11.6.	Monitoreo electrónico	150
	11.6.1.	Potenciales eléctricos	151
	11.6.1.1.	Control Voluntario de la Tensión Muscular	154
	11.6.1.2.	El lenguaje de la piel: la actividad Electrodermal	155
	11.6.1.3.	Temperatura Cutánea	157
	11.6.1.4.	El Corazón Inteligente	157
CAPÍTULO	12	CUANDO LA PALABRA HIERE	161
	12.1.	Los guerreros de la palabra	175
	12.1.1.	beligerante verbal	176
	12.1.2.	Paroxístico verbal	179
	12.1.3.	Elocuente narcisista	181
	12.1.4.	El Intocable	182
	12.1.5.	El tipo delirante y su primo: el susceptible	185
	12.1.6.	El eufónico	190
	12.2	Consecuencias del agravio verbal	190
CAPÍTULO	13	LA HERIDA ES PROPORCIONAL AL VÍNCULO	193
	13.1.	Vínculos humanos	193
	13.2.	Palabra y apego	198
	13.3.	La fuerza de la palabra es proporcional al vínculo	201
	13.4.	Bioquímica del vínculo	203
	13.5.	Comprensión e interpretación	206
	13.5.1.	Asimilación	207
	13.5.2.	Elaboración	208
	13.5.3.	Respuesta	210
CAPÍTULO	14	CUANDO EL CEREBRO BUSCA EXCUSAS	213
	14.1.	¿Crees que siempre tienes la razón?	214
	14.2.	Mentirillas instantáneas del cerebro	215
CAPÍTULO	15	LA PERSUASIÓN	223
	15.1.	Reactancia o protesta del libre albedrío	228
	15.2.	Disonancia cognitiva	230

CAPÍTULO	16		EL MUNDO DELICADO Y SENSIBLE DE TUS EMOCIONES	235
		16.1.	Sensibilidad emocional	245
		16.2.	Emotividad inadaptada	247
		16.3.	Expresión y función emocional	248
CAPÍTULO	17		MODULADORES EMOCIONALES	251
		17.1.	La Amígdala	256
		17.2.	Aprendizaje emocional	261
CAPÍTULO	18		COMUNICAR ES UN ARTE	265
		18.1.	Tú eres lo que dices	266
		18.2.	Importancia de la comunicación	268
		18.3.	¿Sabes escuchar?	275
		18.4.	El monologante	277
		18.5.	Ambiente comunicativo	279
		18.6.	Repertorios comportamentales	280
		18.6.1.	Integrados	280
		18.6.2.	Dispersos	280
		18.7.	Elogio del silencio	281
CAPÍTULO	19		LA PALABRA ES VIDA	287
		19.1.	Cuando la palabra desorienta	288
		19.2.	¿Somos únicamente un puñado de neuronas?	292
		19.3.	La palabra que ilumina	297
		19.4.	Vida en la Palabra	300
ANEXO I				307
ANEXO II				309
GLOSARIO				317
BIBLIOGRAFÍA				325

RECONOCIMIENTOS

El estudio neuro-psicológico de la palabra me ha ocupado al menos veinte años. En los últimos seis, mi actividad profesional me ha permitido llegar a importantes Centros de Investigación buscando respuestas a aquellos temas que eran primordiales parala indagación. En Estados Unidos, fue el caso del Saint Joseph Hospital de Atlanta y el John's Hopkins Hospital de Baltimore; en Corea la sección neurológica del Hospital de Naju y en Bélgica la Universidad de Lieja.

Italia, Francia, España, Israel, México, Panamá, Bolivia, Argentina, Colombia, son los países donde efectué los mayores relieves poblacionales. Mis repetidas visitas a Bélgica culminaron con un estudio sobre "el impacto neuro- psicológico de la palabra" en una población universitaria de la Universidad de Lieja. La calidad de los profesores del Departamento de Lenguas Vivas y la concentración internacional de estudiantes me ayudaron a descubrir cómo cada persona, unida a su nacionalidad y cultura, reaccionaba ante estímulos similares, de manera tan específica. Constaté por ejemplo cómo la palabra soñada para un palestino era la palabra "paz" y cómo un coreano podía sentirse humillado ante un término que descalificara su deseo de rendimiento o servicio óptimo, o cómo el finlandés todo su esfuerzo para no pronunciar una palabra hiriente a un ser humano. Registré en el latinoamericano una búsqueda constante de la alegría y de la felicidad. Escuché a muchos jóvenes viviendo sugestivos momentos de su prometedor desafío terreno y a tantos ancianos para quienes las palabras más importantes se traducían en conceptos de fe, salud y familia. Es entre ellos donde más escuché la voz del silencio, reflejando a menudo su soledad y esperanzas peregrinas. Observé sus labios frecuentemente en movimiento, pronunciando palabras ininteligibles, pero con una constante mirada al cielo o a un interlocutor invisible que yo no podía divisar.

También pude compartir los resultados de mis investigaciones en la Universidad de Georgetown en Washington; College Station en Texas; Florida International Universtiy, entre otras. En Australia fue el turno del St. Joseph's College Hunters Hill de Sydney y en España me abrieron sus puertas, entre otras, la Universidad Politécnica de Madrid, San Pablo y Valladolid. Asimismo, pude enriquecerme con experiencias importantes de actualización en la Universidad de Salamanca y con un programa dedicado a la "Violencia, mente y cerebro", a cargo del "Centro Reina Sofía" de Valencia, donde pude conocer en primera persona el notable trabajo del doctor Antonio Damasio. Mucho debo al Curso de especialidad organizado por el "Consejo Nacional de Ciencia y Tecnología" en Buenos Aires, dedicado a la "Transmisión neural" con los mejores académicos latinoamericanos y de la Universidad de California.

Muchísimas personas y numerosos centros culturales y de investigación me han acogido en los distintos Continentes, y lo siguen haciendo. No podría mencionar los nombres de todos aquellos que pusieron mucho de sí para que yo cumpliera mis objetivos. Sólo puedo decirles que mi gratitud quiere ser proporcional a su bondad.

Los doctores Michael I. Posner y Marcus E. Raichle, reconocidos neurocientíficos cognitivos, con su atrevido: "L 'esprit en images" (El espíritu en imágenes), han sido una fuente de inspiración para concluir este proyecto que ya llevaba años. A todos ellos, la palabra más sencilla y significativa: ¡Gracias!

No puedo olvidar a mis pacientes esparcidos en tantos países. Contar con el privilegio de su confianza ante temas tan íntimos de su vida, significa ser depositario de sus mayores tesoros y preocupaciones; con su humildad me han transmitido la certeza sobre la bondad del hombre y la seguridad de que cuando lo desea, es capaz de cambiar y ser autor de grandes maravillas.

Cada persona que he encontrado en el mundo, ha dejado en mí una huella. A todas ellas mi gratitud, pues, de ellos es el espíritu que anima este libro.

Madrid, Primavera de 2004

INTRODUCCIÓN

El estudio científico del Comportamiento Humano empezó para mí hace algo más de tres décadas y la mayor parte de este tiempo he intentado comprender mejor la relación entre la biología, su función y el comportamiento. La tarea es fascinante porque introduce al investigador en aquellos secretos de la naturaleza que al ser revelados y aplicados a la vida diaria, pueden ayudar a utilizar mejor tan valiosos recursos.

Desde el año 1992 mi actividad profesional me ha llevado desde Bolivia a Corea, desde Bélgica a Australia, desde Estados Unidos a Egipto, visitando los 5 Continentes y deteniéndome en más de treinta naciones a fin de conversar y conocer su gente mediante investigaciones, entrevistas y conferencias.

El libro que tengo el placer de ofrecer al público, fue pensado originalmente como *"El impacto de la Palabra en el organismo"*. Mi interés radicaba en el deseo de explicar a mis lectores, cómo las palabras que decimos o escuchamos, tienen una influencia específica tanto en nuestro cerebro como en nuestro comportamiento. ¿Por qué una joven se sonroja cuando alguien le dirige una palabra provocativa y otra no? ¿Quién no ha tenido la experiencia de recibir una mala noticia y perder el apetito? Y también, ¿quién no ha querido dar saltos, abrazar a la gente, besarla, luego de recibir una buena noticia?

Era un joven apenas graduado y mi interés profesional se orientó hacia la investigación clínica en dos Universidades y en un Centro Internacional de Indagaciones psicológicas.

Un buen día, recibí el caso de una joven que me relató lo siguiente: "Yo tenía 16 años cuando fui a una fiesta bailable. Mi padre me había ordenado que regresara no más tarde de media noche. Pero como ocurre en tales circunstancias, con el entusiasmo de la reunión no me di cuenta que había traspasado mi horario en media hora. Abandoné la reunión apresuradamente y al llegar a casa encontré la autoritaria figura de mi padre que empezó a vociferar: *¿Crees tú, que por permanecer hasta más tarde en una fiesta, vas a encontrar alguien que se interese por ti? ¡Con el aspecto que tienes, ni siquiera un borracho será capaz de enamorarse de ti!"*.

"Fue muy duro lo que me dijo, mi entusiasmo se apagó. Esa noche apenas dormí, al otro día no podía levantarme, estaba totalmente desanimada, no tenía ganas de ir al colegio. Mi padre me obligó a levantarme aprovechando la ocasión para recordarme mis deberes de estudiante. Mi madre escuchaba con miedo, estaba muy sometida a mi padre y su voz no era considerada para nada. Salí de casa pero no volví más al colegio; cuando mi padre se enteró de ello semanas más tarde, no insistió y me puso a trabajar de cajera en un negocio. Tiempo más tarde, conocí a un señor mucho mayor que yo, era amable conmigo, y yo me apegué a él. Me dijo que me quería. Fui donde mi padre y le dije: *'Papá, me voy de la casa..., he encontrado un hombre que se ha enamorado de mí, tiene 58 años y es alcohólico, tú has dicho que ni un borracho se enamoraría de mí..., estabas equivocado...*"

Cuando atendí a esta joven, había transcurrido ocho años desde que abandonó su casa. Su relación no duró más de un año, pero el tiempo fue suficiente para convertirla en alcohólica. Cambió muchas parejas, siempre dentro del ámbito de los toxicodependientes, hasta que decidió iniciar un programa de rehabilitación en nuestro Centro.

Este ejemplo, y otros muy ilustrativos de la experiencia clínica, me mostraron cómo las "palabras" podían influir en la vida de una persona, y en muchos casos inclusive, determinarla. Sé que no digo una novedad, pues todo lector conoce los alcances de un mensaje verbal positivo o negativo, pero lo que sí me interesa, es demostrar cómo se declara ese "impacto" y qué consecuencias tiene desde el punto de vista neuropsicofisiológico y cognitivo.

En su actividad profesional, el psicólogo hace uso de la "palabra" como principal instrumento operativo. Por lo tanto, me parece fundamental, que todos aquellos que *hablan* en la profesión y en la vida diaria, conozcan su alcance, para así utilizarla con el cuidado y esmero que todo instrumento delicado merece, pues la palabra, mal dirigida, puede convertirse en un peligroso bisturí.

Pero la extensión de esta obra tuvo un giro dramático durante mi visita a Israel, donde algunas de sus ciudades se conocen como "Tierra Santa".

Visitaba la ciudad junto a dos amigos australianos con quienes realizo la mayor parte de mis investigaciones. Pasábamos cerca de una zona donde vimos una Sinagoga a la que muchos hombres y mujeres se dirigían. Delante de nosotros, apareció un personaje vestido de negro, con unos cabellos ondulados que colgaban cerca de sus orejas, nos miró con tanto disgusto que decidió no pasar por nuestro lado..., escupió al suelo en nuestra dirección y buscó otro camino. No entendimos esta extraña reacción, pues en nuestra conducta no hubo nada que justificara esta actitud. Inmediatamente pasó por nuestro lado un niño con su padre, y como nos obsequió su mirada con inocente expresión, le saludamos con una gentil sonrisa mientras decíamos: "¡Hi!, Shalom!" Su respuesta fue un escupitajo fuerte y certero.

Al día siguiente empecé a indagar sobre las posibles razones de esta conducta. Las personas consultadas me explicaron que era una costumbre de algunos miembros de estos grupos, mostrar su desprecio a aquellas personas que calificaban de "impías".

Dada la naturaleza humana, es comprensible que en cada país y cultura encontremos armonía y disonancia. Pero para mí éstos y otros acontecimientos me orientaron a asociar el tema de la *palabra* a otros repertorios de base conocidos como *Hábitos* y *Actitudes*, porque son los que custodian e inspiran las conductas que luego expresamos: ¿Por qué escupir o insultar a una persona en vez de ignorarla? ¿Por qué, en vez de decir una palabra conciliadora disparamos otras hasta herir lo más íntimo, incluso a aquellas personas que decimos amar? ¿Por qué prolongar en las nuevas generaciones nuestros prejuicios arcaicos? ¿Por qué nos comportamos como lo hacemos hoy?

Entonces decidí el cambio final. Hablemos del *aprendizaje*, de cómo se forman estos hábitos, por qué ciertas personas asumen ciertas actitudes y otras no. Y lo hago por estas mismas razones. No estaremos en grado de "avanzar y crecer" dentro del nuevo siglo XXI, cultivando en nosotros repertorios indeseables que sólo denuncian augurios falseados: es difícil anhelar la paz si no somos hacedores de paz; no podemos esperar que un país sea más honrado si nosotros no somos honrados. La sociedad no mejorará si continuamos educando en el rencor y en el resentimiento. Y los humanos no podremos perfeccionarnos si seguimos prestando a la anfibología verbal nuestra propia voz. No podemos ansiar un mundo mejor si nosotros no hacemos personalmente algo para ello.

Y ¿por qué la palabra? porque a través de ella manifiestas lo que tienes dentro de ti, porque son tus palabras las que "proclaman" lo que tú eres, lo que tú piensas y lo que tú sientes. Porque con tus palabras puedes amar y odiar, construir o destruir, sufrir o hacer sufrir. Finalmente, porque el mejor espejo que refleja la imagen del hombre, es su palabra.

Quisiera adelantar que a pesar de haber recorrido más de treinta países investigando temas relacionados al tema de la palabra, el lector no encontrará datos relativos a cada ciudad o país. Pese a sus diferencias, he tratado de ver los factores comunes a ciertas poblaciones y con ellos he elaborado los perfiles psicosociales correspondientes. Quisiera que el hombre se sintiera unido a otros a través de sus emociones, sentimientos, preocupaciones, ilusiones. Ya existe demasiado énfasis en las diferencias, busquemos lo que nos une con mayor intimidad. Demasiado se lastiman los pueblos con sus diferencias raciales, económicas y culturales. Mucha ilusión motivó la caída del muro de Berlín; sorpresivamente hoy se construyen otros bajo la forma de restricciones fronterizas y leyes que impiden la comunicación más fluida entre los pueblos. Los grandes foros internacionales declaran regularmente que todos los hombres somos iguales, pero la conducta manifiesta no confirma lo expresado. A pesar de ello, en cada ángulo del mundo existen hombres que acarician la esperanza de un nuevo amanecer, a ellos quiero unirme, soñando lo que también ellos sueñan: un hombre mejor, para un mundo mejor.

Creo que el mundo, vive un período muy especial. Tal vez sea el momento de buscar respuestas de conjunto que unan a los hombres, no que lo alejen. En esa ilusión, la comunicación verbal, la palabra, podrá contribuir, sobre todo si se descubre la necesidad de la "eufonía", aquella forma grata y bella de hacer uso de la palabra. Hombres eufónicos sí, prontos a responder con un lenguaje más cálido, más generoso, más constructivo.

Con este trabajo escrito para ti, espero que tus palabras que abren las puertas de tu intimidad, se conviertan en un sabio repertorio de amigable comunicación: hablas porque tienes algo que decir, callas porque en ese instante es tu mejor expresión, escuchas porque reconoces la necesidad de quien te habla. Que tu palabra afectuosa, sabia y llana, revele la riqueza de tu mente, de tu corazón y de tu espíritu.

Un mundo mejor... también depende de ti.

¡Buena lectura!

PRÓLOGO DE
LA DÉCIMA SEXTA EDICIÓN

Sí, **"Hábitos y Actitudes:** *Cuando la palabra hiere...",* está destinada a convertirse en un clásico dentro de la literatura científica y cultural. Una décima cuarta Edición, resalta claramente el interés que ha suscitado entre los lectores de decenas de países. Es una prueba muy elocuente que sus presentaciones concentren audiencias de millares de personas.

Esta publicación tuvo la habilidad de ingresar tanto a nivel nacional como internacional, en la intimidad de toda persona que *sentía dentro de sí la honesta necesidad de entender mejor aquello que su palabra era capaz de producir en su vida personal y en la de los demás.*

En un mundo arrebujado entre telones abstractos y materialistas frecuentemente confusos, era menester que se levantara una voz optimista, constructiva y sobre todo, *"eufónica",* como el mismo autor la define: positiva, dinámica, oportuna, esperanzadora, efectiva.

Nos alegra que nuestras ediciones anteriores se hubieran convertido en una certificación diáfana, capaz de ayudar a diagnosticar las debilidades humanas, para luego rescatar y permanecer con lo mejor que hay en cada persona.

Parece lejana la última semana de mayo de 2004 cuando se presentó en la ciudad de La Paz (Bolivia, país de nuestro autor), la Primera Edición de "Hábitos y Actitudes: *Cuando la palabra hiere*", suscitando un interés inusitado para un libro de contenido científico. Varios miles de personas estuvieron atentos a las conferencias que acompañaron el acontecimiento en ámbito universitario, educativo y cultural en los nueve Departamentos de esa nación hermana.

El ámbito internacional tampoco quiso prolongar la espera. Medellín, fue sede de la primera conferencia sobre el contenido de esta obra. Seguiría Pereira, Bogotá, Cali, Santa Marta, Bucaramanga, en una sucesión que llevó al autor a las mayores ciudades de este noble y culto país.

En Norteamérica, ha sido el Estado de la Florida que ha dispensado cordial bienvenida a esta importante tarea del Dr. Castañón Gómez. Abrió sus puertas la "Florida Atlantic University", permitiendo una recepción e intercambio enriquecedores. Las primeras dos conferencias establecidas para unos miles de personas, dieron lugar a seis presentaciones sucesivas y a nuevas programaciones en los Estados de Washington, Nueva Orleans, Carolina del Norte, San Francisco, Los Ángeles, San Diego y muchas ciudades más de California. Agotaría esta Edición la presentación realizada en el Broward Community College de la Florida y en otros centros de Palm Beach.

En México, la Universidad Iberoamericana en el Distrito Federal, la Universidad de Monterrey, a través de la Facultad de Psicología se unieron a nutridas presentaciones. Destacamos con gratitud la cálida acogida en el Tecnológico de Monterrey, campus Irapuato y de la Universidad Cristóbal Colón en Veracruz, Anáhuac en varias de sus sedes, particularmente en Querétaro.

Los centros de pensamiento científico, humanista y espiritual, cada vez más sensibilizados, abrían sus puertas con entusiasmo, para albergar conversaciones sobre un tema tan bien elaborado, que unía la parte neurobiológica del hombre con las mejores expresiones de su comportamiento y de su espíritu. A este caminar se unió la Universidad Latina de Panamá y la Pontificia Universidad Católica de Arecibo a través de su Rector Dr. Valentín Mercado y también la Facultad de Psicología de la Universidad Católica en Rosario-Argentina.

En el tiempo transcurrido, los editores hemos podido comprobar que la opinión pública ha confirmado la preocupación principal del autor: *una cantidad excesiva de palabras oídas y escuchadas habían herido y marcado su vida de manera profunda y determinante.* Muchos indicaban que luego de conocer el contenido del libro preguntaban a los suyos si habían sido heridos verbalmente. Las respuestas eran variadas, pero tenían un común denominador: *infinidad de palabras pronunciadas habían lastimado en muchos momentos y aún lo seguían haciendo. Extrañamente, constataban que los más zaheridos eran sus seres más queridos.* También se pudo determinar que objeto de la beligerancia verbal eran los más débiles, aquellos que no siempre podían responder de la misma manera: niños, ancianos, personas inseguras o con baja autoestima, individuos emotivos, dependientes, etc.

La autocrítica era muy honesta, este libro ayudaba a colocar el dedo en la llaga: debemos despertar de nuestro aturrullamiento, estamos abusando de la palabra y abusando del cariño de quienes nos rodean. Estamos deteriorando cotidianamente nuestras relaciones más hermosas a causa de un manejo irresponsable y distraído de nuestra capacidad verbal. No somos una patulea de homínidos vociferantes y debemos redescubrir la dignidad y respeto que merece todo vocablo pronunciado y dirigido a otra persona.

La lectura de estos apacibles capítulos, podrían ayudar a tomar conciencia de ello. Con un poco de interés podríamos cuidar su manejo, perfeccionarlo intentando convertirlo en un sabio y armónico vehículo de comunicación edificante. En el hombre enhiesto, no tomará posesión la palabra que hiere. Nadie tiene derecho de utilizar este insigne instrumento verbal para originar en otras personas huellas de dolor, suscitando, tal vez, insondables sentimientos de rencor y tristes deseos de venganza.

Con gran complacencia nos enteramos de que esta *"toma de conciencia colectiva"*, estimuló nuevas iniciativas entre nuestros lectores. Algunos profesores han convertido esta publicación en un libro de texto y consulta en distintos ambientes educativos y universitarios. Numerosos expertos en Biología y Química han asumido con entusiasmo la relación existente entre soma-psique, y viceversa. Centenares de grupos familiares han hecho de este texto una gratificante *"lectura de hogar".* En ella, los componentes de este primigenio núcleo social se reúnen para leer juntos aquellos capítulos que les permitieran analizar su propio comportamiento verbal en el seno del hogar.

También se propusieron más debates y encuentros en el entorno educativo, social y cultural, pues se comprendía que este tratado tenía un elocuente sentido pedagógico y se convertía en un material primordial *"para toda persona que habla"*.

La palabra es uno de los mayores instrumentos operativos humanos y *la tecnología moderna de neuroimagen*, como la *"Tomografía a positrón funcional" (PETf)*, favorece en la actualidad una mayor comprensión de mecanismos verbales tan novedosos que en el pasado habrían sido difíciles de imaginar. Los datos ofrecidos en este campo científico, constituyen otro de los atractivos de esta publicación.

El manejo psicológico expuesto en este trabajo ha sido tan acertado, que las propuestas teóricas y prácticas han sido altamente valoradas por quienes han tenido acceso a la lectura del libro o escuchado las conferencias. *"Este es mi caso"*, afirmaba un lector, *"y este es el mío"*, suspiraba otro... Claro, y no podía ser diversamente.

Esta investigación se ha plasmado descifrando la interioridad de las personas y analizando sus conductas observables en una extensa variedad de poblaciones nacionales e internacionales. *"Lo pensaba, pero no sabía cómo expresarlo"* -entonaban algunos lectores. Es el dato revelador del ingenio de un investigador que descubre la explicación sencilla en las experiencias comunes de los individuos, identificando a su vez las razones por las que las palabras pretéritas, todavía hoy, siguen causando dolor.

Esta obra también ha revelado su contenido esperanzador, pues logra demostrar que las palabras que dejaron huella, pueden sustituirse por repertorios nuevos y más gratificantes. *Para ello, es menester recurrir a aquellas virtudes que revisten a todo humano, pero que frecuentemente descuida: comprensión, perdón, empatía, solidaridad y sobre todo, amor:* "Perdona el hombre justo e indulgente, olvida el generoso cuyo corazón está lleno de piedad, pues está abierto a las inspiraciones del Espíritu".

Ya no somos un secreto para quien observa nuestro comportamiento y nos escucha. Las palabras son un reflejo del alma, un transmisor de aquello que anida en el corazón. Y hoy el hombre, fatigado por un mundo cada vez más exigente y anónimo, merece desarrollar sistemas de comunicación más cálidos y comprensivos. No puede olvidarse en la relación humana la voz atenta y amiga. Y justamente, por la conciencia que se despierta al valorar mejor las relaciones humanas, qué oportuno será redescubrir el *valor del silencio,* empezando a aplicarlo con mayor frecuencia, pues jamás nos arrepentiremos de la palabra precipitada e irreflexiva jamás pronunciada.

Aquí radica la importancia de la *"Eufonía",* aquel modo positivo y constructivo de hablar que ya ha empezado a imponerse entre los lectores de esta obra. Refiere uno de ellos: *"He descubierto que mi palabra fría y despiadada, puede ser sustituida por otra más piadosa, más cálida y mayormente efectiva* ¿No prueban estas palabras que cuando el hombre ve la luz, y se propone, puede cambiar y modificar su comportamiento de manera más deseable? La eufonía no cultiva palabras indeseables de rebozo.

Es precisamente esta toma de conciencia que nuestro autor quería lograr en el lector cuando transitaba por el mundo tratando de comprender cómo las palabras herían y cómo podrían volver a empezar a ser más bien expresión de respeto, amor, conocimiento, comprensión, etc. La vida no es sólo un tebeo de buenos y malos. Aunque todo ello exista, es una historia principalmente de amor, y en ella debería reflejarse lo más hermoso del corazón de los hombres y lo más rico de su mente y de su espíritu.

Sucesivas ediciones, se extendieron a lo largo de Argentina, Brasil, Venezuela, Ecuador, Perú, Chile, Honduras, Guatemala, Costa Rica, El Salvador, Nicaragua, Trinidad y Tobago, Filipinas, confirmando la validez de un texto tan científico y humano, cuyo contenido ayuda a enriquecer la vida de miles.

Nos complace constatar que esta obra, se incorpore en la intimidad del lector, permitiéndole una honesta introspección, capaz de despertar en sí mismo un profundo deseo de cambio y mejoramiento, inspirado en renovadas promesas y esperanzas que esta vez, sí, pueden traducirse en cambios personales reales y efectivos.

Que a este caminar se una cada palabra aquí escrita, pues ha sido hilvanada con conocimiento y afecto, para toda persona que busca aquel horizonte donde se abraza lo más humano del hombre con lo más espiritual.

Los Editores
La Paz, Marzo de 2020

Capítulo 1
POLIGENIA Y CONDUCTA

Refiere la fábula, que un día un alacrán quería cruzar un río, pero como no podía hacerlo, se acercó a una tortuga para pedir su ayuda. La tortuga respondió que no podía ayudarla porque siendo alacrán podría picarla y matarla en cualquier momento. Persuasivamente el alacrán argumentó que no tendría razón para hacerlo, pues, si lo hacía morirían los dos en pleno río. Convencida la tortuga cedió a la solicitud y empezaron el trayecto. Habían avanzado un buen trecho cuando el alacrán utilizando su mayor fuerza introdujo su mortal veneno contra la amigable tortuga. Ésta, herida y sorprendida, preguntó al alacrán vehementemente:

- *¿Por qué lo has hecho? Ahora moriremos los dos...*
Respondió el alacrán:
- *es que mi naturaleza es picar...*

¿Ocurre esto también en el hombre? ¿Por qué algunos son violentos y otros pacíficos?

Hace un buen tiempo transcurría unas horas con la familia de un colega en Italia cuando él comentó delante de su esposa y de sus 5 hijos (tres de ellos ya profesionales y dos todavía universitarios), que tendría necesidad de un trasplante de riñón. Todos quedaron en silencio por unos instantes, algunos lagrimearon, luego preguntaron qué decían sus médicos y qué opciones existían. El explicó que la única opción para mejorar era el trasplante. Relató todo lo que los especialistas le habían aconsejado, mostró algunos panfletos del hospital y el tema se prolongó por casi dos horas. Fue entonces que el hijo menor, de 19 años dijo valiente y generosamente: "Papá, creo que el mejor donador, al menos en principio, puede ser alguien de tu familia, así que yo me ofrezco para donarte uno de mis riñones..."

Miré la reacción de sus hermanos, todos esquivaban la mirada del padre y de la madre, ninguno de los mayores se había atrevido a ofrecerse, tampoco lo hicieron después. ¿Qué hacía que este joven fuese distinto a sus hermanos? ¿Por qué dentro de un mismo contexto familiar un hijo puede ser tan generoso y el otro menos? ¿Por qué uno se distingue por su seguridad y liderazgo y el otro por su timidez y ansiedad?

Todos sabemos que los hijos heredan muchos rasgos físicos de sus progenitores: color de piel, de ojos, cabellos, etc., y esto define claramente la importancia de la transmisión genética. Pero ¿qué sucede con el comportamiento? El admirable altruismo del Dr.Albert Schweizer ¿lo habrán heredado sus hijos?

No hay duda que el final del siglo XX ha inspirado un gran desafío al nuevo siglo, planteando muchas interrogantes sobre la relación existente entre la Genética y el Comportamiento. Antes de los grandes hallazgos genéticos de los últimos treinta años, la Psicología experimental dio muchísima importancia al rol del ambiente a través del aprendizaje y la experiencia, pero hoy, gracias a la Genética moderna (previniendo sobre cualquier exceso) y a la Biopsicología, el panorama se hace cada vez más claro comprendiendo que el hombre y sus repertorios son "integrales" y éstos no se conforman en un vacío, se consolidan gracias a la intervención de variados dinamismos propios del humano. La conducta no constituye un evento aislado, debe ser más bien vista como un beneficio de la interacción de muchas variables intervinientes, lo que nos ayuda a ponderar la importancia del crecimiento armónico y equilibrado que toda persona necesita y merece a lo largo de su vida.

1.1. HUELLA BIO-GENÉTICA:

El año 2000 marcó un hito importante en los estudios genéticos en un día muy preciso: 26 de junio. Diez años de ardua investigación permitieron revelar un perfil importante del *"Genoma humano"*, el conjunto de genes que tipifican a la especie humana. Por esta dotación es que el humano es lo que es. Como crónica citemos que Francis Crick y James Watson ganaron el premio Nobel en 1962 por sus aportes al conocimiento de la Cadena genética.

El humano cuenta con 46 cromosomas: 22 pares de autosomas y un par de cromosomas sexuales (XX en las mujeres, XY en los varones). Los genes están contenidos en filamentos bastante largos de ADN (ácido desoxirribonucleico) almacenados en el núcleo de cada célula del organismo.

El hijo hereda de la madre el cromosoma X. El genoma cumple una función primordial en el desarrollo humano desde el primer instante de su concepción, y justamente, por su importancia es que su programa también se lo conoce como *"base del ser"* o *"mapa de la vida"*, pues, su identificación permitiría conocer al hombre en su *identidad biológica* más profunda.

Para ponderar el alcance de la naturaleza, téngase en cuenta que cada célula del organismo contiene el genoma completo; la extraordinaria diferencia entre unas y otras se advierte porque en algunas células unos genes están activos y en otras no. Gracias a estos datos podrán pronosticarse enfermedades hereditarias y reconocer predisposiciones patológicas que a través de intervenciones adecuadas podrían subsanarse. Una verdadera revolución, que por cierto invita a la prudencia y al buen criterio ético, pues las especulaciones y abusos son siempre una amenaza.

En términos más explícitos los genes están conformados por ADN, moléculas que a la visión invitan a pensar en un largo rosario donde cada cuenta corresponde a una base o nucleótido que conforma el alfabeto de la vida. Según los resultados presentados por Craig Venter (2000), presidente de "Celera Genomics" y Francis Collins, director del Proyecto Genoma Humano, el número total de pares de bases sería de 3.120 millones. La altísima complejidad y maravilla genética se comprenderá mejor recordando que si extendemos el código de ADN contenido en una célula, corresponderá a la medida de un metro, lo que nos demuestra que es cien mil veces mayor que su propio diámetro. Si imaginariamente extendemos nuestro programa genético uno al lado del otro, llegaría hasta la luna y regresaría, incluso dando unas vueltas más. Ésta es la razón por la que su descripción ha impactado tanto en el mundo del saber y ha justificado también las dificultades inherentes.

Sin introducirnos en genética pura, es útil recordar que los *nucleótidos* que componen el ADN se conocen como adenina (A), guanina (G), citocina (C) y tiamina (T), moléculas muy similares compuestas fundamentalmente por carbono y nitrógeno. Según Sanpedro (2000), en la hebra de ADN se unen C - G y A - T, con los nucleótidos por dentro y los azúcares por fuera, conformando la doble hélice, la molécula de la vida. La unidad del programa es el *"Gen"* que contiene las instrucciones para hacer de una proteína una poderosa y minúscula cadena de aminoácidos con la capacidad de perfilarse en formas diferentes con propiedades físicas y químicas distintas.

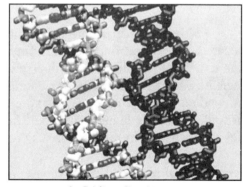

1. Código Genético

Conocer el genoma significa que al evaluar los factores que influencian la conducta, también estaremos en grado de distinguir los componentes heredados que condicionan el comportamiento. Los hijos heredan los genes de sus padres, "éstos aportan la información de las secuencias correspondientes a todas las proteínas que el organismo puede expresar, transmitiéndose esta información a través de la replicación. Así, cada gen proporcionará a las generaciones sucesivas copias de sí mismo, y en cada célula en la que se exprese, dirigirá la elaboración de la proteína específica que determinará algún aspecto de la estructura, función u otra característica biológica de la célula" (Greenspan et al., 1997, p.595-596).

2.2. HERENCIA Y COMPORTAMIENTO:

Cuando realizaba mis primeras investigaciones en Alemania a fin de detectar las posibles secuelas hereditarias del alcoholismo (Castañón-Gómez, 1981), fui comprendiendo que el alcohol creaba modificaciones en el organismo del consumidor, que en algún grado se manifestarían en el código heredado del alcohólico.

Soemberg explicaría sucesivamente (1981) que el hijo del alcohólico reaccionaría con más *sensibilidad* al consumo de alcohol que el descendiente de un no alcohólico. Hoy se otorga más importancia a la herencia y al programa genético, pero queda todavía mucho para saber con certeza cómo un gen puede predisponer una mayor sensibilidad hacia un comportamiento específico y cuál es el trazo químico y neural que imprime la huella que "sensibilizará" al descendiente. En los últimos años han sido identificados varios mecanismos que relacionan la genética con el comportamiento, arrojando mayores luces a su comprensión y sugiriendo enriquecedoras vías de investigación.

No obstante, el panorama internacional de la investigación en las últimas décadas, me ha hecho testigo de cómo aseveraciones autorizadas del pasado han tenido que rendirse o iluminarse nuevamente ante descubrimientos más recientes. Por mucho tiempo por ejemplo, se ha debatido si el humano hereda la conducta o si la adquiere por aprendizaje. Se planteaba en realidad si la prioridad venía de la naturaleza o de la crianza. John B. Watson (1930), padre del conductismo, motivado por sus profundas convicciones afirmó:

"No disponemos de ninguna prueba verdadera de que el comportamiento sea heredado y confiaría plenamente en que un bebé sano y bien formado, procedente

de una familia de ladrones, asesinos y prostitutas, pero criado con cuidado y esmero se desarrollaría normalmente. ¿Quién podría demostrar lo contrario?

... Denme una docena de niños sanos y bien formados y permítanme organizar el mundo donde criarlos y les garantizo que cualquiera de ellos al azar llegará a ser un especialista: médico, abogado, artista o comerciante, e incluso mendigo o ladrón" (pp.103-104).

Mientras este experto norteamericano y muchos de sus sucesores insistían en la preponderancia del aprendizaje, los *etólogos* (los que estudian el comportamiento animal en la naturaleza) se concentraban, principalmente en Europa, en el estudio de la conducta instintiva (aquella observada en todos los miembros de una especie). Sus resultados enfatizaban el papel de la naturaleza y de los factores heredados en la consolidación de las conductas.

El hombre es multidimensional, polifacético y a su vez unitario e integral, con una estructura biopsicofisiológica tan compleja, que no admite contracciones apriorísticas. Cuando el científico "reduce" su objeto de estudio a su propio punto de vista, pierde la visión global e integral del fenómeno y circunscribe a un microcosmos aquello que aún tiene muchísima extensión. Una conducta puede estar muy condicionada por factores genéticos y aprendidos, pero también otras variables pueden intervenir de manera incisiva a través de la nutrición, el estrés, la contaminación ambiental, etc. El resultado de nuestra conducta observable, en suma, no es fruto de factores únicos sino de un conglomerado.

Señala Kalat (2001) con mucho acierto, que cuando un biólogo habla de un "gen propio para los ojos marrones" no quiere decir que un gen produce directamente el color marrón, sino que el gen produce una proteína que, en circunstancias normales, se combina con otros productos del entorno y en ciertas condiciones ambientales, dando lugar a ese color específico. En igual forma, si escuchamos que se ha identificado un gen relacionado a una enfermedad como la esquizofrenia, debemos entender que el gen produce una proteína que bajo ciertas condiciones podría dar lugar a dicho cuadro patológico. Pero ¿qué sucede si identificando el gen, el entorno del paciente se modifica de manera gratificante, disminuyendo los elementos perturbadores que facilitarían el brote? Seguramente la probabilidad de que la enfermedad se declare en ese momento, mermaría.

El progreso realizado en los últimos años en la investigación genética ha permitido contar con nueva información proveniente de los marcadores de

ADN que permiten la elaboración de una "cartografía" genética que podrá facilitar la identificación de genes y sus consecuencias.

Hace mucho tiempo que la ceguera para los colores rojo-verde, conocida como "daltonismo" se ha relacionado a una predisposición genética, teniendo así una prueba de cómo un programa genético puede condicionar un tipo de conducta. Pero la "influencia" no siempre se tiene que declarar como ceguera, puede variar incluso la percepción de la intensidad del color, lo que se debería a variaciones puntuales en la secuencia de ADN o polimorfismos en el gen que codifica la proteína para el pigmento presente en los conos sensibles al rojo. Es decir que variaciones del aminoácido correspondiente (serina/alanina) pueden condicionar este tipo de capacidad perceptiva (Greenspan, et.al., 1997, p.601).

Un ejemplo más ilustrativo nos conducirá a una mejor comprensión de este panorama. Es muy conocida una alteración neurológica denominada fenilcetonuria (PKU). En 1934 el odontólogo noruego Asbjörn Föllig tenía dos hijos con problemas de retardo mental. En cierta oportunidad percibió, en la orina de ambos, un olor muy intenso. El análisis respectivo mostró que había una alta concentración de ácido fenilpirúvico. Estudió otros casos parecidos confirmando que esta alta tasa de ácido se relacionaba a un cuadro de retraso con síntomas de hiperactividad, irritabilidad y vómitos. Hoy se sabe que el patrón de transmisión de la fenilcetonuria se debe a una mutación en un único gen pero de amplia acción nociva.

Aunque no pretendo complicar la lectura de este texto que lo deseo de fácil acceso a toda persona, debo citar junto a Pinel (2001) que alrededor 1 de cada 100 descendientes de europeos son portadores del gen PKU, pero como este gen es recesivo, la enfermedad sólo se desarrolla en los individuos homocigóticos (o sea en aquellos que heredan un gen PKU tanto del padre como de la madre) y aquí viene el tema bioquímico fundamental: los niños homocigóticos para la PKU, carecen de la enzima fenilalanina hidroxilasa necesaria para convertir la fenilamina en tirosina. Debido a ello, la fenilalanina tiende a concentrarse en el organismo y los niveles del neurotransmisor "dopamina" (que se suele sintetizar a partir de la tirosina) disminuyen. Este neurotransmisor es muy importante en el rendimiento intelectual, por lo que la consecuencia final de todo el mecanismo, es un cerebro anormal caracterizado por retardo mental. Justamente para que se comprenda cómo además el *ambiente* puede intervenir en estos cuadros condicionados genéticamente, hoy en los hospitales se analiza con frecuencia la sangre de los recién nacidos para identificar niveles altos de fenilalanina. Si los datos confirman esta presencia, se inicia una dieta pobre en fenilalanina lo que reduce su concentración en la sangre y se ayuda a disminuir los efectos del retraso. No se han obtenido grandes logros en prevenir los daños en el lóbulo prefrontal responsable para altas tareas cognitivas, pero ciertamente se puede disminuir el impacto y posibilitar ulteriores progresos.

Una enfermedad que también está relacionada con la herencia y se conoce en extensión, es la enfermedad de Corea o Huntington, un padecimiento que se relaciona directamente con la herencia. El hijo de un progenitor que padece este cuadro tiene 50% de probabilidad de sufrir la enfermedad. Clínicamente se caracteriza por un deterioro neural con consecuente disfunción de ciertos neurotransmisores que conllevan trastornos motores, deterioro cognitivo, eventual demencia y muerte. Un seguimiento en 12 generaciones puso en evidencia su presencia constante en cada una de ellas. Las investigaciones finales han identificado el "error" en el cromosoma 4 (Greenspan, p. 604).

En el síndrome de Werner, una mutación de un gen causa el envejecimiento precoz en muchos tejidos: la persona en cuestión no ha terminado la adolescencia y el individuo observa cómo sus cabellos se hacen grises, la piel se arruga, la musculatura se deteriora, sufre de catarata a los ojos, enfermedades cardiovasculares y muchos otros síntomas propios de la vejez. Un estado así, obviamente que condiciona su conducta de manera muy elocuente (Clark y Grunstein, 2001).

Otros estudios que intentan indagar la influencia de la herencia en el comportamiento, se realizan en poblaciones conformadas por hermanos gemelos idénticos (*monocigóticos*, o sea que se han desarrollado a partir del mismo cigoto y por lo tanto son genéticamente idénticos), que por distintos motivos han sido separados de un mismo ambiente familiar.

Durante varios años dirigí en los '80 la "Psychosomatische Klinik Flammersfeld" en Alemania a la que llegaban muchos alcohólicos. Pude conocer casos donde el padre alcohólico había ofrecido en adopción uno de sus hijos gemelos idénticos. En el caso específico, el padre se quedó a vivir con el hijo que luego fue paciente de nuestra Clínica por alcoholismo crónico. El hermano fue adoptado por una pareja abstemia, pero, aunque mostraba una cierta preferencia por el alcohol, jamás llegó al alcoholismo (Castañón-Gómez, 1979).

Otros casos de entonces, hacían referencia a hijos de *abstemios* que fueron a vivir con padres adoptivos *alcohólicos*. Los hijos adoptivos, no desarrollaron el alcoholismo de los padres (adoptivos), pero sí se pudo determinar que los hijos carnales de quien los había adoptado tenían mayor tendencia a beber que sus "hermanos adoptivos".

Estos datos que por cierto no buscaban generalización alguna, nos han inspirado a proseguir investigaciones sucesivas, entendiendo que la influencia de la herencia y del ambiente no se puede comprender si delimitamos la cuestión a la abusada dicotomía: *o herencia o ambiente*. Los recursos humanos son demasiado complejos para reducirlos a un negro o blanco. Existen miles de mecanismos intermedios que gracias a modernas tecnologías aplicadas en Biología y Neurociencias se están descubriendo, por lo que hoy las investigaciones relacionadas al pensamiento y a la conciencia, por ejemplo, obligan a tomar en cuenta con mayor dedicación la calidad y formas de interacción entre el organismo, la herencia, la experiencia y aquella dimensión espiritual que palpita en el interior de todo hombre y que todavía aún, para muchos, resulta sorprendentemente desconocida.

Existen *períodos sensibles* en los que la condición genética y el ambiente afectan a las personas (embarazo, primeros años de vida del niño, por ejemplo); provocando efectos intensos en el desarrollo posterior, y otros *menos sensibles* (varios momentos de la vida adulta), donde la incidencia es menor; pero en todo, aún cuando la persona expresa una conducta muy simple, habrá llamado en causa mucho de su bagaje biopsicológico. Una madre embarazada sometida a radiaciones por ejemplo, o adicta a la marihuana o al tabaco, habrá introducido en el organismo de su hijo variables que con toda probabilidad tendrán un efecto físico ulterior. Por otra parte, experiencias intensas aprendidas en un determinado momento podrán marcar profundamente los repertorios de una persona. Un amor intenso, un shock psicológico, la pérdida de un ser querido, un reconocimiento profesional, etc.

Este detalle es importante subrayar porque así como el "grado" de participación de un aminoácido condiciona respuestas perceptivas futuras, el "grado" e "intensidad" de exposición a ciertos estímulos provenientes del ambiente, también podrán tener alguna influencia en las respuestas. Al final, nuestra conducta, sea intelectual, física, emocional, social o espiritual, es ciertamente expresión de aquello que somos como organismo y como historia personal.

Esto significa que la capacidad elemental para tomar un lápiz y escribir o el hecho de manejar el teclado de una computadora, es el producto de condiciones genéticas muy específicas enriquecidas por el aprendizaje y de millares de unidades de conducta que convergen en un cierto momento. Pero ¿por qué unos escriben con diez dedos, otros con dos o cuatro, y otros no tuvieron jamás el interés por aprender correctamente a teclear?

La unidad de conducta implica impulso, motivación, dirección, voluntad, etc... un conjunto de variables que hacen de la conducta el resultado de la interacción de un complejo mecanismo donde se une la predisposición poligénica (en cuanto no somos resultado de la acción de un solo gen) con el aprendizaje y de ello nos ocuparemos, pues también "somos" mucho de lo que aprendemos.

Capítulo 2
APRENDER PARA RECORDAR

Quienes nos dedicamos a la investigación de la conducta humana, no podemos dejar de quedarnos sorprendidos al evaluar la capacidad de *aprendizaje* que tiene nuestra especie. En sentido genérico, nos referimos a aquel *proceso que nos permite adquirir conocimientos sobre todo aquello que proviene del entorno y de nosotros mismos*. La *memoria*, o *capacidad mnémica, nos permite retener o almacenar en algún grado dicha información o conocimiento*. Gracias a la capacidad de aprender vamos conformando, sobre la base biogenética, aquellos *"repertorios"* (recursos, programas) que conservan la información y que en función de las necesidades emergentes podrán traducirse en conducta. Por ejemplo, si un niño ha aprendido por experiencia que la hornilla quema, al verlo aproximarse nuevamente a la misma de manera distraída, yo le advierto: "¡cuidado que quema!". Es muy probable entonces que su conducta se oriente a evitar la fuente que podría hacerle daño otra vez. Obviamente, el aprendizaje no garantiza que se aplique siempre el producto de la experiencia. Un niño muy osado y provocador, posiblemente tenga sus propias razones (un capricho por ejemplo) para afrontar nuevamente el dolor, aunque no es lo usual. Asimismo, un adulto bajo efectos del alcohol se podría arriesgar a conducir su coche a pesar de haberse accidentado varias veces. Pero aún conscientemente, mucho de nuestro material aprendido puede permanecer pasivo por años, hasta cuando, como en este instante te invite a recordar tus primeros juguetes de niño o el dulce rostro de tu abuela.

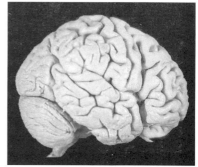

2. Cerebro Humano

La vida cotidiana muestra a cada individuo cómo el manejo del material aprendido juega un papel preponderante en nuestras vidas. Lo vemos en el caso del ingeniero que aprende a construir grandes puentes o en el neurocirujano que diestramente penetra en lo profundo del cerebro; pero qué apuro pasará la joven que llama a su actual novio con el nombre de su anterior prometido; cuántas veces se ha molestado el jefe a quien la secretaria no le ha recordado una cita muy importante... y tú ¿recuerdas todavía los nombres de los nucleótidos que componen el ADN y de los que hablamos en el capítulo anterior?

Aunque el espíritu indagador del científico ha tratado de entender en distintas épocas las cualidades mnémicas del hombre, el conocimiento más preciso de los mecanismos de la memoria es historia reciente. En los años cuarenta, Wilder Penfield, neurocirujano de Montreal, empezó una aproximación más sistemática en la comprensión de la relación neuro-cognitiva del aprendizaje.

Una población a la cual mucho debe la neuropsicología moderna está conformada por pacientes epilépticos. En distintos momentos de la búsqueda efectiva de terapias ante síntomas a veces muy dramáticos como repetidas y graves convulsiones; los neurocirujanos que trabajaban con pacientes que padecían de epilepsia focalizada en el lóbulo temporal, tuvieron que extirpar (ablación) ciertas regiones temporales además del hipocampo, lo que enseñó a conocer sus propiedades en los procesos de aprendizaje.

La Dra. Brenda Milner (1985), tuvo la oportunidad de realizar el seguimiento de muchos pacientes que operó el Dr. Penfield. El caso descrito con mayor detalle es el de un trabajador de 27 años (identificado como H.M.) víctima de graves crisis epilépticas desde sus 17. Fue sometido a la ablación de la parte media de los lóbulos temporales en ambos lados del encéfalo. Si bien las convulsiones disminuyeron notablemente, sufrió un gran deterioro en su capacidad de retención.

El repertorio post-operatorio reveló que recordaba su nombre, eventos de su infancia, ocupación, pero no estaba en grado de retener una información por tiempo prolongado. No podía recordar dónde colocaba objetos de uso habitual, leía artículos de una revista varias veces sin poder recordar que ya lo había hecho. Si le presentaban a una persona, tenían que volver a hacerlo luego de unas horas, con mayor razón al día siguiente. El olvido se verificaba en el instante en el que HM cambiaba su foco de atención. Durante su permanencia en la clínica, llamaba a la enfermera para preguntarle dónde estaba y cómo había llegado a ese recinto. Podía mencionar con exactitud la fecha de su

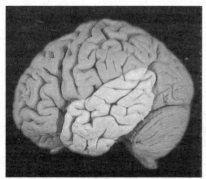

3. Lóbulo Temporal

nacimiento pero no podía indicar con precisión su edad y la manifestaba al azar.

Es difícil imaginar y comprender todas sus dificultades reales, pero su vida cotidiana tiene que haberle resultado ardua si se piensa que luego de trasladarse a una nueva residencia le tomó alrededor de un año aprender a reconocer el camino que llevaba a la misma. Afortunadamente su tragedia fue comprendida por un hogar de ancianos donde vivió resolviendo crucigramas que al ser escritos y accesibles a la consulta, le permitían comprobar sus progresos.

HM, aunque involuntaria y dramáticamente, ha ayudado a comprender el rol de los lóbulos mediotemporales y del hipocampo en la memoria.

2.1. MODELOS MNÉMICOS:

Los trabajos realizados hasta el presente, han demostrado que el aprendizaje no corresponde a un simple ordenador biopsicológico que registra sin discriminación cualquier información y tampoco está sometido a una sencilla ley de estímulo-respuesta. Los mecanismos inherentes son sumamente complejos, y muchas opiniones al respecto, consideradas fijas, se han tenido que revisar a la luz de recientes investigaciones. Por lo tanto, los modelos expuestos, no son exhaustivos, pero sí constituyen sólidos argumentos para orientar en la comprensión de esta importantísima facultad humana.

En la actualidad, para estos relieves, los biopsicólogos y los neurocientíficos no tienen que esperar como el Dr. Meynert, en la antigua Viena del s.XIX, el deceso de un paciente para poder indagar qué efectos produjo una cierta enfermedad en su cerebro. Hoy se cuenta con instrumentos sofisticados como la Tomografía de Resonancia Magnética funcional (TRMf), que permite estudiar el cerebro en vivo obteniendo imágenes muy nítidas, facilitando al neuropsicólogo cognitivo la investigación de aquellos mecanismos que se observan cuando una persona habla, escucha, aprende, se equivoca, recuerda, etc. (ver Anexo I-II).

Estos datos han revelado para empezar, que la capacidad de aprender no está sometida a una simple ley que comprenda un restringido número de mecanismos, sino que más bien implica secuencias muy sofisticadas que atañen distintas áreas de especialización en función de sus tipos de aprendizaje. Por lo mismo, una *sistematización*, si bien cuenta con fundamentos neuro-psicofisiológicos altamente comprobados, tiene un objetivo esencialmente pedagógico, lo que no significa que sean exhaustivos, pues todavía queda mucho por descubrir.

La *memoria de procedimiento* (o aprendizaje de destrezas) se desarrolla en las primeras fases de crecimiento del cerebro: un niño por ejemplo, estira los brazos, se sienta; gradualmente va aprendiendo a "reconocer" personas, objetos y muchos otros estímulos relacionados a su vida diaria. Paulatinamente va también aprendiendo algunas palabras, enriqueciendo su *memoria semántica o factual* y llama mamá a esa mujer cariñosa que lo abraza con tanto amor. De igual forma, retiene *episodios* que le permiten recordar experiencias anteriores y aplicarlas en otros momentos, como cuando sabe que su amigo le visitará y va a preparar los juguetes con los que se ocuparán un buen rato.

Progresivamente avanza hacia mayores especializaciones y las destrezas se hacen más finas, invitándonos a reconocer dos tipos de memoria esenciales en el desenvolvimiento de nuestra vida cotidiana: una *explícita* y otra *implícita*.

2.1.1. MEMORIA EXPLÍCITA:

Permite aprender sobre aquello que es el mundo, lo que significa retener información referente a personas o acontecimientos que en algún grado impliquen participación consciente. Codifica el conocimiento de hechos, nombres, rostros, cosas, etc.

Si en este momento pedimos gentilmente al lector pensar en dónde ha nacido, "ver" el rostro de sus padres, recordar su casa, las fiestas de cumpleaños, sus amistades de los primeros años de escuela: al "conocer y reconocer hechos" hace referencia a su memoria explícita. Este tipo de memoria es capaz de codificar información sobre eventos propios a su mundo y a acontecimientos contingentes y tiene la capacidad de reclamar el material aprendido por evocación simple. La dinámica de su procedimiento involucra procesos cognitivos de evaluación, comparación e inferencia.

2.1.2. MEMORIA IMPLÍCITA:

Esta facultad permite retener destrezas y hábitos que conforman repertorios muy patentes como por ejemplo: sentarse, comer, hablar, montar bicicleta, etc. Su característica consiste en el hecho de que una vez aprendidos, no requiere una constante elaboración consciente para su ejecución, se ha adquirido el hábito y la ejecución se hace bastante rutinaria y casi automática.

Quienes observan por primera vez a un piloto ocupado en las operaciones de comando para el despegue de un avión Jumbo para 300 pasajeros o más, ciertamente pensarán en lo complicado de su labor, pero para él mismo, si bien su conciencia está vigilante, la mayor parte de estos hechos "extraordinarios" son mera rutina. En todos esos casos hablamos de esa memoria automática, refleja que se manifiesta sin que tenga que intervenir fundamentalmente la conciencia.

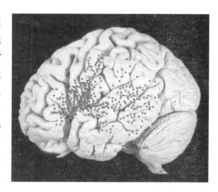

4. *Los puntos (•) indican la activación de la memoria cuando se recuerda algo.*

Tengo también una prueba personal de esta cualidad implícita. Para aprender a leer música en pentagrama tuve que hacer muchas señales en mis libros de música para que me ayudaran a *"tomar conciencia"* de la nota, duración y lugar que ocupaba en el instrumento de cuerda que me había empeñado en tocar. Al principio, mi toque era el resultado de un proceso elevado de concentración basado en conciencia y manejo motor fino. Hoy veo la nota y la sitúo en el lugar debido, sin que tome conciencia ni siquiera del nombre de la nota. La revocación es automática porque el aprendizaje ya es implícito. Cuando aplicamos métodos, reglas, normas, sistemas, o aprendemos rutinas físicas, perceptivo-motoras, estamos ante el mismo sistema de aprendizaje. Las famosas rutinas de las declinaciones en el latín o en el mismo idioma alemán que tanto pueden haber costado al principio, se vuelven de fácil revocación.

Parte de nuestro bagaje comportamental permite en la vida diaria que muchos recuerdos explícitos se conviertan en implícitos. Por ejemplo cuando el hijo más actualizado que el padre le enseña a navegar por internet; gracias a la práctica, adquiere dominio llegando a ejecutar los pasos sin tener que recordar con meticulosidad cada uno. Ha aprendido a trabajar en un sistema casi automático de secuencias.

Como veremos en el capítulo siguiente estos modelos mnémicos tienen un sólido sostén neuropsicológico. Se sabe por ejemplo que la memoria explícita compromete primordialmente actividades en el hipocampo y en el lóbulo temporal, mientras que la implícita llama en causa los ganglios basales y el cerebelo. Larry Squire (2002), de la Universidad de California, sirviéndose de instrumentos de Tomografía a Emisión de Positrones (TEP), ha demostrado que la localización de la memoria en el cerebro cambia cuando se vuelve implícita.

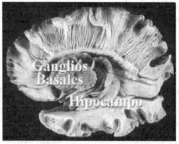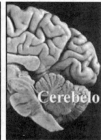

5. Ganglios Basales, Hipocampo y Cerebelo

Esta variedad de aprendizaje implícito puede producirse en *"asociación"* a otro evento o no. Por ejemplo, si ofrecemos al individuo un material que se deba aprender por simple repetición, estamos ante un aprendizaje implícito *"no asociativo"*. En este procedimiento o paradigma se sitúan dos tipos de aprendizaje muy comunes en la práctica cotidiana: la *habituación* y la *sensibilización*.

La *habituación* es la incorporación de una información que permite *disminuir* la frecuencia e intensidad de unas respuestas ante ciertos estímulos, debido a la costumbre, hábito o rutina. Una secretaria tímida puede temer la voz autoritaria del jefe, pero luego de acostumbrarse a la misma y no viendo consecuencias graves para su conducta, *se habitúa* disminuyendo sus reacciones de ansiedad, temor o estrés.

La *sensibilización* tiene más bien un cariz opuesto al mencionado. En este caso la respuesta se *fortalece* ante el impacto de un estímulo en sucesión a otro intenso e incluso nocivo. Por ejemplo, en épocas de Hitler se conoció que algunos médicos, lesionaban a algunos prisioneros judíos con objetos cortantes para sensibilizarlos al dolor punzante. Cuando estaban predispuestos a recibir el mismo castigo, tocaban su cuerpo con un cubo de hielo y reaccionaban con idéntico comportamiento doloroso.

Un estudio recientemente concluido por la doctora Tania Singer (2004) de la University College de Londres, ha demostrado que el hecho de constatar el sufrimiento de una persona querida a nosotros, estimula la activación de aquellas zonas de nuestro cerebro que intervienen cuando uno mismo sufre. Se trata de una especie de "empatía biopsicológica".

2.2. CONDICIONAMIENTO:

Los estudios del aprendizaje han puesto de manifiesto que también podemos aprender por "asociación", lo que significa que el material a aprender está expuesto a repetidos estímulos o eventos.

Este tipo de aprendizaje conocido como *"Condicionamiento"*, fue popularizado gracias a las investigaciones del famoso fisiólogo Ivan Pavlov (1927), premio Nobel en 1904 por sus estudios del sistema digestivo. La merecida propagación de sus descubrimientos no se apoyó únicamente en lo novedoso de sus resultados, sino en la ulterior comprensión de que este aprendizaje asociativo básico *es la forma en la que los organismos, incluidos los humanos, aprenden acerca de sus relaciones en el mundo* (Thompson, 2002). Y ello resulta del hecho mismo de vivir en una sociedad global conformada por eventos interactuantes que inciden en el repertorio orgánico y comportamental de todo individuo, seamos conscientes de ello o no.

Durante la elaboración de esta obra, he tratado de ser lo menos técnico posible a fin de facilitar la lectura y comprensión a toda persona, pero no siempre esto es factible justamente por la aridez propia del material que a veces se expone. En el caso del condicionamiento, hay algunos términos que conviene comprender:

Se denomina *Estímulo Incondicionado* (EI) a un estímulo que desencadena biológicamente un reflejo (tienes hambre, y te colocan en la punta de lengua un sabroso bocado). Este EI provoca una salivación, o sea una respuesta biológica que se denomina *Respuesta Incondicionada* (RI). Pero si durante varios intentos, colocamos el sabroso bocado en tu boca, emparejándolo con un sonido o una luz especial, que denominaremos *Estímulo Condicionado* (EC)..., descubrimos sorprendentemente que luego, aunque sólo escuches el sonido o veas la luz (y no el bocado sabroso), igualmente salivarás. Este reflejo se conoce como *Respuesta Condicionada* (RC). ¿Sencillo, verdad?

Naturalmente que detrás de estos breves datos hay mayor complejidad. La biopsicología moderna ha demostrado que los términos son mucho más elaborados y comprometen otros sistemas de "procesamiento neuro-psicológicos" de la información recibida, o sea que el aprendizaje no se reduce a la sola relación *estímulo-respuesta,* hay mucho más, particularmente en un humano tan rico en historia personal y social. De hecho, los mismos investigadores comprobaron muy pronto que la respuesta condicionada iba disminuyendo a medida que el estímulo condicionado se presentaba "sin" el estímulo incondicionado. Esto significa que el aprendizaje que no se asocia adecuadamente da lugar a un proceso conocido como *"extinción".* Lo mismo llevaría luego a perfilar los términos de *"reforzamiento"* comprendiendo otros mecanismos que subyacen al mantenimiento o extinción de una conducta. Cuando un padre obsequia a un hijo una caja de chocolates por sus excelentes calificaciones en la escuela, intenta recompensar y estimular una conducta que espera se siga repitiendo *(refuerzo positivo);* cuando la madre discute y regaña *(refuerzo negativo)* todos los días a la hija adolescente para que ordene su habitación, si la joven obedece, deja de regañarla, en espera de que la hija mantenga esa conducta de orden. En suma, un *reforzador* es cualquier acontecimiento que incrementa la probabilidad de que una respuesta se repita.

Aquí me permito hacer una observación a muchos psicólogos que confunden el reforzamiento negativo con el castigo (como si opusieran el reforzamiento positivo al negativo). El *"castigo" no es de ninguna manera un reforzador,* puesto que cuando se castiga se trata de reducir o extinguir una conducta: has corregido ásperamente al hijo que llegó tarde... *para que no lo vuelva a hacer...,* y él sabe que no habrá regañinas si cumple su horario; y si repruebas a tu secretaria porque no atiende bien la oficina, lo que buscas es que "aprenda a atenderla mejor".

Los primeros estudios en este campo consideraban que el aprendizaje era muy simple, a veces asociado a un premio, a un castigo o a circunstancias casuales donde se soslayaban en amplitud los recursos neuro-cognitivos, lo cual también se debía a la privación de recursos tecnológicos. Con frecuencia se consideraba que las respuestas eran *inducidas* y muy automáticas. Hoy, se habla de *conductas emitidas* sugiriendo precisamente un espacio para la *"elaboración"* de la información en algún grado. El cerebro, con sus billones de neuronas y el humano, con multitud de recursos aprendidos, trabaja en modo sinérgico de acuerdo a pocos mecanismos ya identificados y a muchos otros aún por descubrir.

En todo caso, gracias a **nuestras** distintas formas de aprendizaje, acumulamos un repertorio que luego nos permite "regular" nuestras respuestas y acomodarlas a las circunstancias. Ésta es la razón por la que tiene sentido hablar y conocer las características de estos recursos. Me interesa animar a que todos tomemos conciencia de la necesidad de aprender, pero aprender bien. Importa comprender que así como somos objeto de estímulos, también somos emisores. Se aprende a beber en exceso porque aprendemos fácilmente, pero nos es más difícil aprender a actuar con mayor solidaridad y compasión entre humanos. Una parte notable del mundo moderno siente demasiada fascinación por las luces vistosas de la moda, por la apariencia del rico, del poderoso y del atractivo, pero se siente menos seducido por el hombre paciente, piadoso o altruista. Preferiría la fama del rico y del famoso, más que el anonimato y modestia del sabio. Juzgamos más la apariencia externa que el interior de las personas. Y todo esto tiene que ver con el aprendizaje. Un motivo más para conocer mejor aquello que admitimos en nuestro cerebro, en nuestra mente y en nuestra conciencia.

2.3. LOS TIEMPOS DE LA MEMORIA:

Para que un recuerdo pueda ser evocado, la experiencia debe ser almacenada. Mientras una experiencia dura, contamos con una facultad de *"memoria a corto plazo"* que es la *memoria operativa* del cerebro y posee la capacidad de mantener una información vigente por un cierto tiempo, mas si estos datos no se trasladan a la *"memoria a largo plazo"*, se perderán. Imaginen en este momento que yo les dicto mi número telefónico en Madrid: 91 72 58 24 05, solicitándoles cumplan para mí un recado en los siguientes minutos. Amables como son, llevan a cabo el pedido. Luego de menos de una hora les pregunto cuál era mi número telefónico; será muy rara la persona que lo recuerde. Por el contrario, las fórmulas de la acetilcolina y de la dopamina, requisito para su examen de mañana, sí las recuerdan: las han repetido hasta el cansancio, las han escrito una y otra vez, les importa, están motivados.

El aprendizaje pone en evidencia cómo la información que llega a través de los sentidos está en grado de ser almacenada en términos de memoria. Los recuerdos son primordiales porque luego podrán influenciar no sólo las conductas a ejecutar, sino que también podrán asociarse a aprendizajes ulteriores. Con mucho criterio expresa Ratey (2002): "la memoria debe ser estable para que podamos aprender por medio de la acumulación de experiencias, pero debe también ser bastante flexible como para adaptarse a nuestro entorno cambiante" (p.230).

Si en este momento te pregunto ¿Quién eres? ¿Cómo eres?, "Qué haces?", Tu eventual respuesta te hará pensar mucho. Si quieres describirte por ejemplo tendrás que recurrir a la memoria del "yo" para encontrar la información que buscas. Si te pregunto en qué trabajas, seguramente llamarás en causa a las distintas destrezas profesionales que componen tu actividad de especialista. Todo esto te demuestra que *"hablas de ti porque recuerdas..."* Tu memoria reúne tu aprendizaje a la luz de tu entendimiento y tu conciencia, de aquí deriva la orientación e intención con la que organizas tu respuesta a mi pregunta ¿Quién eres?" o "Qué haces?".

La memoria se asocia frecuentemente a nuestras emociones, por ejemplo cuando en un momento de nostalgia recordamos instantes gratos de ayer y nos alejamos del mundo para abrazar nuestro pasado. A veces recordamos para animarnos a vivir o para buscar esperanza en el ayer cuando el presente quiere ocultarla. Escribía Campoamor: *"Bella será una esperanza, pero es muy dulce un recuerdo"*.

La memoria custodia mucho de nuestra intimidad, por eso vale la pena conocerla con mayor profundidad. Tal vez así recuerdes los ecos antiguos de muchos olvidos.

Capítulo 3
LA CIUDADELA CEREBRAL:
Bases neurales

El decenio anterior fue dedicado al cerebro, enfatizando la importancia no sólo de su estructura funcional en sí, sino también distinguiendo los conspicuos aportes de las Neurociencias derivantes de sofisticados conocimientos recientes provenientes de la biología, neurología, psicología, fisiología, bioquímica, física, informática, etc.

3.1. LAS NEURONAS: una población muy especial

Las conversaciones cotidianas y la difusión de libros y revistas concernientes a esta especialidad, señalan el marcado interés que tiene el público por conocer mejor los componentes y funciones del cerebro. No es un tema que se pueda agotar fácilmente, pero hay novedosos aspectos que el curioso del tema debe conocer.

La *Neurona*, es el término que designa aquella unidad biológica que usualmente se denomina *célula cerebral*. Su cantidad es relevante: 100.000.000.000 aproximadamente. En este conglomerado, naturalmente que hay una variedad de ellas, pero todas se distinguen por tener un *cuerpo celular, un axón* y gran cantidad de fibras ramificadas que reciben el apelativo de *dentritas*. Corresponde mencionar, antes de continuar, que el conocimiento de esta base fundamental de la función y or-

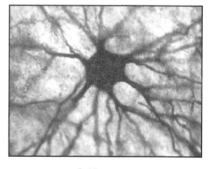

6. *Neurona*

ganización del sistema nervioso central se debe a dos eminentes investigadores: Camillo Golgi (1843-1926) y Santiago Ramón y Cajal (1852-1934). Ambos fueron galardonados con el Premio Nobel de fisiología y medicina en 1906.

En el encéfalo también existen unas células gliales que en el siglo XIX se describían como una especie de cola o pegamento nervioso. Pero Nieto

Sanpedro (2003) del Instituto Cajal de Madrid, ha llamado la atención sobre el "conjunto" formado por la neurona y su glía asociada, tan importante en su atributo de "plasticidad neural", particularmente ante cambios provenientes relacionados al aprendizaje, a la deshidratación o reparación de lesiones.

3.1.1. IRRITABILIDAD BIOELÉCTRICA:

Una de las cualidades funcionales de las neuronas, es su *irritabilidad nerviosa* que no hace de ellas unas neuronas ´furiosas´, señala únicamente que están en grado de *responder* ante aquellos estímulos que alcanzan a sus sensores. Si un estímulo llega a sus *dentritas* a través del estímulo de un axón, éstas reaccionan gracias a esa *"sensibilidad o irritabilidad nerviosa"*, así la célula enviará una pequeña señal eléctrica por su axón, que a su vez podrá conectarse con otras dentritas o cuerpos celulares de otras neuronas o con las células de músculos o glándulas prolongando la transmisión del estímulo.

El impacto y recorrido que establecen estas conexiones constituyen la base de muchas reacciones humanas. Determinas estas secuencias cuando hablas, escuchas, corres, amas, discutes, peleas, etc. Una neurona puede recibir y responder a numerosos estímulos de manera altamente especializada. Los investigadores pueden estudiar estos *"disparos"* o reacciones colocando diminutos electrodos próximos al cuerpo celular.

En un organismo tan complejo como el humano, es difícil imaginar la miríada de "disparos" que se producen en un solo minuto. Las neuronas son regularmente estimuladas por grandes cantidades de células nerviosas que llegan a conectarse con sus dentritas o cuerpo celular. Se comprenderá alguna de sus propiedades si decimos que algunas conexiones establecidas *tienden a aumentar la probabilidad de que la célula "objeto" dispare,* por lo que esa conexión se denomina *excitatoria*. Contrariamente, *otras disminuirán la probabilidad de ese disparo,* y se conocen como *inhibitorias*. Aquí puede verse por qué a veces se reacciona o no ante ciertos eventos, depende de los tipos de estímulo que el organismo registra. Nieto Sanpedro (2003) afirma que una neurona típica del Sistema Nervioso Central (SNC), recibe decenas de miles de contactos sinápticos, pero enfatiza que las de Purkinje del cerebelo pueden llegar a recibir hasta 200.000 (p. 11).

Aunque no percibimos obviamente cada uno de estos disparos, en circunstancias especiales reconocemos su espectro bioeléctrico en nuestro organismo: un escalofrío ante una sombra que repentinamente divisas en tu propia habitación cuando pensabas estar sola; o más simplemente cuando te vistes con una prenda de lana o incluso cierras la puerta de tu coche. Los novedosos aportes del "Biofeedback" o "Bio-retroalimentación" ayudaron a los psicólogos clínicos y a los psicofisiólogos a identificar de manera amplificada estas señales bioeléctricas. Pero ya antes Carton (1875), descubriendo la actividad eléctrica del cerebro; M.Ch. Fere (1888) identificando una corriente eléctrica débil en la piel que denominó Resistencia cutánea, y particularmente Berger (1924-25), poniendo a punto el Electroencefalograma (EEG), ofrecieron al investigador moderno las bases para mayores progresos en este campo del conocimiento. (Castañón-Gómez, R., 1991).

Los estudios pioneros de Bárbara Brown (1975) fueron muy novedosos. Ella, colocando unos electrodos en distintos lugares del cráneo de un voluntario, incluso de la piel, conectados a un pequeño y sensible tren eléctrico, estaba en grado de inducir un movimiento del artefacto justamente gracias a los niveles de actividad bioeléctrica que se registraba en la piel. Los valiosos datos provenientes de un electroencefalógrafo, electromiógrafo o psicogalvanómetro, derivan precisamente de esta irritabilidad eléctrica propia del organismo. Hoy los avances se han ampliado incluso a la cibernética e inteligencia artificial.

3.1.2. UN BAÑO QUÍMICO:

Las mayores conquistas en el conocimiento más detallado del cerebro se han efectuado de manera especial en el siglo XX. Algunos investigadores en sus minuciosos estudios pudieron determinar que en la comunicación neural, el axón se conecta con las dentritas o con los cuerpos de las células diana (aquellas que se impactan).

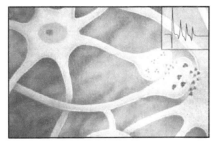

7. *Sinapsis*

Sir Charles Scott Sherrington (1852-1952) identificó *que donde las neuronas establecen la conexión, existe un pequeño espacio o brecha* que denominó *sinapsis* y son los sitios donde una neurona transmite el mensaje o impulso nervioso a otra neurona. El descubrimiento de un lugar para los «contactos sinápticos» despertó una curiosidad muy original: Si el potencial eléctrico que recorría el axón no podía "saltar" esa brecha. ¿Cómo se resolvía este paso?

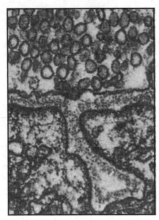

8. Vesículas

El axón cuenta con una diminuta estación *"presináptica"* de alta resolución donde se encuentran unas pequeñas *"vesículas"* que contienen moléculas químicas superespecializadas. Son éstas las que tienen la función de precipitarse hacia la brecha logrando, si se dan todas las condiciones para ello, el objetivo: transmitir el estímulo a los *"receptores"* pertinentes situados al otro lado de la brecha en sedes *"post-sinápticas"*.

La transmisión bioeléctrica se da por el flujo de la corriente desde la neurona presináptica a la postsináptica a través de canales específicos que conectan los citoplasmas de las dos células. Los canales son sensibles o permeables a las moléculas pequeñas e inclusive a algún otro segundo mensajero. En la sinapsis eléctrica la hendidura es pequeña y la corriente proveniente de la neurona presináptica pasa directamente hacia la célula objeto postsináptica, merced a la presencia de los canales de unión especializados que se conocen como *canales de unión íntima*. Cuando, en cambio, la interacción implica una sinapsis química, la hendidura es mayor y no cuenta con canales íntimos. El mecanismo declara entonces otro tipo de función por la cual el cambio en el potencial de membrana en la célula presináptica, estimula la liberación de las vesículas donde están depositados los *neurotransmisores químicos*. Una sola vesícula de uno de los transmisores con bastante responsabilidad en la actividad mnémica, la *acetilcolina*, puede contener alrededor de 5000 moléculas. El *neurotransmisor* interactúa con las moléculas del receptor postsináptico abriendo las vías especializadas a través de los cuales pasa la corriente. Este tipo de contacto eléctrico conforma el modo más veloz de comunicación entre las células neurales. En la vida cotidiana, rara vez se piensa en el mecanismo complejo que subyace por ejemplo a una conducta de pánico y fuga donde todos estos mecanismos deben alcanzar un umbral colectivo y permitir el comportamiento pertinente. Velocidad y sincronización precisa, son condiciones para ese tipo de sinapsis.

Los complejos mecanismos de intercambio químico-eléctrico han revelado que la cantidad de transmisores liberados desde una neurona no es fijo, más bien depende de las características de los modeladores intrínsecos o extrínsecos (Kandel, 1997). Y esto puede entenderse fácilmente porque aprender un nombre, seguramente creará mecanismos de acción distintos al empeño que un estudiante pueda tener al aprender a resolver un complicado problema matemático.

En los procesos de transmisión sináptica química los mecanismos son más complejos por lo que la velocidad se hace más lenta. En principio, la neurona presináptica debe liberar el neurotransmisor que se extenderá por la hendidura sináptica para unirse sucesivamente a los receptores postsinápticos de la otra célula. Aquí ocurre una elaboración selectiva o discriminatoria bastante importante porque es el *receptor* que "interpretará" si la respuesta será inhibitoria o excitatoria. La transmisión química es altamente efectiva, pues un sólo potencial de acción libera grandes cantidades de neurotransmisores permitiendo así que las señales que van de una neurona a otra se amplifiquen en gran medida. Según Kandel (1997), los canales activados por transmisores y por voltaje están genéticamente codificados por familias genéticas distintas, por eso su fina y precisa respuesta, que obviamente también puede alterarse por factores exógenos: contaminación, rayos X, laser, drogas, etc. Una enfermedad altamente conocida precisamente por sus efectos sobre la sinapsis química es la *miastenia gravis* que afecta las neuronas motoras y el músculo.

La interacción celular es posible a causa de los cambios veloces que se registran en el potencial eléctrico a través de la membrana de la célula nerviosa. Estas variaciones son factibles merced a los canales iónicos, "una clase de proteínas integrales que atraviesan la membrana celular y que se encuentran en todas las células del organismo. Tienen tres propiedades importantes: conducen iones, reconocen y seleccionan iones específicos, se abren y cierran en respuesta a señales específicas eléctricas, mecánicas o químicas". (Koester-Siegelbaum, p. 123). Imaginemos cuán laboriosa será su actividad en una pareja que sale de paseo alegremente pero en el camino discute, pelea y una de ellas vuelve a casa con alta carga agresiva. Alrededor de 100.000 iones por segundo pueden pasar a través de un solo canal. Los canales pueden abrirse o cerrarse en función del tipo de estímulo. Otros son pasivos, en cuanto permanecen abiertos regularmente.

Aunque no entremos en sumo detalle, para el objetivo fundamental de esta obra, es menester comprender esta cualidad eléctrica y química del organismo que ocurre en cada instante de nuestra vida sin que le prestemos la menor atención. Es por ello que invitamos a la concientización también de esto, pues la dirección de nuestras conductas sí puede ayudar a que la calidad de estos intercambios se oriente hacia rumbos mucho más constructivos. Una persona usualmente alterada por su mal humor por ejemplo, crea tal revolución eléctrico-química (se conoce por ejemplo durante el estrés la mayor producción de adrenalina y cortisol) que se la distingue fácilmente por su conducta irritable, ansiosa o torpe. Un individuo así, obviamente, no hace feliz la vida a nadie. Pero otro, con problemas sí, pero empeñado en un camino de perfeccionamiento, hará que sus disparos, al menos en cuanto a su comportamiento, tengan otras características. Sin saber mucho de neuroquímica ni bioelectricidad, a cualquier ser humano le resulta gratificante una sonrisa, un trato atento y cariñoso.

Por todo lo anterior, interesa conocer la consecuencia de otras conductas. Muchas personas beben alcohol por ejemplo, y a veces en exceso. El etanol, inhibe la acción de la dopamina (un neurotransmisor muy importante, entre otros, en procesos inteligentes). A consecuencia de ello, el consumidor aparenta estar más alegre y menos inhibido; empieza a comportarse de manera ridícula en una reunión social e incluso exhibe conductas groseras y hasta agresivas. Muchos le festejan y creen que todo marcha bien, tal vez luego llore y quiera besar a todo el mundo, pero lo que en realidad ha sucedido es que a causa de una inhibición importante neuroquímica, ha disminuido la actividad lúcida y racional de su lóbulo prefrontal y se ha convertido en una persona impredecible.

La enfermedad de Parkinson, por otra parte, también nos permite valorar la importancia de estos procesos bioquímicos subyacentes. La escasez de dopamina se encuentra a la raíz de esta patología por la que el sujeto encuentra dificultades en el control de sus movimientos voluntarios. Tratamientos actuales que incluyen la suministración del neurotransmisor revelan ciertas mejorías, pero los límites siguen siendo dramáticos. Muchas armas químicas, como el gas nervino, se han elaborado porque atacan la transmisión neural. Pero su conocimiento y manejo no es prioridad única de los soberbios guerreros del siglo XXI. Las tribus primitivas que "envenenaban" la punta de sus flechas con el temible "curare", lo que hacían era afectar los sitios receptores postsinápticos dañando el mecanismo normal de tránsito químico.

Si todo humano respetara y amara más a su prójimo, sus disparos químicos tendrían otra cualidad y el sueño de un mundo mejor habría dado un paso más hacia adelante.

Capítulo 4
LA HORA DEL APRENDIZAJE

Una de las cualidades notables del sistema nervioso es su notable capacidad para almacenar información. En estos últimos treinta años he sido testigo de cómo la comprensión de las bases biológicas de la memoria, definidas primero como un registro casi fotográfico de recuerdos en circuitos neurales fijos, se ha desplazado hacia una visión más holística que llama en causa un mayor número de sistemas y mecanismos intervinientes.

El aprendizaje facilita la adquisición de nuevos conocimientos sobre nosotros mismos y sobre el mundo que nos rodea. Gracias a la memoria, aquello que aprendemos puede ser almacenado, y de ser necesario, el material conservado puede recuperarse. El hombre conquista gran parte de su mundo gracias al aprendizaje.

En la opinión de Larry Squire (2002) de la Universidad de California, la memoria se localiza en el cerebro en forma de *cambios físicos* producidos por la experiencia. Se estima que dichos cambios conllevan ciertas modificaciones de la *conectividad sináptica* de diferentes poblaciones de neuronas. Este mecanismo puede conformar nuevas conexiones sinápticas y también estimular cambios en la *fuerza* de las sinapsis existentes.

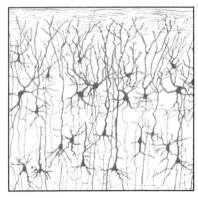

9. Redes neurales (Cfr. Ramón y Cajal, 1909).

Según este investigador, lo que produce la memoria no es la generación de algún código químico, sino el aumento y debilitamiento en la fuerza de las conexiones neurológicas ya existentes y la formación de nuevas conexiones. Si en este momento prefieres recordar tu último viaje al Lago Titicaca en vez de acordarte de tu último examen en la Universidad, esta *especificidad* no se debe al mecanismo celular o molecular que se establece en el cerebro, sino al hecho de que *tu deseo* de recordar ha llamado en causa sedes y vías muy especializadas de tu sistema nervioso.

En el pasado se atribuyó un papel sobresaliente al hipocampo como sede de la memoria. Hoy se sabe que las distintas secuencias en los procesos de aprendizaje, memoria y revocación, están relacionadas a elaboraciones muy complejas de las que queda muchísimo por comprender. Según Ratey (2002), la información está almacenada en varias *redes de neuronas* distribuidas en distintas partes del cerebro y cuando deseamos recordar, se inicia un mecanismo que junta las partes para ofrecernos el recuerdo. Esto significa que seguramente muchos de nuestros recuerdos "no son una perfecta" representación del hecho pasado, pues la recuperación podrá estar influenciada por el momento, el estado de ánimo, nuestra salud física, expectativas, etc. Nosotros también cambiamos con el tiempo, lo que seguramente influenciará en el punto de vista con el que recurrimos al recuerdo. Evoquemos ese dramático momento cuando en pleno concurso canoro, olvidamos la letra de una canción..., ¡qué angustia!, ¡qué pena! Hoy, sonreímos.

4.1. ZONAS NEURALES DE CONVERGENCIA:

El caso de H.M. expuesto en el capítulo anterior, puso en evidencia que cuando el cirujano extirpó las partes mediales de sus lóbulos temporales, sufrió también la ablación de la mayor parte del hipocampo, de la amígdala y de la corteza adyacente. Esta experiencia, se convirtió en referencia fundamental para orientar otras investigaciones sobre el papel del *hipocampo* y de la *amígdala* en el aprendizaje. H.M. por ejemplo, luego de la lobectomía llegó a padecer de *amnesia anterógrada grave,* pues si bien podía mantener la información a corto plazo, no estaba en grado de formar recuerdos más prolongados. Podía haber saludado a uno de sus vecinos en un momento dado, pero minutos más tarde no recordaba que ya lo había encontrado.

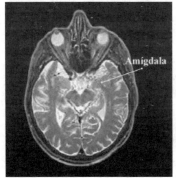

10. Amígdala

En la actualidad se sabe con precisión que la conversión en recuerdo a largo plazo no podrá darse mientras la corteza no remita la información al *hipocampo* (ver p.30). La lesión irreversible de H.M. ya no le permitía contar con esta importante facultad.

Los biopsicólogos han descubierto que el hipocampo, en los procesos de aprendizaje, filtra las asociaciones nuevas, determina qué es importante y qué debe ignorarse o comprimirse, clasifica los resultados y remite cierta información a otras sedes. Es una estación que distribuye piezas aunque no se conoce todavía en qué momento y cómo lo hace. Lo que sí es claro es que el hipocampo tiene una reconocida función en el aprendizaje y en el recuerdo.

4.2. POTENCIACIÓN:

Existe un *proceso* muy destacado, responsable para que la información supere las líneas de la percepción e ingrese en las sedes de la memoria: la *Potenciación a Largo Plazo* (PLP).

Cuando recibimos una información, esta experiencia novedosa hace que se incrementen los disparos neurales a través de ciertas sinapsis y se debiliten otras. Será sobre esta base que quedará registrada en nuestra memoria (por corto plazo) la experiencia inicial; mas ésta, podrá extinguirse si no cuenta con un *Potencial de Tiempo Prolongado* (PTP), un valioso recurso neural, que permite a las sinapsis intensificar sus conexiones mutuas y codificar un evento, estímulo o idea, dentro de una distribución de conexiones más amplia.

La potenciación hace que los siguientes mensajes se disparen con más facilidad por la misma vía. Mientras la secuencia se repita con mayor frecuencia e intensidad, el mensaje (aprendido) será más duradero (largo plazo). Es posible que ésta sea la razón por la cual para aprender algo debemos repetir muchas veces, unos lo hacen en voz alta, otros en silencio, otros las escriben, etc. En cada ejemplo, se intenta "potenciar" las condiciones que faciliten el ingreso en la memoria. A medida que se aprende, las neuronas de la cadena o vía van incorporando otras neuronas conformando *redes* donde se codifica la información. ¿Qué sucede con un experto en matemática? Revisa con destreza un problema porque cuenta con muchas "redes" de información para resolver la cuestión. Pero ¿qué le sucederá, si sabiendo que no es músico, le colocamos por delante un pentagrama? Tendrá que empezar de nuevo en ese sector, con un registro breve, en la esperanza, si lo desea, de convertirlo en prolongado.

El recuerdo o repetición de alguna experiencia estimula a que las neuronas puedan realizar descargas químicas y fortalezcan las redes neurales, pero si éstas no se refuerzan, gradualmente se irán debilitando hasta extinguirse, fenómeno que da lugar al famoso *"olvido"*. Muchos se molestan cuando olvidan algo, y hay razones para ello, sobre todo cuando se trata de información importante. No obstante, desde el punto de vista biopsicológico el olvido cumple una función ponderable, pues elimina la codificación de información inútil e impide que cierta información oscurezca la lucidez de la mente.

Comprensiblemente, no todo se olvida. Hay recuerdos de la niñez que jamás hemos evocado, pero luego de 40 años, al encontrarnos con un amigo de la época, sí vienen a nuestra mente al menos fragmentos y tal vez los más importantes. Pero otros temas, por ejemplo tu capacidad para resolver un problema de física de colegio, si no la has cultivado, seguramente ha disminuido. Esta también es la razón por la que se sugiere al anciano mantener su memoria activa, pues la mayor parte de ellos no olvidan porque son mayores, sino porque han dejado de aprender y de interesarse por las novedades del mundo.

Según Pinel (2001), la *amígdala* desempeña un papel específico en el recuerdo del significado emocional de las experiencias. Por eso si el esposo se lamenta que la pareja ya no va bien, y la esposa para moderar la situación evoca recuerdos de "momentos felices", si el cónyuge ha asumido una conducta muy agresiva, no estará en grado de reconocer adecuadamente esos instantes de felicidad. En esta interpretación, interviene, junto a otros obviamente, la amígdala. La corteza frontal, altamente cognitiva y especializada, organiza cuidadosamente el contenido favoreciendo el orden, la lógica y el sentido de la información. El estudio de pacientes con lesiones pre-frontales no resalta usualmente deficiencias en las pruebas convencionales de memoria, pero sí alguna dificultad para recordar la *secuencia* y el *orden* de algunos acontecimientos. Empero, como se sabe, la corteza prefrontal es una estructura muy compleja que cuenta con numerosas conexiones y seguramente con muchas funciones todavía desconocidas.

Guillén Fernández y Bernd Weber (2003) han referido un estudio bastante complejo pero muy fino para comprender cómo el cerebro aprende. El estudio se ha realizado presentando palabras que había que retener (aunque también importaban las olvidadas). La metodología muy rigurosa y bien lograda ha otorgado resultados que les ha permitido concluir que la información se dirige, por medio de las áreas sensoriales de la corteza al lóbulo temporal medio. La jerarquía se iniciaría en la corteza rinal que intenta encajar una información en un contexto de significado y la transmite por la sincronización gamma (40 herz) al hipocampo, que según ellos, almacena el contenido de la memoria. Los autores concluyen que el hipocampo posibilita al ser humano grabar una nueva vivencia. Asimismo, otras estructuras influirían en el procesamiento: la amígdala, que evalúa emocionalmente lo vivido y el área que gobierna la atención en los lóbulos parietales y frontal.

Pero al final, ¿dónde queda el recuerdo que luego de tan laborioso trabajo neuroquímico y cognitivo se ha registrado?

Antonio Damasio (2001), tal vez uno de los investigadores más notables en este campo en la actualidad, sugiere que estos repertorios conforman *"zonas de convergencia"*, próximas a las neuronas sensoriales que registraron el hecho por primera vez. Gracias a la alta tecnología que aplica, ha podido localizar las zonas que unifican la información sensorial relativa a personas, percepciones, emociones, nombres de objetos, animales, etc. Estas zonas capacitan al hombre para pensar casi automáticamente en objetos o circunstancias de manera global: por ejemplo si pienso en la palabra pobreza..., no necesito siempre pensar en niños hambrientos para expresar el concepto, y si digo aeroplano, tampoco requiero partir de sus partes para recordar el todo lo que este vehículo significa. Dentro de estas zonas también habrían *jerarquías*. Podemos hablar por ejemplo de la profesión de actor y generar un concepto elemental, pero si queremos citar un nombre específico y su obra, llamaremos en causa un nivel jerárquico superior. Este sistema aclara que la función extraordinaria del cerebro no registra la información como un todo, si no que la fracciona, y cuando la revocamos, la reconstruye a partir de un número manejable de elementos. Piensa en la palabra *agua*..., y tienes inmediatamente una gota de agua, un río precioso, un océano, una noche de lluvia. La *plasticidad cerebral* es una de las cualidades que ha hecho del cerebro un tema tan fascinante de conocimiento, comprensión y atento cuidado.

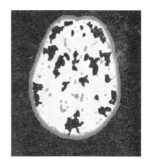

11. Centros de convergencia.

Si bien el hipocampo se ha revelado como uno de los principales centros de la memoria, otros centros como el cerebelo se modifican por la experiencia y que estos cambios son importantes en el aprendizaje motor (Ghez y Gordon, 1997).

Según Kupfermann y Kandel (1997) los sistemas de aprendizaje y retención se dan según un proceso gradual bastante elocuente: El ingreso de la información al encéfalo se deposita y almacena en una sede de memoria a corto plazo. Su capacidad de retención y almacenamiento es restringida, calculan los expertos que no retendría más de una docena de elementos. Y si tampoco se fortalece mediante algún sistema que suscite interés o repetición, su duración no se prolongará por más de unos minutos.

A este primer almacenamiento, seguiría otro que por razones distintas tiene la propiedad de almacenarse por un período más prolongado. La capacidad de búsqueda, detección, reclamo, permite recurrir a la información y revocarla cuando se la necesite. Téngase presente que por experiencia se sabe que no siempre se recuerda la información cuando uno la busca, ni se retiene todo el material tal cual fue aprendido. Este esquema, que no pretende conformar el modelo indiscutible de la memoria, sólo explica un modelo "simple" de retención. Los procedimientos, como veremos a lo largo de los capítulos subsiguientes, son bastante complejos.

La conservación o revocación de la información puede alterarse cuando los centros de retención sufren algún tipo de impacto físico o psíquico. Pacientes depresivos a quienes se aplicó terapia electroconvulsiva (electrochoques) registraron que luego del tratamiento olvidaban, aunque por corto tiempo, información que se les había suministrado recientemente, pero su información "antigua" no se había modificado (Kupferman, 1997).

Personas que tienen vivencias traumáticas de alto contenido emocional pueden olvidar eventos importantes, recordar fragmentos, confundir la realidad con lo imaginado. La amnesia de eventos recientes puede modificarse cuando el recuerdo pasa a la memoria a largo plazo, pero por las características emocionales no está dicho que permanezca de manera definitiva. El hecho de querer olvidar el dolor para empezar un nuevo acápite en su vida podría facilitar la extinción del recuerdo.

Los resultados actuales muestran cada vez con mayor claridad que la memoria no se activa únicamente por la intervención de un centro aislado. Las capacidades mnémicas implican intervenciones de estructuras complejas, en las cuales el hipocampo y el cerebelo tienen responsabilidades fundamentales, pero su rendimiento óptimo recurre a otras instancias especializadas como veremos a lo largo de los capítulos siguientes.

Capítulo 5
LA FORMACION DEL HÁBITO

En su origen latino la palabra *habitus*, que proviene del verbo *habere*, con su significado de *tener y poseer,* se une al griego *hexis*, expresando: *modo de ser, disposición, actitud* (Blazquez, 1997, García, 2001).

Para el uso corriente, ambas palabras contienen elementos de aquello que la ciencia también entiende por hábito. La acepción general lo comprende como *algo con lo que se cuenta y tiene; una tendencia a actuar de manera determinada; una disposición permanente que facilita algún tipo de acción*.

Los filósofos griegos en su avance cognitivo no podían haber ignorado la importancia del hábito. Aristóteles (384-322aC), por ejemplo, lo consideraba como una de las categorías del ser, indicando una *posesión permanente* (a lo que llamaba *diposición*), no accidental ni transitoria que se adquiere a través del ejercicio: "Practicando la justicia nos hacemos justos, practicando la templanza, templados y practicando la fortaleza fuertes… y es la habituación a tener miedo o ánimo lo que nos hace a unos valientes y a otros cobardes" (Etica a Nicómaco II, 1).

Tomás de Aquino (1225-1274), se ha referido al hábito en su *Suma Teológica* definiéndolo como "una cualidad, por sí misma estable y difícil de remover, que tiene por fin asistir a la operación de una facultad y facilitar tal operación" (p.207). En su opinión, los hábitos se adquieren mediante la repetición de actos, llamando en causa la facultad de aprender.

Muchos pensadores como este famoso religioso, aconsejaban la búsqueda de caminos de perfección y esto implicaba una adquisición de *hábitos morales* que orientaran el comportamiento de los fieles hacia una *vida espiritual virtuosa*. Y esto suponía una lucha constante contra hábitos indeseables ya adquiridos (frecuentemente de contenido instintivo y pasional) y una valiente confrontación contra un mundo que como hoy, en alguna medida, contaba con numerosas ofertas opuestas a las expectativas morales de la época. Para entonces, la adquisición del hábito ético constituía el objetivo último del aprendizaje de la vida moral, llegando a ser visto como una "segunda naturaleza". Cuando estos hábitos eran para los observadores, correctos, se calificaban como *"virtudes"* y si se oponían a los principios o creencias sostenidas, "vicios".

El filósofo David Hume (1711-1776), une el hábito a la *costumbre,* explicando que ésta, mediante la experiencia gradual y repetitiva, se convierte en una referencia o "gran guía" de la vida humana. Como buen empirista sostiene que el hábito es el único principio que hace la experiencia útil, incluso refiere que todas las inferencias de la experiencia... son efectos de la costumbre, no del razonamiento.

También hoy numerosos grupos relativizan el valor de la razón ante el hábito, porque observan que cuando algún hábito se impone, como el fumar o drogarse, las razones que se oponen a dicha práctica, como conocer los efectos dañinos en la salud, en su economía, sus consecuencias legales, etc., en la mayor parte de los casos no son suficientes para modificar la conducta.

La historia del conocimiento ha hecho gala de sus intuiciones comprendiendo que el hábito se aprende y predispone a ciertas conductas; ello orientó a distinguir en su momento, los hábitos de la *ciencia* y de la *sabiduría* como *"cognoscitivos o especulativos"*, y los de la *justicia, comportamiento, autocontrol,* como *"operativos"* en cuanto facilitaban su aplicación práctica. Incluso, preocupados continuamente por los valores morales, clasificaron el comportamiento ético desde el punto de vista de la bondad de su contenido o de la peligrosidad de su inclinación.

La psicología general ve el hábito como una *disposición psicológica adquirida a través del aprendizaje* que se consolida, a causa de su *repetición* y *puede observarse con frecuencia* en el repertorio comportamental de una persona. Por último, al ser aprendido, se diferencia de las conductas innatas e instintivas que poseemos gracias a nuestro repertorio biogenético.

El significado de la *costumbre* también tiene que ver con el hábito en cuanto entre muchos individuos, grupos, sociedades y culturas, el hábito se colectiviza inscribiéndose en conductas repetitivas que gradualmente se asocian a un acervo y que luego, inclusive, pueden convertirse en sistema de referencia comparativo o diferencial. Las costumbres folklóricas, culturales, idiomáticas, musicales, tradicionales, etc., provienen justamente de la conformación de hábitos primarios en la gran variedad universal de grupos humanos.

5.1. HÁBITOS y Hábitos:

Si recordamos los períodos tempranos de nuestros antecesores, recordaremos que el hombre antiguo aprendía esencialmente aquello que le era útil para sobrevivir. La habilidad manual asimilada la transmitían de generación en generación. Gracias a los ricos aportes de la paleontología y arqueología, podemos conocer mucho de esta sucesión.

En la actualidad la situación ha cambiado. Ya no es suficiente que aprendas un idioma, necesitas al menos dos, si no tres. Tampoco bastan los conocimientos primarios donde aprendes a leer, a escribir y a calcular de manera elemental. Te espera la secundaria, luego los estudios superiores. Y si vas a la Universidad, probablemente tu primer título no sea suficiente, pues la alta competitividad tal vez te exija una maestría (si no dos), un doctorado, etc. Y aún así, contando con los mayores títulos, todavía, durante el ejercicio de tu oficio o profesión, tendrás que actualizarte constantemente. Esto significa que vivimos en una sociedad de mayor *información* que exige *una vida de constante aprendizaje*.

Este desafío, que en realidad está dirigido a la mayor parte de aquellos que pueden acceder a instrucción y educación, requiere el desarrollo de ciertos hábitos, por ejemplo: el de estudio, para aprender y rendir mejor. Una niña que quiere aprender a tocar violín, tendrá que desarrollar una disciplina que le permita entrenarse durante muchas horas al día y a la semana, lo mismo un deportista que quiere ser el mejor tenista del mundo. Y quien no tenga acceso a una buena instrucción, como ocurre en muchos países, también tendrá que aprender aquellas destrezas próximas a su realidad que le permitan responder a sus exigencias de vida.

El hábito se aprende a través de la práctica. Un nadador que quiere conquistar una Medalla olímpica debe crear un hábito hecho de disciplina, fatiga, motivación, sentido de logro. Un joven que sólo estudia para los exámenes de fin de mes, difícilmente conformará el hábito de estudio.

Pero existen hábitos y hábitos. Admiramos por ejemplo a la persona que exhibe un apreciable hábito de lectura, o a aquella que todos los días vemos pasar corriendo por el parque donde paseamos, pues le importa su organismo, lo cuida y mantiene en forma. Pero también puede ocurrir que nos encontremos repetidamente con otras personas ya conocidas por su constante uso de alcohol, tabaco u otras drogas. Este otro tipo de hábito, *corresponde en clínica a una condición inducida por el repetido y prolongado uso de un fármaco o de una droga, a causa del placer que éstas suscitan*. La consecuencia es la tendencia a continuar con dicho consumo, que podrá derivar luego en una enfermedad desadaptativa de verdadera tóxico-dependencia, aspecto que empero va más allá del simple hábito. Este tipo de hábitos nos traen a la memoria la expresión de Rampoldi (1998): *"Los malos hábitos tienen tal fuerza, que de un hombre libre crean un esclavo"*.

5.2. FORMAS DE HABITUACIÓN:

Las definiciones y explicaciones relativas al hábito en distintos momentos del pasado provienen fundamentalmente de puntos de vista conceptuales. Afortunadamente, hoy existen muchos aportes provenientes de la neuropsicología cognitiva que nos ayudarán a entender por qué es conveniente conocer cómo adquirimos un hábito y por qué debemos dirigir mejor la calidad de los mismos en nuestro comportamiento general.

Una persona se encuentra en una habitación serena y tranquila. Repentinamente escucha unos golpes muy intensos y se sobresalta. Indaga sobre su origen constatando que su vecino tiene albañiles modificando las paredes del dormitorio contiguo. Los días siguientes sigue escuchando el mismo bullicio, pero su organismo ya no reacciona con sobresalto pues se ha habituado.

En la *habituación* la exposición al estímulo puede variar desde una a más veces, lo fundamental es comprender que este tipo de aprendizaje *disminuye la frecuencia e intensidad de una respuesta ante estímulos, debido precisamente a la costumbre, hábito o rutina*.

Pero también se puede dar un aspecto distinto de aprendizaje donde se establece un proceso por el cual el organismo responde más a ciertos aspectos del ambiente, y se conoce como *sensibilización*. Imaginemos por ejemplo una persona que ha sido secuestrada y torturada durante varios días. Un buen día, detrás suyo escucha otra vez los pasos, y se estremece..., una mano la toca y siente como si le hubieran dado un golpe, ¡pero no, era un toque amigable de una persona que la venía a liberar! La caricia, podría calmar la tensión (desensibilizar), pero también podría volver a restablecerse si el castigo se reinicia. Personas muy sugestionables tienden a sensibilizarse con mayor facilidad. Las enfermedades conocidas en el pasado como psico-somáticas, han demostrado cómo esta sensibilización o vulnerabilidad, predisponía la manifestación de enfermedades orgánicas.

Durante mis investigaciones realizadas en la Clínica Psicosomática Flammersfeld, conocí un caso muy dramático de sensibilización. Un chofer de un camión frigorífico transportaba regularmente carne desde una ciudad alemana a Dinamarca. Preparando el viaje, cerró las puertas del vehículo sin darse cuenta que un empleado de la empresa todavía se encontraba en su interior contabilizando la carga. Éste, sabía que el viaje tomaría más de quince horas y seguramente supuso que moriría congelado. Comprendería igualmente que siendo el receptáculo insonorizado, sería difícil que el conductor escuchara sus intentos de comunicación. Resignado al hecho e iluminado por una linterna, quiso escribir una nota a su esposa despidiéndose, a su vez que describía gradualmente cómo se le iban congelando sus piernas, luego su vientre, finalmente su cabeza y sus manos. Las últimas líneas escritas eran imperfectas, justamente porque él decía sentir las manos congeladas.

Cuando el conductor llegó a su destino, encontró el cuerpo exánime del empleado, la policía confirmó su deceso por paro cardiocirculatorio. Cuando leyeron la nota y la descripción de su muerte por congelamiento, los investigadores discreparon porque descubrieron que el sistema de congelación estaba dañado y no funcionó durante todo el viaje, más bien la temperatura le habría permitido llegar totalmente indemne a su destino, pues tampoco había probabilidad de asfixia dada la amplitud del camión.

Este aspecto se ha trabajado mucho en las enfermedades psicosomáticas, particularmente en relación al efecto del estrés psicológico en el organismo, traumas, choques, miedos, fatigas, etc.

Estas distintas formas de aprendizaje nos ilustran cómo el organismo psicofísico puede asimilar o elaborar una información o una experiencia. Su estudio, puede ayudarnos a prevenir, modificar y pronosticar conductas futuras.

5.3. LA HABITUACIÓN PARA ERIC KANDEL:

Las Neurociencias se han enriquecido mucho con el diligente y minucioso trabajo de este investigador vienés naturalizado norteamericano. Su enfoque está revolucionando los puntos de vista del dominio mental, neuro-psicológico y cognitivo. El Premio Nobel recibido el año 2000, ha disminuido la privacidad de sus argumentos y hoy su opinión, frecuentemente polémica, es muy considerada por todo aquél que se preocupa del comportamiento y del cerebro.

Hasta el presente, he evitado introducir en esta obra y en la mayor parte de mis publicaciones, estudios realizados en animales, porque con demasiada frecuencia se cree que lo que sucede en una rata o en un mono, es inmediatamente transferible al humano. No negamos la importancia de tales investigaciones, pero tratando un argumento que en cierto momento llama en causa la voluntad y la decisión del hombre, prefiero evitar extrapolaciones delicadas. Pero como haré referencia a temas meramente físicos, espero que el amable lector acepte esta necesaria excepción.

La habituación como ya la hemos definido, induce a que en función de un cierto estímulo, la respuesta disminuya. Este modelo de *aprendizaje implícito,* es muy simple, y el caracol marino, la *Aplysia*, ha sido uno de los más estudiados para demostrar este aprendizaje en el que este animal responde al estímulo repetido con orientaciones reflejas. La *Aplysia californica* se caracteriza por tener un sistema nervioso bastante elemental, consta únicamente de 20.000 células nerviosas centrales y cuenta con un repertorio que le permite reaccionar de manera específica. Por ejemplo si se le suministra un estímulo táctil en su cola, la retira, pero si se repiten los estímulos de toque, los reflejos de retirada se habitúan.

Por la importancia que estos acontecimientos tendrán a lo largo de esta obra, es menester explicar, sin pretender ser exhaustivo y generalizar, que en la habituación si el estímulo se suministra frecuentemente, los potenciales sinápticos producidos por las neuronas sensoriales en las interneuronas y en las motoneuronas se vuelven gradualmente menores. Asimismo, los potenciales sinápticos producidos por ciertas interneuronas excitatorias en las motoneuronas también se vuelven más débiles, resultando en una menor magnitud de respuesta. Según Kandel "la disminución de la transmisión sináptica en las neuronas sensoriales es la consecuencia de la menor cantidad de transmisor químico (glutamato) liberado en el terminal presináptico" (p.718).

La habituación conduce a la disminución de la capacidad de movilización de las vesículas de transmisión hacia la zona activa, afectando subsiguientemente la disponibilidad para su liberación.

Según Spencer y Thompson (1997), la habituación se daría porque afecta la disminución de la intensidad en la conexión sináptica de las siguientes sinapsis de relevo en la cadena. Un perro que duerme plácidamente, abre los ojos una o dos veces cuando hay un ruido cercano a él, pero luego aunque registre el mismo estímulo ya no se interesa por el hecho. La información que le llega ya no es suficientemente intensa como para provocar una reacción.

Otro de los grandes aportes provenientes del estudio de la habituación, proviene de la constatación de que el *"almacenamiento"* de los reflejos, no se delimita a un lugar, sino que se dispersa a lo largo de diferentes sitios del circuito neural. Esta capacidad "plástica" es importante en la comprensión de los procesos de memoria a corto plazo en la habituación. *No es que exista un solo centro de la memoria, son distintas partes del cerebro que participan en la fijación de la información.*

En cuanto a la *sensibilización*, cuando un animal descubre que un *estímulo es nocivo*, su repertorio integra por aprendizaje una respuesta más intensa, frente a una gama de otros estímulos. *Se hace más intensa por ejemplo, la preparación para activar reflejos de evitación (retirada) y fuga. En la aplysia se ha detectado que luego de un estímulo nocivo, por ejemplo en la cabeza o cola, se modifica el número de conexiones sinápticas.*

La sensibilización conlleva procesos químicos y eléctricos más complejos que la habituación y confirma una regla muy unida a lo que es el aprendizaje: la práctica perfecciona y aumenta la memoria producida por la sensibilización. Es en todo este mecanismo donde también se encuentran respuestas al por qué una información permite un registro a corto y otras a largo plazo. *En una y otra, en intensidad variable, se producen mecanismos muy sofisticados de intercambio molecular que llaman en causa neurotransmisores, enzimas, proteínas, programas genéticos, etc.* Un dato simple servirá de ilustración: *las neuronas sensoriales de animales sensibilizados registraron más terminales presinápticas que las de los animales no entrenados. Las dentritas unidas a actividades de respuesta motora crecían igualmente, más, cuando se sensibilizaban a largo plazo que a corto.* Pero en la *habituación* sucede algo distinto a la sensibilización: *"la habituación a largo plazo conduce a la pérdida de las conexiones sinápticas: la inactivación de las conexiones funcionales entre las neuronas sensoriales y motoras reducen el número de terminales por neurona a un tercio, y la proporción de terminales con zonas activas disminuye del 40 al 10 por ciento"* (Kandel, p.725).

En el *condicionamiento clásico*, ingresamos a tipos de aprendizaje más complejos donde se asocia la respuesta a otros estímulos.

¿Y por qué yo necesitaba ofrecerte esta información?

Porque como verás luego, nuestro cerebro, cuando recibe estímulos externos está también sometido a mecanismos que pueden *enriquecer o empobrecer* nuestras conexiones nerviosas, y siendo que todo ello es parte de nuestro ser y facilita la expresión de sus mayores riquezas e intimidades, es menester que conozcamos cómo mejorarlas y como evitar su deterioro. El aprendizaje, por más elemental que sea, no crea un espacio de información abstracto, justamente a causa de sus funciones químico-eléctricas, trátese de aprendizaje explícito o implícito, llama en causa procesos celulares básicos. Por eso insistimos en el hecho de que el aprendizaje produce en algún grado, modificaciones en distintas unidades del encéfalo.

5.4. SE HACE CAMINO AL ANDAR:

Hoy se sabe que el aprendizaje produce cambios estructurales y funcionales de células nerviosas muy específicas, y como cada función en el hombre compromete un gran número de células nerviosas, conforman interconexiones que se regulan en función de las características genéticas y de las propias experiencias lo que subraya su individualidad. Kandel los denomina *mapas* (1997, p.739-740) y considera que los mapas somatosensoriales corticales, en los humanos adultos, cuyos resultados se conocen mejor, son dinámicos y afirma que sus conexiones funcionales se pueden expandir o retraer. Estos mapas corticales están sometidos a modificaciones frecuentes en función de la actividad de las vías sensoriales periféricas. Las habilidades motoras de un jugador de baloncesto ciertamente crearán conexiones neuromotoras muy distintas a las de un jugador de ajedrez o de un ciego. La composición de la

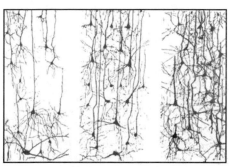

12. Mapas neurales.

arquitectura encefálica está marcada por una composición genética única y aquellos repertorios que inciden en su estructura emergentes del estilo de funciones y estímulos con los cuales interactúa la persona. Es uno de los sellos de su individualidad.

Una prueba importante de esta aseveración la otorgó Michael Merzenich (1997). En un experimento, incitó a los monos a utilizar únicamente los tres dedos del medio para girar un disco que les permitiría obtener comida. Luego de haber suscitado miles de veces este ejercicio, el análisis ulterior de la zona del área del córtex destinada al dedo medio se había extendido considerablemente a expensas de los dedos adyacentes. Esto demostró que la práctica fortalece y expande la representación cortical de los dedos que se utilizan.

Kandel y Kupfermann (1997) refieren un estudio en el que se ha obtenido mapas funcionales de la mano en humanos normales a través de neuroimágenes de precisión milimétrica, para compararlas con las de pacientes que sufrían de *sindactilia*, o sea que los dedos los tenían fusionados desde su nacimiento. Estudiando las zonas de actividad en el cerebro, sólo se reconocía una que se asociaba a un movimiento de toda la mano, pero luego, transcurridos 26 días de la cirugía que permitió la separación de los dedos, las neuroimágenes mostraban los lugares precisos en el cerebro correspondientes al movimiento de cada dedo, mostrando una evidente localización somatotópica.

Cada neurona del sistema nervioso central tiene un campo receptor específico. Por ejemplo, cuando se estimula un punto de la piel, una población de neuronas corticales, con capacidad de recepción, se excitan. Por eso distinguimos el lugar donde se hace una caricia, precisamente porque la población específica de neuronas se activa en el cerebro.

Hablando de millones de interconexiones, es de suponer que no todo resulta tan sencillo, pues para captar la información, el encéfalo debe empeñarse demasiado. Kandel sugiere que existen *centros receptores de convergencia comunes,* que ayudan a captar los estímulos, pues el cerebro se agotaría interpretando cada único elemento. Y éste es un concepto cada vez más aceptado por los investigadores del sector.

Si todos estos mecanismos se dan en funciones elementales, debemos preguntarnos qué sucede en formas de actividad más complejas, donde los motivos de aprendizaje son más profundos, la intervención intelectual mayor, las exigencias del ambiente determinantes. Los neurocientíficos, particularmente los neuropsicofisiólogos cognitivos, concluyen que la experiencia produce alteraciones en grandes gamas de los estratos celulares nerviosos, y con certeza, la introducción de información a través del aprendizaje genera cambios del patrón de interconexiones en distintas zonas del cerebro capacitadas para una, o varias funciones. Es así que el cerebro da espacio a un "programa de respuestas" conductuales basadas en un aprendizaje que se asocia a predisposiciones genéticas. Son las llamadas *"huellas o redes neurales"* que por aprendizaje, ejercicio, repetición, costumbre, van conformando los programas que "determinarán los repertorios de conducta". Esta organización da lugar a aquel *repertorio* que al actuar en sociedad, pondrá de relieve aquello que *hemos aprendido y aquello que somos.*

5.5. EL CUIDADO DEL HÁBITO:

El hábito se aprende, por lo tanto, depende de cada uno de nosotros qué clase de hábitos vamos incorporando en nuestro repertorio comportamental.

La sociedad moderna por ejemplo, estimula sobremanera la conformación de hábitos relacionados a la comodidad pasiva: la televisión ocupa muchas horas del día (hay niños que la ven un promedio de 6 horas al día); los países más ricos constatan que de cada diez niños, siete están con sobrepeso y la actividad física no es parte primordial de su programa diario, en consecuencia, les es más grato ir al cine que exigir mayor fatiga y esfuerzo a su organismo.

Hace pocos días me visitó un grupo de universitarios mientras yo instalaba un equipo de gimnasia. Mientras conversábamos, a modo de distraernos, les invité a que hicieran uso de una barra. Grande fue mi sorpresa cuando constaté que ninguno de ellos (eran cinco) estuvo en grado de levantar su cuerpo con ayuda de sus brazos. No tenían la fuerza necesaria. Los músculos eran flácidos y realmente desde que abandonaron la educación secundaria no habían hecho más ejercicios.

Esto no sólo atañe a jóvenes, también llama en causa la pasividad de mayores y niños. Pero eso sí, el tabaco y un buen vino, son parte de un ejercicio más atractivo y frecuente para numerosas poblaciones.

En el pasado, muchos pensadores se han ocupado de animar al hombre a conquistar grandes metas y a volar a grandes alturas, para que superándose, crezca y conquiste el mundo. Pero para muchos hoy, el *esfuerzo*, si no es obligatorio, no se lo busca, como si fuera un castigo a evitar. La falta de orden y disciplina en un estilo de vida demasiado cómodo va demandando su trágico rédito y las enfermedades físicas se empiezan a incrementar. Ya preocupa el aumento de la diabetes en jóvenes, todo a causa de su vida sedentaria e inadecuada nutrición. Por no hablar del infarto, el cáncer nicotínico, la cirrosis hepática, etc. Esto nos demuestra que nuestros hábitos cotidianos, no son vistos con la atención que merecen y los hombres adquieren hábitos que los arrastran a cumplir actos que disminuyen, con frecuencia, el esplendor de sus recursos. Tal vez por ello Jean Paul Sartre expresaba *que el hombre es el ser que manifiesta su libertad eligiendo sus esclavitudes*.

Mas esto no sólo cuestiona al individuo que adquiere un hábito que lo somete, compromete también a una sociedad contradictoria que mientras censura el uso de drogas por ejemplo, amplía su propaganda para que en espectáculos públicos se aplauda el arte o destrezas de drogadictos famosos; se prohíben otras drogas, pero el alcohol es parte de una vida social cada vez más frenética y la industria farmacéutica tiene siempre nuevos tranquilizantes y ansiolíticos para ahogar la angustia emergente. Parece que se plantean los problemas no para solucionarlos, sino para buscar otros medios que calmen nuestro ánimo temporalmente sin favorecer medidas que conduzcan a cambios verdaderos y efectivos. Hasta nos crean la obsesión de estudiar y estudiar porque un título es una garantía y nos encontramos que 30% de los jóvenes europeos menores de 35 años son trabajadores precarios y no tienen acceso a contratos de trabajo prolongados o definitivos. ¿No estamos proponiendo sólo espejismos?

Hemos identificado en nuestros consultorios a personas a quienes el hábito de comprar, les ha llevado a una verdadera dependencia, donde la compra se hace compulsiva, y el hobby de los que pueden, se convierte en el famoso shopping. Para otros resulta irrealizable permanecer tranquilos mientras esperan el ascensor o el autobús; les es difícil apreciar algo de su entorno, pensar o meditar: "apremia hacer algo", manejar o manipular, y el teléfono móvil o celular se ha convertido en el juguete preciso, cada vez con más funciones, sin que importe cuáles son los efectos de sus ondas electromagnéticas y cuánto perturben a nuestros vecinos nuestras charlas vehementes, a tal punto, que están en estudio nuevas leyes para regular el uso de celulares en recintos públicos.

El hombre, inmerso en este mundo siempre prometedor, requiere armonía, y los hábitos, en la medida de lo posible, deberían estimular su consecución. Los hábitos y costumbres, labran el porvenir de la humanidad.

Aristóteles, cuando hablaba de su Filosofía práctica, ya nos prevenía contra aquel enraizamiento que nos hace secuaces de las pasiones. El mencionaba que no había diferencia si uno era joven de edad o inmaduro de carácter; el defecto no deriva del tiempo o de la edad, sino del hecho de vivir según las pasiones y de obedecer a cada impulso.

Este maestro del saber explicaba que quien se somete al mero impulso, hace del conocimiento algo inútil (su hábito lo enceguece, lo domina), pero si se abre a la razón y actúa en consecuencia, sabrá cómo utilizar aquello que aprende. Su Filosofía práctica quería que el hombre estuviera en grado de conocer el bien para que fuera capaz de vivirlo, haciendo de él un hombre más pleno. El filósofo griego, sabía que de nada serviría conocer lo que es el bien si no se lo pone en práctica, desarrollando hábitos que permitan extenderlo por el mundo.
" *Hagamos, porque es bello... el bien*" (Rubén Darío).

Capítulo 6
ACTITUDES:
La intimidad manifiesta

Gómez de Silva (1993) define originalmente actitud como *"postura de cuerpo"* y *"disposición de ánimo"*. Recurriendo al latín tardío, asocia el concepto a aptitudinem, acusativo de aptitudo, significando *"aptitud, idoneidad"* (p.28).

Las Ciencias del Comportamiento, particularmente a través de la Psicología Social, han estudiado este tema ampliamente. Según Blázquez (1997), los conceptos generales hablan de actitud *"como una disposición anímica relativamente estable y adquirida de la persona para la acción"* (p.11). Mientras califica el acto como una unidad de conducta más simple y aislada; la actitud, siendo más elaborada, tiende a ser más estable y continuada.

La actitud, es adquirida, pero tendrá que contar con la predisposición biogenética que lo capacita para aprender, y durante este proceso jugarán un papel importante sus impulsos innatos, sus experiencias tempranas, intereses, preferencias, valores, etc. Pero, mejor, vamos por partes.

Me encontraba en el comedor de la Universidad de Köln (Colonia), cuando un grupo de jóvenes suscitó una ardiente conversación sobre el papel de Alemania concerniente al holocausto judío. Unos decían que el tema ya debería olvidarse, que su país no tenía por qué estar hipotecado con el asunto, ya había hecho lo suficiente por ayudar en distintas formas. Pues si tendrían que seguir saldando cuentas morales y económicas, España y Portugal deberían hacer lo mismo con sus antiguas Colonias de América Latina, al igual que Gran Bretaña, Holanda y Francia . Y si quieren más justicia, -dijo el más joven- todos los europeos deberíamos devolver el arte y arqueología que no nos pertenece, pero que adornan nuestros museos con piezas de Grecia, Egipto, Sudamérica, etc. Lo que sucede, –argumentaba otro- Israel tiene un plan "para no olvidar ni perdonar", y cada año produce películas y programas para recordar el holocausto queriendo suscitar sentimientos de culpa en todos y en cada momento. La otra corriente de alemanes, sin embargo, expresaba que aún los jóvenes deberían asumir responsabilidades, pues no era Hitler el único causante de semejante medida, sino que todo el país que apoyó sus acciones y las toleró. Y que como las nuevas generaciones habían heredado los beneficios de una gran Nación, también deberían heredar sus responsabilidades pendientes.

En esta discusión, podemos distinguir muchos elementos que ilustran el reconocimiento de actitudes en acción: Cuando los participantes hablan, expresan una *opinión* que corresponde a una *elaboración conceptual inteligente*. Cuando opinan expresan mucho de sus valores asimilados, conceptos, ideologías, expectativas.

Pero, ¿por qué, siendo jóvenes de un mismo entorno, ante cosas tan claras, opinan de manera diferente? Porque los humanos contamos con un recurso interno importantísimo denominado *"tendencia"*, que nos permite orientar nuestra opinión o conducta de acuerdo a nuestras inclinaciones.

La tendencia es importante, y hoy no nos detenemos a meditar suficientemente sobre cómo influencia nuestras vidas. Una persona de padres muy impulsivos, que vive en un hogar saturado de agresión, es probable que encuentre fácil inclinación hacia deportes violentos, juegos torpes, bromas de mal gusto, y se integre sucesivamente en pandillas socialmente criticadas (aunque no siempre ocurre porque hay personas que gracias a sus valores y ayudas pertinentes compensan de manera favorable sus condiciones negativas).

Tenemos *tendencias innatas,* como aquellas que nos orientan a la fuga cuando nos sentimos amenazados; otras son *adquiridas* y son las que dan lugar a nuestras inclinaciones, a nuestros intereses y preferencias, pero ambas, cuentan con una participación inteligente, pues no son meros reflejos, como cuando te sobresaltas espontáneamente cuando alguien por sorpresa te toca la espalda. En la tendencia se aloja una *intención*, que por la acción cognitiva, influenciará en algún grado tu respuesta. Los griegos veían en la tendencia un principio vital conocido *como tendencia básica* o *impulso natural* que animaba al hombre a buscar la felicidad. El pensamiento del Medioevo subrayaba que la tendencia orientaba al hombre a vivir en sociedad, por eso procuraba la conservación de la especie, cuidaba de sí y procreaba.

En el caso de los jóvenes alemanes anteriormente citados, la tendencia ha permitido que concedan residencia a una información, concepto, circunstancia u objeto, que luego, en alguna medida ha influenciado su repertorio comportamental. Se ha tratado del holocausto y esto ha sugerido una evaluación, que es el proceso inteligente que al final orientará el tipo de opinión o respuesta. Si una persona se molesta porque se sostiene una opinión distinta a la suya y golpea físicamente o insulta verbalmente a quien le contradice, pone en evidencia muchos conflictos, desde su impulsividad hasta su intolerancia.

En el momento concluyente, cuando los jóvenes ofrecen una respuesta final que sintetiza su modo de pensar, están desvelando una *actitud* hacia ese tema, con lo que nos revela algo propio e íntimo de sí: su predisposición hacia un determinado aspecto de su mundo.

A este punto entonces, ¿cómo podemos definir la actitud?

Para nosotros, *es la predisposición o tendencia psicológica aprendida de una persona, que le permite responder de forma propia, frente a un estímulo al cual ha conferido un determinado valor.*

La *actitud no es en sí una conducta,* es una predisposición, relativamente duradera, que orienta al individuo a actuar *selectivamente* en la variedad de situaciones con las que interactúa. El estímulo por ejemplo podría ser calificado como positivo o negativo, importante o no, y sus características orientarán su respuesta. En época de elecciones políticas, frecuentemente los candidatos envían propaganda de su partido a los ciudadanos buscando apoyo electoral. Si uno tiene una tendencia hacia X, y encuentra en su buzón propaganda de la línea contraria, es muy probable que su actitud hacia ese material sea distinta a la que reserve a la publicidad proveniente del partido del cual es simpatizante. Asimismo en una familia, puede ser que el esposo no aprecie en demasía a una de sus cuñadas. Se comporta de manera amable con otras visitas a las cuales ofrece notable atención, pero ignora totalmente a la hermana de su esposa. En los dos casos es fácil reconocer una conducta *selectiva* que implica el *aprecio* o *rechazo* de ciertos estímulos. Actitudes que siendo relativamente duraderas, también podrían *cambiar*. Observemos nuestras acitudes de hace cinco años a hoy y constataremos variadas transformaciones.

Cuando una persona actúa de manera *selectiva*, recurre a su *capacidad cognitiva por la que otorga juicios de valor:* me agrada ese candidato; no, yo lo rechazo. Y en el caso mencionado de la cuñada, podríamos descubrir razones *afectivas* de resentimiento, porque -nos enteramos luego-, en el pasado fue la única que se opuso torpemente al matrimonio de la hermana.

Otros conflictos de mayor dimensión que se respiran aún en Europa y Oriente, como aquél entre algunos árabes y occidentales, han llamado en causa incluso a la religión, exhibiendo actitudes extremas de incomprensible intolerancia a *creencias* y *principios religiosos;* aspecto mayormente criticable, en cuanto se supone que las religiones en general más bien deberían incitar al amor, a la unidad y a la concordia.

Cuando una persona actúa frente a nosotros, a través de sus conductas va exhibiendo mucho de lo que es y hace. En el hogar ya distingues a la hija que más le gusta bailar que estudiar; al hijo que ayuda mucho en la casa mientras que su hermano ni siquiera lava la taza que acaba de utilizar.

Las actitudes de las personas son las que observamos en aquellos que nos rodean y ellas, a su vez, influyen en nuestro comportamiento. El adolescente, en ciertos momentos críticos de su desarrollo, tiende más a aprender los repertorios del grupo que aquellos propuestos en el hogar. Ejemplos de hoy podemos reconocer en las actitudes hacia el estudio. Los padres en general quisieran que estudiaran más, pero el grupo considera que ya hacen demasiado, incluso han creado entre ellos la denominada "ley del mínimo esfuerzo", que consiste en estudiar únicamente para obtener la mínima aprobación.

En la vida de familia y en el colegio, los hijos "van aprendiendo" actitudes relacionadas a aquello que constatan delante de sí. *Por eso hablamos del tema neuro-psicológico, para que se comprenda que la asimilación de hábitos y actitudes a través del aprendizaje, donde todos somos responsables de lo que otros aprenden..., no sucede en el vacío, en una ideología abstracta que escuchamos y se extingue, sino que toma asiento en la estructura cerebral creando modificaciones físicas, condicionando nuestros repertorios de conducta y respuesta con programas que a veces sí son deseables, pero otros no. Por eso nos alegra el buen ejemplo de un gran maestro y nos preocupan los malos hábitos que despliegan personas cercanas a nosotros, sin olvidar que nosotros mismos podemos suscitar en otros la misma preocupación. Ésta es la razón principal que ha motivado mi dedicación a esta obra durante varios años, porque he constatado en los cinco Continentes, que las personas en general, no son suficientemente conscientes del significado e influencia que tienen todas estas formas de aprendizaje social. Y hoy, en una sociedad donde los valores y patrones de comportamiento se van haciendo más relativos y permisivos, nos parece un excelente momento para retomar estas referencias con mayor preocupación e interés.*

6.1. FUNCIONES:

El aprendizaje y su asimilación en el repertorio comportamental, tienen una función de *conocimiento y referencia,* esto permite reducir la complejidad de los estímulos recibidos y orientar las respuestas en función de datos ya existentes (principios, creencias, valores, etc.), por eso se indica que la actitud es normativa, porque orienta el "cómo" de la conducta a desplegar. Respecto del hábito, éste crea una costumbre que facilita la conducta casi automática (si se me permite el término). La actitud, en cambio, re-elabora constantemente y requiere mayor organización intelectual, emocional, volitiva, adaptativa, etc.

El hombre es un ser social, se relaciona y vive con su entorno y se comunica, justamente mediante el lenguaje verbal y los gestos. Gracias a las actitudes, puede *expresar* entre otros, su ideología, sus sentimientos e ilusiones, de manera que le sean propias. Aunque el hombre pueda ser muy racional en el manejo de sus actitudes, éstas comprometen en algun grado la *esfera afectiva* suscitando respuestas de atracción o rechazo, por ejemplo cuando tu gobierno pide tu opinión consultándote si debe enviar ayuda humanitaria a un país víctima de un terremoto con miles de muertos, o si más bien ese dinero debería utilizarse en la compra de armas.

Las actitudes pueden facilitar, si el individuo lo desea, distintos grados de *adaptación* ante ciertos estímulos o contexto, esto significa que en algún momento y de algún modo exhibirá una conducta. Debido a repertorios actitudinales muchas personas conforman agrupaciones y sociedades (contra el aborto, por ejemplo, o a favor de la condonación de la deuda externa de los países más pobres, etc.), unidos por opiniones, sentimientos, creencias, expectativas, que concluyen en acción. Las costumbres de un pueblo o de una nación, su cultura, su lenguaje, en suma, su acervo general influyen en la conformación de las actitudes de sus habitantes.

En última instancia, la actitud en la persona humana es una especial referencia de aquello que el individuo es y tiene dentro de sí, por eso decíamos que al desplegar sus actitudes, nos revela mucho de su intimidad. En términos menos científicos, pero no menos significativos, es *como hablar del corazón de las personas,* donde el lenguaje espiritual menciona que radica lo más y menos bello del hombre.

6.2. CONFORMACIÓN DE ACTITUDES:

Si la evaluación de un evento comporta el despliegue de mecanismos de respuesta que revelan las características de una actitud, es menester entonces conocer **cómo se forman,** pues la conducta de un individuo influye no sólo en sí mismo, sino también en su entorno. ¿Qué pasaría si en Norteamérica tuvieran un presidente racista o en Europa un nuevo Hitler? Muchos problemas considerados superados volverían con suma gravedad; y ésta es una preocupación que en el panorama mundial no deja de subsistir. Un cierto ejemplo de cómo las actitudes individuales pueden marcar repertorios lo tenemos en el caso de Milosevic en la ex-Yugoslavia, actualmente en espera de juicio por crímenes de guerra en La Haya, pero quien todavía cuenta con simpatizantes que incluso votaron por él en las recientes elecciones.

Las actitudes, a través de procesos de *aprendizaje, selección, repetición y acción van conformando esquemas de pensamiento y conducta que se van solidificando y convirtiendo en modelos definidos de comportamiento*. Un hijo de católicos practicantes, por ejemplo, empieza a relacionarse desde niño con todo lo que implica su creencia. Ora, va a Misa los domingos, recibe la Primera Comunión, se casa por la Iglesia, realiza obras de caridad, etc.; se identifica con una religión, una población y se siente muy contento. En este contexto, cuenta con suficientes repertorios de aprendizaje para *conformar esquemas* de comportamiento religioso que podrá convertir en creencias y actitudes, llegando a vivir su fe con gran convicción, pues ha madurado y actúa con libertad, no por presión alguna. En épocas pasadas en muchas naciones se enseñaba que la Patria, era como una madre, o sea, insustituible, por eso, pese a muchas necesidades, emigrantes a otros países, pese a la dificultad de vivir como extranjeros, no se naturalizaban como ciudadados de otros países porque era como negar a la propia madre. Hoy esa convicción ha cambiado muy claramente.

Me permito insistir nuevamente sobre una referencia expresada con anterioridad: la conformación de estos esquemas de pensamiento y conducta, *no son únicamente modelos abstractos o ideales que se pueden transformar de un momento a otro como se ha creído durante siglos. Como veremos seguidamente y ya se ha insinuado anteriormente, se convierten en verdaderas estructuras biológicas que conforman una especie de "programa" bastante duradero (depende de la intensidad, motivación, frecuencia, etc.) que establece las normas y tendencias que condicionan luego un tipo de pensamiento o conducta.*

A un adicto a las drogas inveterado, probablemente no le impacte en demasía el caso de un compañero de aventuras detenido por tráfico y abuso de drogas, pero sí a su padre que es Ministro de Educación y dirige una Campaña Nacional contra el Abuso de Drogas, auspiciado por su Gobierno. De la misma manera, puedes tú conservar con mucho amor un disco obsequiado por tu primera novia, pero ahora te dicen que te deshagas de él porque está pasado de moda. Los hábitos y actitudes, se enraízan en nosotros, no sólo por factores ideológicos, sino también porque conforman programas concretos de pensamiento, emoción y acción.

Como frecuentemente se ha dicho, el hombre es un ser social, por lo tanto la interacción con este entorno constituye una de las bases donde se asienta su *"aprendizaje social"*. El niño es un excelente ejemplo de aprendizaje: observa que el padre da comida al perro, él quiere hacer lo mismo; un coetáneo juega interesado con un juguete, se aproxima, observa, quiere participar. Aprende por imitación u observación, enriqueciéndose a través de una multitud de procedimientos. Hay modos de aprender que son *directos e indirectos*.

6.2.1. Influencia Directa e Indirecta:

Pedro es un estudiante que llega por primera vez a su nuevo colegio, le alegra el cambio: otra ciudad, nuevos amigos y esperanzas. El ambiente es agradable, respira el aire fresco en un jardín magnífico. Debe saludar al director del establecimiento, lo hace con el entusiasmo típico del joven alegre. Durante el breve encuentro el director se muestra torpe, serio, seco, arrogante, autoritario y lo amenaza: "ante su primera indisciplina quedará usted expulsado". Concluye la entrevista y el novato abandona el recinto velozmente, ya no percibe el aire fresco ni aprecia el hermoso jardín. Quiere huir. Este cambio instantáneo se debe al condicionamiento de una experiencia negativa. Si se repite con más frecuencia podría tener otras consecuencias, por ejemplo aversión al director, al colegio, al maestro, probablemente generalizando a otras entidades. La animadversión de muchos estudiantes al colegio, tiene mucho que ver con experiencias negativas. Desde otro punto de vista, algunos estudiantes rechazan la Matemática, no porque los profesores sean malos, sino porque la materia requiere un esfuerzo que no siempre el alumno quiere prestar, pero él, no raras veces, asocia la aridez de la materia al maestro.

Pedro, ha salido despavorido, probablemente aprenda a superar la experiencia y reencuentre el entusiasmo. Pero ahora, acerquémonos al Director. En general, es una persona amable, pero pocos minutos antes de hablar con el nuevo estudiante le comunicaron que ese mismo mes debería abandonar la Dirección del Colegio, porque prefieren un educador más joven.

Cuando el Director recibió su carta de despido, su contenido puso en movimiento muchas de sus actitudes y creencias: "es injusto, me prometieron que me quedaría hasta mi jubilación, yo ayudé siempre, incluso en malas épocas, etc.". Esta noticia, ha creado un conflicto en sus tendencias (impulso-agresión; comprensión-tolerancia) y en la excitación de su estado, el proceso inteligente que debería orientar sus actitudes hacia una respuesta han sido más influenciadas por el impulso (ira) que por la razón (comprender que el joven nada tenía que ver con el asunto).

Estos ejemplos simples, nos recuerdan que todos estamos sometidos a distintos tipos de estímulos muy *directos*. Ideal que la mayor parte fueran positivos y constructivos, pero esto no es posible. Un padre autoritario, una madre histérica, un maestro neurótico, un compañero de curso agresivo, son parte de la variabilidad humana. Por eso importa tomar conciencia de la necesidad de educarnos mejor y de aprender también a afrontar situaciones de conflicto. En mi práctica clínica he conocido innumerables personas que tuvieron maestros imprudentes, y a 25 años de haber concluido su formación, seguían sufriendo las secuelas de los traumas ligados a este tipo de insinuaciones: *no llegarás a nada, eres muy inútil para los estudios, más vale un burro muerto que todo tu cerebro, etc*. El efecto ulterior: inseguridad, subestima, inestabilidad emocional, frustración, etc. Personas lábiles emocionalmente, influenciables, probablemente con problemas en el mismo hogar, son más vulnerables a este tipo de ofensas. Afortunadamente, tampoco estas influencias son tan automáticas, no inciden sin la intervención de sistemas de defensa. Por ejemplo, un joven más consciente de sí y más seguro, podría restar importancia a este tipo de conceptos. No obstante, si a esta persona con tanta confianza en sí misma, le hacen el mismo comentario durante un estado de preocupación, estrés, depresión, el impacto será muy distinto.

Por otra parte, las experiencias positivas con expresiones cálidas como la del padre que dice al hijo: *¡confío en ti!;* o del esposo a la consorte: *si vuelvo a nacer sólo tengo un sueño: volver a encontrarte;* el maestro al alumno: *llegarás lejos, tú puedes, lo has demostrado hasta ahora.* Son términos que pueden condicionar un registro mnémico fundamental que traducido en términos de actitudes prevé un crecimiento más seguro y permanente. Claro que si decimos *¡tú puedes!* a alguien que ha reprobado todo el año, no habrá en él la convicción de que eso es verdad. Para que formemos actitudes deben darse ciertas condiciones: motivos, frecuencia del estímulo, intensidad, asimilación, etc. De eso hablaremos luego al referirnos a los *esquemas mentales*.

Durante mucho tiempo se ha pensado que podemos decir a las personas cualquier cosa, incluso ofenderlas, tal vez luego excusarse y pensar que todo pasó. Lastimosamente no es así. Podrás excusarte, lo cual es aconsejable y debería ser una virtud vigente en todos, pero como verás, a lo largo de los capítulos siguientes, si tu ofensa ha sido profunda y ha herido a la persona, aunque su perdón sea sincero y muy honesto, altamente generoso y compasivo, es probable que en su corteza cerebral habrás dejado una huella neural que todavía debe extinguirse. ¿Cómo? a través de nuevos aprendizajes respecto de ti, que ayuden a extinguir esa huella. Pero como no siempre sabemos hacerlo, y con frecuencia, tampoco somos conscientes de lo que provocamos, lo que *debe aprender el humano y tú también es a no hacer algo, ni a decir aquello, de lo cual luego te debas arrepentir.*

Existen otros sistemas de aprendizaje que gradualmente *condicionan* nuestra conducta, y están relacionados a aquello que sucede en nuestra interacción con el entorno y puede asumir una forma más *indirecta* pero no por ello menos influyente. Un ciudadano camina tranquilo por una calle de Nueva York, lo asaltan unos jóvenes para robarle. Los siguientes días evita el mismo itinerario, pero divisa en su camino otro grupo de jóvenes y cambia de dirección, recordando la experiencia anterior. Esta influencia indirecta, determina que las nuevas personas que encuentra aunque no son parte de la experiencia traumática, por condicionamiento, se conviertan en parte de una generalización y extensión de su miedo. Éste es uno de los efectos frecuentes de un trauma o choque psicológico.

El hombre aprende al *asociar* un estímulo con otro, *imitar* la conducta de otros. La *moda* en el vestir o los ritmos sociales son un ejemplo de ello. Películas particularmente norteamericanos han asociado con mayor frecuencia la conducta delincuencial a un hombre de raza negra o a un latino, de aquí que en muchos norteamaericanos o europeos se suscitan *prejuicios* y *generalizaciones* que provienen únicamente de estos tipos de condicionamiento convertidos en *estereotipos*. Muchos programas televisivos han sido sometidos a juicio porque justamente los "modelos" presentados aparentemente tuvieron influencia negativa en la conducta de muchas personas, de aquí la censura, prevención y necesidad de educación al seleccionar programas, particularmente en niños cuyo repertorio es más indefenso y más vulnerable a las influencias. Muchos niños intentaron volar como Superman sufriendo la muerte o heridas graves. Luego de la película "El Señor de los Anillos" grupos de personas han programado una vida comunitaria con el propósito de revivir algunas de las ponencias del autor, incluso han visto en Nueva Zelanda (escenario del film), un lugar donde podrían iniciar una nueva vida.

6.2.2. Influencia masiva:

Si reconocemos la importancia del ambiente en la formación de nuestros repertorios conductuales, será aconsejable profundizar el asunto, reconociendo su influencia en contextos mucho más complicados.

En diversos países se ha declarado la preocupación por ciertas formas de comportamiento que dañan la estructura funcional y ética de gobiernos y estados. Un ejemplo notable es la *corrupción*. El abuso del poder y la influencia de personajes inmorales, ha dado lugar para que ciertos políticos encuentren las condiciones necesarias para utilizar el bien social para fines propios, de manera ilegal. Cuando un gobierno, permite en gran extensión este comportamiento, estimula actitudes similares aún en personas que no habrían pensado asumir conductas de este tipo. Pero la influencia del entorno, las gratificaciones ligadas a la fácil ganancia, además de una impunidad cómplice, hace que esta conducta, en quien ha roto su código moral, se convierta en atractiva (!).

Ésta es una censurable y grave enfermedad social que amenaza a varias naciones llamadas del Tercer Mundo, pero que no deja inmune a las otras conocidas como más desarrolladas, pues las *tendencias..., se dan tanto en un lugar como en otro*. Pero la preocupación aquí expresada no se reduce al ejemplo específico de la corrupción. La extrema tolerancia ante la ofensa social, el desprecio a normas y códigos, y en ciertos casos, su ausencia, hace que el individuo se anarquice ejerciendo conductas que pueden amenazar el equilibrio de la vida social humana. En muchos momentos la *eutanasia* fue impensable, hoy, dentro de un código propio, Holanda la ha aprobado. La sociedad sigue su ritmo, pero las propuestas y nuevas leyes que establece, ¿son las más adecuadas para el desarrollo equilibrado de los hombres?

El consumo de alcohol fue combatido en algunos capítulos del pasado, hoy es tolerado en la mayor parte de los ámbitos sociales, pero a su vez, es causa de millones de accidentes, muertes, daños concretos, pero su consumo es legal. La religión judeo-cristiana cuenta entre sus Mandamientos: *"No matar"*, pero muchos estados que reconocen estas religiones como "oficiales" admiten la pena de muerte y justifican matanzas en conflictos bélicos recurriendo al argumento de la defensa propia, defensa del territorio o prevención. Sociedades que por religión o filosofía pregonan el amor y la pobreza, no raras veces se muestran poco consecuentes con los valores que sostienen. Tantos líderes reconocidos por ciertos estratos, han apagado sus altisonantes voces en el oscuro silencio de prisiones luego de que procesos criminales comprobaran sus conductas totalmente opuestas al contenido de sus predicaciones. Mientras se jura en un matrimonio amor para toda la vida se propone el *divorcio* como alternativa, a tal punto, que parejas jóvenes contraen matrimonio considerando desde el principio la posibilidad de recurrir al mismo ante cualquier conflicto marital.

Todo este sistema de referencia influye en la formación de actitudes y creencias. Ciertamente que resultaría imposible controlar todo tipo de incidencias, pero si bien por una parte es menester la conciencia de las sociedades para proponer y cultivar repertorios adecuados, también el humano debe estar en grado de discriminar los estímulos para asimilar aquellos que convengan a lo suyo. Aquí radica la necesidad de educar y re-educar de cara a la conformación de actitudes deseables.

6.3. ACTITUD Y CONDUCTA MANIFIESTA:

¿Cuántas veces una persona que cuida el elemental ornato de la ciudad se encuentra con alguien que arroja atrevidamente basura sobre la calle, sin que le importe la opinión de quienes observan su hazaña? ¿Qué sientes tú cuando ves que un adulto castiga a un niño en la calle? ¿Tienes ganas de intervenir?

¿Si te encuentras solo, viendo un debate político, no 'hablas'con el televisor expresando tu molestia cuando el político corrupto habla de honradez y sus seguidores bien pagados, le aplauden?

Nuestros modelos de pensamiento y conducta, perfilados en actitud, en distintas ocasiones nos impulsan a actuar de una cierta manera, por ejemplo queriendo acercarse al adulto y pedirle que no castigue al niño. Pero cuando decides hacerlo, observas que quien castiga al niño es una persona mucho más robusta que tú, tosca, y su rostro aparenta violencia incontrolada... Entonces decides no intervenir.

Las actitudes se traducen en *esquemas* de pensamiento que predisponen una conducta, pero no siempre podemos actuarla, lo que significa que no siempre estamos en condiciones de aplicar aquello que pensamos o sostenemos. Si una joven depresiva con complejo de inferioridad a causa de su aspecto físico nada atractivo, pregunta en el consultorio al especialista si es bonita o fea... ¿le puede contestar fríamente que sí, que es fea?

Existen contextos en los cuales hay *restricciones situacionales* (Baron y Byrne, 1998) innumerables, donde nuestras actitudes no se traducen en conducta. Pero sí podemos expresarlas en otras formas, por ejemplo al escribir un texto sobre el abuso de los adultos a niños, dictando una conferencia, afiliándonos a una sociedad que sostiene nuestros principios. Si bien el hombre es libre de asimilar y expresar sus actitudes, ellas también están sometidas a códigos y normas de forma, estilo, condicionantes sociales, situaciones, etc. A pesar de todo, el hombre cuando se expresa revela en alguna medida la profundidad de sus actitudes. Lucio Battisti (1972), era un cantante romántico muy famoso en Italia en los años setenta. Ha vivido siempre retirado, cuidando su propio espacio, casi temiendo la influencia de un mundo que no podría controlar. Cuando murió, hace pocos años, la prensa explicó que no contaba con fotografías de él de sus últimos años, justamente por la reserva que siempre mantuvo. En una canción suya, revierte mucho de su aprenhensión hacia la sociedad:

Éste es el tiempo de vivir contigo,
mis manos no tiemblan más,
.....
En el fondo de mi alma hay un inmenso amor,
y después todavía amor, más amor por ti,

hay ríos azules, y colinas y prados,
donde recorren muy dulces, mis melancolías.
El universo encuentra espacio dentro de mí...
mas el coraje de vivir, ése, todavía no lo tengo...
(I Giardini di Marzo, 1972)

Muchas personas *transfieren* sus sentimientos sobre otras personas, por eso alguien nos dice que estamos tristes cuando no lo estamos, pero sí quien así lo afirma. Y otros *proyectan* sus preocupaciones, o prejuicios pensando que somos nosotros los preocupados o prejuiciados. *En el contenido que nos transmiten, hay mucho de lo que piensan, aman, temen..., nos comunican parte de su mundo interior, de su intimidad, por eso la actitud merece respeto, amor y conocimiento para entenderla, apreciarla y educarla.*

6.4. INTENSIDAD Y COHERENCIA:

La conformación de las actitudes está directamente relacionada a la *intensidad* de aquellas experiencias que el individuo aprende y asimila. Muchos líderes políticos como Martin Luther King, vivieron con mucha intensidad la discriminación racial norteamericana. Dicha vivencia lo impulsó a asumir actitudes de gran compromiso contra la misma, incluso, hasta ofrendar su vida. Éste es el carisma del que gozan los hombres que se comprometen. Teresa de Calcuta, el Papa Juan Pablo II, Bono, el cantante líder del grupo U-2, y tantos otros, son ejemplos de cómo las actitudes pueden orientar acciones, profesiones y misiones, en virtud del impacto y asimilación consecuente que realizan de variados valores en sus distintas expresiones: fe, justicia, servicio, etc. Los estudios de Petkova, Ajzen y Driver (1995), confirman en investigaciones psicosociales que la intensidad de la experiencia confirma su importancia en la estructuración de actitudes.

La *intensidad* señala la *fuerza de impacto y extensión del estímulo* que se asimila y retiene manifestándose sucesivamente en el repertorio comportamental. Sin excluir el valor de la vocación e inclinación vocacional, puedo citar que muchos estudiantes de medicina, *más distinguidos* que sus compañeros de curso por su dedicación a algunas enfermedades, me han revelado que optaron por la especialidad porque un pariente muy amado sufrió la misma enfermedad, y querían aprender a superarla. "Alcohólicos Anónimos" es una organización de seguimiento a alcohólicos que quieran rehabilitarse y está conformada por ex-alcohólicos.

La intensidad puede variar en relación a la *importancia* del evento. Ayudar a resolver un problema mecánico a una persona que por azar encontramos en la Autopista, probablemente no nos motive a estudiar Mecánica, pero si visitamos un pueblo abandonado donde no hay un educador para centenares de niños y comprendemos que si alguien no se sacrifica, jamás recibirán instrucción, posiblemente, esa experiencia despierte el interés para orientarse a la Educación rural. Muchas personas que han padecido enfermedades prolongadas, o han tenido alguien cercano que las ha vivido, en épocas posteriores se unen a movimientos de voluntariado para atender en clínicas y hospitales. Es más, a veces la experiencia podría ser desagradable, como ver sangre y desechos, pero superan el hecho gracias a la *convicción* de que ayudar a superar el sufrimiento, es más importante que su actitud hacia estímulos menos agradables.

¿Por qué algunas personas son más patriotas que otras? ¿Por qué arriesgan su vida los disidentes políticos en países totalitarios? Actitudes profundas se nutren gracias a la *importancia* que se otorga al evento. En muchos momentos las respuestas pueden ser individuales y de pequeños grupos, pero la convicción podría motivar a que las premisas busquen mayor extensión, por eso los líderes recurren a manifestaciones públicas, desfiles, concentraciones populares, medios de comunicación, en el intento de sensibilizar a las masas sobre distintos temas que puedan conmover en algún grado el pensamiento y actos de otros, afectando en alguna manera actitudes ajenas. Estos intentos llaman en causa aquel mecanismo que pretende influenciar las actitudes de los demás, y se conoce como *persuasión*, tema que trataremos en un capítulo sucesivo.

Durante la "Guerra Fría", sucedió que el Embajador de un país pidió el relevo de sus funciones porque una potencia extranjera le había invitado a prestar servicios como espía. El personaje relata que al principio rechazó la propuesta, sintiéndose muy ofendido, pero luego que elevaron la cifra a una cantidad significativa, confiesa que se sintió menos ofendido y tentado a aceptar. Antes de hacerlo, optó por dejar la sede de sus funciones. ¿Por qué?

La intensidad *de las actitudes afectan un concepto cognitivo y volitivo* que se conoce como *coherencia*. Si una persona ha asimilado un repertorio sólido y hondamente relacionado a sus valores, es muy probable que la estructuración de la actitud consecuente sea también muy profunda, por ello está en grado de ser pronosticable y revela cuán sólida puede ser la fuente que inspira una cierta conducta. *Un individuo es coherente si sus actitudes inspiran convicciones pro-*

fundas, en muchos casos inquebrantables. ¿Por qué tantos mártires cristianos prefirieron morir antes de adorar a un ídolo pagano? ¿Por qué tantos valientes soportaron torturas sin revelar aquello que los del otro bando querían saber? Porque sus actitudes residían en hondas convicciones y creencias, tan sólidas que ni la amenaza, el dolor o la muerte quebrantarían. Muchos capítulos de la historia humana y nacional, se han escrito con la sangre y comportamiento de aquellos que fueron ejemplo de coherencia.

Justamente la falta de coherencia es la que llama la atención cuando alguien rompe compromisos exhibiendo conductas contrarias a actitudes. Nuevas ideas, dinero, miedo, amenazas, pueden efectuar cambios importantes en un repertorio de convicciones.

En el ámbito familiar, sorprende en la actualidad las altas tasas de divorcio. Cada vez son menos los matrimonios "para toda la vida". El relativismo de muchas de estas relaciones, estimulado por el mensaje de que el divorcio es una solución aceptable, ha disminuido la convicción de que el matrimonio es "hasta que la muerte los separe". Quienes más han sufrido las consecuencias trágicas de estas actitudes han sido nada menos que los hijos, cuya necesidad de asistencia psicológica cada vez se incrementa.

Otro caso frecuente que revela convicciones débiles, lo reconocemos en aquellas personas que tienen el hábito de fumar o beber (u otros) y deciden un cambio radical el primer día del Año. En varios casos, a las pocas horas, o días, se rompe el compromiso. Muchas propuestas conductuales tienen un sentido sobre todo de *accidente* (o sea secundario y sin vital importancia) *o de intención relativa*, no van unidos a una motivación sólida, el concepto es verbal, externo, posiblemente emocional, carente de repertorios intensos que pronostiquen un cambio efectivo y prolongado.

Hace unos años estudiamos una población urbana de clase media alta que sufría muchos robos. A fin de tomar algunas medidas, los dirigentes vecinales sugirieron contratar un servicio de vigilancia jurada que resguardase la zona, y para ello, todos los vecinos del lugar tendrían que pagar una cuota mensual. Aquellas personas que ya habían sido robadas, consideraban que no era necesario que ellos pagaran pues no creían que les robarían de nuevo y de los que no fueron todavía víctimas, la mitad pensaba que "tal vez a ellos no les robarían". Sin embargo, a medida que estas personas se convertían en las "nuevas víctimas", o sea, que cuando se sentían tocadas en su propiedad..., recién querían asociarse a las medidas de seguridad tomadas.

Esta es una prueba más de cómo nuestras actitudes ante conductas específicas se movilizan en función de nuestro propio interés. Aquí se cuestionan muchas expresiones de aquel "egoísmo social" que anula el altruismo y alimenta el interés individual.

Una sociedad egoísta sólo responde en función de intereses propios, debilitando el sentido del servicio y la cooperación como valor en sí.

De todo lo mencionado resulta que las actitudes son influenciadas por la familia, por grupos sociales y por la cultura y se consolidan si:

- comprometen repertorios profundos que atañen los valores del individuo o de aquel entorno que para él es importante,
- se relacionan con los intereses cultivados por el sujeto en cuestión,
- son reforzadas por otras fuentes.

Las actitudes son verdaderos programas de referencia que inspiran ciertos modelos de conducta, tienen una función de conocimiento en cuanto nos ayudan a evaluar (positiva o negativamente un estímulo o varios de diferente índole), organizar y determinar posturas de pensamiento y acción, revelando mucho de la identidad de una persona y sus valores. En última instancia, descubren (en algun grado) características propias de quien habla o actúa y de aquéllos con quienes interactuamos.

Capítulo 7
ESQUEMAS MENTALES y HUELLAS NEURALES

Te encuentras en una consulta médica para exponer al especialista tus preocupaciones físicas. Mientras hablas, él atiende llamadas telefónicas, da órdenes ajenas a tu caso a su enfermera, mira su reloj con insistencia. No tardas mucho en *interpretar* que no está atento a lo tuyo, parece apurado y probablemente tampoco tenga el interés que tú esperas. ¿Por qué llegas a esta conclusión tan rápida y fácilmente?

Durante nuestras experiencias *aprendemos* distintas modalidades de comportamiento que conforman verdaderos *"mensajes"* de realidades subyacentes. Si yo te pregunto qué esperabas de tu médico, probablemente me digas: "esperaba que me escuchara con mayor atención, que no atendiera más pacientes a la vez, que no se distrajera con asuntos ajenos, que me hiciera algunas preguntas para entender mi estado mejor, que no me insinúe cuán apurado está, etc. Todo esto significa que tú posees un *Esquema mental* de cómo debe comportarse un médico con su paciente.

Los esquemas mentales se forman también a través de aprendizaje y están compuestos por informaciones relativas a personas, situaciones o modelos de conducta, que una vez incorporadas en nuestro repertorio mental nos permiten interpretar situacio-nes similares y lo que sucede en ellas. Si tú debes comprar un instrumento electrónico muy importante para tu trabajo, pides una demostración de su manejo; si quien lo vende no muestra interés en su explicación y la realiza de mala manera; no sólo comprenderás

13. Esquemas mentales.

que no tiene ganas de ocupar su tiempo contigo, si no que incluso podrás pensar que el producto que quiere vender es malo, desanimando tu compra.

Fue F.C. Bartlett quien publicó en 1932, uno de los primeros estudios sobre el tema indicando que las reacciones humanas cognitivas, sean perceptivas, imaginativas, mnémicas o expresiones de pensamiento razonado, deberían siempre verse como *un esfuerzo inteligente que va en pos del significado*. El sostenía que la memoria que permite esos recuerdos es activa, constructiva y está determinada mediante *esquemas*.

Allyssa McCabe (1999) menciona que los esquemas son verdaderas estructuras mentales que sirven de guía en la elaboración de *expectativas* sobre una variedad de estímulos cotidianos o frecuentes, ayudan a *interpretar* lo que ocurre, y a recordar experiencias anteriores típicas. ¿Has notado que cuando estás enfermo, quienes te visitan te hablan a su vez de sus propias enfermedades, y te refieren otras de conocidos suyos?

Gracias a los esquemas, cuando vivenciamos nuevas experiencias, las comparamos con los recuerdos que hemos asimilado con anterioridad y que al asemejarse llaman en causa nuestros esquemas pre-establecidos. El esquema facilita la interpretación de gran cantidad de información, que de otra manera, nos habría saturado. Para Bem (2003), "nuestros recuerdos de objetos y eventos no son reproducciones similares a una toma fotográfica de los estímulos originales, sino reproducciones simplificadas de nuestras percepciones originales" (p.5). El hecho de contar con estas referencias "simplificadas", nos permite *procesar* una gran cantidad de información de manera eficiente. Si te dicen que no salgas de noche solo por una calle peligrosa, gracias a tus esquemas, ya sabes que quien te aconseja así tiene razón, no necesita leerte la crónica policial de la zona, ni llevarte al lugar de los hechos para que constates qué peligroso es.

Para los objetivos de esta obra, quisiéramos llamar tu atención subrayando que los esquemas, al no ser una fotografía perfecta de lo real, *están sujetos a elaboraciones conscientes e inconscientes, incluso los sueños que tenemos al dormir, podrían influenciarlos en algún grado*. Por lo tanto, cuando interpretamos nuevas experiencias, por más que queramos ser muy objetivos en nuestras percepciones, las expectativas y preconceptos, influenciarán en alguna medida esa interpretación. En casos criminales, ciertos testigos oculares comprueban esta aseveración, pues con el tiempo, refieren distintas versiones de los "hechos".

La comprensión de los esquemas mentales es fundamental porque éstos *favorecen la interpretación de conductas y sus circunstancias*. Pero como son estructuras ya conformadas y también *modificables*, pueden influir la asimilación de muchos eventos, en función de sus expectativas. Por ejemplo, una joven está enamorada de un amigo, pero él no lo sabe. El joven es por principio educado y amable con todas las personas, pero este trato, es interpretado por la joven enamorada como una señal (equivocada) de que él también está enamorado.

Los esquemas también pueden complicar nuestras interpretaciones: Pepe camina por la calle y reconoce en la acera del frente a un vecino a quien no le une gran simpatía. Por educación, lo mira para saludarle, pero el otro, ni siquiera cruza la mirada. Pepe se siente molesto, recuerda en ese instante a otras personas pedantes como él, lo califica como tal, recuerda que en otras ocasiones jamás fue amable..., decide no saludarle más. Pepe no sabe que el vecino es miope, no llevaba lentillas y literalmente, no lo ha visto.

Algunos rasgos personales pueden llamar seriamente en causa nuestro propio auto-concepto. La persona susceptible por ejemplo, acoge esquemas muy conflictivos. El susceptible sufre de autoestima baja, complejo de inferioridad, agresividad encubierta, cree que las personas confabulan frecuentemente en su contra, perennemente imagina cómo responder a quienes le hagan bromas, pues no las tolera, etc. Un perfil de este tipo, como también el de una persona celosa, prejuiciosa, irritable, etc., hace que sus esquemas mentales interpreten los nuevos datos, en general, de manera distorsionada. Todo ello confirma la importancia de aprender a reconocer la calidad de nuestros propios esquemas, a fin de orientarlos convenientemente.

La práctica clínica nos ha revelado en matrimonios donde el marido es abusivo, que la mujer cada vez más disminuye su propio autoconcepto. En dicho contexto, la mujer "plagiada" (dominada y sometida), construye nuevos esquemas de subestima, deterioro y despersonalización, llegando a sentirse fracasada y resignada. Resulta entonces necesario que sepa cuidarse de tales condiciones a fin de proteger su propio yo, dignidad, valores y eficacia.

Pero el Esquema Mental, es sólo la primera parte de aquello que tú tienes que saber. Tiene su complemento, y seguramente para ti, será muy importante y novedoso, a tal punto que esta valiosa información la asimilarás como nuevo esquema mental.

7.1. HUELLAS NEURALES:

En el capítulo 3, hemos explicado algunos principios fundamentales referentes a la actividad de las neuronas. Recordemos entonces que las células del cerebro se comunican entre sí gracias a los neurotransmisores que son enviados por una neurona a los receptores de otra. Unas *vesículas* muy especiales contienen estos transmisores y, en función de la estimulación eléctrica que reciben, transportan los mensajeros químicos hasta la terminal de la neurona depositando su contenido en la *sinapsis*. La *intensidad* de los estímulos eléctricos que determinan la emisión del neurotrasmisor, es distinta en función del *tipo* de comunicación que se debe establecer entre las neuronas y esto hoy se sabe con mayor precisión, pues Chen, Harata y Tsien (2003), de la Escuela de Medicina de la Universidad de Stanford, han demostrado que la actividad eléctrica en neuronas del hipocampo, a veces estimulaba la actividad de una sola vesícula, revelando que la neurona "destinataria podría recibir un solo "paquete" (cuanto) del neurotransmisor o nada, aspecto que condicionaría la actividad post-sináptica de la otra neurona.

Esta experiencia ha sido mayormente enriquecida con los resultados de Stevens y Gandhi (2003) del Instituto de Medicina Howard Hughes, quienes tuvieron la habilidad de encontrar una técnica que les permitía visualizar cada vesícula luego de su descarga. Este dato es significativo para el tema del aprendizaje, porque estudiando el reciclaje de las vesículas, o sea estudiando cuánto de neuroquímicos se ha transmitido a la otra célula, se podrá determinar la cantidad de información que pudiera haberse emitido a la otra célula.

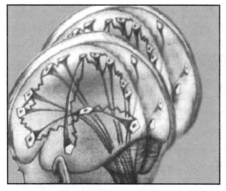

14. Huellas neurales

Estos resultados confirman muchas teorías del pasado que, basadas en brillantes intuiciones y sirviéndose de tecnología bastante rudimental, lograron encaminar correctamente a los investigadores de hoy. En 1949, Donald Hebb, propuso la existencia de sinapsis especiales responsables de *reforzar* o *debilitar* ciertos mecanismos sinápticos. Al estudiar las neuronas, este investigador encontró que la fuerza de la señal eléctrica aumenta cada vez que coincide la actividad de una célula presináptica con otra post-sináptica. Las mayores pruebas las ha obtenido al detectar los fenómenos de potenciamiento a largo plazo efectuado en el hipocampo. En virtud de estos estudios se ha identificado la importancia que el aumento de estímulo, por lo tanto de potenciales, tiene en la memoria y en el aprendizaje. Se ha descubierto también que hay zonas que maduran gradualmente y su disposición genética se prepara a acoger bajo mejores condiciones la interacción con el ambiente. Es el caso del lenguaje, del razonamiento simbólico, lógico, espacial, entre otros, que se manifiestan paulatinamente a lo largo del proceso madurativo propio del desarrollo.

El hecho de que la actividad neural requiera de un proceso de maduración, pone en evidencia la *plasticidad* del cerebro, por la cual, dentro de ciertos límites obviamente, puede permitir la influencia de factores exógenos, como el aprendizaje, brindando a sus recursos biogenéticos mayores grados de adaptabilidad.

7.2. DARWINISMO NEURONAL:

Gerald M. Edelman (2000), sostiene que las neuronas en el individuo en desarrollo *forman conexiones escogidas* como resultado de eventos que se producen en cada animal o embrión. Como consecuencia de esta selección, en cada cerebro se forma un extenso repertorio de conexiones diversas y absolutamente individuales.

Este premio Nobel de 1972, pero siempre activo, y hoy muy preocupado por las bases neurológicas de la conciencia, afirma que la condición biogenética determina ciertas formas de *selección de desarrollo* (por eso un niño no camina desde que nace, ni está en grado de hablar o aprender aritmética) y otras de *selección empírica* que se dan en función del refuerzo o debilitamiento selectivo de las conexiones entre las células nerviosas, conocidas como sinapsis, y que dependen de las experiencias y los contactos del individuo con el mundo exterior. Las *"seleccionadas"*, en virtud de su estimulación, activación, función y uso, *son reforzadas* permitiendo una función más eficaz que las pasivas. Esta selección, conocida como *"darwinismo neuronal"* es muy individual y las Ciencias del Comportamiento han demostrado que está muy relacionada y depende en gran medida, del uso que se impone al recurso natural en relación al ambiente. En base a este mecanismo, se conformarían los *mapas cerebrales* que están unidos por una serie de fibras, de tal manera que la *selección* producida en mapas diversos, puede ser correlacionada de un mapa a otro, permitiendo al animal generalizar y clasificar el mundo que le rodea (Edelman, 1993). Michael Gazzaniga, brillante biologista y contumaz, aunque deja poco espacio al efecto del ambiente, coincide en afirmar que sus famosos *Módulos cerebrales* están dotados de miríadas de planos (1999).

Edelman justifica sus aseveraciones indicando que los estudios realizados en su laboratorio, han establecido la estructura de moléculas que pueden ser consideradas "ligantes" del cuerpo: las moléculas de adhesión de las células que conectan una célula a otra, las células nerviosas que se unen entre sí y aquellas que correlacionan la estructura del cuerpo de modo esencial. Estas moléculas, reitera, se conectan entre sí en la membrana de la célula, el ligamen es homofílico en cuanto una molécula de adhesión celular de la célula se une al mismo tipo, pero no a otros tipos provenientes de una célula diversa. Este modo de adhesión define confines que confieren forma y anatomía al cuerpo y al cerebro.

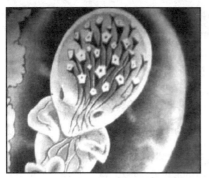

15. Selección neural

La distribución de las redes depende de la interacción del individuo con el ambiente. Y su postulado implica que las neuronas y las sinapsis son extremadamente variables y que esta valiosa variabilidad consiente a los estímulos ambientales "seleccionar" o "emplear" aquellas que estén más adecuadas para reconocerlos y elaborarlos. El refuerzo mediante el uso, aprendizaje y elaboración estabilizaría sus funciones y reacciones. Téngase en cuenta, empero, que este punto de vista no elimina la originalidad de los programas genéticos establecidos en otras funciones conocidas o no por la ciencia.

El descubrimiento de estos significativos mecanismos neurofisiológicos adquieren mucha solidez al estudiar la conducta de los individuos; por eso, tal vez ahora no sorprenderá que individuos criados en ambientes similares desarrollen diferentes repertorios conductuales que los distingan unos de otros.

La plasticidad muestra una forma nueva de mirar el cerebro y particularmente de reconocer la importancia que tiene el enriquecimiento ambiental en el desarrollo integral del hombre.

En páginas anteriores hemos expuesto los estudios de Merzenich, demostrando cómo la actividad de los dedos en el cerebro mostraban un claro mapeamiento, que variaban de sujeto a sujeto en función de la actividad. Grai y Singer (1991), en Alemania y muchos autores más, han confirmado las teorías de Edelman.

7.3. GRAFOS NEURALES: Jean-Pierre Changeux:

El Dr. Changeux, es un eximio neurobiólogo y biopsicólogo del Instituto Pasteur de Paris. Su libro *"El hombre neural"* (1986), lo ha lanzado más allá del restringido mundo científico y su nombre se asocia frecuentemente al de Gerald Edelman por haber postulado de manera independiente, la conformación de las *redes neurales* que él denomina *"grafo neural"*.

Este científico entiende el cerebro como un todo y añade que cada parte se relaciona a la función de su globalidad. Llama la atención de Changeux el estudio efectuado por Luver y Bucy (1939), en el que revelan cómo la ablación de una gran parte del Sistema límbico (importante en la vida emocional) de un mono, suscitaba cambios importantes en la conducta del animal: salvaje al principio, se volvía plácido y tranquilo, se amansaba, llevaba toda clase de objetos a la boca, hasta alimentos que no le agradaban. Exhibía una conducta sexual desbordante, practicaba la masturbación sin cesar, se acoplaba sin discriminación, incluso con individuos de su mismo sexo, aunque correspondían a especies diferentes.

Es de este punto de vista que Changeux parte afirmando que las expresiones emocionales y su génesis no derivan de mecanismos demasiado simples. El *hipotálamo*, por ejemplo, es una parte del conjunto, pero *en unión con formaciones nerviosas* elevadas como el mismo Sistema límbico... por lo que *"no se podría hablar de 'un' centro de las emociones, sino de una 'constelación' de grupos de neuronas, un conjunto de focos de integración que contribuyen a ello, pero cada uno de estos conjuntos de neuronas está conectado al otro de una forma definida ..."* (p. 134-135).

Existen conductas primarias que ocurren en el hombre independientemente de cuánto el hombre las haya fortalecido o no. El orgasmo es un ejemplo de ello. Las contracciones musculares locales, el cambio de ritmo cardíaco, el flujo sanguíneo nos informan apenas sobre la sensación del orgasmo, pero en la mujer precede en dos, tres o cuatro segundos a la respuesta propiamente fisiológica y en el hombre se puede dar hasta sin eyaculación, por lo que se reconduce a los estudios de Davidson (1980), quien localiza el orgasmo en el cerebro. Lo que significaría que *las huellas para ello existen en diferentes lugares*.

La realización de conductas automáticas y aún ciertos movimientos voluntarios, dependen más de las estructuras "envueltas" por el neocórtex que del córtex mismo. Por eso es que un bebé nacido sin córtex, despierta y duerme regularmente, mama, se chupa el dedo, se endereza, bosteza, se estira y llora. Sigue tanto a estímulos visuales como acústicos, rechaza objetos desagradables y realiza movimientos voluntarios.

Para Changeux es difícil dividir el cerebro apriorística o teóricamente. Para él los datos hasta hoy obtenidos autorizan a afirmar con seguridad que todo comportamiento, toda sensación, se explican *por "la movilización interna" de un conjunto topológicamente definido de células nerviosas, mediante un grafo propio* (p.149).

La neocorteza, en este sentido, subraya su plasticidad, permite al organismo abrirse a las experiencias del mundo físico y social y analizarlos en su mayor dimensión. La presencia de grafos neurales muy ligados al desarrollo del sistema nervioso, es la prueba del enriquecimiento de sus capacidades de interacción y aprendizaje.

La movilización de neuronas en base a programas genéticos compone una red particular que se especializa en base a actos o sensaciones, siguiendo el esquema clásico estudiado en las sinapsis. La función electroquímica se traduce en términos de variaciones de frecuencia, número de impulsos, silencios, siguiendo sistemas superespecializados de codificación. La especificidad de las señales físicas se codifica por la capacidad de conexión y en la especialidad de las respuestas bioquímicas de los neurotransmisores. Pero, ésta es sólo una parte del complejo mecanismo, las capacidades cognitivas, inteligentes superiores harán lo demás. Un joven puede estar muy motivado para tener una relación sexual, pero podría descubrir que no responde con la erección adecuada por ansiedad psicológica, lo que significa, que la red, aún poderosa, también está condicionada a módulos mentales importantísimos. Por eso, no hay que olvidar que el hombre no es sólo biología.

7.4. CONEXIONES CEREBRALES: Carla J. Schatz

La Dra. Schatz (1992), es una neurobióloga muy reconocida por sus trabajos aplicados al desarrollo de las *conexiones visuales* en mamíferos. Enseña Neurobiología en la Universidad de Berkeley. Sus trabajos científicos la han llevado a reconocer que el cerebro con sus 100.000 millones de neuronas, está conformado por unas *conexiones neurales que permiten actividades superiores como el aprendizaje y el pensamiento, favoreciendo en el hombre el desarrollo de sus propiedades mentales.*

Uno de los aspectos esenciales para ella es la precisión de las "conexiones". Según esta autora, durante el desarrollo del feto, es imprescindible que el organismo produzca neuronas en una cantidad y localización precisa: "Desde estos lugares los axones que parten deben encontrar la vía correcta para llegar al blanco y para concluir deben establecer las conexiones exactas" (p.27).

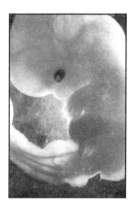

Los circuitos se forman en base a proyectos biológicos (presumiblemente contenidos en el ADN) pero el funcionamiento se daría "luego de haberse instalado la base de los circuitos", permitiendo la adquisición de sus características finales, en base a procesos de *interacción con el ambiente por medio de la experiencia y del aprendizaje*.

16. Desarrollo fetal

Las conexiones nerviosas se elaboran a partir de circuitos que ella denomina "inmaduros". Aunque el adulto nace casi con todo el bagaje neural que requiere la existencia humana, la masa del cerebro al nacer es sólo un cuarto de aquella que alcanzará de adulto. El cerebro se hace más fornido porque aumenta la dimensión de las neuronas y aumenta el número de los axones y de las dentritas como también la extensión de sus conexiones.

Las indagaciones confirman que para que los circuitos lleguen a conformar un cerebro adulto en estado óptimo, los circuitos deben ser "estimulados". La prueba la han brindado biopsicólogos, neuropsicólogos, al demostrar que niños que han estado la mayor parte del primer año de vida en la cuna, a sus 21 meses, algunos de ellos, después, no podían sentarse correctamente, y a los 3 años de edad, alrededor del 15% no podían caminar.

Estos datos junto a otros, son los que justifican la necesidad de estimular al niño en edad evolutiva en las diversas esferas de su constitución orgánica y mental: tacto, movimiento, palabra, iniciativa, etc.

Se debe prevenir el hecho de que en no pocos casos se ha querido *"sobre-estimular"* a los niños (queriendo producir supuestamente "genios"). No hay que olvidar que el niño, particularmente en su tierna edad, es una maravillosa vida humana que merece todo cuidado, por lo que ofende a su dignidad querer convertirla en un objeto de experimentación, aunque aparentemente quiera buscarse su bien a través de estimulación excesiva. La neuropsicología describe sus alcances pero es el amor, la prudencia y el buen criterio del adulto que deben orientar las expectativas de rendimiento, siempre en función de sus recursos individuales reales y no supuestos. La instrucción debe mejorar al hombre, no empeorarlo.

¿Cómo se conforman las conexiones?

Schatz justifica sus puntos de vista citando a Corey Goodman y a Thomas Jessel, quienes al estudiar estos procesos descubrieron que en la mayor parte de los casos los axones "reconocen" inmediatamente "su camino correcto" hasta llegar al "blanco" exacto. Sostienen la existencia en los axones de una especie de "órganos de sentido molecular" programados genéticamente. A este respecto, veremos luego las pruebas que Michael Gazzaniga nos ofrece.

Muchas propiedades neurales, no logran su especificidad sino mediante un proceso de maduración y crecimiento, lo que confirma el aporte efectuado por el psicólogo Jean Piaget al proponer teorías basadas en niveles de desarrollo en las funciones intelectuales. La neuropsicología moderna le ha dado razón particularmente en lo que se relaciona al pensamiento lógico y la actividad del lóbulo pre-frontal (Castañón-Gómez, 1991).

El concepto de maduración ha sido estudiado en detalle por la Dra. Schatz, y ha determinado que la emisión "oportuna" de potenciales de acción en las células, adquiere una importancia crítica al determinar qué conexiones sinápticas serán reforzadas y conservadas y cuales, en cambio, debilitadas y eliminadas. Se ratifica consecuentemente, la ley de la selección neural darwiniana de Edelman y concede mayor énfasis a la *estimulación*, en cuanto el contexto ambiental puede ser depósito de muchos sistemas de estimulación neuro-psico-fisiológico.

7.5. EL INNATISMO DE MICHAEL GAZZANIGA:

Para este valioso investigador, el programa neural de cualquier animal vivo se halla predefinido y determinado, pero puede modificar su micro-arquitectura con el correr del tiempo. Pero no cree en una plasticidad sustitutiva capaz de improvisar algo. Todo tiene su función y nada toma la parte del otro: "Jamás un organismo construye una solución a novo", concluye (1999, p.31).

Aunque reconoce que aún no se sabe cómo se forman las *Redes,* él postula que la especificidad neural subyacente en estas adaptaciones pueda ensamblar una red diseminada por todo el cerebro. Gazzaniga niega (a veces con furia) los postulados de ciertos conductistas tradicionales que quieren ver en la mente el resultado de meros condicionamientos y asociaciones. Lo que estos psicólogos llaman condicionamiento, refuta, son sólo respuestas de un organismo que responde a un programa genético predeterminado. Niega que el condicionamiento induzca conductas que no están ya programadas en un organismo que responde por "selección" no por "instrucción". Gazzaniga empero, acepta, recurriendo a Niels Jerne, inmunólogo de fama mundial y Premio Nobel "que *el organismo posee una pluralidad de redes neurales genéticamente determinadas para ciertos tipos de aprendizaje.* Al aprender, el sistema elige entre una serie de respuestas reinstaladas, buscando la más apropiada para enfrentar el desafío externo" (p.40). Gazzaniga insiste en que la mente humana cuenta con innumerables dispositivos que le permiten afrontar los desafíos con una infinidad de soluciones y son innatos, vienen incorporados y el organismo recurre a ellos para solucionar problemas nuevos, no son creados por el aprendizaje. El estímulo educativo, afirma, puede estimular la cultura, las relaciones interpersonales y suministrar información, lo que no quiere que se diga es que construye un cerebro mejor. Con el condicionamiento no se muestra cómo el cerebro aprende, sino cómo responde ante estímulos específicos, pero eso no aporta en nada a la estructura cerebral que ya está determinada. "El cerebro se construye sobre férreo control genético" (p.68). A su férreo control genético el mismo Gazzaniga abre un pequeño espacio al citar a Goodman que cree que algunas conexiones finas de las pequeñas dentritas en cada neurona, pueden no hallarse bajo control genético. Pero el papel que cumplen seguiría siendo un misterio (p.71).

Las rígidas opiniones de Gazzaniga no son tampoco un capricho. Habiendo trabajado mucho tiempo con el Dr. Roger Sperry, brillante neurocirujano y neurocientífico, pudo constatar la gran potencia del programa genético ante la manipulación ambiental. Sperry demostró cómo el Sistema nervioso conoce específicamente su tarea. Al trabajar con ratas adultas, por ejemplo, seccionó el nervio motor que inerva la pata izquierda y lo conectó al que inerva la derecha. Cuando estimulaba la pata izquierda, teniendo su nervio sensorial íntegro, obviamente que enviaba la señal al cerebro, pero el cerebro no retiró la pata izquierda, sino la derecha, lo cual significaba que enviaba el mensaje al nervio de la pata izquierda aunque estaba conectado a la derecha. Si había plasticidad, ¿no se habría declarado?

Otro importante trabajo realizó Sperry con la *carpa dorada* porque este animal tiene la propiedad de regenerar un nervio óptico destrozado. El investigador había notado que las neuronas de la retina crecían en puntos específicos del cerebro y cuando intentaba desviarlas a zonas alejadas o incorrectas, crecieron a través de éstas para conectarse en las zonas adecuadas. Buscaban su blanco de acuerdo a su propio programa genético, no habían otros centros que hicieran el trabajo por ellas.

Pese a su innatismo, Gazzaniga cita como referencia que algunos neurocientíficos sostienen que el ambiente debe desempeñar alguna función, pero los datos no son suficientes. Menciona los valiosos trabajos de David Hubel y Tornsten Weisel, ambos premios Nobel quienes describieron todo el circuito del sistema visual de los gatos descubriendo que, al colocar un parche en el ojo del gato desde que nacía, se modificaba el rendimiento. Se alteraba el patrón de la conexión neural en la corteza visual. La actividad o no, en este caso, modificaba la función esperada, o sea que la influencia del ambiente era patente.

En su tímida aceptación de la eventual plasticidad neural recurre a Michael Merzenich (ya citado), quien demostró un reordenamiento en la corteza somatosensorial, zona encargada de recibir informaciones de la mano. Evidenció que luego de amputar uno o dos dedos a simios, esta área cambiaba de forma. Semanas o meses después, la representación topográfica de la mano se había reorganizado haciendo que las neuronas que en el pasado representaban el o los dígitos faltantes, representaban ahora pequeñas regiones cutáneas en alguno de los dedos adyacentes. Estos datos orientaron otros estudios referidos al famoso tema del "miembro fantasma" por el cual, articulaciones amputadas seguían originando dolores o molestias. Probablemente, ante estos eventos, el cerebro se reordena y es posible que el miembro fantasma active en algún modo a las neuronas que antes lo representaban y hasta podría estimular una nueva superficie cutánea que actúa como relevo. Recanzone (2000) citado por Gazzaniga, postula que modificando la intensidad sináptica se puede influenciar sobre la circuitería neural y sus mapas para adaptarse a las nuevas informaciones y demandas del entorno, pero siempre que preexista una estructura. El conocimiento que adquirimos resulta, por cierto, de las interacciones con la cultura, pero los dispositivos vienen con el cerebro, como los frenos con un automóvil -concluye (p.81).

A pesar de que Gazzaniga defiende tenazmente el innatismo, la marca genética y reduce la influencia del ambiente a actividad, interacción relativa, admite que el ambiente puede modificar circuitos aunque no se sabe cómo. Pero sus descubrimientos, no pueden excluir que la circuitería neural genéticamente se modifique de maneras aún hoy impensables. 100.000 millones de neuronas más sus sinapsis incrementan los potenciales de dudas que hasta por prudencia, deberíamos tener. Aunque apreciamos su rigidez metodológica que quiere impedir, particularmente por parte de psicólogos o pedagogos aseveraciones de naturaleza neural y estructural que no cuenten con el apoyo de la investigación biopsicológica, pues en este campo algunas especulaciones hacen empalidecer. Su preocupación la expresa finalmente con unas palabras que brotan de lo más profundo de su innato corazón: "Mencionar que hay tanta opinión descabellada sobre la psicología del cerebro, a veces da la impresión de que no se habla del mismo órgano…" (!)

7.6. IMÁGENES NEURALES: Antonio Damasio

Antonio Damasio (1994, 2001, 2003), es seguramente en este momento una de las mayores autoridades en el estudio de la relación cerebro y comportamiento. Su libro "El Error de Descartes" en la edición inglesa de 1994, extendió al mundo sus originales investigaciones. Nuevas obras como "Looking for Spinoza: Joy, Sorrow, and the Feeling Brain" (2003), siguen entusiasmando a quienes apreciamos su aporte al conocimiento, aunque su materialismo, no concede un minúsculo espacio a la dimensión espiritual del hombre.

Tuve la oportunidad de asistir a un Encuentro científico en Valencia, dedicado a la mente y al cerebro en contextos de violencia, organizado por la Fundación Reina Sofía de España, en noviembre de 2002. Él participó como conferencista, exhibiendo sus notables recursos intelectuales.

En un contexto que nos permite asociar sus conceptos a las llamadas Huellas Neurales, Damasio (2001) nos recuerda que:

1. El organismo humano tiene la cualidad de permitir que casi cada parte del cuerpo, sea músculo, articulación u órgano interno, pueda enviar señales al cerebro a través de los nervios periféricos.
2. El torrente sanguíneo está en grado de transportar hacia el cerebro, sustancias químicas propias de la actividad del cuerpo, influyendo la operación del mismo cerebro.
3. El cerebro puede influenciar, por medio de los nervios, cada parte del cuerpo humano sea a través del sistema nervioso autónomo (o visceral) o el musculoesquelético (o voluntario).
4. El organismo humano, junto a su bagaje biogenético, está capacitado para conformar *interconexiones neurales (Imágenes)* como producto de información (primeramente sensorial) proveniente de la experiencia.

Damasio nos invita a mirar un paisaje otoñal, o a escuchar música, y si prefieres, a acariciar con los dedos una superficie lisa de metal. Nos indica luego, que todas estas experiencias son *percepciones* que nos permiten formar imágenes de distinta variedad sensorial (has visto, escuchado y tocado). Estas representaciones conformadas él denomina, *imágenes perceptuales*.

Pero si en este instante empiezas a recordar tu última visita a Roma, o viene a tu mente una canción que toca tu corazón, en cualquier momento que recuerdes algo y evoques algún acontecimiento de tu pasado, esté compuesto de personas, cosas, formas, colores, tonos, palabras, etc., has llamado en causa a tus *imágenes rememoradas*.

Ten en cuenta empero, que luego de recordar algo que realmente pasó, "juegas" con tu memoria, recordando que tenías pendiente un viaje a París, otro a Medellín y uno más a China. Ninguno se realizó, pero luego divagas "sobre el proyecto original, que nunca fue", pero para tu mente, esos recuerdos (no vinculados a la experiencia concreta vivida) son tan reales como los otros. Estas imágenes (perceptuales), son construcciones del propio cerebro y "reales para uno mismo" (p.99). Esta conclusión es importante, pues explica por qué a veces muchos sueños y fantasías al final nos parecen bastante reales.

¿Cómo se conforman estas construcciones?

Imaginemos que estamos de visita en Roma y contemplamos el famoso Coliseo. Para conformar la imagen de esta obra, es menester un primer paso: las señales procedentes del ojo y de la retina son transportadas por las neuronas a través de sus axones, y luego, por medio de varias sinapsis electroquímicas, llegan al cerebro. Damasio explica que estas señales son transmitidas a las *cortezas sensoriales iniciales*. En el caso de la retina, recurre a *las cortezas visuales iniciales*, situadas en la parte posterior del cerebro que conforman el *Lóbulo occipital*. El insiste en tomar en cuenta que no habla de *un centro, sino de una serie de áreas*. Este detalle es importante en su teoría porque él sostiene que cuando aprendemos no comprometemos sectores únicos, sino una sinfonía de partes que trabajan, en general, en armonía. *El mecanismo es complejo y la red de interconexiones lo es todavía más, pero las representaciones organizadas topográficamente, o sea en zonas especializadas, resultan de la interacción concertada de estas áreas*. Subraya también que la conexión no es suficiente para la representación, pues es necesario tener *conciencia* de esa información, si no, sería imposible tener conciencia del material que selectivamente queremos recordar: una pieza musical específica y no cualquier música; un rostro, y no otro; una palabra y no otra.

Uno de los aportes importantes de Damasio, es el descubrimiento de que las imágenes almacenadas no se conservan como una fotografía impresa. O sea que si recuerdas el edificio de tu Universidad de 20 pisos, no es que recuerdas cada piso y cada ventana, sino que el cerebro conserva pautas que son re-elaboradas para obtener lo que el autor llama una *interpretación, una versión acabada de reconstruir del original*. Por eso es que nuestras memorias van cambiando. Tienes la prueba cuando recuerdas junto a tu esposa y tus cuatro hijos cómo fue la Navidad del año pasado, cada uno, aunque represente la generalidad, añadirá versiones propias.

Y aquí viene una información sumamente importante: él sostiene que las imágenes mentales que recordamos, surgen de la activación sincrónica y transitoria neural, en las mismas cortezas sensoriales iniciales en las que una vez tuvieron lugar los modelos de disparo correspondientes a las representaciones perceptuales. O sea que cuando recuerdas una melodía, o un olor, debes atribuir, al menos gran parte de ese recuerdo, a las zonas sensoriales vinculadas a dicha capacidad perceptiva, que luego, obviamente se sirven de otros apoyos funcionales. La prueba la encuentra, entre otras, estudiando la *acromatopsia*, una lesión local en las cortezas visuales iniciales que impiden la percepción del color y la capacidad de imaginar el color. Si a un enfermo de esta perturbación le solicita imaginar una banana, esta persona podrá representar la forma del plátano, pero no imaginar su color, y lo ve en tono gris. Damasio concluye, que si el conocimiento del color se almacenara en otro lugar separado del lugar donde se percibe, los pacientes acromatópsicos podrían imaginar el color a pesar de la lesión localizada.

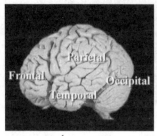 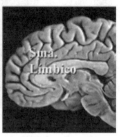

17. Áreas cerebrales y sistema límbico.

La organización topográfica que conformamos en el cerebro y que sirve a las representaciones se construyen según el autor, bajo la orden de *pautas neurales, disposicionales adquiridas* en otras secciones del cerebro, que son parte del sistema y están relacionadas mediante fuertes interconexiones neurales. Estas pautas, forman zonas de convergencia, o sea conjuntos de neuronas que disparan disposiciones dentro del grupo.

"Las disposiciones relacionadas con imágenes rememorables se adquirieron mediante el aprendizaje, y por ello podemos decir que constituyen una memoria" (p.103). Todo este mecanismo está en grado de llamar en causa las regiones: occipital, temporales, parietales y frontal, además de los ganglios basales y estructuras límbicas, de aquí su complejidad. Pero, a pesar de ello, el cerebro es tan eficiente, que si debes recordar algo, las representaciones disposicionales activarán sus *códigos* para reconstruir momentáneamente tu recuerdo deseado. Todo el mecanismo no estará circunscrito a un lugar. Imagina tu fiesta de cumpleaños, en medio de personas a las que tienes afectivamente muy dentro de ti, el excelente buffet que ofreciste en medio de olores suculentos, sabrosas bebidas y una música que viene a tu mente. Todo esto por cierto no corresponde a una fotografía situada en el hipocampo.

El cómo y cuánto recordamos, parece depender "de las pautas de disparo neural que resultan del reforzamiento o debilitamiento de las sinapsis y ello, a su vez, resulta de los cambios funcionales que tienen lugar a nivel microscópico dentro de las ramas fibrosas de las neuronas (axones y dentritas)" (p.105-106). La intensidad y repetición (o no), determina la solidez de las huellas neurales o disposiciones.

7.7. APRENDIZAJE Y CONOCIMIENTO:

Robert Jaffard, director del laboratorio de Neurociencias Cognitivas de la Universidad de Bordeaux (2001) sostiene que la memoria es una función "inteligente" que permite tanto al hombre como al animal servirse de la experiencia para resolver la variedad de problemas que le proponga el ambiente. El sentido del aprendizaje estaría dado por la necesidad de adquirir destrezas que favorezcan la utilización de estrategias anticipatorias de eventos futuros. Y para ello el hombre cuenta con una trilogía que lo faculta: *adquisición, almacenamiento y utilización de la información*.

Al aprender el hombre, adquiere *conocimiento*, lo que significa que, aunque cuente con una variedad de reacciones automáticas e inconscientes, también está en grado de *seleccionar y dirigir* la información acumulada.

El aprendizaje implica una revolución neuro-psicológica y bio-molecular muy importante y la *calidad o tipo de información* captada podrá extinguirse en algún instante o prolongarse conformando una referencia para toda la vida.

"Sé un hombre de bien" te lo dijo tu maestro hace años y no lo has olvidado. *"Nunca hagas daño a nadie"* te aconsejó tu buena madre y sus palabras se convirtieron en sana orientación para toda tu conducta futura. Pero cuando escuchaste:*"No hubiera querido casarme contigo, jamás te amé"; "Eres un hijo que nació por accidente"; "Me casé contigo únicamente porque estabas embarazada"; "Nunca llegarás a nada… ya has nacido con el fracaso en el bolsillo"*, etc., etc., sabiendo que eran palabras dichas por personas significativas para ti en algún momento, te invadió la tristeza y tu saliva la sentiste amarga. Esta experiencia, también se ha asentado en algún lugar de tus recuerdos.

También recordarás el miedo que aquel perro te provocó cuando te quiso morder, sí, pero él no te dijo que te amaba ni te trajo al mundo.

Dominique Muller, del Departamento de Neurofarmacología de la Universidad de Ginebra, ha confirmado que los recuerdos se forman merced a las modificacones morfológicas que realizan las neuronas (2001). Donald Hebb (1949) sugirió que para obtener el rastro mnémico, la sinapsis tiene que haber tenido una transmisión eficaz durante la adquisición de la información y haber registrado cambios estructurales y funcionales basados en el mecanismo bioquímico... Todo esto se ha confirmado, y cuando hablamos, creamos distintos tipos de huellas, por eso interesa que nuestros estímulos favorezcan el crecimiento y desarrollo armónico del humano y no lo impidan. Son tan sólidas, que la NASA (2004) ha presentado en estos días, a través del doctor Chuck Jorgensen, un equipo de lectura silenciosa de las señales nerviosas de la garganta que controla el lenguaje. ¿Qué significa esto?

Cuando una persona "habla sola", el sistema foniátrico de la garganta, lengua, cuerdas vocales "recibe" las señales verbales del cerebro. Este instrumento, es capaz de leer o interpretar lo que se ha pensado decir, *antes* de que la persona pronuncie las palabras. En suma se trata de un lector subvocal, que se beneficia perfectamente de las cualidades bioeléctricas del organismo y de las huellas que contienen la información, en este caso, verbal. En el momento de la presentación este "sistema inteligente" reconocía perfectamente 92 de 100 palabras. Su aplicación está pensada cuando se tenga que "hablar en silencio". ¿Interesante, verdad?

7.8. EL CEREBRO ES TESTIGO ...

> *"Sí, he visto y escuchado todo...*
> *Y ahora que has descubierto el esplendor del sol,*
> *disipar las oscuras tinieblas,*
> *empieza de nuevo..."*
> ("Alto Brilla el Sol " J. Gómez-Gareca)

Podemos mirar el firmamento, reflexionar sobre el número de estrellas que lo adornan y compararlo con el cerebro. Si hubiera que construir un cerebro artificial con todas las cualidades hasta hoy conocidas, nuestro manufacturado debería tener el tamaño del globo terráqueo.

Semejante maravilla no podría consistir sólo en facilitar el movimiento de sentarse o levantarse. Hay todavía mucho que decir sobre su capacidad de cambio, adaptación, organización, desarrollo, etc., y de ello sabemos muy poco todavía.

Muchos autores como Oliverio (1991), Changeux (1986) y tantos otros, insisten en la importancia de la Plasticidad neural, pues cada vez se entiende mejor que las sinapsis, el cerebro y el comportamiento, son plásticos, es decir que se pueden modificar en función de los estímulos ambientales, aunque no se olvide que en muchos aspectos tienen condiciones más rígidas (es más difícil por ejemplo, aprender un idioma extranjero a los 50 años que a los 7), pero el hombre siempre puede crear nuevos aprendizajes y gracias a ello, también *modificar* aquellas huellas que puedan haber creado prejuicios y complejos en nosotros, sólo que habrá que identificar sus manifestaciones y trabajar para crear la alternativa a través de nuevos aprendizajes. ¿Se pueden modificar las redes indeseables, provenientes del aprendizaje?

Sí. A través de nuevos programas que gradualmente extingan la huella antigua y prioricen las nuevas. La educación empero, nos quiere prevenir a no tener que crear huellas indeseables, aunque obviamente por la condición humana limitada, estaremos propensos a incidir como no queremos, pero, la intención de mejorar puede disminuir la probabilidad de cometer nuevos errores.

Un conjunto de neuronas pueden desplegar cualidades plásticas en momentos de emergencia. Es plástica, la sustitución que hace al reaccionar ante situaciones de anoxia (falta de oxigenación) reorganizando la propia función y en casos, compensando los efectos de algún daño. De plasticidad sabe mucho el alcohólico cuyo maltrato a su organismo no se rinde, lo mismo el fumador, el inadaptado conductual que a pesar de ello puede modificar sus repertorios conductuales llegando a la re-adaptación. Una excelente noticia nos viene de recientes estudios efectuados sobre el cerebro de ancianos. Como se sabe, con los años, algunos dominios del cerebro disminuyen su alto rendimiento, uno de ellos es el lóbulo prefrontal, pero a pesar de estos cambios, se ha descubierto que los ancianos no muestran un deterioro proporcional en su rendimiento cognitivo. Experimentos realizados en poblaciones distribuidas entre 70 y 80 años, han demostrado que al hacer pruebas verbales las soluciones "no activaban" lóbulos frontales responsables de la organización cognitiva, sino centros de "asociación visual". (Neurobiology of Aging, 2004). Y esto puede confirmar lo que Damasio sostiene, a saber, que la memoria se retiene en aquellos centros a través de los cuales ha ingresado la información. Ésta es otra de las grandes cualidades de la "plasticidad cerebral".

Estamos seguros que ante traumas de naturaleza psicológica también existen otros sistemas de compensación. El sufrimiento en un hogar, puede ser compensado por la alegría en el colegio, en un trabajo, en una amistad.

Los ambientes de servicio comunitario, incluso religiosos, han prestado apoyo en la gratificación interior y afectiva ayudando a superar muchos traumas. El hombre, por su impulso a la homeostasis, salvo excepciones, tratará siempre de restablecer el equilibrio.

El cerebro goza de esa maravillosa plasticidad, aprende mucho, sus cualidades son innumerables, en él está la historia de nuestro tiempo, qué mejor, si nos empeñamos a que su contenido esté hecho de palabras que ponderen el crecimiento del hombre y pese a su silencio, nos revele también la trascendencia que custodia en sí, y que muchos científicos frecuentemente olvidan.

Finalmente, tengamos presente que las *representaciones disposicionales*, son fundamentales porque conforman el depósito completo de nuestro conocimiento que se une tanto al innato (instinto) como al adquirido mediante el aprendizaje de experiencias. *La experiencia, modela el diseño de los circuitos*, por eso es oportuno conocer y saber cómo la influencia del ambiente incide en la calidad de los mismos. Seguramente un aprendizaje basado en los valores de altruismo, cooperación y servicio moldearán circuitos a aquellos basados en el egoísmo, la violencia y la explotación.

7.9. A MODO DE CONCLUSIÓN:

Las distintas teorías nos muestran una serie de referencias, sobre cómo estos eminentes investigadores entienden la conformación de aquellos "programas" que el cerebro conforma al retener la información que recibe, elabora e interpreta. Conocer cómo trabajan cien mil millones de neuronas indudablemente no constituye una labor fácil, más aún si decimos que una sola de ellas podría estar implicada en numerosas actividades. Es por eso que, dentro de los límites actuales del conocimiento podemos concluir que:

1. El cerebro es parte de un organismo "vivo", activo y en continua interacción. Por lo tanto aquello que decimos o hacemos es un producto que tiene una o más historias cuyos capítulos esperamos conocer mejor.

2. El cerebro conforma una integración muy clara con el cuerpo y merced a sus sendos circuitos bioquímicos y neurales está en grado de interconectarse. Los nervios periféricos sensoriales y motores, permiten una intercomunicación muy sofisticada entre cuerpo-cerebro y viceversa. Asimismo, el torrente

sanguíneo transporta las señales químicas sean hormonas, neurotransmisores o moduladores con funciones también importantes.

3. El organismo con su base bio-genética y representado por su cerebro y soma, está en grado de interactuar con el ambiente estableciendo sistemas muy claros de relación, el aprendizaje es uno de los principales.

4. En el organismo humano las conductas están relacionadas con la actividad cerebral, lo que no significa que en toda conducta exista deliberación, pues hay conductas inconscientes.

5. Si bien existen organismos simples capaces de realizar acciones espontáneas, como la extensión de un miembro, a medida que los organismos se hacen más complejos, las acciones asociadas a órdenes cerebrales requieren mayor procesamiento intermedio llamando en causa sistemas superiores cognitivos más sofisticados.

6. Las huellas neurales innatas, unidas a las conformadas por medio del aprendizaje constituyen un íntimo depósito de información sobre los repertorios de cada persona. El individuo no es una sola función, es resultado de múltiples interconexiones, pero dirigidas por una capacidad inteligente que orienta su decisión y voluntad. Y esto impone la necesidad de considerar la responsabilidad que debe guiar el crecimiento y desarrollo de todo humano a través de la educación, la formación personal y las propuestas sociales.

7. Los estímulos que el hombre recibe, en función de su importancia e intensidad, pueden ser parte de esa interconexión neural, determinando mucho de su pensamiento, comportamiento y vida toda.

Capítulo 8
COGNICIÓN
y
LOBULOS FRONTALES

El año 2000, el profesor Eric Kandel (ya mencionado por sus investigaciones dedicadas a la memoria) fue galardonado con el Premio Nobel de Medicina. Entonces, un periodista preguntó a la doctora Rita Levi-Montalcini, también distinguida con el mismo reconocimiento, por su descubrimiento del "Factor Nervioso de Crecimiento", por qué tantos científicos provenientes de las Neurociencias recibían esta distinción. Ella expresó que las Neurociencias, junto a las Ciencias Cognitivas, se habían situado a la vanguardia y estaban permitiendo descifrar cada vez más la *esencia* de la especie humana (La Repubblica, 10.10.2000, Roma).

8.1. COGNICIÓN:

René Descartes (1596-1650) con *su «Pienso, luego soy»* (Cogito, ergo sum), proponía un desafío a la comprensión que ocuparía a filósofos y científicos hasta el presente, no sin poca polémica, particularmente desde el punto de vista de la relación materia-mente-alma, etc.

La capacidad de pensar de manera consciente ¿lleva a la comprensión del ser?, y más allá: ¿nos lleva a asumir conciencia de aquello que tenemos, hacemos y decimos? Y desde un punto de vista social, ¿nos permite interpretar, analizar, recordar y utilizar la información sobre el mundo que nos rodea?

La cognición pondera las cualidades superiores del hombre, su capacidad inteligente, la destreza que lo faculta a integrar sus percepciones, recuerdos, emociones, emitir una respuesta y ejecutar una conducta. Gracias a este recurso puede dirigir sus respuestas, crear estrategias, callar, pensar, esperar, responder de manera suave, violenta, amigable. Puede procesar operaciones mentales internas como la información perceptiva, la atención e interpretación, la comprensión, revocación y tantas otras. Los animales pueden también hacer mucho de ello, pero no en la medida del homo sapiens sapiens.

El lóbulo frontal del cerebro, se ha revelado de manera importante en estas funciones, también unido a otras sedes: no podrías razonar si no has leído un texto gracias a actividades de convergencia visual propias del lóbulo occipital. Esto significa que el desarrollo cognitivo necesita del apoyo de una variedad de funciones cerebrales que conoceremos todavía. Un niño de dos años difícilmente podrá tener acceso a formas de alto razonamiento simbólico y abstracto, pues se ha comprobado que para ello debe esperar la maduración biológica de zonas especializadas del encéfalo, particularmente del lóbulo frontal.

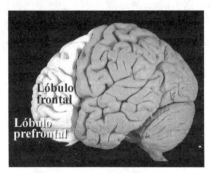

18. *Prefrontal y frontal*

Los recursos cognitivos del hombre, de importancia para entender la dirección que asumen nuestros hábitos, actitudes, decisiones, contienen un repertorio muy rico, que si bien son de alta elaboración intelectiva, implican grandes movimientos neuro-funcionales. Cuando decidimos, por ejemplo, comprometemos nuestra capacidad de *atención* que nos ayuda a focalizarnos sobre un evento (o varios) de manera selectiva y consciente, de aquí la importancia de la concentración y discernimiento. Un niño hiperactivo, por las dificultades inherentes a su estado, tiene problemas de atención, por eso no se concentra ni obedece como el entorno exige. Aunque a veces nos parezca un recurso esencialmente racional y a veces gélido, la atención puede estar influenciada por emociones e impulsos, la atracción hacia un tema podría incrementar nuestra atención y el rechazo, disminuirla. La necesidad de una decisión altamente calculada, por otra parte, podría alejar sentimientos y afectos.

El desarrollo cognitivo compromete la actividad de distintos recursos:

La *percepción*, que nos permite contar con información a través de nuestros sentidos y registrarla gracias a la recepción de sensaciones que realiza la corteza somatosensorial. Podemos sentir la caricia de una persona, oler su perfume y escuchar incluso una agradable música de fondo. La *atención* (concentración, focalización) que prestemos a éstos u otros eventos, podrá estimular nuestra *memoria* y *almacenarla*, pero su integración en nuestro yo, se debe a la capacidad que tenemos de percibir y fijar por cortos o largos tiempos la información.

El *lenguaje*, es parte del repertorio cognitivo, pues es nuestro vehículo de comunicación y expresión; otras altas facultades mentales nos permitirán entender el significado de aquellas palabras que escuchamos o emitimos (la Segunda Parte de este trabajo, se ocupará profusamente de este extraordinario recurso).

La cognición, sin embargo, se ha asociado con mayor frecuencia a aquella facultad conocida como *pensamiento* que nos permite organizar y estructurar nuestro sistema de representaciones bajo la forma de modelos mentales, imágenes u otros. En un excelente trabajo dedicado al "Desarrollo Cognitivo y su Relación con el Aprendizaje", Rendón y Ramírez (2004), indican que las actividades del pensamiento están dadas por:

- *Representación*, definida como una manera interna de representar la rea-lidad de una forma personal e idiosincrática.
- *Razonamiento*, relacionado a distintas formas de manejar la información para pasar de una premisa conocida a otra no conocida. Las principales formas de razonamiento son: *la inducción*, por la que, partiendo de verdades particulares estamos en grado de llegar a una general; y la *deducción*, donde a partir de una verdad general se concluye en una verdad particular.
- *Toma de conciencia*, que no es sólo una actividad mental desencarnada, sino socio-afectiva, implica conocimiento, interés, actitudes, emociones, todo en el plano reflexivo.
- *Solución de problemas*, comprometiendo la comprensión y representación de los problemas, los procedimientos de solución y la toma de decisiones.

Uno de los atributos importantes de la expresión cognitiva se reconoce a través de la *dirección* que asume un pensamiento o una acción debido a la *intención* con la cual se dirige el contenido de una conversación o de una acción. Brentano (1838-1917) la calificó como un *conocimiento*, siendo la *cognición conocimiento de algo*. La intención siempre tiene una dirección, un objeto al cual se refiere. Si se piensa, se piensa en algo.

Cuando pensamos en el comportamiento del hombre en los últimos años, donde, contrariamente a nuestros sueños e ilusiones, hemos entrado a un nuevo siglo bajo el signo de la amenaza terrorista, que a su vez ha dado lugar a mayor desconfianza entre los hombres, no puedo dejar de preguntarme, dónde ha quedado su capacidad cognitiva. Mientras acariciábamos la idea de un mundo de paz y de mayor armonía, incluso de mayor justicia social, nos encontramos ante mayores conflictos. Por eso, éste es el momento para buscar las mejores direcciones para reorientar esta cognición que bien encauzada podría todavía despertar y mantener vigentes nuestras ilusiones de un mundo mejor. Seguramente, no estaremos en grado de resolver los conflictos internacionales, pero tal vez, donde nosotros nos encontremos, podamos ser una referencia de confianza, de amor y de paz.

Para todo ello, comprendamos en síntesis lo que la cognición permite en todo humano:

1. El hombre está en grado de aprender, estudiar y elaborar sus propios procesos mentales, dando espacio a la individualidad de su pensamiento en términos de identidad. En el ámbito de la producción y creatividad por ejemplo, los derechos de autor (Copyright), corresponden a una medida legal que reconoce esta gran cualidad.

2. Siendo capaz de elaborar procesos mentales y actuar en consecuencia, puede conocerlos con objetividad y evaluar sus consecuencias. Es irresponsable el individuo que conscientemente actúa, sin evaluar los efectos de aquello que hace o dice.

3. Por su capacidad de discernimiento es *activo* en su aprendizaje: está en grado de *seleccionar* su aprendizaje, es consciente de aquello que quiere aprender y del cómo selecciona su información además de asumir actitudes conscienciales para su aprendizaje, elabora esquemas, despliega estrategias, resume, prepara, acepta, rechaza, retiene, olvida, acepta, ignora. En una planificación consciente de estas acciones, no es víctima pasiva de su ambiente, aunque obviamente, hay que ser conscientes de que existen estrategias de *persuasión*, recurso del que también hablaremos sucesivamente.

4. Su conocimiento es organizado, la capacidad de *razonamiento* le permite aplicar sistemas coherentes de esquematización y seguimiento lógico. Su capacidad de aprendizaje puede ser específica o generalizable. Conforma repertorios inteligentes y el aprendizaje, por más intelectual que sea, no está separado de sus creencias, actitudes, juicios, prejuicios, emociones. El hombre en su "yo unitario" aprende, pero justamente por esa unitariedad,

la capacidad inteligente, en algunos casos, puede sucumbir a la fuerza de la emoción o del instinto. De aquí que algunas respuestas no sean inteligentes sino instintivas o emocionales. En todo caso, el hombre sano (en el término más genérico), está en grado de organizar su estructura biológica, emocional, intelectual y espiritual. *La conducción equilibrada de estas dimensiones, pueden llevarnos al encuentro de la ansiada personalidad madura.*

5. Por su capacidad de aprender, sus cualidades de almacenamiento conforman *huellas neuro-psicológicas* que lo distinguen, haciendo posible que la nueva información no sólo se relacione con la anterior, sino que puede producir otras nuevas. Por la facultad de revocación, puede llamar en causa repertorios aprendidos.

6. Las capacidades cognitivas están directamente conectadas con las cualidades cerebrales y ambas interactúan entre sí. En ausencia de condiciones cerebrales convenientes (lesiones, retardo mental, intoxicaciones cerebrales, por ejemplo), un hombre disminuye su capacidad cognitiva; y en ausencia de cogniciones, vistas como asimilación de información y manejo de datos, el cerebro se empobrece, como lo demuestra la decadencia de huellas neurales ante la falta de estimulación. El equilibrio humano, por lo tanto, está dado por la interacción psico-somática y somato-psíquica.

7. Tiene una alta capacidad de *codificación* que varía de persona a persona, pero en general el hombre realiza elaboraciones para almacenar la información; muchas están sujetas a sus preferencias, decisiones o necesidades; otras son rechazadas por procesos selectivos que él impone, aunque no impide que mucha información penetre en sus huellas de manera inconsciente.

La *codificación* supone *elaboración*, lo que solicita mayor actividad cognitiva. Puede reconocer las iniciales de NNUU para decir Naciones Unidas; está en grado de asociar un perfume al recuerdo de una experiencia amorosa tal vez importante; puede decir «dinero» induciendo a que muchas personas piensen: «lo quiero en cantidades», «es un mal necesario», «me hace falta un poco más». Por la codificación reconocemos señales que, en su mutismo, nos orientan como las señales de tránsito a lo largo de una carretera. Un niño y un adulto letrados no tendrán dificultad en coincidir en el significado de los signos " +, -, x". (Castañón-Gómez, 1995).

8.2. LÓBULOS FRONTALES:

En este acápite, los lóbulos frontales merecen nuestra especial atención, porque las investigaciones modernas han puesto en evidencia la importancia que tienen en los distintos repertorios que son objeto de nuestro estudio.

Desde la antigüedad se atribuyó la predominancia frontal a una expresión de superioridad intelectual. Los egipcios, por ejemplo, construyeron un monumento «frontal» como el de la Esfinge en el Cairo. En épocas posteriores, Flourens (1824), destacó en el lóbulo frontal las bases de la percepción, del juicio y de la inteligencia. Lo consideró «mudo» ya que su destrucción no causaba ni anestesia ni parálisis.

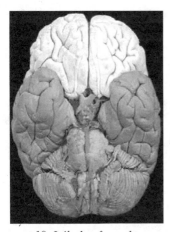

19. *Lóbulos frontales*

El lóbulo frontal es el más moderno dentro del proceso evolutivo, constituyéndose en el más complejo de la corteza. Fue el último en mielinizarse y se reconoce actualmente su importancia en los fenómenos de *atención, aprendizaje, memoria*. Es indispensable para favorecer la disposición selectiva de la *atención voluntaria,* pues está en grado de facilitar la orientación necesaria hacia los telereceptores viso-acústicos (cuando leemos y escuchamos por ejemplo) favoreciendo la concentración (Imbraino, p.183).

Estos lóbulos, constituyen, volumétricamente, una de las mayores porciones del cerebro y, como hemos visto, despliegan tareas significativas. El Dr. Daniel Jacobs (2003), gran investigador del sector y profesor universitario, expresaba su gran preocupación hace poco tiempo, al aseverar que el conocimiento de las funciones de esta parte del encéfalo ha sido muy descuidado, hasta el punto que muchos neuropsicólogos, psicólogos clínicos y pedagogos, no cuentan con instrumentos adecuados para identificar sus eventuales disfunciones. Nosotros añadimos que padres de familia y educadores, deberían tener más en cuenta estas funciones porque permitirían reconocer a tiempo muchos talentos en hijos y educandos, posibilitando sistemas de mejor estimulación específica.

Por obvias razones, no vamos a introducirnos en un curso de anatomía frontal, pero sí interesa conocer lo fundamental de su conjunto. En primer lugar se debe mencionar que esta zona del cerebro cuenta con numerosas interconexiones con otras partes del cerebro, y en él, usualmente, se reconocen tres divisiones generales anatómicas:

a) La corteza *precentral* situada en áreas próximas antes del surco central, y está compuesta por las áreas de control motor primarias y secundarias.

b) El componente *límbico* está compuesto por las partes inferior y mediana (medial) del giro cingulado y de las partes posteriores de las áreas órbito-frontales. Invitamos a focalizar la atención en esta estructura porque en nuestro campo clínico, se ha revelado de gran importancia, pues aquí se encuentran las interconexiones con la amígdala, el hipocampo, tálamo y otras partes del sistema límbico. Ya hemos visto el papel del hipocampo en la memoria, pero todavía debemos ver el compromiso de la amígdala en las respuestas emocionales.

c) La corteza *prefrontal*, está situada en la parte anterior a las áreas de control motor y comprende gran parte del lóbulo frontal. Se subdivide en dorsolateral, medial y áreas orbitales. Para el neuropsiquiatra y para el psicólogo clínico, el conocimiento de las funciones propias a este sector se ha hecho de vital importancia, pues el estudio de lesiones localizadas en estas zonas ha permitido conocer sus efectos en la personalidad y comportamiento de los individuos. Su composición es tan sofisticada, que tiene conexiones con las distintas zonas del cerebro, incluyendo asociaciones con las áreas temporales, occipitales, parietales, sistema límbico, núcleo medio dorsal del tálamo y ganglios basales. Para Luria (1969), esta parte del cerebro regula las actividades mentales.

La eminencia mayor del lóbulo frontal, conocido como lóbulo *prefrontal*, es reconocida por la capacidad para integrar la conducta en función de los mecanismos provenientes del programa biogenético y de los derivantes del ambiente externo sistematizados por medio de aprendizaje: Una persona conduce su coche por una calle y encuentra delante de sí un obstáculo, piensa si desde el vehículo puede superar la dificultad, comprende que debe bajar y retirar el estorbo aparentemente pesado. Evalúa si puede hacerlo sola o si necesita ayuda, decide intentar por su cuenta, sus músculos se activan y cumple la tarea exitosamente. La convergencia de percepciones, han inspirado representaciones simbólicas, que gracias al proceso cognitivo, han permitido pasar de una evaluación, a un acto motor (retirar el peso), a través de operaciones mentales altamente especializadas traducidas en conducta.

El doctor Imbraíno sugirió hace varios años el término de *"Comportamiento Bioaxiopráxico volicional"*, para designar la condición cortical del hombre que lo capacita para niveles superiores de conducta traducidos en términos de elaboración de conceptos, realización de proyectos prácticos y simbólicos, tiene condiciones para respuestas muy finas de adaptación y cuyo manejo en última instancia, depende de la voluntad de la persona.

El lóbulo prefrontal, integra el comportamiento bioaxiopráxico, favoreciendo la expresión de aquellos rasgos que identifican al sujeto en su individualidad y que lo presentan en su dimensión conjunta con el noble atributo de ser *persona*. Este sincretismo abarca los *factores endógenos*, con su despliegue genético-hereditario, constitucional, estructural, metabólico, y los *exógenos*, provenientes de la experiencia, y sistematizados por aquel aprendizaje que en "su" contexto el individuo va realizando como individuo y como miembro integrado en un contexto social y cultural. No sin razón Heidegger mencionaba que el hombre es «un ser ligado a su tiempo». Y en su dinamismo, renueva constantemente los repertorios que posee.

El lóbulo prefrontal participa en la neurosecreción, pues, la neocorteza prefrontal produce diversos neurotransmisores como la feniletilamina (o anfetamina biológica), que se ha visto disminuir en pacientes que padecen estados depresivos e incrementar en personas enamoradas con intensidad (Gazzaniga, 1990). También produce la Beta-endorfina un analgésico biológico muy estudiado en los fenómenos del dolor y cuyo incremento se ha demostrado con medios de concentración, como identificó Ballus (1983) en faquires y practicantes expertos de yoga, y que por su parte Homburg (1980) registró un aumento en sujetos esquizofrénicos.

Por su capacidad integradora, la sede prefrontal habilita a los distintos sistemas para responder a las exigencias del ambiente. Es aquí que el sistema bioaxiopráxico volicional influencia el repertorio de conductas, orientando las estrategias de defensa y adaptativas en función de las variables provenientes del ambiente. También está en grado de regular la adaptación a las situaciones de alarma de su mundo somático y visceral; de esta interacción emergen las reacciones de tensión, alarma, alerta, miedo, ansiedad, estrés, etc. Además, le corresponde la planificación de la acción y ejecución de los actos motores complejos.

Ante situaciones de ataque, la consiguiente fuga del espacio que amenaza, puede ser consecuencia del despliegue de todos estos mecanismos. El "miedo" que muchos estudiantes experimentan, ante un maestro autoritario durante una prueba oral por ejemplo, llama en causa reacciones muy intensas de estrés, y estos mecanismos, estimulados por la producción de adrenalina y cortisol, inhiben ciertas respuestas inteligentes, haciendo que el examinando "olvide" parte de la información necesaria para el examen, pues, el lóbulo frontal, evaluando el contexto, *como amenaza*, concluye que más importante que la calificación es la sobrevivencia, por lo tanto, el organismo despliega todos sus mecanismos de defensa. El examen, en consecuencia es visto como una situación de amenaza. Esto invita a reflexionar sobre las razones que existen para hacer del espacio educativo un positivo y gratificante y no un espacio donde impera la presión inhibidora y la amenaza.

El lóbulo frontal, además, está muy bien dotado de terminales dopaminérgicas importantes en labores inteligentes, humorales y en el almacenamiento de la memoria funcional. La dopamina, neurotransmisor fundamental, desempeña papeles en los fenómenos de *atención* y de *intención en el control motor*. La falta de control motor en el caso de enfermos de Parkinson se debe a la disminución de este neurotransmisor y se alcanzan mejorías suministrando dopamina al cerebro. Esta variación en el neurotransmisor, también explica por qué durante eventos emocionales intensos tiemblan las manos, los pies, la cabeza. Experiencias de placer, conducta sexual, conducta social, cuadros depresivos, están asociados a la participación activa de este neuroquímico. Los efectos de la cocaína por otra parte, están relacionados principalmente al incremento de dopamina (secundariamente de la serotonina), pero esto conlleva que el exceso no puede ser elaborado apropiadamente por las terminales sinápticas, en consecuencia, se condiciona gradualmente una disminución de la producción de dopamina, lo que crea en estos consumidores estados depresivos, que a su vez, inducen a buscar más estimulante, ingresando en el oscuro y destructivo círculo de la dependencia física (Kalat, 2001).

Lesiones en la corteza prefrontal acompañan perturbaciones cognitivas y afectivas. En opinión de Vincent (1988), este espacio cerebral interviene principalmente en la *organización temporal* de las conductas con estrategias bastante finas. Cumple funciones retrospectivas facilitando el manejo de información proveniente de la memoria inmediata o de información pasada, además de controlar la influencia intempestiva (externa o interna) que quiera interferir con la conducta planificada. La *improvisación* es una de sus respuestas principales.

Personas que han sufrido lesiones graves en estas regiones, presentan conductas repetitivas y poco novedosas. El lenguaje se hace monótono, poco fluido, tiende a repetir las palabras. Los criterios de tiempo y espacio se ven afectados, tiene dificultades en relatar un evento en secuencia y la memoria inmediata se ve afectada.

Los estudios con Tomografía a Positrón muestran cómo el flujo sanguíneo aumenta en esta zona cuando se resuelven problemas de complejidad lógica, simbólica, asociativa, etc. Ackerman (1992) afirma que las neuronas mantienen un alto nivel de actividad durante el tiempo que es requerido hasta el momento que emiten sus respuestas para luego retornar a sus líneas base. Téngase presente que el lóbulo frontal también corresponde a un área de asociación, por lo tanto, interactúa con otros centros motores, límbicos, visuales, por lo que las respuestas, de acuerdo a las necesidades, llamará en causa otros centros que sean importantes para la respuesta.

8.3. DEFICIENCIAS FRONTALES EN PRUEBAS PSICOLÓGICAS:

En pruebas de *razonamiento*, se evidencia un déficit de modulación en el razonamiento abstracto que más bien se manifiesta pobre. En este caso podrá tener dificultades para asociar y generalizar. Le será difícil por ejemplo concluir que una bicicleta, un automóvil y un avión son medios de transporte. Asimismo, les resulta difícil asumir conductas que prevengan conductas ulteriores sirviéndose de normas y reglas, lo que disminuye su capacidad de planificación futura.

Lesiones en la zona ventromedial de lóbulos frontales condicionan respuestas con niveles de *creatividad* bastante bajos, lo mismo en lo referente a la originalidad. También hemos registrado disminución de la *atención*, dificultades para iniciar acciones y una necesidad de una mayor estimulación para concluir programas de ejecución.

Los *factores emocionales* se han podido detectar como consecuencia de lesiones en la zona fronto-orbital (orbital frontal), que a su vez cuenta con importantes conexiones con la amígdala y el hipotálamo, centros reconocidos por su papel en la vida emocional. El registro conductual revela: risas y llantos que no se comprenden en el contexto en el que se observan; no parecen tener conciencia de que su reacción emocional es superficial, incorrecta o extrema.

Este comportamiento es fácilmente reconocible en ciertos bebedores, quienes por el abuso de alcohol, inhiben la correcta función frontal, dando lugar a conductas racionalmente incomprensibles, sobre-afectivas, agresivas, y no raras veces, ridículas. La combinación de alcohol con cocaína ha puesto en evidencia incluso casos de inexplicables homicidios.

La Afasia de Broca, llama en causa lesiones situadas en aquella zona importante para el *lenguaje*, denominada precisamente área de Broca, apostada en la zona frontal del hemisferio izquierdo. Pacientes con lesiones en la zona frontal dorsolateral, pueden sufrir disminuciones adicionales en el lenguaje, distintas a la afasia mencionada, una de ellas es la *reducción* de la producción verbal, aunque mantengan una correcta sintaxis y las palabras las pronuncien correctamente. Dificultades para iniciar una conversación y mantener diálogos complejos también pueden relacionarse a lesiones frontales.

Lesiones en áreas de control *motor* secundario, pueden ocasionar *mutismo*, en particular concomitante a lesiones del cíngulo. Este apunte es importante porque muchos psicólogos clínicos en la práctica lo atribuyen a traumas psicológicos, pues el sujeto está en grado de comprender el lenguaje pero no puede vocalizar el contenido que quiere expresar. Otras lesiones más específicas pueden influenciar la escritura (Area de Exner).

Cuando observamos los movimientos tácticos y hábiles de Ronaldo durante uno de sus desempeños futbolísticos, no pensamos que llamara en cuenta mucho de su lóbulo frontal. Si pensamos en un profesor universitario casi inmediatamente lo asociamos a inteligencia, pero si observamos las piruetas extraordinarias de un acróbata del Circo del Sol, más pensamos en su habilidad física que en su inteligencia prefrontal. La verdad es que el control motor de más alto grado, justamente está localizado en los lóbulos frontales, precisamente en la superficie dorsolateral anterior. El famoso Cerebelo y los menos famosos Ganglios Basales, también participan en el control motor.

Referíamos anteriormente que quien consume alcohol deprime la actividad lúcida de los lóbulos frontales, por eso, quien abusa, pierde no sólo la clara conciencia de lo que hace, si no que tampoco puede coordinar adecuadamente la dirección de aquel automóvil al que irresponsablemente se ha subido y pretendido conducir, incluso con acompañantes. Las lesiones en áreas motoras producen falta de coordinación, impersistencia motora, hipokinesia. El hemisferio izquierdo es dominante para el control motor y modulación del lenguaje. El hemisferio derecho está más comprometido con la modulación de las acciones que se ejecutan en contextos espaciales y tridimensionales. Usamos mucho este recurso cuando aparcamos el coche, calculamos si nuestro auto pasa entre dos estacionados en poco espacio, y cuando los pilotos levantan vuelo y aterrizan.

La *vida social* de los lesionados en estas áreas también se ve afectada, pues como hemos señalado, los centros frontales tienen tareas de modulación, y a causa de daños orgánicos, pueda que no cumplan bien su función. La conducta se puede hacer más simple, espontánea e incontrolada, por eso pueden inventar historias, responder de manera imaginativa pero que no corresponde a la realidad. Tienden a *confabular*, o sea a fabricar respuestas: "estoy en el hospital porque mi padre lo ha comprado..." y aunque se le diga lo contrario, insisten en su punto de vista. El tema es delicado, porque pueden tener conductas que la sociedad formal no acepta fácilmente o rechaza, y esta intolerancia es la que puede conducir a estas personas y a sus familiares a asumir formas de aislamiento que además podrían dar lugar a otras inconductas.

Gracias a su cognición, el humano percibe que no está solo en la tierra; por la *autoconciencia* comprende que es un ser individual y social, con cualidades que hacen de él una *persona* y él es consciente de ello, su capacidad cognitiva de avanzada así se lo permite. Y todo lo que es, podemos conocer a través de la comunicación y de su vehículo principal, *la palabra*, que por cierto tiene mucho que decirnos.

Capítulo 9
PALABRA y LENGUAJE

Thomas Hobbes quiso encomiar el valor de la palabra expresando: "La más noble y beneficiosa invención de todas fue la Palabra [el lenguaje, el habla], que consiste en nombres o apelaciones y en su conexión, por su intermedio los hombres registran sus pensamientos, los recuerdan cuando han pasado y se los declaran también unos a otros..." (1983, p. 138).

Gómez de Silva (1993) define como *palabra* a aquellos sonidos (o su representación escrita) que comunican un significado. Establece su origen en el latín tardío de "parabola" (sin acento, por si acaso), en el sentido de *"habla"* (p.512). Blazquez (1997) recurre al griego "logos" atribuyéndole el significado de *"palabra, razón, expresión de pensamiento"*. Unidad lingüística constituida por uno o más *monemas* (las unidades más pequeñas dotadas de significación), con los cuales se forman las oraciones que transmiten los mensajes. El pensamiento se expresa en palabras..." (p.359) y ellas están compuestas por *fonemas* que corresponden a la denominación lingüística atribuida a la más pequeña unidad de voz (Dorsh, p. 398). Las palabras, en consecuencia, están conformadas por una unión de sonidos o fonemas. No se confunda empero un fonema con una letra, pues, dos letras como *'ch'* o *'ll'* pueden representar un solo fonema.

Pero el esplendor de este valiosísimo recurso va más allá: las palabras se integran en un contexto mayor conocido como *Lenguaje*.

Ferdinand de Saussure, reconocido como fundador de la lingüística, define por primera vez el *Lenguaje* como la facultad para construir una *lengua*. Luego dirá, en una extensión más amplia, que el lenguaje se define como la *"facultad de comunicar el pensamiento mediante un sistema de signos* (lenguaje de gestos, por ejemplo), *y especialmente mediante una lengua*, que a su vez hace referencia a un sistema de signos que expresan ideas, y por lo tanto, comparable a la escritura, al alfabeto de los sordomundos, a los ritos simbólicos, a las formas de urbanidad". La lengua es parte esencial del lenguaje, un producto social de la facultad del lenguaje, un conjunto de convenciones necesarias, adoptadas por el cuerpo social para permitir el ejercicio de esta facultad en los individuos (1980).

Según Steven Pinker (1997), el lenguaje se diferencia de otros tipos de comunicación por cuatro aspectos fundamentales:

a) *Creatividad:* No sólo asimila unos sonidos, procesa la información haciendo posible que los sonidos independientes o unidos adquieran sentido y significado. Cuando una persona habla o escucha se asocia al argumento estableciendo una relación y utilizando la llamada "capacidad generativa" que consiste en la aptitud para hablar de acuerdo a normas y reglas propias de cada idioma. *"Yo te amo", "amo a ti yo", "yo amarte",* son expresiones que en el repertorio lingüístico estructurado de quien domina el idioma adquieren diferencias inmediatas. La literatura nos muestra los alcances casi ilimitados del manejo del lenguaje.

b) *Forma:* El lenguaje "está formado por un conjunto de sonidos que señalan el contenido cuando suenan en secuencias previsibles" (p.676). Para comprender las palabras debemos estar en grado de reconocer aquellos sonidos discretos denominados fonemas, que corresponden, como citábamos anteriormente, a las unidades acústicas más pequeñas y que pueden influenciar de manera notable en la comprensión de las palabras. Las formas del lenguaje se rigen por una estructura o gramática que con-lleva dos reglas básicas: *morfología,* referida a las reglas para combinar los fonemas y conformar palabras; y *sintaxis,* que determina las reglas que permiten combinar las palabras, formar frases, oraciones gramaticales, etc.

Las palabras tienen un significado y la *semántica* se ocupa de su estudio. Si no hubiera un significado en la palabra ¿qué tendríamos para comunicar? ¿Cómo suena decirte: mañana te invito a *larcinar...* ¿qué? Si la palabra no cuenta con un significado para comunicar o comprender, el lenguaje se anula, pues no hay qué comunicar.

Las palabras amor, muerte, matrimonio, graduación, epopeya, independencia, asumen en cada uno de los lectores un sentido propio con referencias pequeñas o grandes, intensas o débiles, pero todo gracias al sentido y significado que el conocimiento de la lengua permite realizar. Pero si digo allgemeine (alemán), ena (griego), pazzo (italiano), para el lector hispano que no conoce los idiomas las palabras no adquieren sentido alguno ni inducen los mismos mecanismos neuropsicológicos unidos a la comprensión.

La maravilla de esta facultad se reconoce al comprender que la unión de fonemas en palabras y de éstas en oraciones, consienten un alcance extraordinario como nos pueden hacer comprender las obras de Cervantes, Shakespeare, Goethe, Dante, Borges, Franz Tamayo, entre otros, y una pequeña selección de Luis Cernuda (1902-1963):

> *Donde habite el olvido,*
> *En los vastos jardines sin aurora;*
> *Donde yo sólo sea*
> *Memoria de una piedra sepultada entre ortigas*
> *Sobre la cual el viento escapa a sus insomnios.*
> *............*
> *Donde al fin quede libre sin saberlo yo mismo,*
> *Disuelto en niebla, ausencia,*
> *Ausencia leve como carne de niño.*
> *Allá, allá lejos;*
> *Donde habite el olvido.*
> (Donde habite el olvido, 1934)

c) *Contenido*: La calidad superior de esta facultad asume mayor complejidad al constatar que estamos en grado de comunicar pensamientos concretos, abstractos, situaciones reales o imaginarias mediante el manejo de la palabra, otorgando incluso matices especiales emocionales y acompañar el todo con gestos, tonos, movimientos, posturas, etc.

d) *Uso*: Si bien al reflexionar una persona sobre su propia conducta emplea palabras para su trámite de introspección, el lenguaje es para el hombre esencialmente "un medio de comunicación social", nos proyectamos hacia el "otro". No obstante, este uso puede también verse afectado por circunstancias, que luego también tomaremos en cuenta, como enfermedades, lesiones cerebrales, accidentes, etc.

El hombre comunica a través de la palabra oral o escrita, por ella se expresa, habla de sí, de los otros, mantiene su historia, costumbres, llega a la mente y al corazón de los hombres. Gracias a sus facultades, cuenta con un repertorio abundante de palabras aunque de hecho en la aplicación cotidiana, no utilice más de 1000.

Según Dunbar (2001) un niño entre los 3 y 6 años de edad aprende un promedio de una nueva palabra cada 90 minutos del tiempo que pasa despierto. De entre las 4000 especies de mamíferos y alrededor 10.000 especies de aves, el hombre es el único que tiene una facultad lingüística con tan altas categorías de manejo y expresión.

9.1. ¿POR QUÉ EL LENGUAJE?

Las opiniones antropológicas más comunes del hombre lo definen como un *"ser social"* y su inter-relación se establece por medio de la *comunicación*. Delay y Pichot (1999), psicólogos franceses indican que el lenguaje está conformado por una serie de signos perceptibles con la cualidad de *transmitir mensajes* que expresan un estado o intención, además, ejercen una influencia en quien los recibe e informan sobre objetos o acontecimientos. Martinet (1999) subraya que el "lenguaje designa la facultad que tienen los hombres para *entenderse* mediante signos vocales" (p.228). Otros autores, también coinciden al afirmar que el lenguaje emplea signos para expresar sensaciones, ideas, sentimientos, pasiones, juicios, prejuicios, etc. En última instancia digamos que es justamente por medio de esta extraordinaria facultad que el hombre está en grado de comunicarse.

Si bien el concepto de *comunicación* puede resultar bastante claro, la cuestión puede llegar más allá al tratar de comprender el por qué de este sistema de señalización. Muchas especies viven siglos sin contar con este sistema. ¿Por qué este privilegio en el hombre?

El hombre dedica una importante parte de su tiempo a hablar. Imaginemos en este instante: ¿qué sería el hombre sin lenguaje? Al ciudadano latinoamericano no le es fácilmente comprensible ser invitado a una cena entre amigos en Alemania o Inglaterra y comprobar que durante la velada hay instantes de prolongado silencio donde nadie habla. En un ámbito familiar latino, en una situación similar se diría jocosamente: *¿quién se ha muerto?* Pues la conversación ocupa un lugar preponderante en este tipo de interacción social, hasta el punto que muchos hablan a la vez y no dejan de entenderse y entusiasmarse.

9.2. VÍNCULO SOCIAL

Robin Dunbar (2001), es un profesor de psicología en la Universidad de Liverpool y ha expuesto una teoría que confirma las intuiciones expresadas en el pasado y sostenidas por muchos autores en la actualidad. Aunque realiza un paralelismo con sistemas de comunicación en otros primates, nosotros enfatizaremos aquello relacionado con lo típicamente humano.

Este autor afirma que el hombre *"mantiene el vínculo social hablando"*. El lenguaje se ha revelado como altamente efectivo porque permite además de socializar, realizar otra serie de actividades como caminar, comer, trabajar, además de interactuar con más de una persona a la vez.

La dinámica del lenguaje se constata igualmente porque facilita el intercambio de información de eventos próximos, concretos y reales, pero también de otros lejanos, reales o imaginarios. Una persona puede hablar de sí presentando sus rasgos de personalidad o hacer lo mismo al referirse a otras personas. En su interacción puede dialogar con una persona o conformar un grupo. Según el autor de Liverpool, la conversación ideal se efectúa entre cuatro personas, un orador y tres oyentes, que obviamente intervienen cuando es su turno. En grupos mayores se conforman los subgrupos y se distancian de los argumentos principales. Tenemos una referencia en una reunión social en la cual gradualmente se van uniendo personas a la conversación. El grupo de cuatro es animado, tiene una conversación coherente, los nuevos intervienen, los que hablaban antes se callan, los nuevos, más animados traen sus argumentos, en el grupo son más de ocho, nueve, diez, algunos se alejan o se forma un nuevo grupo. Para comunicar con grupos mayores se establecen conferencias donde sólo habla el orador, los demás escuchan, podrán preguntar luego, pero en general, tampoco estarán autorizados para interrumpir. La comunicación eficaz a grupos amplios implica el *silencio* de toda la audiencia. Rumores, comentarios a voz baja u otros, son conductas indeseables, lo que también nos enseña que el uso de la palabra tiene su contexto.

Dunbar hipotizó que si el lenguaje emergió para cohesionar grupos, entonces los temas de conversación prioritarios entre humanos tendrían que ser de contenido social. Sus resultados registrados luego de estudiar conversaciones espontáneas en cafeterías, bares, trenes, etc., determinaron que el 65% del tiempo de conversación hace referencia a temas sociales: lo que uno hace, con quien, si le gusta o no, además de una pequeña proporción dedicada a hechos, cultura, religión, política, deporte. Naturalmente, el contenido varía entre las culturas, países, grupos etáreos, sexo, etc., pero lo importante es la ponderación del contenido y sentido social de los temas que se tratan.

Y la vida también va focalizando la atención seleccionando ciertos argumentos muy relacionados a la vida cotidiana, pero distintos en cada época. Durante muchas de nuestras investigaciones hemos verificado cómo los jóvenes nos hablaban de sus enamoradas, consultaban temas relacionados a la vida sexual y a las drogas, hablaban de sus estudios y proyectos futuros. Los profesionales y trabajadores trataban temas relacionados a sus ocupaciones, conflictos económicos, dificultades en el trabajo, problemas emocionales, preocupaciones concernientes al hogar. Pasados los cuarenta, los mayores hablan con insistencia de sus nietos, viajes, distracciones, sin olvidar las enfermedades que empiezan a invadir sus vidas como visitantes indeseables.

La conversación fortalece la dinámica psicosocial individual y comunitaria. Comunicamos en un tren con una o más personas que no conocemos y que probablemente no volveremos a ver. Intercambiamos información aunque no obtengamos beneficios. Muchas veces no reconocemos a aquellos con quienes conversamos casualmente en una reunión social y en no raras ocasiones, hasta olvidamos los asuntos tratados. A veces se realiza tanta actividad social, que uno ya no retiene ni los nombres de las personas con las que platica.

Una anécdota: habiendo radicado muchos años en Alemania tuve la oportunidad de comprobar que los taxistas hablan poco o nada durante el trayecto. Un día me animé a preguntar a uno de ellos por qué no conversaban. El muy sinceramente me contestó: *"Nuestra tarea es llevar al pasajero a su destino, no conversar..."*. Pero en España otro me preguntaba: *"¿No le doy lata si le converso..?"*

En su esencia social, el hombre es parlanchín, habla, mucho o poco, pero habla. Por su *riqueza de contenido,* el lenguaje le permite expresarse casi sin límites, expresar nociones y proposiciones, comprendiendo incluso composiciones inéditas y originales expresadas instantáneamente. Y cuando no podemos hablar, gesticulamos. ¿No lo haces también tú cuando ves a un amigo a distancia y le haces la seña de que lo llamarás por teléfono?

Este patrimonio no se detuvo en el habla sino que además encontró otra aplicación plasmando las palabras en la *escritura,* un repertorio más joven que se remonta a unos 5000 años a.C., en aquella fuente cultural denominada Mesopotamia. Tomando conciencia de todo aquel bagaje que el hombre moderno ha recibido a través de tablillas, jeroglíficos, papiros, pergaminos, papel, trabajos impresos en linotipos o laser, comprendemos que la escritura fue otro vehículo con la virtud de expresar información.

La alfabetización fue por mucho tiempo patrimonio de pocos. Aún hoy existen diferencias entre países económicamente más ricos y pobres. El analfabetismo es mayor en las regiones donde impera la pobreza. A pesar de ello, gracias a los medios de comunicación visuales, orales y escritos el hombre se sirve de la palabra para conocer, crecer, orientarse, divertirse y sobre todo comunicar desde cualquier punto del planeta.

Las condiciones biogenéticas del hombre cuentan con todos los elementos para el desarrollo de esta extraordinaria facultad. Es al lenguaje que le debemos el crecimiento y desarrollo de nuestra cultura, por lo tanto de mucho de aquello que somos y tenemos. ¿No es poco, verdad?

Capítulo 10
CEREBRO y LENGUAJE

El hombre, en condiciones normales de salud, nace con los requisitos neuro-anatómicos necesarios para desarrollar la facultad del lenguaje por lo que está en grado de aprender su propia lengua y otras más.

Según John Ratey (2002), el 90% de la población alberga la sede del lenguaje en el hemisferio izquierdo; 5% tendría las áreas principales de esta facultad en el hemisferio derecho, y otro 5% repartiría este recurso en ambos. De los zurdos, un 5% tiene su centro en el hemisferio derecho.

Los importantes aportes de Broca y Wernicke en el siglo IXX, han estimulado la idea de que todos los mecanismos del lenguaje dependen de dicha localización.

Aunque de manera general se atribuya la *producción* del lenguaje al área de Broca y su *comprensión* al de Wernicke, unidos por un haz de fibras nerviosas conectoras (fascículo arqueado), los modernos estudios de Resonancia Magnética funcional, muestran otro número de intervinientes mucho más complejas que incluso han explicado mejor la interacción entre ambos centros.

Ratey (2002), ha comprobado que la capacidad de mover la cara y la lengua en el orden necesario para producir sonidos del habla como "da" y "ta", se localiza en el área de Broca, al igual que la capacidad para escuchar y decodificar estos sonidos (o sea que la comprensión de las dos consonantes no llamaban en causa el área de Wernicke). Éstas y muchísimas pruebas recientes insisten en el hecho de que las mismas neuronas que valen para hablar sirven también para oír. Damasio (1997, 1998, 2003), ha insistido en que las funciones cerebrales complejas como hablar y razonar por ejemplo, comprometen más mecanismos de los que se pensaba hasta hace menos de diez años. Hoy se sabe que hay un centro para los verbos regulares e irregulares, para los números y colores, y aún dentro de ello, cuentan con otras variantes.

Lo que sí resulta claro es que el humano, desde su nacimiento, cuenta con las bases biológicas que le permitirán hablar, y desde el punto de vista anatómico, esta sede ya puede ser identificada a las 31 semanas de gestación, lo que induce a concluir que no deriva de la experiencia sino de una condición innata.

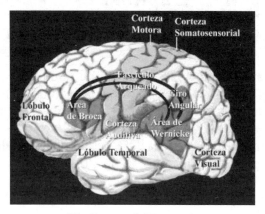

20. Centros del Lenguaje

Esta programación neurogenética también se respalda al determinar que existen *secuencias universales* en la adquisición del lenguaje. Excepcionalmente hay niños que aprenden a hablar más temprano que otros, pero en el mundo, todo sujeto pasa gradualmente por el balbuceo, expresión de una sola palabra, dos, frases telegráficas. Entre los 6 meses y 4 años el sujeto experimentará toda una estructuración de la lengua, habilidad que se declara gradualmente en todo homo sapiens. Nadie nace hablando, pero todos (salvo excepciones), en condiciones normales, pueden aprender a hablar.

El encéfalo provee todas las condiciones necesarias para aprender y emplear el lenguaje, pero el contenido del idioma, su manejo práctico y cotidiano estará determinado por el entorno social. La velocidad con la que el niño aprende en los primeros meses y años, seguramente estimuló a Noam Chomsky (1997) a pensar que los humanos tenemos un cierto ingenio innato para la adquisición del lenguaje, un programa neural que nos prepara para aprenderlo.

Friederici (2003), del Instituto Max Planck de Leipzig, utilizando la ultramoderna tecnología de imágenes, ha presentado un excelente modelo para comprender mejor el procesamiento verbal. Sus conclusiones revelan que el sistema cerebral al percibir una expresión verbal, intenta primeramente registrar las unidades fónicas individuales mediante un análisis acústico-fonético. Sucesivamente la información recibida es analizada simultáneamente por secciones del lóbulo temporal izquierdo y por sedes profundas del lóbulo frontal, lo que permite reconocer si el contenido verbal incluye un sustantivo o un verbo, captando la estructura sintáctica. Luego, se ocupa del procesamiento semántico permitiendo la elaboración del significado de las palabras (sintaxis y semántica se analizan en el hemisferio izquierdo, p.28).

La enorme influencia del ambiente destaca que las fases en las que se adquiere el lenguaje pueden variar de uno a otro y estar condicionadas en algún grado por el tipo de ambiente, pero en todas las poblaciones se seguirán las secuencias que van del balbuceo al manejo correcto del lenguaje. Betty Hart y Todd Ridley (2002) de la Universidad de Kansas estudiaron un grupo de niños cuyos padres eran profesionales, obreros y beneficiarios de asistencia social. La investigación indagó durante los primeros dos años y medio. Los resultados mostraron lo siguiente: Los niños con padres profesionales oían un promedio de 2.100 palabras por hora. Los hijos de la clase obrera 1.200 y los que tenían padres dependientes de la ayuda social 600. Otro aspecto interesante es que los profesionales reforzaban positivamente las conductas de sus hijos unas treinta veces, los trabajadores unas quince y los subsidiarios unas seis veces.

Las experiencias con los niños lobos, niños abandonados en las selvas que se encontraron a los 12 años o después, pusieron en evidencia también que todo esfuerzo por enseñarles a hablar se hacía inútil. Esto significa que hay un período crítico que el Premio Nobel Eric Kandel (1997) sitúa entre los 2 años y la pubertad. Transcurrido el mismo, aprender un idioma resulta menos fácil que a los 10 años de edad y quien aprende a los 20 o a los 30, tendrá que esforzarse de la misma manera ya que por razones que no se explican aún, ha disminuido esa plasticidad. Quienes hemos aprendido idiomas luego de los 18 años, reconocemos que el acento muy difícilmente se asemeja al de los nativos y la adquisición de las nuevas palabras requiere de mucha repetición y uso. Esta diferencia puede deberse a que las lenguas aprendidas sucesivamente se almacenan en centros neuronales diferentes a los que se almacenan las lenguas maternas. Los bilingües desde la niñez concentran ambos idiomas en la misma sede (Ratey, 2002).

10.1. BASES NEURALES:

Antonio y Hanna Damasio (1998), luego de más de dos decenios estudiando el cerebro y el lenguaje afirman que esta facultad es elaborada por medio de tres grupos de estructuras interactuantes:

Primero: Un grupo de sistemas neurales localizados en parte del hemisferio cerebral derecho y en parte en el izquierdo, que representan la interacción no lingüística entre el cuerpo y su ambiente, donde actúan como *mediadores* diversos sistemas sensoriales y motores. Aquí se ubica todo aquello que una persona percibe, piensa, hace y siente en su comportamiento de relación con el mundo. Este primer nivel es importante porque ayuda a *articular y modular la tonalidad de la expresión, su contenido emocional, hasta alcanzar inclusive niveles de simbolismo y metáfora*. Un poeta, aunque no informado neuro-psico-fisiológicamente probablemente, nos transmite mucho de ello.

Segundo: Un centro neural, localizado con prevalencia en el hemisferio izquierdo, donde se representan los fonemas, además de sus combinaciones y las reglas de sintaxis para la combinación de palabras y la respectiva construcción de frases. Por estímulos propios del mismo cerebro se organizan conformando palabras, frases y oraciones que serán pronunciadas o escritas. Además en esta dimensión elaboran las señales lingüísticas que llegan al cerebro mediante el oído y la vista.

Tercero: Un grupo mediador entre los dos anteriores, capacitado para tomar un concepto y estimular la producción de formas de palabras, o también puede recibir las palabras y hacer que el cerebro evoque los conceptos correspondientes.

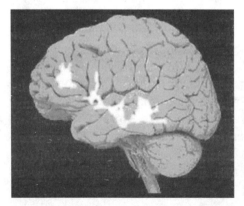
21a. *Actividad Cerebral mientras se escucha una palabra y se pregunta por el número de sílabas que contiene.*

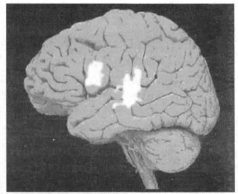
21b. *Cuando se solicita indicar el significado de la palabra (Aquí activa centros de la memoria).*

Las investigaciones neuroanatómicas relacionadas al lenguaje adquieren enorme importancia cuando Paul Broca (1865), halla que una lesión localizada en una determinada zona del hemisferio izquierdo (conocida hoy justamente como Área de Broca o Área anterior del lenguaje) originaba *Afasia*, o sea dificultades en el lenguaje. Una autopsia practicada en el cerebro de *Tan* (un paciente a quien se lo llamaba así porque era la única palabra que podía pronunciar correctamente), confirmó la localización de la lesión y la conclusión diagnóstica propuesta antaño por el notable investigador, se ha confirmado hasta el presente de manera definitiva. De aquí el reconocimiento que se otorga al hemisferio izquierdo en su relación con el lenguaje.

El menor relieve del hemisferio derecho en el manejo del lenguaje, se determinó al verificar que lesiones similares no producían la misma deficiencia clínica. Las investigaciones de Restak (1988) y de muchos otros sostienen que el 95% de las afasias tienen que ver con lesiones en el hemisferio cerebral izquierdo.

A esta importante contribución se añade poco después aquélla del Dr.Wernicke (1908) quien descubrió que en el cerebro había una región que al sufrir una lesión producía otra forma de afasia. También se localizaba en el hemisferio izquierdo, pero en la porción posterior de la región temporal superior. En este caso, el cuadro clínico revelaba que la *comprensión* del lenguaje estaba severamente perturbada, los pacientes podrían hablar aún rápida y fluidamente, pero aquello que decían no tenía sentido. En virtud de estos resultados, esta zona también ha recibido el nombre de su descubridor: *Area de Wernicke*. Geschwind (1981), otro de los mayores expertos en el sector, explica que las áreas de Broca y Wernicke se conectan por medio de un haz de fibras nerviosas denominado fascículo arqueado (p.145).

Hasta antes del empleo de los sistemas de Tomografía a Positrón; los estudiosos de neuroanatomía del cerebro en el pasado, se servían fundamentalmente del reconocimiento que podían realizar durante autopsias y durante el tratamiento de patologías del habla. Así concluyeron que las lesiones en el área de Broca o Wernicke, daban lugar a una disrupción del habla. Las descripciones obtenidas eran bastante elocuentes y a partir de ellas se ha comprendido que la Afasia de Broca implica dificultad para hablar, la emisión de palabras es lenta y la articulación débil e incorrecta. Ello no impide entender el mensaje hablado, pero son notorias las dificultades en el manejo organizado, articulado y gramatical del lenguaje; de aquí su carácter típico telegráfico. Si se pregunta al paciente que hará el fin de semana responde por ejemplo: *"mamá... mercado.... fruta..."*

Las afasias originadas por lesiones localizadas en el área de Wernicke asumen otras características: el manejo del lenguaje es normal, incluso fonéticamente, pero desde el punto de vista semántico el repertorio es desconcertante. Quien escucha puede reconocer las frases pero no el contexto, las frases carecen de organización y se construyen de manera bizarra. Un paciente al describir aquello que hacía el doctor explicaba: *"Este hombre está en su mesa y tiene en su cuarto una tabla de dormir"*.

El área de Wernicke, de acuerdo a lo que hoy se sabe, no interviene únicamente en el lenguaje hablado; desempeña, igualmente un papel fundamental en la *comprensión* de la palabra hablada, en las capacidades de lecto-escritura. Geschwind (1988) sostiene que las lesiones del *giro angular* desconectan los sistemas comprometidos en el lenguaje auditivo y en el lenguaje escrito. Pacientes con lesiones en este sector pueden hablar y entender la palabra normalmente, pero tienen dificultades al escribir los mismos conceptos.

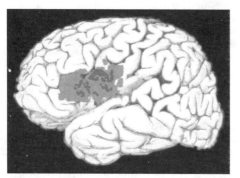

22a. Pensar una palabra activa el área de broca y el centro de la articulación verbal.

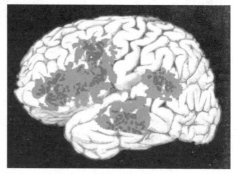

22b. Actividad cuando se piensa y se habla.

El empleo natural fácil y espontáneo que hacemos del lenguaje no siempre nos hace conscientes de la complejidad del sistema que subyace a esta capacidad de elocución. El caso del paciente estudiado por los doctores Damasio por ejemplo, exhibe algunos pormenores bastante singulares. Boswell puede observar la fotografía de un lobo, expresar que se trata de un animal pero no está en grado de describirlo ni decir algo referente a su habitat o a sus características conductuales. En cambio, es capaz de reconocer una herramienta tipo "llave inglesa" o un destornillador, de los que puede servirse. Sus lesiones se han localizado en las regiones anteriores y centrales de los dos lóbulos temporales, lo que provoca una deficiencia en el *sistema conceptual* del cerebro.

Este caso nos invita a pensar que existen una variedad de localizaciones que al verse afectadas crean disfunciones en los procesos normales del lenguaje. Daños en el hemisferio izquierdo próximos a la cisura de Silvio, interfieren en el proceso de formación de las palabras; anomalías en los Ganglios basales, pueden interferir en la armonía del lenguaje.

Las conclusiones de los estudios neurolingüísticos aclaran que las estructuras neurales que participan entre conceptos y formas de palabras, parecen disponerse progresivamente a partir de la parte posterior hasta la frontal a lo largo del haz occipito-temporal, sugiriendo que las mediaciones para conceptos generales se den particularmente en las regiones temporales del hemisferio izquierdo. La mediación para conceptos más específicos estaría unida al lóbulo frontal cerca al polo temporal izquierdo. Hay pacientes que han perdido la capacidad de manejar los nombres propios, pero tienen idea de los nombres comunes; en ellos las lesiones se limitan al polo temporal izquierdo y a la superficie temporal mediana del cerebro, mientras que los lóbulos temporales lateral e inferior están intactos. Empero, pacientes que no recuerdan los nombres comunes tienen estos lóbulos siempre lesionados (Castañón-Gómez, 1995).

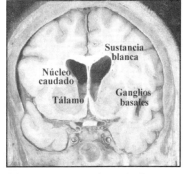

23. *Estructuras subcorticales para el procesamiento del lenguaje.*

Pese a la importancia de las áreas de Wernicke y Broca, hoy se sabe que otras estructuras subcorticales como el tálamo izquierdo, núcleo caudado izquierdo y la sustancia blanca adyacente son también importantes para el procesamiento del lenguaje. Por ejemplo, una lesión en el núcleo caudado izquierdo (fundamental para la integración auditiva-motora), comportaría un déficit en la comprensión auditiva (Kandel, 1997).

Interesados en encontrar mayores datos para entender qué sucede cuando hablamos y escuchamos, Posner y Reichle (1998), utilizando instrumentación altamente sofisticada, han realizado investigaciones de primer nivel, brindando respuestas muy satisfactorias a nuestra curiosidad científica (Anexo II).

Sirviéndose del avanzado sistema de Tomografía a Emisión de Positrones (PET) estudiaron algunos sujetos proponiendo estímulos visuales y auditivos. Las operaciones a realizar se distribuyeron de la siguiente manera: Percepción visual y auditiva de la palabra; organización y ejecución del discurso; análisis del proceso que lleva a la significación de la palabra con otros subcomponentes.

A fin de poder identificar las áreas del cerebro que se verían comprometidas con las tareas diseñaron un perfil jerárquico que implicaba cuatro niveles:

1) Mirar una pequeña cruz o signo (+) presentado en el centro de una pantalla de TV. El seguimiento del flujo sanguíneo permitía obtener las imágenes grabadas de aquello que ocurría durante la actividad.

Los resultados confirmaron aquello que se sabía: presentar el signo +, *activan áreas occipitales del cerebro*.

2) Se mantenía el estímulo con el signo +, pero luego se presentaban sobre la misma pantalla otras palabras. Los sujetos podían escuchar los nombres por medio de un altoparlante. Se presentaron cuarenta palabras por minuto. El ejercicio puso en evidencia que durante *la escucha de las palabras se activa un grupo de regiones del sistema auditivo situado en el lóbulo temporal del hemisferio izquierdo*.

Pero aquí hubo una riqueza de resultados mayores. Se identificó una jerarquía en el manejo del material auditivo, definiendo especialidades específicas bastante notables. Por ejemplo pudo observarse que cuando se escuchan *palabras* se activa la zona de Wernicke, mientras que cuando se escuchan *simples sonidos y vocales* no lo activan. Esta zona también responde cuando se presentan palabras de manera audible y también al decir palabras sin sentido como aracun, piroen, etc.

3) En esta instancia se solicitó pronunciar en voz alta las palabras que veían o escuchaban. Como también puede entenderse, el registro PET mostró que la articulación de las palabras provocaba la activación de la corteza motora primaria de ambos hemisferios, además de aquella zona puesta en evidencia por Wilder Penfield y conocida como área motora suplementaria (AMS), situada a lo largo de la cisura central en la cima del cerebro. En igual forma se pudo resaltar la actividad de la parte mediana del cerebelo, que como se

sabe guía la actividad motora. Una lesión del sector provoca una gran imprecisión en la realización de la actividad motora voluntaria. Aunque todavía no se conoce su rol en el lenguaje, se ha visto también activada la corteza insular. Por su aislamiento ha sido difícil estudiarla, rara vez se lesiona en accidentes y su acceso experimental ha sido dificultoso.

A los investigadores les llamó mucho la atención, comprobar que las áreas de Wernicke se activaban al repetir las palabras que escuchaban o leían, pero no si las veían. Pero sorprendió mucho que no se activara un sector tan comprometido en el lenguaje como el área de Broca, durante la repetición de las palabras en voz alta. Esta "falta" de resultado cuestionó incluso la validez del sistema PET. Pero la especulación se clarificó al pasar a la siguiente prueba.

4) Este ejercicio implicaba una mayor concentración inteligente en cuanto solicitaba mencionar en voz alta el uso apropiado que correspondía al nombre que veían o escuchaban. El mecanismo aquí era más interesante porque implicaba la percepción de la palabra y la pronunciación de la misma dentro de un proceso algo más inteligente que la mera repetición, pues debía hablar de la función o aplicación que correspondía a la palabra-estímulo.

El registro tomográfico realmente resultaba más sugestivo. Las zonas de actividad no se limitaban a los centros más o menos importantes en la percepción auditiva y motora, sino que por el contrario, las zonas de acción se diseminaban largamente desde adelante hasta la parte posterior del lóbulo temporal del hemisferio izquierdo hasta llegar a la extremidad cerebelar del hemisferio derecho. Esto mostraría que el cerebelo no se ocupa únicamente de actividades motoras. Los investigadores sugieren que ayude en la selección apropiada de los verbos, una actividad puramente cognitiva que empero tampoco estaría tan alejada de su tarea de "guiar" las actividades motoras.

En esta cuarta secuencia de la investigación los estudiosos pudieron explicar por qué antes no se obtuvo una activación del área de Broca. Ellos definieron que este sector se activa cuando a la percepción de la palabra se añaden las operaciones necesarias para la "generación" del verbo. La secuencia activa la corteza frontal izquierda que incluye el área de Broca.

Numerosas investigaciones han demostrado la función del lóbulo frontal en tareas voluntarias y conscientes. Cuando el sujeto responde mencionando el verbo a la palabra-estímulo por ejemplo: martillo=golpear o martillear, está efectuando una actividad mental algo más compleja que repetir mecánicamente "martillo".

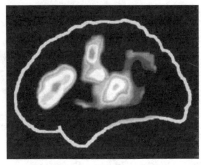

24. *Generación de palabras*

La constatación de la actividad frontal al "generar" palabras implica que cuando nos concentramos y hablamos con convicción, se aplican estos centros vistos en relación a actos más complejos con contenido inteligente y voluntario. La Dra Goldman-Rakic (1998), sostiene que la corteza frontal está comprometida en la utilización de un conocimiento internalizado, a fin de guiar el comportamiento en ausencia de referencias externas portadoras de información. Ella atribuye aquí una tarea primordial a la memoria breve que permite el almacenamiento de información de la que se puede extraer instrucciones circunstanciales para guiar el comportamiento (p.121). Lesiones en estas zonas perturban la ejecución de tareas con cierto compromiso inteligente como distinguir colores, números, formas, etc.

Durante la generación de palabras también se pudo identificar la activación de una pequeña región anterior de la corteza conocida como "cíngulo" que según los autores, se asociaría a formas específicas de atención. En este caso se hipotiza que tenga la función de favorecer la "selección" del verbo apropiado en medio de una variedad de posibilidades. Respecto del área de Wernicke, se pudo verificar que se activa al repetir y generar los verbos asociados a los nombres de manera auditiva. Pero la visión pasiva de nombres, su lectura a voz alta, o la generación de los verbos asociados a nombres presentados visualmente no activan sector. Esta diferenciación pone en evidencia que unas zonas se ocupan de la palabra auditiva y otras de la visual.

En síntesis, al generar palabras se activan: la corteza frontal izquierda, la corteza temporal izquierda, la corteza singular anterior y la terminal derecha del cerebelo.

Esta exposición, particularmente el punto cuarto, ha sido citada en detalle con el propósito de ayudar a comprender la complejidad neural que subyace a nuestros procesos de comunicación. Esta "revolución" constante que el hombre suscita cada vez que habla o escucha, no puede pasar sin dejar "huellas" de lo que se dice y se escucha, y debería justificar las razones por las que deberíamos tener mayor cuidado y celo cuando recurrimos a esta capacidad tan especializada en el hombre.

Friederici (2003), a quien citamos anteriormente, ha confirmado que el procesamiento del lenguaje no se limita al área de Wernicke, pues participan también otras regiones adyacentes al lóbulo frontal izquierdo. El cerebro procesa primero la gramática y luego el contenido semántico de una frase. Cuando no captamos una palabra, el propio cerebro busca otras formas de asimilación, y esto lo sabemos quienes debemos servirnos de varios idiomas: cuando no encontramos la palabra en una lengua, nos sale espontáneamente en otra. La prosodia y la entonación se procesan en el hemisferio derecho, muy capacitado para captar la información emocional. Esto significa que en nuestras conversaciones, colaboran íntimamente ambos hemisferios cerebrales. Una curiosidad: las mujeres son más veloces al reaccionar ante la información emocional de la prosodia: ellas necesitan 200 milisegundos, mientras que el varón, en promedio, unos 750... No lo olvides, la próxima vez que hables con tu novia...

Pero el manejo de la lengua no implica únicamente contar con un sistema morfológico estructural neuroanatómico, implica también una capacidad para *tener consciencia* de aquello que se dice o escribe. Cuando leemos un libro, si bien reconocemos las letras, debemos estar en grado de unirlas reconociendo las palabras, luego las frases, las oraciones, introduciéndonos en contextos más amplios hasta conformar una imagen mental de aquello que se lee. Si alguien te describe las hermosas Pirámides de El Cairo, las imaginas, más aún si las conoces personalmente. Todo ello conduce a mayores procesos neuropsicológicos ligados a las funciones de modulación del lóbulo frontal.

La importancia de estos otros procesos, se ha podido reconocer gracias al aporte de la tecnología moderna. Con el uso de La "Resonancia Magnética Nuclear", Raichle (1994) y sus colegas han podido identificar las zonas frontales correspondientes a dificultades en el manejo de los verbos y de los sustantivos. Este estudio para nosotros tiene fundamental importancia porque se pudo determinar que en la *producción* de palabras, cuando una persona repite términos únicamente, tipo bla, bla, o dice palabras de manera casi automática, sin convicción, compromete sólo áreas motoras, pero las de Broca y Wernicke "no" intervenían. Empero, cuando se habla con mayor *convicción*, la participación cerebral es mayor, particularmente en las zonas del lenguaje y cognitivas.

¿Por qué es esto importante?

Porque nosotros, patrones del lenguaje, muchas veces repetimos palabras de manera mecánica, sin conciencia de aquello que decimos, pero que en muchos casos pueden contener conceptos ofensivos. Vociferar de manera poco inteligente lleva a situaciones de difícil pronóstico.

Por otra parte, podemos pensar perfectamente lo que decimos, comprometiendo en grado superior la actividad prefrontal, cognitiva, inteligente y fina: entonces habremos otorgado un mayor sentido a nuestro lenguaje, usando su esencia para expresarnos, y haciendo de las palabras un vehículo de comunicación constructiva y de conocimiento. El hipócrita, el mentiroso, el político corrupto y otros similares, recurren a la palabra no para alcanzar la verdad, si no para manipular los términos y alcanzar su propio beneficio.

Si tenemos la oportunidad de escuchar hablar a una persona o leemos aquello que ha escrito, encontraremos muchas referencias sobre aquello que es y probablemente hace. Por la comunicación el hombre se revela a sí mismo, y por ello, conocemos a las personas. La conformación de las lenguas ha plasmado en alguna medida nuestro ser y nuestro pensamiento, de aquí la trascendencia de la relación entre los *hábitos, las actitudes y la palabra.*

Cuando las palabras faltaron en el repertorio primitivo u original, se inventaron otras nuevas como *alunizaje, chatear o escanear,* a fin de enriquecer y precisar mayormente aquella urgencia que el hombre tiene de expresarse. Y cuando no fueron suficientes para exteriorizar otras vivencias, se recurrió a la música, al canto, a la pintura, al movimiento, etc. El hombre, comunicador excelente, se muestra así al mundo como un continuador de esta maravillosa creación. Ojalá no lo olvidara.

10.2. EL LENGUAJE DE LOS GESTOS:

Las investigaciones dedicadas a la comprensión del lenguaje se han realizado mayormente en relación al lenguaje hablado, pero desde los descubrimientos de Broca en 1861 y los de Wernicke en 1874 se ha avanzado bastante, por lo que había llegado también el momento de estudiar los mecanismos del lenguaje de aquellas personas sordas que por distintas razones estaban obligadas a recurrir al lenguaje de los gestos.

Recientemente Hickok, Bellugi y Klima (2001), han presentado algunos resultados muy notables sobre un trabajo que les ha tomado unos dos decenios. Ellos parten de algunas premisas reconocidas: lesiones en el hemisferio izquierdo provocan las afasias, y lesiones en el hemisferio derecho rara vez resultan en disfunciones del habla ya que este centro estaría más dedicado a problemas espacio-temporales, como la dificultad de copiar una simple línea. Plantean también que "el área de Wernicke, comprometido en la comprensión del lenguaje, está localizado cerca de la corteza auditiva, la parte del cerebro que recibe las señales de los oídos; el área de Broca, dedicado a la producción del lenguaje, se encuentra próximo a aquella parte de la corteza motora que controla los músculos de la boca y de los labios". En consecuencia, se preguntan: "La organización del lenguaje *¿está verdaderamente basada sobre las funciones de oír y hablar?*" (p.42).

Para responder la pregunta, tenían que estudiar un lenguaje que se sirviese de sistemas sensoriales y motores distintos, en este caso soslayando el habla, por lo que recurrieron al estudio del lenguaje gestual.

En nuestra sociedad, es muy probable que mucha gente haya observado la mímica de ciertas personas que se comunican con otras a través de una serie de signos, que realizan mediante el manejo de manos y dedos. Aquellas personas a las que hemos consultado sobre el tema expresan un conocimiento superficial y asocian el evento a algo muy elemental, sencillo y hasta teatral.

Pero la realidad es muy distinta, este programa es muy serio y complejo. Su contenido gramatical puede asemejarse al del lenguaje hablado. Asimismo, exis-ten distintos lenguajes y varían de lugar a lugar con variantes casi dialectales.

Mientras el lenguaje hablado está codificado en cambios acústico-temporales para señalar las variantes lingüísticas, el gestual se basa en cambios viso-espaciales. Es por eso que en los años ochenta estos investigadores se preguntaron si las lesiones sufridas por sordos, localizadas en el área de Wernicke o Broca, producirían las mismas afasias que en el lenguaje hablado. La sorprendente respuesta afirmativa no se hizo esperar. Sí, quienes sufrían estas lesiones emitían signos fluidamente, usaban la gramática de manera correcta pero el lenguaje era incoherente como en las afasias de Wernicke.

Estudios realizados mediante Tomografía a Positrón, han confirmado que cuando un paciente habla y otro hace signos, en ambos se activa el Area de Broca (p. 48). Otros registraron dificultades para orientar y perfilar las manos produciendo los signos o ejecutándolos de manera limitada y ello no se debía a una disfunción motora, pues estaban en grado de realizar otras tareas motoras como por ejemplo copiar dibujos. Además, podían comprender los signos provenientes de otras personas pero tenían dificultades en emitir los propios, lo que se relacionaba claramente con el cuadro correspondiente a las afasias de Broca.

Estos interesantes resultados también plantearon otra importante cuestión: Como el lenguaje gestual emplea destrezas viso-espaciales, facultades propias del hemisferio derecho, se hipotizó si lesiones en dicho hemisferio afectarían el manejo del lenguaje. Los resultados indicaron que, en dicho caso, el lenguaje gestual no se veía afectado, insistiendo que la base fundamental aún de este tipo de comunicación, radicaba en el hemisferio izquierdo.

La conclusión final sostiene que el lenguaje hablado y el de los signos, comparten buena parte de los niveles neurales superiores centrales y tienen propiedades específicas en los niveles periféricos de procesamiento. De hecho, el lenguaje hablado se procesa a partir de la corteza auditiva, mientras que los signos, a partir del lóbulo occipital propio de la percepción visual.

El hombre habla, y si no puede hacerlo, recurrirá al gesto..., siendo hombre social, quiere comunicarse y buscará siempre la manera de hacerlo.

Capítulo 11
EL IMPACTO NEUROPSICOLOGICO DE LA PALABRA

*"Algunos utilizan la palabra para decir algo verdadero y bonito,
otros, para ocultar lo que verdaderamente son y sienten"*
Leopoldo Gómez González (Madrid)

Mi formación universitaria en Roma me permitió orientar mis intereses clínicos al campo de la llamada "Psicosomática", por lo que luego de graduarme en Psicología Clínica fui a especializarme en "Medicina Psicosomática" a Milán. Hoy, este término hecho popular principalmente por Groddeck el siglo pasado, ha sido sustituido por *psicofisiológico* privilegiando la inter-relación que se establece entre el evento psicológico y la función del organismo.

Esta perspectiva me llevó por más de un decenio a Alemania donde empezaba a gestarse la *Neuropsicofisiología cognitiva*. Pero 2500 años antes que mis profesores modernos, los maestros de la antigüedad como Hipócrates, Platón, Aristóteles reconocieron el "gobierno" de la "psyché" (alma, espíritu) sobre el cuerpo. Sin embargo, fue Marco Tulio Cicerón (106-43aC) uno de los primeros en sugerir que los dolores y las enfermedades podrían resultar de factores emocionales (Castañón-Gómez, R., 1991).

Hace pocos días me encontraba en una reunión social y en el grupo de conversación todos alabamos el aspecto y belleza de una de las damas presentes. Ella, sin que alguien se lo hubiera preguntado, declaró que tenía 39 años, respuesta que incrementó nuestra admiración. Durante la cena, en un contexto bastante íntimo, la dueña de casa recordó a nuestra amiga que fueron compañeras de curso durante la Universidad y concluyó afirmando: "¡quién podría decir que ya hemos pasado los 50 años...!". La señora "inculpada", que pocos minutos antes era al menos diez años más joven, lo primero que hizo fue mirar a quienes habíamos escuchado su supuesta confesión, pero era sólo para permitirnos observar el gran rubor que cubría sus mejillas. Unas palabras, habían suscitado en ella toda una reacción fisiológica, muy común a situaciones similares de sorpresa, y por cierto, por nada ausente a la mayor parte de las personas.

Son estos mecanismos que me animaron a profundizar la relación *conducta-cerebro, cerebro-conducta,* pues el psicólogo clínico conoce mucho de la influencia psicológica en las enfermedades físicas. Por lo mismo, seguí estudios de Bioquímica en Alemania para luego dedicarme a aquella rama de las Neurociencias que se iría conociendo como neuro-psicología cognitiva.

Pero mis estudios e investigaciones, también tenían un motivo pedagógico substancial... El psicólogo clínico se sirve de la palabra como instrumento ope-rativo fundamental. La dinámica es compleja y privilegiada; el cliente recurre a nosotros con confianza, abriendo su mundo más íntimo a la orientación especializada. Si bien la labor psicológica cuenta hoy con muchos sistemas de apoyo en el diagnóstico y en el tratamiento, la palabra es siempre el instrumento imprescindible, por lo tanto, es menester que quien practica esta profesión conozca aquello que la palabra produce en la química y fisiología neural, para comprender mejor sus consecuencias en el comportamiento.

Esta curiosidad la suscitó en mí por primera vez, en mi época universitaria, el mismo Sigmund Freud cuando escribía que muchos de sus pacientes se *resistían* a ciertas *interpretaciones que el especialista realizaba de su inconsciente,* porque no querían aceptar la realidad del contenido interpretado; por ello, incluso, muchos pacientes renunciaban a la terapia.

Cuando empecé a aplicar en la "Clínica Psicosomática Flammersfeld" los beneficios de las técnicas de relajamiento ofrecidas por Schultz con su "Entrenamiento Autógeno" y la "Desensibilización Sistemática" de Joseph Wolpe, comprendí que el relajamiento creaba cambios neuroquímicos tan importantes en el cerebro, que predisponía al paciente a escuchar la opinión clínica disminuyendo y casi eliminado la resistencia que Freud había descrito (Castañón-Gómez, R., 1979).

Recién graduado recibí a una paciente en la que pude reconocer con mucha fuerza el impacto emocional de la palabra en su organismo. Se trataba de una señora de 45 años de edad, casada con dos hijos. Vino al consultorio porque sufría de afonía aguda que hacía su voz ronca casi inexpresiva. Asimismo, al tragar saliva se quejaba de dolores en la garganta, que la obligaban a contorsionar el cuello de manera espectacular, según ella, para aliviar dicho esfuerzo.

Los estudios médicos especializados no mostraron razón alguna para atribuir la causa a factores físicos por lo que fue referida al servicio de psicología clínica de nuestra Universidad. El seguimiento del caso reveló que la paciente compartía su vida con un esposo al que amaba mucho y con quien habían procreado dos hijos de 12 y 10 años de edad. Había asimilado la visión de un hogar para toda la vida, equilibrado, casi modelo. No tenía razones para quejarse de su vida con el esposo y se sentía muy orgullosa de los hijos, aplicados en los estudios y bastante equilibrados. En su amor por ellos, había activado un gran sentido de protección porque sentía que ese era su deber de madre.

El panorama asumió otra connotación, cuando sin antecedente alguno el cónyuge le manifestó que "deseaba el divorcio inmediato". El sostuvo que había dejado de amarla y que por los hijos había soportado estos años, pero que ya no podía más. El esposo concluyó la conversación con el siguiente pedido: *"te ruego decirlo tú a los niños, porque desde esta noche ya no dormiré en esta casa"*.

Es comprensible el cuadro de angustia, llanto, desconsuelo que esta circunstancia originó en la persona, pero mayor sorpresa ocasionó el hecho de constatar en los días sucesivos, que tenía dificultades para hablar, la voz no era emitida con claridad, se escuchaba ronca, y descubrió que tenía una imperiosa necesidad de tragar su propia saliva lo que le provocaba más dolores.

La asistencia clínica puso en claro los antecedentes y pudo definir el cuadro: "La paciente era responsable de notificar a sus dos hijos que el padre se marchaba y que había solicitado el divorcio". Para no afrontar la situación, desarrolló un síndrome (somatizado) inconsciente de defensa para no tener que hablar a los hijos y transmitir esa mala noticia. Por eso el efecto se localizó en los recursos del habla, impidiendo o postergando la comunicación de una noticia a los hijos que ella consideraba dramática, porque habría *destruido* (palabra utilizada por ella) el equilibrio emocional que ella quiso establecer en el hogar.

La atención psicoterapéutica contempló un programa de intervención con ella, pero también, estando el esposo ausente, ella autorizó que yo hablara con los hijos a fin de comunicarles la situación de la pareja y el deseo del padre. Cuando la madre fue informada de que los hijos calificaban la decisión como favorable para todo el hogar, pues así el sufrimiento y la tensión en todos disminuiría, la paciente empezó un proceso de total recuperación.

¿Cuál es la fuerza de aquella palabra que nos deja mudos, pero que también puede motivar en nosotros hermosas y profundas expresiones? Genética, biología, experiencia y elaboraciones múltiples. ¿No son ya tantos requisitos para comprender que nuestra naturaleza es muy compleja?

Hemos tenido la necesidad de introducir toda una Primera parte de argumentos biopsicológicos, cabalmente para que el lector pudiera ir asimilando la variabilidad del contexto en el cual el maravilloso recurso de la palabra se desenvuelve y que por lo mismo merece toda nuestra atención, más aún en un siglo en el que los Medios de Comunicación Social han hecho de la palabra un estímulo omnipresente.

11.1. PERCEPCIÓN DE LA PALABRA:

Por las cualidades inherentes a su naturaleza el hombre está en grado de percibir palabras habladas o escritas. Este trabajo está dedicado a la palabra hablada.

Pongámonos en la situación ideal de escuchar que alguien nos dice: *¿Cómo estás?* En dicha circunstancia percibimos una cadena de sonidos conformados por aquellas *unidades acústicas pequeñas* que conforman el repertorio verbal que denominamos *fonemas*. La "k" y la "b" por ejemplo, son fonemas simples. Según Leahey y Harris (1998) cada idioma utiliza un subtipo de los más de 200 fonemas posibles, en español son más de 20, el inglés utiliza entre 40 a 45. Desde estas pequeñas unidades podemos ver cómo "impacta" una palabra, pues la captación del sonido podría hacernos algunas jugadas. Si grabamos las palabras "gallo" y "callo" los sonidos "g" en gallo y "k" en callo, pueden ser confundidos por algunos. De hecho, haciendo escuchar la grabación a cien personas, entre 10 y 20 habrán referido escuchar «gallo» y no "callo" o viceversa. Son las diferencias que se pueden obtener en un todo al variar un primer fonema.

Otra razón por la que puede «modificarse» la comprensión de un fonema se debe al hecho de que las personas tienen un tipo de voz con un tono propio, por lo tanto quien habla en voz baja o muy aguda, al vocalizar el fonema, registran propiedades que podrían conllevar una diferencia al pronunciar una palabra. Es por eso que cuando ordenamos por teléfono un boleto aéreo, al deletrear el nombre nos ayudamos diciendo: "C" de Carlos, "A" de Antonio. Muchas veces la "d" puede escucharse como "p" o "b".

Si queremos hablar además de una curiosidad, recordemos las dificultades de un ciudadano adulto coreano que no puede pronunciar la "r", y dice "l", al hablar inglés. Dirá por ejemplo "lan" en vez de "ran", y en español "olal" por "orar". Para mí, que tengo el Inglés como segundo idioma, me resulta difícil entender algunas palabras en un inglés pronunciado por un coreano, pero mis colegas australianos o ingleses no tienen esta dificultad. Su mejor repertorio en su idioma nativo, les facilita el reconocimiento de las palabras aún mal pronunciadas. Es por esto también que un latino, principiante en el aprendizaje del idioma Inglés, esté en grado de entender mejor la pronunciación inglesa de un compatriota que cuando habla un aborigen norteamericano, británico o australiano. Afortunadamente, además del fonema, en una conversación, reconocemos también las palabras por las vocales que las componen y las transiciones entre la variedad de consonantes y vocales.

Es muy ilustrativa una selección que hacen Leahey y Harris al citar una circunstancia particular que denuncia el alcance que pueda tener la emisión y comprensión de una palabra a partir de sus fonemas. En la antigüedad ya hicieron uso práctico de estas diferencias. Se lee en el Antiguo Testamento: "Galaad ocupó los pasos del río Jordán y cuando uno de los fugitivos de Efraín decía: 'Déjenme pasar', le preguntaban: ¿Eres de Efraín? Si respondía que no, le ordenaban: 'Di shibolet'. Pero al pronunciar la palabra, no la pronunciaban correctamente; entonces lo detenían y lo mataban en los pasos del río" (Jueces 12, 5-6). En aquella ocasión esta dificultad para pronunciar aquella palabra que significa 'espiga' fue causa para que murieran cuarenta y dos mil hombres de Efraín. Afortunadamente los tiempos han cambiado y en el mundo, donde existen más de 5000 lenguas, las personas se han hecho más tolerantes.

La percepción y reconocimiento de las palabras, también se fortalecen gracias a las reglas fonológicas propias de un idioma y a los denominados factores suprasegmentales (prosódicos) como énfasis, tono, pausa y entonación. Aprender italiano no adquiere brillantez si uno no aprende a manejar el énfasis y el tono adecuado, mientras que en el Alemán la modulación es menos graciosa. Los poemas se vuelven rutinarios y aburridos si no se respeta la entonación y las pausas.

A pesar de los límites, el alcance perceptivo es extraordinario puesto que el hombre está en grado de seguir un parlamento a gran velocidad. Pero ello, también requiere un cierto entrenamiento, lo comprobamos cuando visitamos algunos países centroamericanos donde el español es más corrido.

11.2. MECANISMOS AUDITIVOS:

El sonido es una onda mecánica proveniente del movimiento vibratorio de los cuerpos (cuerdas vocales , cuerdas de una guitarra, por ejemplo), transmitido por un medio elástico. En su recorrido, la conformación de las ondas está en grado de comprimir y estirar el medio (sólido, líquido o gaseoso) por el que viajan. Cuando se mueven las ondas sonoras que percibimos , las partículas del medio que las transporta se separan paralelamente a la propagación de la onda, como ocurriría cuando te imaginas tensar y estirar un muelle o un resorte, por esto se conoce como «onda longitudinal».

Cuando tú hablas, el sonido que emites, bajo la forma de voz y palabra, se transmite a través del impacto o choque que provoca entre las moléculas del aire. Imagina lo que ocurre cuando a veces gritas o te gritan (espero que sea rara vez). Por otra parte, cuando oyes a quien te habla, percibes las ondas de su voz, que van creando oscilaciones minúsculas en la presión del aire. Aquellos equipos electrónicos que ves a menudo, calibran precisamente estas diferencias de presión. Y tu sistema auditivo, es un verdadero experto en estas mediciones. Si las oscilaciones se ubican en rangos de 20 y 20.000 hertzios, las convierte en sonido traducible. El perro tiene más capacidad auditiva que el homo sapiens, sus rangos van de 50 a 45.000. Pero el murciélago lo supera llegando a 120.000 y el delfín a 200.000.

La *audición*, según Richards y Kid (2002), indica la experiencia perceptiva asociada a la estimulación del sentido del oído. Tu oído y el mío se estimulan con energía acústica -ondas sonoras- que ingresan por el oído externo, provocando la vibración del famoso tímpano y de los huesecillos del oído medio, transfiriendo energía mecánica hacia la *cóclea*, bien instalada en el oído interno. Y aquí ocurre otra de las maravillas de nuestro organismo, la energía mecánica se transduce en impulsos neuronales debido a la estimulación de las células ciliadas, las cuales hacen sinapsis con el nervio auditivo. Al final, los impulsos nerviosos se transmiten al cerebro para su procesamiento e interpretación.

En forma más breve, Ledoux (1999) nos explica que los mensajes sensoriales son transmitidos desde los receptores externos (auditivos en nuestro caso) hacia áreas especializadas del tálamo que elabora las señales, enviando los resultados a zonas específicas de la neocorteza. Nuestra capacidad de audición está representada en ambos hemisferios cerebrales en una sección de los lóbulos temporales superiores. Toda esta riqueza la tenemos no sólo para oír, sino también para escuchar, aprender, comprender y actuar.

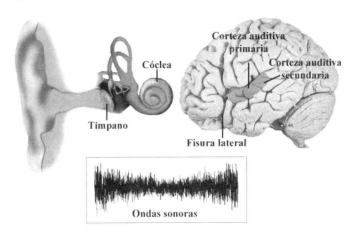

25. *Centros de la audición*

Según Eccles (1991) alrededor del 95% de los casos el lenguaje reside en el hemisferio izquierdo. Para Celesia (1976) la sensibilidad auditiva del giro de Heschl y del plano temporal queda demostrada en cuanto reaccionan con potenciales a breve latencia aún cuando se suministra estímulos auditivos a personas bajo anestesia. Otro aporte anterior de este mismo investigador (1968) había demostrado que, en personas conscientes, la estimulación acústica excitaba campos amplios en los lóbulos frontales y parietales. Estas proyecciones que van más allá de las conocidas zonas de Broca y Wernicke, se hacen importantes para la realización de funciones lingüísticas en las que se llegue a solicitar mayores recursos conceptuales e interpretativos.

Pero la palabra, por otra parte, puede ser también percibida a través del sentido de la vista cuando leemos. La lectura transmite palabras, conceptos, filosofías, que ciertamente tienen un impacto en la conformación del repertorio personal.

11.3. PROCESAMIENTO DE LA PALABRA:

Los novedosos estudios de LeDoux (1998) han expuesto que las señales sensoriales auditivas viajan primero al *tálamo* y luego a la *amígdala*; la siguiente señal del tálamo, o sea una segunda, procede hacia la neocorteza, zona cognitiva. Es este mecanismo identificado por el autor que permite entender por qué la amígdala envía señalaciones emocionales antes de que tomemos conciencia de ello. La señal percibida por la neocorteza aún debe elaborar la información recurriendo a varios circuitos para poder desplegar la respuesta más elaborada. Al hablar de las emociones profundizaremos este aspecto señalando los grandes aportes de este profesor de la Universidad de Nueva York.

Los estímulos verbales percibidos por la capacidad auditiva, ingresan en el cerebro en un mecanismo de transmisión que asume distintos connotados: una palabra llama nuestra atención y respondemos, otras no merecen comentario, en algunas ocasiones el interlocutor nos expresa que no estamos prestando atención a lo que nos dice y en muchos casos es verdad, sus palabras (aparentemente) no están siendo registradas ni nos dicen nada. Notamos estas distracciones cuando una persona nos habla de su viaje a Egipto y nosotros le preguntamos "qué hora es", o cuando a otra, durante una conversación de pocos minutos le preguntamos tres veces su nombre.

La *recepción* de la palabra por parte de los mecanismos neurofisiológicos de la audición, señala únicamente un primer proceso que todavía debe completarse hasta permitir la *comprensión* de lo escuchado. Recordando que el cerebro humano cuenta con unos cien mil millones de neuronas, resulta lógico pensar que no estamos en grado de explicar exhaustivamente todos los mecanismos que subyacen a la comprensión de la palabra, pero interesa reconocer aquellos que al presente resultan más claros.

La palabra, al ser percibida por los sistemas auditivos, se convierte en una *información de entrada* (*in put*) y el comportamiento subsiguiente asume la fisonomía de la *respuesta de salida* (*out put*), pero resulta claro que no se trata de un simple mecanismo estímulo-respuesta, como sostuvo el Conductismo por tanto tiempo; en el ínterin se ha declarado un complejo mecanismo de procesamiento y elaboración de la información recibida. Si alguien dice a una persona: *"Usted es una persona amable"* o *"Sospecho que es usted la persona que robó mi cartera"*, seguramente el procesamiento y elaboración de la información asumirá una fisonomía distinta en algún grado antes de asumir la respuesta final.

Existen varias teorías que pretenden explicar cuales son los mecanismos que rigen el procesamiento de datos.

En opinión de Leahey y Harris (1998), el sonido con el que nos llega una palabra al oído, es un estímulo sensorial que se dirige inmediatamente al repertorio que conocemos como *memoria o registro sensorial*. Se distingue porque alberga la información por el tiempo que sea necesario para luego ser remitida selectivamente hacia la *memoria operativa* (a corto plazo) para el procesamiento pertinente. Expresar: *«Te invito a cenar la próxima semana»* o *«Tu hijo acaba de tener un accidente automovilístico»* tiene que suscitar procesamientos neurales y psicológicos, con instantáneas diferentes en las secuencias que preparan la respuesta.

Samms y colaboradores (1993), utilizando sistemas de registro neuromagnético, aseveran que la memoria sensorial auditiva o eco puede durar desde pocos segundos hasta unos diez. Esto no significa que el procesamiento se mida en segundos, son fracciones, milisegundos que se requiere para que la información prosiga al siguiente paso. Este tipo de registro mnémico sensorial es importante para comprender el habla, permite una veloz acumulación de la información auditiva que se unirá a los sonidos verbales ulteriores. La razón por la que el procesamiento es veloz, se comprende por la propia funcionalidad, es decir, por la necesidad de elaborar una buena cantidad de información, pero la corta duración del registro mnémico podría tener el propósito de evitar sobreposición de registros que lleven a confusión y confabulación. Tampoco se excluye que un director de orquesta o personas particulares puedan tener cualidades especiales en la memoria sensorial, muy distintas a las de un escritor, administrador o futbolista.

Aunque el registro neurofisiológico es muy complejo, debemos recordar que el "impacto de la palabra" compromete la participación de muchas variables, y al tratar la función cognitiva del hombre, la *atención* se convierte en una de las más importantes.

11.4. LA ATENCIÓN:

Un maestro que dicta clases, se esfuerza por hacer claro el procedimiento matemático que el alumno debe aplicar para resolver el problema en cuestión. Mientras se dirige a los alumnos observa que Renato conversa con un compañero a quien alcanza una revista ajena a la materia en cuestión. Seguidamente el educador pregunta a Ramiro si está en grado de resumir lo explicado, el joven incómodo dice que no. El asunto es claro, su atención no estaba dirigida a las palabras del maestro sino a lo que él estaba haciendo.

La atención en consecuencia va entendida como la *capacidad de concentrarse* en algo. Y como tal está en grado de asumir funciones de acuerdo a las circunstancias. Esta capacidad, es *selectiva,* en cuanto la percepción de algunos estímulos presentes en el ambiente es mayor respecto de otros que siendo vigentes, tienen menor prioridad, al menos en ese instante. Es conocido el *efecto cóctel,* que nos ocurre cuando estamos en un grupo donde varias personas hablan a la vez, pero nosotros "hemos seleccionado" la voz que queremos escuchar.

Por razones de trabajo, dicto muchísimas conferencias por el mundo. Luego de las mismas son numerosas las personas que se aproximan para hablar y preguntar a la vez. Es un momento de intensa "selección". ¿Cómo se selecciona?

Existen muchas teorías, yo coincido, con aquellos que sostienen la *"selección temprana",* lo que significa que hay un mecanismo de filtrado precoz, mediante el cual, los canales de entradas que no son seleccionados, son atenuados o rechazados. Es obvio que no se puede seleccionar todo, la prueba la tenemos cuando soñamos temas que supuestamente habíamos ignorado precedentemente; pero al menos, desde el punto de vista práctico, estamos en grado de "optar", al menos en cierto grado, por una fuente de emisión antes que otra. Existen varias investigaciones neuropsicofisiológicas que confirman cómo la atención puede influenciar el análisis sensorial auditivo temprano (Woldorff, 2002). Esto significa, y coincido, que nuestra atención, orientada por nuestra intencionalidad, está en grado de "filtrar o seleccionar", incluso la recepción sensorial de información que no queremos asimilar cabalmente.

Una madre muy interesada en la salud de su hijo, por lo tanto altamente motivada, escucha con gran atención el diagnóstico y programa terapéutico que el especialista le propone. Pero luego se realiza una junta médica con cuatro médicos más a la cual la invitan. Casi todos hablan al mismo tiempo, lo que dicen es importante para ella, pero el seguimiento se hace más dificultoso. Días después ha invitado a varios de sus parientes a una fiesta: atiende a los que llegan, les ofrece una bebida, conversa con uno y otro, la música es algo estridente y pronto deberá servir la cena, además, con el rabo del ojo controla que su hijo enfermo no haga algo contrario a las instrucciones. En estas circunstancias los niveles de atención varían. Susana, mientras se sirve un bocadillo, le comunica que ha cambiado su número de teléfono, pronuncia el nuevo, pero la anfitriona seguramente no lo recordará, no es primordial en ese instante en el que recibe demasiados estímulos a la vez que ejecuta variadas conductas.

La motivación personal, el interés por conocer algo, el grado de identificación con el objeto pueden estimular nuestra atención. Pero a su vez, también el estímulo externo o las condiciones ambientales pueden condicionar nuestros niveles de atención. Una reunión informativa que permitirá tomar decisiones, pero llevada a cabo en una habitación muy fría o excesivamente calurosa, poco ventilada, no garantiza que prestemos la atención requerida.

Las experiencias emocionales, como veremos luego, pueden incidir con muchísima profundidad en nuestra atención y por lo tanto en nuestra percepción auditiva y posterior registro, por ejemplo en un estado de sentido duelo. El dolor de una separación en algunas personas, no predispone a altos niveles de atención. El estado de melancolía, no motiva la asimilación de nueva información, al menos por un tiempo.

Otros factores pueden igualmente alterar los niveles de atención: el bullicio excesivo en una casa de estudiantes donde alguien quiere estudiar y preparar la prueba del día siguiente. Un profesor que examina a los alumnos en pruebas orales, luego de ocho horas de hacer lo mismo, por saturación y cansancio, no tiene la misma capacidad de atención que al principio, por eso los estudiantes de psicología anotan su nombre al final, para ser los últimos en tomar la prueba, y en general, obtienen mejores notas (no es un consejo por cierto...).

Muchas personas escuchan con atención e incluso agrado, aquello que les es gratificante, pero disminuyen su atención cuando el contenido de la conversación es crítico o negativo. Un alumno desmotivado para ir al colegio y estudiar, tiende a prestar menos atención que otro más interesado en alcanzar logros y realización personal a través del desarrollo académico. Una persona ingresa a una librería y encuentra cuatro libros de su interés, se concentra, los ojea, en última instancia los compra. Sucesivamente visita una feria del libro, encuentra cincuenta de su interés o más, no sabe por dónde empezar, ante la cantidad no sabe cuál elegir, decide volver al día siguiente. En ese instante su nivel de *atención* entró en conflicto, pues su exceso debilitó su manejo conductual. Una plétora de estímulos puede saturar los grados de atención. Hoy cabalmente, en una sociedad tan atiborrada de información se habla de un exceso que colma los niveles de atención, obligando a que el individuo dirija la misma hacia factores específicos, desarrollando modelos de atención más selectivos.

Estudios realizados con tomografía a positrón revela el rol del *cíngulo anterior* durante la atención, pues se ha comprobado su activación durante diferentes funciones ejecutivas y cognitivas. Como también señalaremos posteriormente, la corteza prefrontal modula la actividad en la corteza auditiva durante los momentos en los cuales escuchamos a quien nos habla (Woldorff, 2002). Para Posner y Fernández Duque (2002), el giro cingulado anterior, además de los ganglios basales, parecen ser importantes para la inhibición de respuestas automáticas, ya que ello permite dirigir voluntariamente la acción hacia los objetivos de preferencia. Viviendo en Alemania, aprendemos alemán, pero cuando tenemos una visita que habla francés o español por ejemplo, por ese automatismo y costumbre, varias veces nos dirigiremos a ella en alemán. La atención selectiva, reorientará frecuentemente la conducta pertinente.

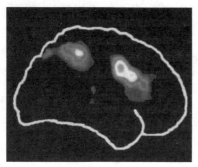

26. Cíngulo anterior

Una prueba muy simpática y que puede replicarse fácilmente, deriva del estudio realizado por Stroop (1935). En ella, se invita a que los sujetos nombren el color con el que está escrita una palabra. Por ejemplo, algunas veces la palabra corresponde al nombre de un color, (verde por ejemplo), pero está escrito con color amarillo. Cuando la persona lee, tiende a querer leer amarillo (influenciada por el color de la palabra). Se ha comprobado en consecuencia, que para leer, el individuo requiere un poco más de tiempo, a fin de prestar mayor atención y no cometer el error de basarse más en el color que en la palabra. Para "prestar atención", debemos inhibir otras fuentes de estimulación, y esto es lo que cuesta en los últimos tiempos, viviendo en medio de tantos estímulos, propuestas, intereses, inquietudes, preocupaciones, etc.

La atención se *focaliza* sobre un dato de referencia que hace la diferencia, por eso es "selectiva". Cuando estamos atentos, seleccionamos estímulos provenientes del ambiente para un ulterior procesamiento. Cuando hablamos, nuestras palabras e ideas despiertan toda una red de áreas cerebrales que conducen a la articulación de un discurso que puede implicar emociones, conocimiento, conductas, etc. Esta capacidad es importante en el aprendizaje, interviene en los procesos perceptivos y señala una categoría más en las facultades superiores del hombre. *"Presta atención a las palabras viejas, bueno es recordarlas, porque han de volver a sonar"* (Cfr. A. Machado).

11.5. RELIEVE INSTRUMENTAL PSICOFISIOLÓGICO:

El Dr. Platonov (1958) publicó una obra dedicada a los factores fisiológicos y terapéuticos de la palabra, que influenció mucho mi dedicación a la Bio-psicología. Inicia su efectivo aporte a la ciencia con una cita de Ivan Pavlov que se adelanta a todo lo que se irá descubriendo en los años sucesivos: *"La palabra, en virtud de toda la vida pasada del hombre adulto, está relacionada con todos los estímulos externos e internos que llegan a los hemisferios cerebrales, substituyéndolos todos, señalizándolos, y es por esto que puede provocar las mismas acciones y reacciones del organismo que determinan aquellos estímulos"* (p.3).

El objetivo principal de su primera publicación era el deseo de transmitir a médicos muy centrados en el biologismo, en la farmacología y en la cirugía, la importancia de la palabra a través de una psicoterapia llevada adecuadamente. Un discípulo de Pavlov, K. Bíkov había realizado investigaciones de gran significado al demostrar que era posible establecer conexiones reflejas condicionadas con todos los órganos internos y sistemas sin excepción, utilizando estímulos provenientes del ambiente (p.15). Platonov reconoce en la palabra un fundamento de "señalización" y estimulación cerebral en programas de condicionamiento, tan efectivo desde un punto de vista físico, como la luz o el sonido de un timbre. Asevera con firmeza que los estimulantes verbales, al representar una abstracción de la realidad pueden tener tanto efecto, como un estímulo concreto. Y en 1930 ya se adelantaba a aquello que los grandes bio-psicólogos y neurocientíficos nos dirían sesenta años más tarde al referirse a las redes neurales: *"Tiene también una gran importancia el hecho de que a consecuencia de la combinación repetida de un estímulo verbal con otro del mismo género se originan conexiones temporales muy complejas, que se estratifican en el transcurso de la experiencia vital del hombre"* (p.16).

Platonov asevera que a una persona, al inicio de un experimento, se le puede decir "te pincho", constatando que la expresión le resulta bastante indiferente. Pero si luego, *efectivamente* se la pincha con un alfiler (aunque sea una vez), *las palabras adquieren realmente otro significado* porque el sujeto ha experimentado dolor físico.

Esta premisa fue importante debido a que en otros estudios de condicionamiento realizados por él y sus colegas, se podía demostrar que después del condicionamiento al dolor, *la sola expresión "te pincho o dolor" provocaba cambios fisiológicos en distintos parámetros*. Algunos estudios se hicieron bajo sugestión, pero otros no. Si a una persona se medía el pulso base, se podía comprobar que al pincharla o hacerle escuchar un timbre intenso, el pulso se aceleraba. Pero luego del condicionamiento, el solo hecho de escuchar pronunciar la palabra "pinchazo o timbre", producía respuestas similares o muy próximas. Un experimento realizado por el Dr. Felberbaum (1953) junto a otros colegas, tomó como variable de control las respuestas vasculares registradas a través de un pletismógrafo. La población estudiada estaba conformada por niños, y pudo constatar que los registros obtenidos al pinchar físicamente o al pronunciar la palabra "pinchazo", señalaban resultados similares en ambos casos. También obtuvo curvas vasculares mucho más intensas ante la palabra, que ante el estímulo físico del alfiler. Otros experimentos demostraron que cuando se modulaba la voz de manera intensa, o se insistía en el dolor, las respuestas eran más agudas.

Platonov, citando a su colega L. Swartz (1948, 1949) enfatiza que los estímulos condicionados de la palabra "actúan precisamente por la *significación ideológica* de la palabra y no por su sonoridad" (p.22) aunque tampoco le restan importancia. En todo caso, ésta es otra premisa de aquello que luego el Cognitivismo explicará al hablar de los fenómenos de interpretación y significado.

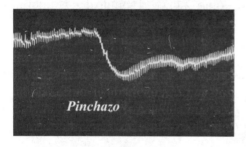

27a. Registro pletismográfico durante un pinchazo real (Cfr. Platonov, 1958, p.20).

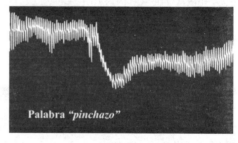

27b. Contracción de los vasos ante la sola pronunciación de la palabra «pinchazo».

11.6. MONITOREO ELECTRÓNICO:

Las palabras te pueden enfermar, o sanarte (J. Gómez-Gareca)

El progreso tecnológico, sobre todo a nivel de electrónica, ha permitido al psicólogo clínico, contar con una serie de instrumentos que son el resultado del trabajo creativo de psicólogos y psicofisiólogos deseosos de «objetivizar» aquellas variables propias de su labor científica.

Gran impacto suscitó en el mundo científico una relación del "Colegio Americano de Cardiología" (1972), que ponderaba el trabajo de psicólogos que habían logrado con suma habilidad instruir verbalmente a seis personas con deficiencias cardíacas, a regular los latidos del corazón. A la luz de estas afirmaciones, B. Brown (1975) sostuvo que: *«si psicólogos están enseñando al corazón o mejor dicho a la mente, a cambiar la situación patológica, la medicina orgánica debe darse cuenta que el ligamen entre la mente y el cuerpo es más potente de cuanto se pensaba»* (p.27).

11.6.1. POTENCIALES ELÉCTRICOS:

Una de las grandes cualidades del sistema biológico, es su potencial bio-eléctrico, pues constituye en los seres vivos, una expresión de los dinamismos vitales que pueden registrarse en las células, órganos y sistemas en sus diferentes partes.

Carton descubrió en 1875 la actividad eléctrica del cerebro. Cincuenta años más tarde, Berger (1924-25) puso a punto el Electroencefalograma (EEG). En 1888 M.Ch. Ferè, identificó en la piel, una corriente eléctrica débil que cambiaba en respuesta a algunos estímulos de excitación emocional, descubre así aquello que se conocerá como la *Resistencia cutánea*. Investigaciones sucesivas fueron demostrando que la resistencia *aumentaba* en estados de tensión emocional y *disminuía* en estados de relajamiento.

En consecuencia, se programaron sistemas de relajamiento transmitidos verbalmente, para estimular en pacientes la distensión física, siendo el *Entrenamiento Autógeno (Autogenes Training)*, concebido por el Dr. Schultz, como uno de los sistemas más reconocidos.

Aparte de alguna experiencia de estática que el individuo normal tiene al cerrar la puerta de un vehículo o vestirse con un suéter o jersey, en general, muy pocas personas toman conciencia de aquellas modificaciones bio-eléctricas que se suscitan en nuestro organismo: las informaciones recibidas, depositadas y transmitidas, en casos aún codificadas como potenciales de acción, se convierten en impulsos que viajan a lo largo de vías de comunicación inimaginables.

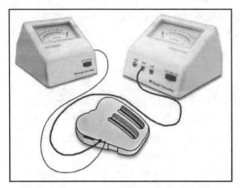

29. Instrumentos de relieve bioeléctrico

En el Sistema Nervioso, las señales interactúan en correspondencia a los mecanismos de comunicación sináptica y la conclusión a lo largo de los nervios y músculos, se realiza por propagación de una onda de despolarización, mecanismo al cual subyacen una extensa gama de procesos físico-químicos (Capítulo 3)

Estas señales están constituidas por voltajes muy bajos (milésimo o millonésimas de voltios). Para que el especialista se sirva de esta información, debe contar con aparatos eléctricos específicos que detecten, amplíen y registren los datos captados. El registro se efectúa a través de Electrodos o transductores. Los electrodos conforman una especie de *interfase* entre la conducción eléctrica en los tejidos biológicos -de naturaleza electrolítica (movimiento de iones)- y aquella de los aparatos electrónicos (movimientos de electrones). Para nuestros registros, nosotros utilizamos en "CIEH Investigaciones", electrodos de *superficie* (de ninguna manera dañinos, tampoco producen dolores ni molestias en su aplicación).

Los electrodos se emplean para registrar variaciones de potenciales bioeléctricos como por ejemplo en el Electroencefalograma (EEG), Electrocardiograma (ECG), Electromiógrafo (EMG), pero cuando la variable dependiente es la variación *cuantitativa* como puede ser el caso de la temperatura o presión arterial por ejemplo, estas formas de energía deben convertirse en señales eléctricas para lo cual nos sirven los *transductores*, siendo los más empleados los de temperatura y luz.

Los datos obtenidos, adquieren sentido de registro en su expresión directa, visual, auditiva o sensorial, gracias a los *amplificadores eléctricos* que realizan una amplificación lineal que puede llegar al millón de veces, sin modificar las formas y características, por eso se consideran de máxima precisión.

En el cuadro siguiente se presentan algunos tipos de registro, amplitud, frecuencia, etc. en relación a sus variables, amplitud, frecuencia, duración y tipos de transductores.

EJEMPLOS DE REGISTROS
Algunas señales registradas directamente como
señales bioeléctricas

VARIABLES	AMPLITUD	FRECUENCIA	DURACIÓN
electromiografía	50 - 200 V	10 - 60 c / s	3 - 20 ms.
potencial cutáneo	3 - 6 mV	- -	4 - 8 s.
electrocardiograma	1 - 2 mV	75 c / min	80 ms.
electroencefalograma	1 - 500 V	0.5 - 50 c / s	20 - 2000 ms.

Variables convertidas en señales bioeléctricas

VARIABLES } Resistencia cutánea
Conductancia cutánea
Pletismografía a impedancia

Variables relevadas por transductores:

VARIABLES	TIPO DE TRANSDUCTOR
flujo sanguíneo	transductores de flujo líquido
pletismógrafo volumétrico	transductores mecánico-eléctricos
pulso arterial	transductores piezo-eléctrico y fotoeléctrico
presión arterial directa	transductor de presión o fuerza
presión arterial indirecta	medición esfigmomanométrica de la presión por oclusión.

SISTEMA OPERACIONAL

O > > > Electrodos > > > [ ] > > > Registro
Organismo   Transductores   Amplificador   señal: visual /auditiva
(*palabras*).

La mayor parte de los instrumentos que empleamos funcionan con baterías alcalinas de 9 voltios. En nuestro trabajo realizado en "CIEH Investigaciones", las principales variables de control psicofisiológico son: Tensión muscular, temperatura corpórea, respuesta galvánica de la piel, frecuencia cardíaca.

11.6.1.1. Control Voluntario de la Tensión Muscular:

El instrumento de registro es el *Electromiógrafo* (EMG), mide la descarga eléctrica de las fibras musculares y cuantifica tanto la contracción como el relajamiento. Los datos obtenidos en la sesión de clínica ampliados y luego traducidos en señal visual y/o acústica, permiten al paciente tenso, estresado por ejemplo, observar y aprender a modular voluntariamente la tensión del tono muscular.

En la persona estresada, por ejemplo, se observa que la presencia de la tensión muscular desnivela el grado «natural» del tono. Al conformarse una tensión muscular crónica, el organismo consume mucha energía por eso es fácil constatar en el cliente su cansancio, fatiga, dolores, etc.

Pese a tanta preocupación que la sociedad moderna brinda a su salud, son pocas las personas que toman consciencia de estos "síntomas", muy comunes en la vida cotidiana. Estudiantes que se preparan para exámenes, adultos angustiados por su situación laboral se ponen tensos, pero no reconocen que sus músculos, en distintas zonas del cuerpo, se han endurecido. Un poco de descanso, un ejercicio de relajamiento, una caricia, una palabra oportuna, pueden ayudar a encontrar un breve relajamiento. Pero si la situación, se prolonga, deben tomar medidas preventivas más radicales y específicas.

Los electrodos de superficie que el psicólogo clínico utiliza, brindan un registro global de la actividad eléctrica de grupos musculares. El EMG controla la tensión del músculo esquelético, o sea aquel sistema controlado por el sistema nervioso voluntario.

El grupo muscular con el que habitualmente se trabaja es:

1. Músculo frontal: activo en situaciones de tensión, se observa fácilmente cuando se arruga la frente al estar tensos, preocupados, en actitudes de defensa, etc.
2. Músculo trapecio: registra contracciones cuando una persona está estresada, tensa, ansiosa, alarmada, etc.

Ya que el microvoltaje de EMG es directamente proporcional a la interacción muscular mecánica, constituye una medida del relajamiento y del tono.

En el manejo psicológico es importante que el clínico logre la mayor comprensión de aquello que el EMG permite. Es fundamental que el cliente "vea y escuche su actividad muscular".

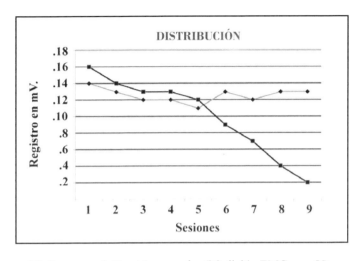

28. *Descenso de Tensión muscular* (Medición EMG en mV).

11.6.1.2. El lenguaje de la piel: la actividad Electrodermal

Este tipo de registro, conocido como *Actividad Electrodermal* (AED), se obtiene utilizando un instrumento en grado de medir la *Respuesta Psicogalvánica de la Piel* (RPG). Es una medida de la actividad física de las glándulas sudoríparas, o sea que mide las puntas altas y bajas. Situaciones de tensión por ejemplo como dictar una conferencia delante de un público muy crítico, podría permitir registrar humedad en las palmas de las manos, causada por una mayor actividad de las glándulas sudoríparas, pues éstas están en grado de segregar una solución salada como respuesta emocional a los estímulos que han inducido una respuesta o estado de tensión. La concentración de sal en la solución permite una mayor conducción de electricidad que es la que luego se registra. También las manos podrían ponerse frías, lo que se debe a la constricción de los músculos lisos alrededor de los vasos sanguíneos. Nótese que los datos fisiológicos obtenidos no otorgan, como en el caso del EMG, una información del estado tensional del músculo, ni tampoco la reacción de la piel, más bien nos informa sobre el estado emocional de la persona y su actividad mental.

Al inicio se pensaba que la AED se debía principalmente a los cambios que se registraban a nivel de los vasos sanguíneos subyacentes: luego se pudo identificar el rol importante de las glándulas sudoríparas inervadas por el Sistema Nervioso Simpático (SNS). Con el sudor, en efecto, y también sin él (en algunas zonas), se verifica una alteración en la permeabilidad de la membrana celular durante la actividad eléctrica, siendo esta variación determinante fundamental en la alteración de la actividad eléctrica misma.

Estados emotivos intensos por ejemplo, registran una DISMINUCION de la resistencia eléctrica cutánea. Los registros de los estados emocionales muestran que al estrés emocional acompañan oscilaciones más amplias, numerosas y complejas. El relajamiento evidencia variaciones mínimas, es por eso que B. Brown (1975) manifiesta que el lenguaje de la piel «es el espejo de las emociones» (p.25).

Esta tecnología "moderna" fue ya probada por Carl Jung a inicios del siglo. La empleó durante la asociación de palabras. Podía así correlacionar las expresiones emocionales importantes para el caso y los cambios obtenidos en la actividad eléctrica cutánea (1948). La RPG usualmente se obtiene colocando los electrodos en la yema de los dedos o en áreas de las palmas. Hay una latencia de 1-2 segundos y un índice de retorno a los niveles normales de respuesta entre 5-20 segundos. Se debe trabajar con precisión en el control ambiental ya que determinadas variables influyen en los registros, como la humedad, temperatura ambiente, presión contra los electrodos, consumo de alcohol, nicotina, higiene de las manos, etc.

El trabajo con la RPG, es de sumo interés para el paciente que constata claramente cómo pueden sus pensamientos y sentimientos modificar los resultados del registro, al aprender con celeridad su manejo y beneficiándose del mismo. Damasio (2003), en su último trabajo dedicado a "emociones y sentimientos", ha declarado que, sirviéndose de estos instrumentos pudo confirmar que los "cambios en la actividad psicogalvánica siempre preceden a la señal de que el sentimiento ha sido sentido" (p.101). Esto significa para este valioso autor que, primero viene la emoción y luego su vivencia inteligente en términos de sentimiento.

El GSR2 que utilizamos para estos registros, tiene un rango para la resistencia cutánea de 1000 a 3.000.000 Ohms. Su resolución es de $< 0.5\%$ (de resistencia de base) y la corriente del electrodo < 45 microamperios. Está activado por una batería alcalina de 9 V.

11.6.1.3. Temperatura Cutánea (TC):

El organismo en sus estructuras responde a las variantes de la temperatura ambiente mediante un mecanismo termoregulador. El instrumento que se emplea en la medición de la TC es el termógrafo y ha permitido demostrar que la temperatura del cuerpo *desciende* en situaciones de estrés, miedo, ansiedad, etc. El descenso está motivado porque la vasoconstricción que se realiza en los capilares, reduce el flujo de sangre que irriga la piel (Davis y colbs. 1985). Estos cambios del flujo sanguíneo son regulados por el *Sistema Nervioso Autónomo (SNA)* que responde al estrés «tomando sangre de la piel y enviándola al músculo esquelético».

En nuestro trabajo clínico hemos observado regularmente que *la capacidad de aumentar el calor está relacionada con la capacidad de relajarse*. Los modelos de Entrenamiento Autógeno y otras formas de relajamiento muscular, bien llevadas", confirman regularmente estos conceptos.

El entrenamiento de la TC en Biopsicología y Psicofisiología es indirecto ya que el aumento de la TC depende del flujo sanguíneo, que a su vez está determinado por la constricción o dilatación de los vasos periféricos regulados por la musculatura lisa, bajo control del SN simpático.

Los aparatos que empleamos son de alta precisión. El GSR2/Temp2, por ejemplo tiene un rango termal de 10-43 grados centígrados y una resolución de 0.05 grados C., y la variable del rango de frecuencia de 0-20.000 Hz. Es activado igualmente por baterías alcalinas de 9V.

11.6.1.4. El Corazón Inteligente:

La literatura poética y el mismo concepto cotidiano moderno, asocia frecuentemente la emoción al corazón. Una persona "sin corazón", por ejemplo, es una persona sin sentimientos. Fóscolo proclamaba: *"No hay principio de filosofía o religión que no pueda ser bien o mal aplicado; todo depende del corazón, de la índole de nuestro corazón"* (Epistolario, I, 127).

Fue Galeno, en el primer siglo antes de Cristo, quien explicó que el corazón era una bomba que servía para distribuir la sangre en el organismo, llevando nutrición a los nervios y a los músculos. A pesar de ser una bomba, tiene que ver con los sentimientos y las capacidades cognitivas del hombre. Por eso H. Neumann decía por una parte: *"Dos aposentos tiene el corazón: en uno vive la alegría; en el otro, el dolor"* y B. Pascal por otra: *"El corazón tiene sus razones, que la Razón desconoce"*.

No son raros los casos de personas que han muerto por infarto del miocardio a causa de experiencias emocionales intensas. Bernard (1991) hizo algunas investigaciones sobre muestras de personas ancianas de parejas muy unidas donde uno de los cónyuges había muerto. Los resultados demuestran que entre el 5-8% de los viudos o viudas mueren de nostalgia con ataques al corazón, dentro del primer año de viudez, mientras que en grupos controlados de la misma edad, sin experiencias de viudez, la tasa de muerte era sólo del 0.08 sobre una población de 4000 personas, siendo más frecuente la muerte por luto en varones que en mujeres.

El primer entrenamiento de "Biofeedback psicoterapéutico" (Bpt.) fue publicado en 1962 en la Revista Science. Donald W. Shearn, enseñó a un grupo de pacientes a acelerar el latido cardíaco al compás de un timbre que registraba el ritmo cardíaco que se podía oír gracias a un altoparlante.

Los sujetos recibían feedback visual y auditivo. El entrenamiento efectuado por el autor era de una hora y los participantes podían regular el latido ya en la tercera sesión.

Este experimento fue revolucionario en su momento, pero es a partir del año 1965 que los científicos de la salud se abren más al manejo inteligente del corazón, hasta entonces, cita B. Brown (1975) : " hablar del control voluntario de las funciones fisiológicas y autónomas, era suficiente para provocar un choque nervioso similar al trauma provocado por los primeros trasplantes " (p.29).

Reflejando la tradición comportamentista de la época, se pensó que todo era condicionamiento operante (donde el aprendizaje y control dependería de señales externas y no de las intenciones internas del sujeto). Pero en 1971, Bergman y Johnson, demostraron que era posible efectuar el cambio del ritmo cardiaco suministrando la sola información cognitiva, sin choques eléctricos, ni timbres o luces y sin recompensas. La consigna sólo citaba: «cuando le dé la señal, trate de acelerar su corazón» o «trate de hacer lento el ritmo...». Se observó que aceleraban hasta 3 latidos por minuto, siendo más difícil disminuir la frecuencia.

Las investigaciones se han extendido en el sector, y hoy correlacionan esta capacidad con algunas tipologías caracteriales, mencionándose que las personas de mucho manejo y gestión personal, tendrían más capacidad de lograr estos alcances, que aquellas dependientes, inseguras, etc.

Los monitores de la frecuencia cardíaca (FC), ayudan a detectar problemas cardiovasculares y en el manejo del ansia y el estrés. La frecuencia cardíaca varía en respuesta al estrés y se acelera ante las órdenes de lucha o fatiga emitidas por el SN autónomo. La correlación entre frecuencia cardíaca baja y relajamiento es altamente significativa. Nuestro modelo HR/BVP 100T, combina al HR (Heart Rate 100T), un monitor con función fotopletismográfica proporcionando así un fácil sistema de retroalimentación.

El ritmo cardíaco se mide en latidos, por minuto. Situaciones de tensión, miedo, conflicto, estrés, aceleran este ritmo. Nuestras poblaciones en situaciones de relajamiento se sitúan entre 55 y 65 latidos por minuto.

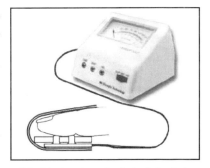

El HR/BVP 100T, detecta cambios hasta de medio latido por minuto y efectos pletismográficos del 1% con señales auditivas y visuales. Se ha aplicado con éxito en pacientes hipertensos, junto a la "Desensibilización Sistemática" (DS), en casos de fobias, estrés, depresión, ansiedad, y en todo el marco de enfermedades psicofisiológicas o psicosomáticas.

30. Pletismógrafo digital de dedo

El pletismógrafo HR/BVP-100, tiene un rango de 30-200 frecuencias/ minuto (función métrica: escala semilineal).

> *Input: fotopletismógrafo de dedo.*
> *Outputs: HR: 100 mVdc = 100 pulsos / min.*
> *BVP: 200 mV Escala completa*
> *BV (bruto): 200 mV Escala completa*

En una época de tanto estrés e hiperactividad, son cada vez más conocidos los efectos psicofisiológicos de estos cuadros. La hipertensión es un motivo de preocupación cada vez mayor, junto a dietas incorrectas (colesterol y triglicéridos, por ejemplo), abuso de tabaco y alcohol, tensión, ansiedad, depresión, etc. Por ello, los expertos ven en estos sistemas de intervención, un válido apoyo para prevenir el envejecimiento de los vasos sanguíneos, rigidez y constricción a causa de tensiones, malestar psicológico, miedo, inseguridad, angustia, etc.

El sistema simpático tiene un efecto vasoconstrictor y mantiene en tal caso la presión sanguínea alta. Un buen manejo de estas técnicas protegería el SNS, de los estímulos hiper-estresores, orientando al individuo hacia un equilibrio psicofísico mayor, tanto en la persona enferma como en la sana.

Capítulo 12
CUANDO LA PALABRA HIERE

¿Quién pondrá un guardia en mi boca y un sello seguro
sobre mis labios, para no caer por ellos,
y evitar que a causa de mi lengua, yo me pierda?

(Fragmento de antiguo poema latino)

No se puede negar que Sigmund Freud (1856-1939), constituye un hito importante dentro de la Psicología. Sus intuiciones, y su lucha denodada para desvelar al mundo médico la dimensión psicológica de ciertas enfermedades somáticas merecen una admiración que muchos críticos modernos olvidan. El no podía tener la razón en todo, pues el mundo que descubría era también desconocido para él. Hoy algunos de sus conceptos son aún vigentes, otros no, pero esto no desmerece su labor pionera.

Aunque he conocido mucho del Psicoanálisis, he preferido la Biopsicología como campo de acción. Pero la vida ilustre y comprometida de este médico vienés me animó en mi época universitaria a visitar aquella ciudad donde, en su casa de la Berggasse número 19, inició esta revolución cultural que ha influenciado la vida de millones de personas en todo el mundo. Es entonces que me enteré de algo que quisiera relatar:

El joven Freud, como estudiante de medicina fue muy distinguido, estudiaba para saber, no para obtener una buena nota y esto era sabido por sus maestros, muchos de los cuales brillan en la historia de la medicina como Ernst von Brüke, Theodor Maynert, Nothnagel, etc. Se especializó en Neurología, era una gran experto en Neuroanatomía e hizo importantes aportes a la comprensión de la Afasia. Trabajó con el profesor Maynert, uno de los mayores anatomistas del cerebro en la época, fue un mentor para Sigmund; confió en él y lo colaboró de manera decisiva pensando incluso que él sería su sucesor en la dirección del Departamento de Neuroanatomía en el Hospital General de la Universidad de Viena. Con una carta de recomendación suya el ya médico Freud se benefició con una beca para ir a especializarse a París en el Hospital de la Salpêtrière, uno de los más importantes centros de investigación en enfermedades mentales de la época.

Durante su permanencia en París, conoció los trabajos del Prof. Charcot sobre la *histeria*, un cuadro pensado hasta entonces como propio de las mujeres. Mas el profesor Charcot, con quien se especializó, afirmó y demostró haberlo encontrado también en varones a quienes también hipnotizaba. Freud se interesó por el tema y se introdujo con dedicación a la causa.

A su retorno fue invitado a pronunciar una conferencia sobre Histeria Masculina ante lo más selecto de la medicina austriaca y ante sus prestigiosos ex-profesores. Ninguno faltó. El disertante fue bien acogido hasta el momento que habló de la histeria y de hipnosis (muy desprestigiada por los estragos vividos con Mesmer cien años antes). Luego de un cuarto de hora, ya casi nadie le prestaba atención y el profesor Maynert mostró claramente su desatención mirando a todas partes sin seguir la charla. Concluida la misma, el notable profesor ridiculizó torpemente a Freud diciéndole que había importado a través de la frontera austriaca gas francés, pero que bajo el sol de Viena y de la ciencia, nada de ello valía. Afirmó que en su labor de neuropatólogo y psiquiatra, jamás había encontrado algo que refiera a lo que el joven médico decía. Freud se sintió totalmente dolido y decepcionado.

El asunto prosiguió porque luego Maynert, sin mencionar a Freud dictó una conferencia desairando el trabajo de Charcot, por lo que Freud se sintió en la obligación de responderle. Con ello, la relación maestro-alumno, llegó a su fin y Freud sufrió graves persecuciones y un desmedido aislamiento profesional. La mayor parte de sus colegas que lo admiraron como neurólogo consideraban que él se había desviado del camino correcto.

Pasaron los años y a sus 59, Maynert agonizaba. Hizo llamar a Freud para confesarle en las postrimerías que él, sí creía en la histeria masculina, que por ello se aficionó a oler cloroformo cuando era joven y luego a beber alcohol. Admitió finalmente que lo combatió sin ninguna base científica, únicamente para evitar que su caso saliera a la luz. Y se despidió con una clara prevención. *El peor enemigo es el que está convencido de que el otro tiene razón.*

El fundador del psicoanálisis sufrió toda la vida la consecuencia de esa proscripción y sus colegas de la época dirían de él: *"Las teorías de Freud no son argumento de discusión en una sesión científica, sino tarea de la policía"* (Prof.Wilhelm Weygandt, durante el Congreso de Neurología y Psiquiatría de 1910 en Hamburgo); *"Los trabajos de Freud, son una nueva forma de brujería"* (Prof.

H. Oppenheim neurólogo, en el Semanario Clínico de Berlín del 12.7.1909); *"Freud, es un típico libertino vienés..."* (Dr. Allen Starr -a causa de las hipótesis freudianas sobre la sexualidad- ante la sección neurológica de la Academia de Medicina de Nueva York, 4.4.1912) (Cfr. Bürgin, 1999).

El profesor Maynert, quiso protegerse, defenderse, esconderse, tenía vergüenza de que su histeria fuera descubierta... por eso hirió. ¿Se puede atribuir a él el pensamiento de Horacio cuando proclamaba que *"la falsa vergüenza de los necios es la que les hace ocultar sus llagas enfermas"*, y para hacerlo tienen que herir?

Pero ¿qué sucedió con los principios del gran neuro-psiquiatra cuyo aporte a la anatomía del cerebro fue tan importante? ¿No reflexionaba sobre su actitud injusta? Seguramente que sí, por eso, luego de atravesar el oscuro túnel de la culpa y del arrepentimiento, llamó a Freud poco antes de morir, buscando comprensión. ¿Por qué tardó tantos años, cuando el daño ya estaba hecho y jamás podría ser reparado? Porque su ego, su yo antiguo, su vanidad, su autoconcepto soberbio, fueron más fuertes que su apego a la verdad; porque su miedo y orgullo, convertidos en afilado sable y disfrazado de aparente autoridad crítica científica (no existe la histeria masculina), quiso cercenar en diminutos retazos los sueños de un joven que soñaba en descubrir aquellos secretos del alma que herían el cuerpo de los hombres. Freud no imaginaba que con su labor valiente (notable en muchos sentidos, discutible en otros), se convertía en víctima de aquel mundo interior consciente o inconsciente que todo humano tiene por dentro, y que en gran parte, no quiere o no puede revelar.

Todo humano que habla y escucha, tendrá muchos ejemplos para narrar recordando las palabras que orientaron o desorientaron sus vidas.¡Qué oportuna aquella palabra que te condujo hacia la luz, al bienestar y al logro! Pero *¡qué pavorosas aquellas gestadas en el prejuicio o dirigidas con el ánimo de herir bajo la forma de murmuración, calumnia, mentira, difamación, injuria, rumor, o simple chisme!*

Afortunadamente este contexto en el que la palabra daña y destruye, no corresponde a la vida diaria de todos, pero constituye un grave ejemplo de aquello que la palabra puede hacer. ¡Cuántas personas acusadas ante la justicia por crímenes que no cometieron, cuántas enemistades por palabras mal dichas o mal interpretadas! La palabra, mal llevada, puede ser cimiento de una edificación que un día podría alcanzar gran extensión y permanecer, sin que se destruya, escondiendo entre sus muros falsas verdades y exprimiendo muchas lágrimas de sus víctimas.

Las palabras en términos de *mentiras, acusaciones y sentencias graves, han destruido la vida de muchas personas*. Shakespeare se expresa con las palabras de Hamlet: *"Aunque seas casto como el hielo y tan puro como la nieve, no escaparás a la calumnia"* y Miguel de Cervantes sentencia: *" Es tan ligera la lengua como el pensamiento, y, si son malas las preñeces de los pensamientos, las empeoran los partos de la lengua"* (Persiles y Segismunda, Libro I, cap.XIV).

En la vida cotidiana no es raro escuchar que se califica y juzga el comportamiento ajeno con demasiada facilidad, señalando incluso culpables sin reflexionar sobre las consecuencias de dichas aseveraciones. Se hiere el honor imputando deshonra a la conducta intachable de un colega, sólo porque alguien le tiene envidia; se acusa de desviado sexual a quien lleva una vida distinta, pero no menos honrada y moral que la de quien le acusa, peor aún, muchos de aquellos que se divierten en llamar desviados a otros, sufren ellos mismos de similares o peores. Más de treinta años de trabajo clínico, de investigador y conferencista, me han demostrado que los que más critican o murmuran *"son los que más viven aquello que critican y son víctimas de aquello que acusan"*. Cuántas personas frustradas han sindicado de conductas inapropiadas o incluso patológicas a otras que hirieron sus sentimientos por el rechazo del que fueron objeto. Lo sabe el supuesto "don Juan", repudiado y humillado por una mujer, o una de aquellas que no acepta el desaire de aquel que no quiere corresponder a sus propuestas. Es la rabia, la humillación, la envidia, la ruina moral que impulsa a muchos a utilizar la vena de la palabra como arma letal. Resulta fácil a la acomplejada acusar de mujerzuela a una mujer hermosa que le hace sombra; a un gemelo de la envidia tildar de homosexual a quien es mejor que él, o llamar narcotraficante a quien tiene más éxito.

"Las mentes de los hombres suelen cambiar en el odio y en la amistad" proclamaba Sófocles y esto nos prueba de otra manera que el individuo no es únicamente estímulo-respuesta. Las elaboraciones subjetivas que realiza en la intimidad de su mente, nos alejan de la posibilidad de entender aquello que realmente piensa cuando nos habla. Séneca (ca. 4 a.C-65d.C.), en una carta a su hermano M. Anneo Novato expresaba: *"Unas son tus palabras y otra es tu vida"*. El se planteaba esta ambivalencia porque su vida también estuvo llena de contradicciones. Inició su carrera política bajo el gobierno de Calígula quien cultivó gran envidia hacia el filósofo debido a sus reconocidas dotes de oratoria. Luego, aunque se sintió obligado a aceptar la educación del futuro emperador Nerón, durante su gobierno no utilizó sus altos recursos intelectuales y morales ante injusticias y crímenes de los que fue testigo, como el asesinato ordenado por el mismo Nerón de su madre Agrippina. No faltaron las críticas, pero a su vez el filósofo, conocido *como médico del alma* replicó: *"Soy un hombre, nada de lo humano me es extraño"*. Y no dejó de argumentar indicando que los eruditos cuando hablaban no se referían a cómo vivían, sino a cómo deberían vivir. *"Yo no hablo de mí mismo, más bien hablo de las virtudes y combato los vicios, sobre todo los míos: cuanto tenga más fuerza, viviré como se debe"* (p.13).

¿Y cuándo tendrán los hombres la fuerza, para equilibrar aquel instinto que les impulsa a hacer o decir aquello que la razón desaconseja? Plauto se enojaba mucho por el abuso moral de la palabra, por lo mismo, escribió en una ocasión: *"Los que propalan la calumnia y los que la escuchan, todos ellos, si valiera mi opinión, deberían ser colgados: los propaladores, por la lengua, y los oyentes por las orejas"* (Pseudolus, I, 5,12).

Mitología griega, romana, egipcia, y en la realidad de los pueblos. ¡Qué constante es la palabra que hiere! En la Ilíada Ulises trata de convencer al valiente Aquiles para que retorne a combatir, prometiéndole en contraparte, entre muchos dones la restitución de la bella hija de Bride, Preda de Agamenón. A Ulises responde el hijo de Teti con una expresión que queda marcada: *"Ulises astuto... Odioso me es aquél que unas cosas esconde en el corazón y de otras habla"* (Bettetini, p.66).

Otras enseñanzas encontramos en los Libros Sagrados: *"Pero el Señor dijo a Samuel: No mires su apariencia, ni su gran estatura, porque yo lo he descartado. Pues el hombre mira las apariencias, pero Yahvé mira el corazón"* (1 Sm 16, 7). Y luego: *"Nada más traidor y perverso que el corazón del hombre: ¿Quién llegará a conocerlo?* (Jr 17, 9). El evangelista Marcos escribe: *"Y añadió: Lo que sale del hombre, eso es lo que mancha al hombre. Porque es del corazón de los hombres de donde salen los malos pensamientos, fornicaciones, robos, homicidios, adulterios, codicias, perversidades, fraude, libertinaje, envidia, injuria, soberbia y necedad. Todas estas maldades salen de su interior y manchan al hombre"* (Mc.7, 20-23).

Ésta es la parte oscura, pero hay algo más bonito y estimulante: *"Amarás al Señor, tu Dios, con todo tu corazón, con toda tu alma y con todas tus fuerzas"* (Dt 6, 5). Esto significa que ese corazón difícil, también es capaz de amar al Supremo, lo bello, la vida.*"Los que gobernáis la tierra, amad la justicia, conoced al Señor en verdad y buscadlo con sencillez de corazón"* (Sab 1,1). Además: *"Felices los limpios de corazón, porque ellos verán a Dios"* (Mt 5, 8). Por último: *"Y aquel que penetra los secretos del corazón humano conoce los anhelos del Espíritu..."* (Rom 8, 27).

¿Hieren las personas porque la información que les impulsa proviene de su corazón? Por eso hablamos de las condiciones genéticas del hombre, ahí radican ciertas disposiciones, luego aprende otras, las "especializa" en forma de hábitos y actitudes, en emociones y sentimientos, elabora sus pensamientos, elige, dirige y dispara... Ahora se comprenderá por qué los capítulos anteriores eran importantes; contrariamente, habríamos ignorado las bases en las que se asientan aquellas palabras que pronunciamos para destruir o edificar.

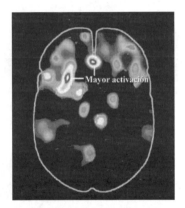

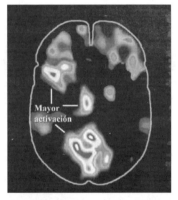

31a. El centro de la pronunciación se activa al «recordar» palabras como si las «hablara» pero internamente.

31b. Imaginar palabras vistas, activa los centros de la visión, «como si realmente» las estuviera viendo nuevamente.

Una variedad de pruebas tomográficas sugieren que aún no escuchando palabras pronunciadas o viendo palabras escritas, el cerebro se activa *«como si las escuchara o leyese»,* por esto, en mi opinión, las palabras hirientes, se *refuerzan* y *duelen* aún al recordarlas porque los centros cerebrales se activan «casi» como si las escucharan nuevamente. Por eso importa la «educación» en el manejo de la palabra, para no alimentar rencores que luego son difíciles de superar.

¿Por qué herimos con las palabras?

Una síntesis indicativa, que no pretende ser ni exhaustiva ni generalizable, nos revela los siguientes aspectos que no se limitan a cada categoría presentada, si no que pueden entremezclarse:

1. *Se hiere para "tocar", "impactar" al otro, lastimándolo.* Propio de personas *autoritarias, dominantes, déspotas*, seguras de que pueden "tocar" al otro, porque éste no posee la misma autoridad o derecho para replicar. Quienes forman parte de esta categoría, "saben a quien herir", no lo hacen con el superior o con aquél de quien dependen sus intereses. Se dirigen a quien saben que puede soportar o está obligado a hacerlo, por eso su intervención tiene el carácter de "abuso". Esto induce a muchas personas, resignadas a ser heridas, particularmente en el hogar a decir: *"Prefiero que me lastime físicamente, a escuchar las ofensas verbales que me dice...". "Nada puede herirme tanto, como las palabras ofensivas que me dice aquél que afirma amarme"*. No está lejos de la verdad Jean de La Bruyére cuando afirma que *"Para algunas personas, hablar y ofender es lo mismo"*. Y Maquiavelo recuerda: *"Los hombres, antes ofenden al que aman que al que le temen"*. Cuando la venganza inspira una palabra hiriente, se puede dar entre dos personas "fuertes", entonces la afrenta se traduce en términos de hostilidad y donde la palabra puede ser sólo el inicio de mayores conflictos futuros. Algunas personas se hacen peligrosas precisamente por su desenfado para hablar. Haciendo referencia a un tipo de ellas expresaba Holcroft (2001): *"... es una especie de erizo, contra el que cualquiera lanzaría su perro, pero que nadie se atrevería a tocar por sí mismo, de miedo de pincharse los dedos"* (Duplicity 2).

Veamos algunos ejemplos registrados por la cronología mundana:

Dice la actriz Tallulah Bankhead a una aspirante:
"Si realmente quieres ayudar al teatro americano, no seas actriz. Sé público".

El poeta inglés William Allingham, criticando la obra de W. Whitman "Hojas de hierba" expresaba:
"Desde luego, llamarle a esto poesía, en cualquier sentido, sería un simple abuso de lenguaje".

El escritor e investigador Johnny Reynolds dijo de ciertos médicos:

"El destino ha determinado la hora de nuestra muerte, algunos médicos se ocupan de que la hora se cumpla".

Dijo Leónidas Breznev de Margaret Thatcher:
"Está intentando ponerse los pantalones de Winston Churchill".

Sin ninguna inhibición dijo el aventurero y escritor Wilson Mizner a alguien que no era de su agrado:
"Usted es un ratón que estudia para rata".

2. *Para gozar de aquello que se dice:* satisfaciendo la antipatía y el odio acumulados; liberando la envidia, los celos y muchos otros sentimientos de rencor y venganza. Personas con complejo de inferioridad, envidiosas y susceptibles entran fácilmente en esta categoría. *"El necio y el malvado tienen un gran defecto en común: siempre dicen lo que piensan, aún en forma de chiste"* (J. Gómez-Gareca, 2004).

En una sociedad en la que se ha impuesto con severidad la *competencia profesional u ocupacional*, la lucha por ascensos en la sociedad y en la carrera, la desencarnada búsqueda de mayores gratificaciones económicas, el ciego deseo de ser parte de una farándula hecha de luces artificiales, aparente prestigio, dinero, diversión, etc., ha hecho del "gozo de herir" un arma que paraliza al competidor, preferiblemente, a través de la humillación y el ridículo: mostrando su desacierto profesional, su incapacidad, la pobre Universidad de la que proviene, el paupérrimo país en el que ha nacido, la insignificante pareja que tiene, etc. Este tema es tan sombrío, que hasta se ha convertido en un argumento periodístico que satisface cualquier apetito degradante o no. Pueden llamarle ironía o sátira, pero frecuentemente se trata de simples insultos y ofensas directas.

- *"Disculpen si les llamo 'caballeros', pero es que no les conozco muy bien"* (Groucho Marx)
- *" ¡Le creía a Ud. muerto! Bueno, otra vez será".* (Jules Renard)
- *"Las ayudas al desarrollo toman el dinero de los pobres de los países ricos para darlos a los ricos de los países pobres"* (Anónimo)
- *"Seamos francos: la contribución italiana al género humano terminó con un horno para pizzas"* (Bill Bryson)

La búsqueda de "satisfacción" personal esgrimiendo la palabra puede dar espacio a la calumnia, a la maledicencia, a la difamación, a la mentira y a otras formas de perjuicio.

La mentira, por ejemplo, es una constante en el vocabulario de la mayor parte de las personas. Esta conducta califica una afirmación o información falsa que se presenta como verdadera y conlleva la "intención" de engañar. Por esta razón la palabra mentirosa está en grado de herir. No es raro de que se hable de una "mentira blanca o piadosa", ¿cómo puede ser blanca si la información es en principio falsa? No sin razón afirma el principio jurídico: *"Lo que no es verdad plena es plena falsedad, no verdad a medias"*.

Según Ulrich Kraft (2003), "todo el mundo hace trampas, miente y engaña, de forma habitual, voluntaria, astuta y calculada" (p.39), y considera que el hombre se mueve entre engaños y trampas.

Para quienes creemos en el humano, resulta difícil admitir que "todo el mundo haga trampas", pero sí es más factible aceptar que la mentira está demasiado presente en la vida diaria. Jellison (2003) registró las conversaciones cotidianas de unos voluntarios de la Universidad de California en Los Angeles descubriendo que, aún los participantes más sinceros habían mentido un promedio de una vez cada ocho minutos. Este resultado me hizo recordar el verso de Juvenal que al referirse a la corrupción que dominaba en Roma dijo: *"¿Qué haré en Roma? Yo no sé mentir"*.

Afirma el mismo Kraft que la "verdad se está haciendo un bien escaso en nuestra sociedad" (p.41). Por ello, es importante que el hombre se detenga a meditar sobre la consecuencia de su manejo falseado de la realidad. Aunque muchas mentiras no estén dirigidas necesariamente a dañar, el hábito de faltar a la verdad puede manifestarse fácilmente en expresiones que podrían llegar a perjudicar gravemente a las personas; no sólo porque "una mentira lleva a otra", sino también porque "quien miente en una cosa, faltará a la verdad en todas".

Muchas difamaciones han nacido en comentarios efectuados ante pocas personas o en reuniones sociales donde se hizo una afirmación "temeraria" con la simple intención de "dar colorido" a la reunión. La extensión de lo dicho, no siempre se puede medir ni controlar, por lo mismo aconsejaba el sabio latino:

- *"Si quieres ser discreto, observa bien estos seis preceptos:*

qué es lo que dices y dónde, de qué, a quién, cómo y cuándo".
Y mejor aún:
- *"Si lo que vas a decir, no es más importante que el silencio, no lo digas"*.

Aunque la sociedad se muestre muy tolerante con la mentira social, todavía vale el código ético que ordena "no mentir" y aunque parezca extraño, para el cerebro humano, es más fácil decir la verdad que mentir. ¿Cómo lo sabemos?

Utilizando técnicas de tomografía de resonancia magnética funcional (TRMf), profesores de la Universidad de Pennsylvania, han estudiado el cerebro durante la ejecución de distintas conductas mentirosas. Dirigidos por el doctor Daniel Langleben (2003), han encontrado que cuando se falta a la verdad o se engaña, aumenta la actividad neural en dos zonas: el giro cingular anterior y la corteza prefrontal. Como hemos señalado en otro capítulo, este "giro cingular" controla la atención y los impulsos, y la corteza prefrontal tiene tareas importantes de dirección cognitiva y control inhibitorio de conductas. ¿Qué significa esto? *Que cuando la persona miente, tiene presente la verdad, incluso las consecuencias de aquello que puede suceder, entonces "violenta, reprime" esta verdad para dar espacio a la falsa aseveración.*

¿Y por qué decíamos que es más cómodo decir la verdad que mentir? Porque durante estas investigaciones se pudo comprobar que cuando no se obligaba a mentir a las personas estudiadas, el cerebro no mostraba cambios en la actividad cerebral. Por el contrario, cuando mentían, la elaboración mental exigía mayor trabajo a las neuronas, pues otras tenían la tarea de evitar que se dijera la verdad (pp. 41-42).

Quienes hieren recurriendo a la mentira, buscan su satisfacción o la de otro a quien les interesa favorecer. Disminuyendo al otro, difamándolo, intentan debilitarlo. Lo vemos durante contiendas electorales (aunque no únicamente), donde se atribuye a los adversarios un gran número de "culpas". Los temas preferidos de "ataque" tienden a descalificar la conducta moral y el comportamiento sexual, pero cuando el empeño de dañar es intenso, no se descarta ningún otro que pueda servir a la causa emprendida. Empero, como el bienpensante también reconoce estas artimañas puede que relativice la campaña embustera pensando que "en boca del mentiroso lo cierto se hace dudoso".

3. *Para defenderse.* En muchos momentos de la interacción social, unas y otras personas son objeto de expresiones que consideran injustas, inoportunas, inapropiadas, etc. Puede este contexto estar precedido de otras aproximaciones y roces que en alguna de las partes rompe el límite de la tolerancia. Existen personas torpes por condición, provocadoras, otras bajo los efectos del alcohol, el estrés, la preocupación, otras que hieren porque hablan sin pensar. Éstas pueden recibir respuestas inesperadas y en algunos casos, más provocativas. Oscar Wilde, conocido por su ironía, salía triunfante de una presentación de una de sus obras cuando se le acercó el marqués de Queensberry, entregándole en público un ramo de plantas que despedían muy mal olor, a lo que el escritor contestó: "Cada que sienta este olor..., me acordaré de usted". Aquí se aplica el dicho: *"Quien dice lo que quiere, oye lo que no quiere".*

Bernard Shaw, tenía un buen número de enemigos en la alta sociedad londinense. En cierta ocasión, un joven lord le dijo con ánimo de humillarle: "Dígame señor Shaw, si su padre fue un humilde sastre irlandés, me gustaría saber cómo no fue también sastre usted...? El famoso dramaturgo respondió con aplomo: *"Perdone, pero tengo entendido que su padre fue un perfecto caballero inglés, por lo que me pregunto, cómo es que no lo es también usted..."*

Por otra parte, los grandes espíritus aconsejan otras alternativas: *"Tratad de no devolver mal por mal, sino procurad hacer siempre el bien."* (1Tes 5,15); *"Mejor es padecer una injuria que hacerla"* (Cicerón); *"Irritarse por una injuria es casi reconocer que se merece; si se desprecia, queda sin valor"* (Tácito); *"No se injuria a quien se quiere"* (Ulpiano).

4. *Para agradar a una tercera persona:* La dinámica humana cuenta con muchos sistemas psicosociales que estimulan la *relación íntima* entre las personas y la *cohesión* en un grupo, subgrupo o sociedades. Esta intimidad hace que los participantes se sientan *unidos* o *identificados* al punto de considerar que *"lo que te dicen a ti, me lo dicen a mí".*

Existe también otro tipo de relación basado en alguna forma de *beneficio*, por ejemplo entre el empleado y su dador de trabajo, el alumno con su maestro, el paciente con su médico. Este tipo de vínculo puede condicionar que estas terceras personas hagan uso de la palabra hiriente para *poner en evidencia* su lealtad o apego a los personajes que sirven, admiran, quieren, etc.

En otros medios es consabida la presencia de aquellos aduladores que hieren verbalmente para obtener más beneficios por parte de quien adulan, aunque el lisonjero pensará que ha sido "leal" hacia quien sirve. Sin embargo, que aquí también hay una realidad subterránea. Ciertas personas pueden "utilizar" la ocasión para también expresar sus propios pensamientos y sentimientos, pero no atreviéndose a hacerlo por sus propios motivos, se sirven de la persona a quien aparentemente quieren justificar.

Este terreno es muy vulnerable y en él pueden reconocerse muchas actitudes imprudentes, por ejemplo cuando *"se considera amigo al necio bien vestido que insulta al otro en nombre de quien adula"*, o cuando se pide un consejo al necio o al adulón, pues él, como decía Cicerón *"reconoce los defectos de los demás y olvida los suyos";* además, usa sus artificios mientras le convenga, por su repertorio insidioso es fácil de que rompa fácilmente cualquier compromiso.

5. *Para descubrir una supuesta verdad:* Un hombre celoso dice a su mujer repentinamente: *"Me han dicho que tienes un amante"*. No tiene razón para pronunciarse en esta forma, pero cree que es un modo de descubrir una situación que él mismo ha inventado.

En una Empresa de Publicidad un jefe muy competitivo y desconfiado, quiere probar al empleado diciéndole que se ha enterado por 'fuente segura', de que está buscando trabajo en oficinas de la competencia. En general estas iniciativas verbales son peligrosas para la relación personal, porque introduce un elemento que no podría haber existido antes. La mujer no sólo entiende que el hombre desconfía de ella, pues sabiéndose libre de culpa se siente injustamente observada, calificada y juzgada. La intriga iniciada, puede paradójicamente sugerir luego que quien la engaña es el esposo, elucubración que en algunos casos no está lejos de la realidad.

Estas manifestaciones "a sorpresa", frecuentemente no se olvidan con el tiempo. Por su contenido inesperado, compromete en mayor medida el auto-concepto (yo creía que él apreciaba mi lealtad, por ejemplo) y la emoción (él desconfía de mí, no merece mi lealtad). Y si el argumento conlleva juicios sobre valores íntimos muy apreciados por las personas, el resultado puede ser realmente lastimoso: *"Si dices injurias, las escucharás"* (Plauto).

6. *Para animar una conversación:* Si observamos la reunión en la que nos encontramos, sea en el hogar, o en otra actividad social, los argumentos de conversación habitualmente versan sobre la política, el fútbol, algunas noticias del día. Pero como no siempre las conversaciones mantienen un alto grado de interés, "aparece un inspirado" con un argumento inoportuno como aquél que dice a su mejor amigo: "¡Sé que tú estás enamorado de mi esposa!" El hasta ese momento amigo responde ofendido: "¡Yo no tengo tan mal gusto!" El primero aclara que se lo decía en "broma", pero que no le agrada su respuesta (!)

Estas circunstancias y otras más graves, nos deberían invitar a recordar que *"en boca cerrada no entran moscas"* o como más finamente manifiesta Wilhelm Busch (1998): *"Pensamientos tontos los tenemos todos, pero el sabio se los calla"* y más aún: *"La tontería es la más extraña de las enfermedades: el enfermo tonto, nunca la sufre, los que de verdad la padecen... son los demás"* (Spaak, 1999).

Algunos famosos han animado sus conversaciones de manera diversa:

- *"Sólo conozco una forma de ver las cosas: la mía. Puedo parecer duro, pero la vida es así de perra, y así me ha hecho"*
 (Javier Clemente, entrenador de fútbol español)
- *"Personalmente siempre estoy dispuesto a aprender, aunque no siempre me gusta que me den lecciones"* (Winston Churchill)
- *"Cuando vendo licor, me llaman contrabandista; cuando mis clientes lo sirven en bandejas..., lo llaman hospitalidad"*
 (Al Capone)
- *"Dadme seis líneas manuscritas por el hombre más honrado, y hallaré en ellas motivos para hacerle ahorcar"* (Cardenal Richeliu).
- *"A veces sucede así en la vida: cuando son los caballos los que han hecho el trabajo, es el cochero el que recibe la propina"*. (Daphné du Maurier).

Otros tienen más humor, sobre todo hablando de sí mismos:

- *"La gente me olvida muy rápido, incluso cuando me están dando la mano"* (Woody Allen).
- *"De nada me sirve que alguien me quiera como soy, porque yo no quiero ser como soy"* (Antonio Buero Vallejo).

- *"Soy una persona muy física. La gente no cree que yo tenga mucho cerebro, así que por qué iba yo a desilusionarles"* (Sylvester Stallone).

- *"En Hollywood la virtud de una chica es mucho menos importante que su peinado"*

- *"Hollywood es un lugar donde te pagan mil dólares por un beso y unos centavos por tu alma"*. (Marilyn Monroe)

Muchas palabras hieren aunque se las diga en broma o con humor. No es novedad que en muchos casos se recurre al chiste, precisamente para decir lo que en serio no se puede, no se debe, o no se tiene el coraje de expresar: *"¡Señor orador! Los sarcasmos no son sino debilidad que encubren rabia"*. *(*G. Meredith*)*.

7. *Para evitar ulteriores consecuencias:* Las tensiones que se suscitan en ciertos tipos de relación humana, pueden haber ido creando momentos de fricción y malestar. Las personas se van ubicando en posturas irreconciliables. Los encuentros se caracterizan por pinchazos verbales, insinuaciones, indirectas, sarcasmos, que alimentan un malestar cada vez más creciente. A un cierto punto, llega la circunstancia que rompe el límite y se esgrime toda la artillería: *"Nunca te amé..., déjame en paz, no he olvidado a mi primera novia; eres un incapaz, te he tenido en la empresa sin que te merezcas un peso del sueldo que en abundancia recibes; te odio; no te soporto un minuto más, etc."*

En las parejas por ejemplo, decir: *"nunca te he amado de verdad..."*, es una sentencia lapidaria. Puede comprenderse el desgaste de una relación, el deterioro en un ámbito de trabajo, la debilidad de una amistad, pero siempre se debe tratar de evitar que estas conversaciones se den de manera impulsiva. Cuando se reconoce el impulso que enoja, el descontrol, la gran gesticulación de manos, la ira que sale a través de gritos, si se puede, es el momento conveniente para evitar la discusión. *"Cuando tan torpe la razón se halla, mejor habla, señor, quien mejor calla"* (Calderón de la Barca).Y si desafortunadamente no se puede evitar el conflicto, hay que mentalizarse (lo más pronto posible), a que ciertas cosas no se deben decir, particularmente en referencia a aquellos motivos que una vez los unieron: el amor, la admiración, la capacidad intelectual, los valores, la calidad de su personalidad. Pues si se ofende, la ira habrá pasado, pero no las palabras, ellas estarán vivas, junto a las heridas frescas que ahora son causa de nuevo dolor y de nuevas razones para futuros embates. Por eso, aprendamos de una vez: *"Nunca digas aquello de lo que después puedas arrepentirte"*. Si quieres algo más enriquecedor te recuerdo las palabras de uno de los primeros filósofos, Tales de Mileto quien aconsejaba: *"Cuida tus palabras; que ellas no levanten un muro entre ti y los que contigo viven"*.

En esta misma dirección Xenócrates confesaba: *"Me he arrepentido muchas veces de haber hablado; jamás de haber callado"*, y sabiamente Mariano José de Larra concluía: *"No sé quien ha dicho que el gran talento no consiste precisamente en saber lo que se ha de decir, sino en saber lo que se ha de callar"*.

8. *Porque somos como somos:* ¿Quién no ha dicho algo inconveniente alguna vez? ¿A quién no le ha desagradado una situación y se ha expresado como no quería o debía? ¿Acaso no nos hemos decepcionado de tantos de nuestros ídolos porque los hemos descubierto de barro cuando algo no salió como pensaban y quisieron "descargar" su frustración sobre nosotros? Se disculparon luego, con gran reverencia (aunque otros no), pero igual, el ídolo yacía en mil fragmentos hasta que llegó, ojalá, el perdón y luego el olvido.

Pese a la sabiduría milenaria que hemos heredado, gracias a los grandes avances neuro-cognitivos, todavía nos equivocamos, ofendemos, herimos, nos declaramos la guerra, intentamos negociar luego de la destrucción de ciudades y países sobre los cadáveres de miles y millones. Y hablamos de paz, de concordia entre los pueblos, y nos llenamos de retórica en los grandes foros internacionales. Sería el momento de decir: *hechos y no palabras*.

12.1. LOS GUERREROS DE LA PALABRA:

Los ancianos ingleses vociferaban a los hijos que hablaban demasiado: *"Una vieja lechuza muy discreta, vivía en un roble; cuanto más veía menos hablaba, cuanto menos hablaba, más oía. ¿Por qué no podemos ser como las lechuzas?*" (Cfr.Ortega Blake, 2001, p.259).

Como no lo somos, sufrimos las consecuencias de nuestra palabrería. Pero, ¿quienes son, los que más hieren? Lamentablemente todos podemos hacerlo, pero algunos más que otros.

Nuestras investigaciones, nos han permitido conformar unas categorías que sin embargo no son exclusivas, un perfil puede complementarse con otros, pues "virtudes" y "defectos" se distribuyen de acuerdo a la historia de cada uno; a todos ellos, hemos escuchado alguna vez:

12.1.1. Beligerante verbal:

El perfil corresponde a un individuo de carácter primario, por lo tanto impulsivo, instintivo con un contenido bastante delicado: la agresión. Ello no excluye ser una persona interesante porque tiene dotes de dinamismo, creatividad; construye, es líder, toma iniciativas útiles. Pero si sus modelos cognitivos orientan su personalidad de manera soberbia, arrogante, egocéntrica, se convierte en un verdadero problema porque se impone su carácter beligerante y agresivo. Para sus diálogos necesita un campo de batalla y es allí donde lleva a sus "víctimas". Es autoritario, siempre tiene la razón, por lo tanto no necesita ni acepta crítica alguna. En un impulso de arrepentimiento, también puede pedirte perdón..., pero concluye: "es que eres tú quien me provoca..., yo nunca quiero conflictos..." (alejando de sí cualquier culpa o posibilidad de crítica). También pide algún consejo, pero en general no lo sigue o lo interpreta a su modo. *En su opinión, siempre es un gran tipo, son los otros los que fallan*. Debido al centrismo que guía sus vidas, y al hecho de manejar el entorno como a ellos les parece, no llegan a conocer a las personas en su verdadera dimensión. Diseccionan los retazos que a ellos les inte-resa identificar (ignoran si son más inteligentes que ellos o más queridos, pero saben que hace un año fallaron en algo). He escuchado a muchos de ellos herir el mundo afectivo de sus allegados, sin sentir culpa, dolor, o vergüenza; según ellos, jamás se equivocan. Son los que hieren, y esperan que la persona ofendida pida disculpas. Algunos hablan así:

- Simon Hoggart (al referirse a un magnate de los medios de comunicación):
  "Cree que la gente quiere basura y que él tiene el derecho de hacerse rico proporcionándosela".
- Marco van Basten:
  "En el fútbol soy de la misma opinión que el jugador Lendl en el tenis: si quieres tener un amigo, cómprate un perro".
- Jaume Perich:
  "Mis amigos me dicen que soy agresivo, pero me lo dicen a gritos".
- Un político francés hablando de otro país europeo:
  "Es un país conformado por ladrones, tramposos y mafiosos".

Como siempre tiene la razón, le resulta difícil la empatía, o sea ponerse en el lugar del otro, por eso cree que la esposa que sufre..., se queja de todo; el hijo ansioso y asustado... es un gallina; su jefe..., no lo comprende; sus colegas..., tienen envidia de él. Su mundo está hecho de él mismo y para él mismo. No es que no pueda ser simpático, justamente por ser primario, puede atraer a las personas, contar historias reales e imaginarias, pero a medida que le conocen, pierden el entusiasmo.

El belicoso "debe comprender", que es una persona difícil y hasta pesada (el atuendo bélico pesa) y que quien está con él, a pesar de sus defectos y miserias, nutre amor, estima, cariño, incluso tal vez admiración, por eso hay que aprender a valorar a quienes se le acercan, porque esa amistad o amor seguramente son sinceros. Si conociendo cuán difícil es, le quieren, es porque son sinceros (excluimos aquí a los que se le acerquen por necesidad o masoquismo). Y esto también tiene algo de verdad, muchas mujeres dominadas por este carácter beligerante "sobreviven" con este guerrero porque necesitan de su dinero, de la seguridad que a veces dan en el hogar, porque en eso sí, pueden ser responsables económicamente, pagan todo, para mantener su campo de batalla, pero se come lo que él dice, los vestidos de la mujer, tienen que gustarle a él, si está de mal humor ese día: ¡silencio todos! Y la esposa asustada, pero siempre conciliadora, dice a los hijos. " ¡el papá está cansado..., hagan silencio! (¡sic!). En poblaciones "machistas" la mujer, en general, se hace dependiente de este personaje, llegando a una situación de "plagio", lo que significa que se despersonalizan y piensan y actúan a través de su compañero bélico. Aunque parezca sorprendente, tuve pacientes plagiadas que me dijeron: *"Doctor, mi marido ya no me quiere o tal vez me engaña con otra mujer"* ¿Por qué? -pregunté. *"Porque ya no me grita"*.

Los jóvenes deben cuidar la conformación de su propio carácter, pues hoy las personas se valoran cada vez más, y así tiene que ser. Nadie está dispuesto a ser "víctima" de la beligerancia de los otros. Los beligerantes cada vez pierden terreno. Hemos encontrado jóvenes en cuyo hogar han vivido conflictos graves y "aprenden" a comportarse con sus enamoradas o amistades de la misma manera. Y otros, como son hijos de una época más tolerante, no tienen una orientación sólida, viven en ámbitos muy permisivos, donde no se impone disciplina y límites, y de esto sufren luego los mismos padres porque tienen hijos caprichosos incapaces de tolerar las frustraciones o el "no" que a veces necesariamente se debe imponer.

En una anterior publicación: "De la Neurona a la Persona" (1995), definí este entorno describiendo aquella *"pareja volátil"* en la que el instinto y el temperamento impetuoso inspiraban las conductas más que la cálida razón. Las disputas son apasionadas. Sobreviven porque también recurren a soluciones instintivas, pero luego el círculo se reinicia. La mayor parte de las inconductas que luego debemos superar en la vida adulta, provienen de épocas anteriores y de experiencias emocionales muy intensas en el hogar. "Cómo habrá sido el padre de un conocido mío que a sus doce años, mientras comía toda la familia, el progenitor le miró y le dijo simplemente: "sal". El niño le miró, se levantó y salió de la casa abandonando la mesa. Volvió luego de horas, el padre lo tenía tan aterrorizado que cuando le dijo "sal", entendió que debería dejar la casa, y no comprendió que únicamente debía aproximarle el salero.

El beligerante, como "guerrero diestro", hace de la palabra su instrumento principal (aunque no excluye otros medios físicos). Trata de exhibir su fuerza y potencia, es agresivo y quiere imponerse, para ello, sus palabras tienden a derribar a quien tiene al frente. Conoce qué es lo que más hiere, y ése será su argumento principal. Si la otra persona se cree inteligente, piensa bien de sí, es más culta, tiene mejor recurso económico por ejemplo, su estrategia de acción tenderá a demostrar cuán equivocada está. Es aquí donde uno debe aprender a manejar estas circunstancias. Las discusiones en los momentos en los cuales él aparece armado hasta los dientes, no convienen, siempre perderán. Hay que buscar momentos de tranquilidad, mejor si se cuenta con la participación de un intermediario que él respete (éstos existen, porque él quiere que algunos sigan pensando que es una gran persona). En general, la mejor medida aconseja el concurso del especialista, pues es la persona más autorizada para reflejar al beligerante su verdadera condición.

La mejor forma de protección es el reconocimiento temprano de este perfil, lo que significa la necesidad de ayudar a tomar conciencia de las conductas indeseables y favorecer las deseables. Ellos creen "que así son, y que así permanecerán toda la vida". Toda persona que quiera y se empeñe en ello, puede cambiar. De ser necesario, como dijimos, con ayuda profesional. Lo contrario significa subir una cuesta muy empinada con muchas caídas y sufrimientos, que tampoco aseguran la consecución de la cima.

El hogar es un bien precioso, construido también por el beligerante, sea hombre o mujer, donde los hijos quieren mecerse en el corazón de sus padres con amor. Aunque no se ignoran las dificultades, debería ser el espacio de crecimiento armónico donde cada día se intente tejer un punto de felicidad. Ojalá que este concepto se extendiera a los ambientes educativos y a los distintos segmentos de la sociedad, pues no queremos que esos campos sean el terreno de adiestramiento de más guerreros, y como insinúa Ustinov (1996), *que ningún ser humano sea el hueso en el cual el beligerante quiera afilar sus dientes.*

12.1.2. Paroxístico Verbal:

Dice la esposa: "Tuve que a ir visitar a tu madre al hospital, no encontraba taxi, ni de ida ni de vuelta, tuve que venir corriendo a casa y preparar la cena para los niños, ducharme, cambiarme y esperarte lista para salir... Pero tú llegas tarde, no tienes consideración conmigo, ni siquiera me avisas de tu atraso, podías haberme aliviado unos minutos. Si te contara el día que tuve, fatiga aquí y allá, todo el mundo llama por teléfono. Claro, tú vas bien vestido a tu oficina, regresas igual y encuentras todo en orden. Y no me ayudas para nada..., pero bueno, no importa, has llegado y eso es lo que importa. ¿Salimos?".

Estas personas, hombre o mujer, no hablan para herir como en el primer cuadro; ellas buscan principalmente llamar la *atención*. Exponen sus puntos de vista para alcanzar a su vez la *aprobación*. En el diálogo se hacen atractivas, hablan de todo, se admiran con frecuencia, exclaman, besan, saludan. Sus charlas son intrascendentes, llenan los vacíos con sus opiniones, son portadoras del famoso chisme. Pueden hablar y hablar sin tomar conciencia de que sus palabras pueden crear confusiones e intrigas. No les importa demasiado la sustancia, sino la forma, la apariencia. *Son personas que buscan ser queridas y descuidan el amor que también pueden dar.* Su vida emocional es sensible, lábil, pueden llorar con frecuencia, sentirse ofendidas fácilmente, son susceptibles, tienden a la dependencia. Se esfuerzan por tener siempre un buen aspecto, particularmente en la vestimenta. Se sienten elogiadas cuando se alaba su apariencia. Leen los titulares de los periódicos, y sobre eso hablan. Repiten lo que escuchan, sobre todo si el tema elegido lo consideran atractivo. Prometen ser custodias de un secreto, pero no lo hacen. *"Te voy a contar un secreto, pero no lo digas a nadie..., como la otra vez".*

Si no tienen dinero para una joya, y la quieren, se prestan. Prefieren pasar hambre para lucir mejor. Si un libro está de moda, lo compran, pero no lo leen, o esperan que alguien lo lea y les relate el contenido.

No son personas belicosas, pero si la *frustración* o *decepción* se hace intensa, pueden hablar más de la cuenta incluso hiriendo. Son las personas que si no se les da el espacio que buscan harán algo para llamar la atención: un desmayo, una enfermedad, una dieta exagerada con consecuente anorexia, en casos más graves un intento suicida, etc.

El varón busca la admiración, con lo que se siente "aprobado". Inventa historias sobre sus grandes éxitos comerciales y profesionales, pero sus inventos son verdaderas mentiras que construye para realizar en la fantasía aquello que no logra en la realidad. Esto no le permite reconocer aquello que los demás piensan de él. Sus exageraciones verbales lo exponen a hacer el ridículo. No exhibe gran cultura, pero se muestra amable con las personas, a casi todas dice la palabra que alegra y motiva. Son muy atentos. También sufren de ansiedad, se deprimen y no quieren hablar, buscan consuelo, si no lo encuentran se deprimen más. Se muestran exigentes, más con los otros que consigo mismos. Son colaboradores, se ofrecen a ayudar, pero no siempre por solidaridad, si no para sentirse acompañados y reconocidos.

Sus palabras pueden herir porque son irreflexivas, repiten lo que oyen y lo retransmiten, son amigos de la divulgación y del cotilleo. No les resulta difícil mentir, son personas fácilmente utilizadas por otras más astutas. El riesgo deriva de su ingenuidad e inmadurez para tratar argumentos que pueden tener un contenido serio y cuya superficialidad en su manejo, podría traer graves consecuencias.

- *Me han dicho que...*
- *¿Quién? ...,*
- *No me acuerdo, creo que era la fulanita o el fulano...*
- *Está bien, pero no lo repitas, puedes dañar el prestigio de esa persona...*
- *Yo no pensé que era para tanto.*
- *¡Cómo no! ¡Si acabas de decir ante treinta personas que todo su dinero proviene de la droga..!*

Es importante que estos individuos se encaminen hacia una toma de consciencia sobre sus repertorios trabajando para lograr un mayor madurez y una mejor ubicación en su contexto psicosocial. Tienen recursos nobles, son individuos sentimentales, atentos, ingeniosos. Sus valores, bien encaminados, podrán favorecer su madurez afectiva, una vida social más equilibrada y un comportamiento personal más satisfactorio. Algunas expresiones reflejan el humor de esta categoría:

- *"El chisme no es una maledicencia..., es sólo un pasatiempo"* (Anónimo)
- *"Puesto que tenemos que hablar bien de los muertos, ataquémoslos mientras están vivos"* (John Sloan)
- *"La cicuta se vende hoy en toda reunión social"* (J. Reynolds)
- *"No todos repiten los chismes que oyen. Algunos los mejoran"* (Anónimo).
- *"Si Dios hubiera querido que viajásemos en clase turista, nos habría hecho más estrechos"* (Martha Zimmerman).

12.1.3. Elocuente narcisista:

"Si yo no me ocupo de mí mismo, quién lo hará?

Ésta es la misión que este personaje se ha auto-encomendado. Ha inventado un mundo que gira a su alrededor. El valor más importante que cultiva es la consideración que de sí mismo tiene. De él pensaba George Eliot (1998) que *"Era como un gallo que creía que el sol había salido para oírle cantar"*. Y "su elocuente canto" efectivamente reclama eso, que *"el mundo le tenga la misma consideración"*. Y su saeta verbal puede dar en el blanco justamente cuando quienes le rodean descuidan su requerimiento. Pero el otro aspecto, y es el que él debe tomar ahora en cuenta, es que él no tiene consideración alguna por las necesidades ajenas, peor de su pensamiento u opinión. Es una persona que absorbe, y tiene recursos para hacerlo. Porque le importa llamar la atención, trabaja para ello, intenta mostrar resultados. Su éxito, fortalece su necesidad interior de pedir más. El narcisista elocuente rara vez busca la soledad, tiene que sumergirse en medio de un mundo lleno de espejos, para así reflejar más su imagen. Conoce la última noticia, es amigo de gente importante, siempre "está en circulación" en los ambientes que cuentan. Sus proyectos y logros impresionan, es minucioso para hablar de lo suyo. Dormirá feliz esa noche, si sabe que has quedado muy impresionado con sus hazañas. Y tú no puedes retirarte de su presencia con la idea de que es un hombre común. Y esa noche, luego del honor que tuviste de estar con él, sólo puedes tener un sueño: ¡ser como él! Y mañana te susurrará la expresión de Miguel de Unamuno: *"Hablo mucho de mí, porque soy el hombre que tengo más a mano"*.

El narcisista elocuente, es inteligente, observador, agudo, tan dinámico, que no puede perder el tiempo pensando en comunes mortales. Su carácter emprendedor lo impulsa a la acción, a la toma de iniciativas, te puede llevar a muchos logros. Ofrece un buen ámbito familiar desde el punto de vista de la economía y la comodidad, pero tienes que pagar el tributo de adoración y sumisión. Las palabras te herirán cuando no cumplas el oficio. Siendo elocuentes, mostrándote sus logros y lo que hacen por ti, pedirán que reconozcas tanto bien y sigas aplaudiendo. Pueden humillarte, rebajando tu dignidad, enfatizando la dependencia que tienes de ellos, sea hombre o mujer. A veces pueden ser crueles, pero su engreimiento los enceguece tanto que no pueden ver cuánto hacen sufrir. Estas personas cambian cuando el pedestal se desmorona, y son las que más padecen. Antes de ello, deberían aprender desde el principio a situarse en el planeta tierra, con otros humanos tan similares a ellos, pero menos soberbios.

Es menester reflexionar también sobre el rumbo que la sociedad moderna va tomando, pues con su excesivo énfasis en el éxito personal, la "destrucción" del competidor, la impaciencia e intolerancia ante las dificultades, el exagerado deseo de mayor logro económico y comodidad, nos conduce al riesgo de favorecer personajes egoístas y ensimismados que desprecian el logro ajeno (por el que luego nutren hasta celo y envidia) y ven en los demás una población a su atento y seguro servicio.

La vida merece ser vivida de manera más sencilla, y la naturaleza nos puede brindar inolvidables lecciones de ello:

Dijo en la altiva cumbre el elocuente narcisista:
"Pocos han llegado aquí"
En esto pasó volando
un insecto sobre mí"   (Ventura Ruíz Aguilera)

12.1.4. El Intocable:

Una niña de nueve años entró a la alcoba de su madre, ya divorciada hacía un par de años y tomando una blusa blanca se vistió con ella. Cogió un par de pulseras acomodándolas en la muñeca, como pudo colgó unos aretes en sus orejas y por último se pintó los labios. Para completar la faena escogió un par de zapatos y así ataviada se dirigió a la sala donde la madre compartía con algunas amigas y dijo: *"¡Mira mamá, soy como tú...!"* Las amigas de la madre empezaron a aplaudirla y a festejar la ocurrencia. La madre se levantó inmediatamente con gran furia. Aferró torpemente uno de los brazos mientras abandonaba la sala vociferando: *"te he dicho que no toques mis cosas, tú nunca te vas a parecer a mí, porque yo no soy como tú… Ya te he dicho que son mis cosas y no se tocan; no son tuyas…, ¿entiendes?"*. Encerró a la niña en su habitación luego de haberla despojado de toda la vestimenta y desnuda la recostó en su cama, cerrando la habitación con llave, no sin haberle hecho repetir la promesa de que tal escena no la repetiría nunca más. Volvió donde las amigas y sonriendo dijo: *"siempre me hace lo mismo, pero ya se le pasará"*. Mientras tanto la niña, en su habitación, no dejaba de temblar, llorosa, balbuciente y aterrorizada.

Los intocables son individuos que quieren tener todo bajo control y para ello cuidan todo detalle. Nada se les debe escapar, porque si no, nada funciona. Son exigentes en toda conducta, no sólo con los demás, también con ellos mismos. Esta señora, como otras, trabaja mucho también para su hija, pero la niña, y todos los niños del mundo, deben respetar sus normas. Algunos intocables recuerdan el cuestionado discurso de Calígula cuando ensalzaba el uso de su autoridad a través de la fuerza insistiendo que prefería ser odiado, pero temido y obedecido.

La observación violenta que hizo a su hija: *"… tú nunca te vas a parecer a mí, porque no soy como tú…"*, no quiere disminuir a la niña, si no, darle otro motivo para que no repita la acción. Pero obviamente, la niña no lo comprenderá así. La pregunta en la consulta era: "Doctor, ¿por qué no puedo ser tan linda como mi madre? Yo quiero ser como ella". Está en una época en la cual se identifica con el sexo de la madre y la imita. La madre es el modelo, pero ésta no lo ha comprendido. Por último, ha olvidado la enseñanza de Emmanuel Kant: *"La impaciencia es la debilidad del fuerte y la paciencia la fortaleza del débil"*.

Los intocables hieren cuando pierden el control de algo, no para disfrutar de lo que hacen como en otras categorías. Para ellos el sufrimiento deriva del hecho de perder el control y que el mundo se les escape de sus manos. Son demasiado responsables, pero los productos conseguidos deben respetarse y administrarse como ellos determinan. El padre dice al hijo que llega tarde:
- *"Te indiqué una hora precisa, pero has vuelto una hora mas tarde. No se puede tener confianza en ti porque abusas"*.
- *"Todos los autobuses venían llenos y tuve que venir caminando"*
- *"Entonces deberías haber salido una hora antes…"*
- *"Sí papá…"*

El intocable respeta las normas, no es una mala persona; es rígido, severo, perfeccionista, poco tolerante, da más espacio a la razón que a la emoción, por esto aparenta frialdad, aunque por dentro sienta. Todo debe funcionar, el mundo no se puede detener porque tú o yo somos irresponsables. Ellos tratan de cumplir sus objetivos, se empeñan en una lucha constante por lograr una disciplina personal y transmitirla a otros.

Hoy tienen sus celulares siempre funcionando, si no los llaman ellos lo hacen, si esperan un ascensor, miran su reloj, caminan, se arreglan la corbata, etc. Deben rendir siempre, si no lo hacen, se sienten inútiles y frustrados. No te atribuye a ti la culpa del fracaso, lo asume en primera persona, pero te exigirá a ti también hasta que todo salga como se debe. Grandes empresas deben su éxito a personajes compulsivos parecidos. La pena es que son las primeras víctimas de infarto al corazón, enfermedades de origen psicológico, estrés, úlceras, etc. Olvidan que *"los precipicios casi siempre están cerca de las alturas"* y como decía el mismo *Sénaca: "todo poder excesivo dura poco"*. Muchos hogares funcionan por el tesón con el que lo dirigen, pero cuando su hijo concluye el Colegio o la Universidad, lo que más desea es abandonar el hogar. La pareja que no se adapta sufre.

Las palabras que utilizan, humillan y muestran la miseria del sujeto, para que sea mejor. Hieren para que el otro se levante, no como el "beligerante verbal" que dispara para que te quedes en el suelo, y ojalá no te levantaras más. Hemos estudiado la conformación de huellas neurales que registran nuestras experiencias; muchas de las cosas que dice y hace el intocable permanecen como huellas dolorosas, pero él no se da cuenta de ello. El es un crítico exigente. Una expresión que ilustra su pensamiento puede ser: *"Lo malo de mucha gente no es una falta de ideas, sino un exceso de confianza en las pocas que tienen"*. (N.Cl)

Estos personajes, tan llenos de cualidades, deben redescubrir el tiempo (para pensar, reflexionar, meditar, gozarlo sin producir y vender más artefactos...), contemplar las estrellas, el cielo y las nubes. Deben mirar el rostro asustado de su anciana esposa para acariciarla y decirle que la quiere y le agradece por tantos años juntos; salir a ver una película con su hijo, "crear" la hora de la familia, donde rían, compartan, se alegren y estén juntos "¿Para qué desea conquistar el mundo, si luego pierde todo lo que más quiere?". El intocable, debe aspirar un gran valor: la *paciencia*, que aunque sabemos no crece en todos los jardines, es un tesoro que le falta: *"Más vale el hombre paciente que el fuerte, más el que domina el corazón que el que conquista ciudades"* (frase bíblica).

12.1.5. El tipo delirante y su primo: el susceptible:

> *"Donde la desconfianza habita indeleble*
> *en lo más cerrado del corazón,*
> *no faltará ocasión para dejar que se abra camino*
> *la oscura llama,*
> *hasta que llegue a convertirse*
> *en un devorador incendio"* (Stefan Zweig)

El gran pensador austríaco resume en pocas palabras aquello que corresponde a este perfil. El delirante vive en un mundo hecho de una fábula que él construye y reconstruye cotidianamente. Y quienes atraviesan las paredes de su quimera ingresan en un mundo de leyenda, conspiración, sospecha y agudo realismo.

Desconfía de la realidad que le presenta la vida y las personas, por lo tanto va en pos de su propia realidad. Si habla contigo quiere que seas veraz, que le digas siempre lo que piensas, porque si te descubre una mentira, te tendrá siempre bajo sospecha. Pero también cuando le digas la verdad, seguirá dudando, hasta que se canse, lo convenzas o ya no le importe. La cualidad puede estar dada por la meticulosidad con la que trabajan, si te ofrecen ayuda son detallistas, llegan lejos y te pueden dar satisfacción, por eso sobreviven con aquellos que a su vez los toleran a duras penas. Pueden ser muy buenos detectives, descubren aquel detalle que todos han descuidado. También se equivoca, porque su desconfianza le hace ver aquello que no es, su intención de buscar el engaño, no pocas veces a él lo engaña. Pero en su ensimismamiento, haber tenido razón en algunas ocasiones, lo autoriza a seguir desconfiando.

Miembros del hogar sufren este tipo de carácter porque al desconfiar "inventan" realidades para que él se quede conforme. El no quiere que la hija vaya a una fiesta porque tiene miedo que le suceda algo. Pero como la hija quiere ir a bailar y la madre lo "comprende", acuerdan decir que irá a estudiar a la casa de una amiga. A veces funciona y a veces no, porque el delirante decide repentinamente visitar a las estudiantes y descubre la verdad. Esta evidencia alarga el túnel de la desconfianza, las dudas se amplían, ahora irán más allá del hogar y del ámbito del trabajo.

En su búsqueda, pueden escuchar otras opiniones y explicaciones, pero a ellos corresponde la palabra final. La mentira, el engaño del que puedan ser objetos les provoca mucho resentimiento, si no se alejan de las personas, conducen la relación de manera más fría.

Por su desconfianza no se revelan tal como son, pueden decirte una cosa con aparente veracidad, pero pueda que estén probando tu sinceridad. Son imprevisibles, si dudan que vas al Colegio, te estarán esperando en la esquina para saber si vas o no, y si sospechan que en el hogar hay infidelidad, tomarán todos los recaudos para descubrirlo. De aquí los celos, que para ellos se convierten en la expresión más acerba de la desconfianza. Por eso recurren a planteamientos rígidos que rijan la "veracidad" de las vidas de aquellas personas con las que conviven.

Las palabras que hieren, van dirigidas a quitar toda ambigüedad. Por su agudeza ese tipo de personas te hace notar una curiosidad: *"¿Has visto alguna vez a un candidato hablando a los ricos por televisión?"* y reflejan parte de su pensamiento al decir: *"El hombre no procede del mono, sino que va acercándose a él"* (SD).

"Eres un mentiroso, me engañas, eres desleal", son términos de su repertorio, aunque no te lo digan, frecuentemente lo piensan. Quieren personas cumplidas, coherentes, transparentes. Son buenos administradores, hombres de confianza en lugares donde se requiere una conducta inflexible. Necesitan *relajar* su rigidez para saber que una mentira una vez, aunque igualmente indeseable, no rompió el amor ni la lealtad para toda la vida y que quien se equivocó no merece el rencor que a veces conservan por décadas. Es también importante ayudarles a revisar su ensimismamiento, para "ver" el mundo bajo otro prisma. En casos extremos es importante la labor terapéutica, pues colinda con cuadros de paranoia.

El delirante tiene un primo igualmente preocupante, menos dramático que el mayor, pero más famoso y tremendamente insidioso: *el susceptible*.

Don *Susce* quiere colgar un cuadro. No tiene un martillo ni clavos. Decide pedirle prestado al vecino, pero ese instante piensa:

- "Hace una semana lo vi en la calle, quise saludarle y no me miró. Claro, y ahora recuerdo, hace un mes, ocurrió lo mismo, creo que tiene algo en contra mía. Voy a pedirle que me aclare ahora mismo

y me diga qué es lo que quiere..."
Sale de su habitación sin dudar un momento, toca el timbre del vecino, éste no sabe absolutamente de lo que se trata y don *Susce* le grita:

- *"¡Sé que usted tiene muchas cosas en contra mía, pero sepa que porque yo necesito un martillo y unos tristes clavos, usted no tiene el derecho de despreciarme!"*

Todos hemos sido alguna vez testigos de comportamientos desproporcionados para el contexto en el que se dan. Te han pedido un favor, no has podido complacerles, por lo tanto, si pueden, nunca más recurrirán a ti, porque pensaron que en esa oportunidad tuviste mala voluntad. Amistades de antaño han roto relaciones por comportamientos especulativos totalmente ajenos a la realidad.

¿Quién es el o la susceptible?

El año 1991, publiqué *"Emoción y Estrés"*, una obra que me permitió estudiar en buena extensión esta conducta inadaptada, y que como tal, debido a los estragos que produce a diario, debería ser vista no sólo con más atención, sino también reconocida como indeseable.

La susceptibilidad designa el estado subjetivo e hipersensible de una persona al calificar un evento o reaccionar ante un estímulo, emitiendo respuestas desproporcionadas a la realidad y valor del hecho. El subjetivismo cognitivo que dirige la respuesta, está caracterizado por el prejuicio negativo que inspira la interpretación de los antecedentes y consecuentes del estímulo.

La joven *Susce* termina el último año de secundaria y como sus padres tienen excelentes recursos económicos, la han invitado a efectuar una gira por varios países. Es la única del curso que podrá hacer algo semejante. Una amiga del Colegio, pero no del mismo curso, le pregunta si esa noche irá a la Fiesta:

-¿Qué fiesta? Interroga Susce.
-Pero la de tu curso, ¿no te han avisado?
-¡No! -responde contrariada.
-Perdona, creo que he metido la pata..., yo he escuchado a mi hermana.
-No te preocupes, gracias por avisarme. En mi curso nunca me han querido, sabes, son envidiosas por todo lo que yo tengo.

A las ocho de la noche, aparecen dos compañeras del curso y le dicen que quieren invitarla a un lugar, pero que es una sorpresa..., no le pueden decir dónde ni cómo. Ella simplemente tiene que ir. *Susce* responde:

- *Sé que tienen una fiesta entre ustedes. Así que no cuenten conmigo, diles que no voy porque todas ustedes son unas envidiosas.* -Concluye la arenga dando un gran portazo. Las jóvenes quedan estupefactas, se retiran llorando totalmente sorprendidas.

La madre de *Susce*, escucha el portazo y pregunta a su hija:

- *¿No te han venido a recoger tus amigas? Ayer me pidieron permiso para que salgas con ellas, pero como era una sorpresa, yo no debía decirte nada. Te han preparado una bonita fiesta de despedida... Tu hermana ya fue, te estará esperando...*

Éste es un perfecto ejemplo de susceptibilidad. Por elaboraciones mentales propias (prejuicios negativos, por ejemplo), la persona *distorsiona* la realidad. No está en grado de comprender objetivamente ni el estímulo ni el evento. Lo *interpreta* a su manera, disminuyendo los espacios que le permitirían valorar el hecho adecuadamente.

La dificultad en esta tipología, radica en el hecho de que la persona pierde frecuentemente el manejo y evaluación de la situación. En nuestras investigaciones hemos confirmado que la persona susceptible es altamente insegura y su autoestima baja, por eso depende tanto de lo que el entorno hace con ella, pues a medida que recibe reconocimiento externo, incrementa (aunque sea un poco) su autoestima y seguridad.

El análisis de las variables sociales y comunitarias revelan que estas personas están muy influenciadas por la *desconfianza*, (y éste es uno de los principales rasgos de parentesco con los delirantes). Ponderan en exceso el bienestar económico y el prestigio (ser pudientes e influyentes), porque la seguridad material, para ellos, se asocia a la seguridad personal. Por la misma razón, cuando "no son tomados en cuenta", ven el hecho como una amenaza a su seguridad personal y convalidación. Hace varios años aseveramos y confirmamos lo mismo *"la intensidad de la respuesta susceptible, es proporcional al grado de inseguridad y subestima"* (Castañón-Gómez, R., 1991, p. 229).

Quienes presentan este cuadro, se muestran muy sensibles a todo tipo de provocación, no les agrada que se haga una broma sobre ellas, peor que se rían. Tampoco han aprendido a reírse de sí mismas y tomar algo de lo suyo con mejor humor. Todo es muy serio y rígido. Pueden ser muy agresivas y severas con sus respuestas. Tienden al rencor, no olvidan fácilmente. Son revanchistas, si en alguna ocasión han sido provocadas y no han sabido encontrar la palabra que las declare ganadoras en ese instante, se prepararán para la próxima.

¿Cuándo hieren?

Con más frecuencia que en otros grupos. La susceptibilidad se hace muy connatural. Mucha gente reconoce tenerla y vivirla, pero no se detienen a meditar sobre los estragos que provoca en sus relaciones interpersonales. Si son de carácter dominante les resulta más difícil tomar conciencia de su conducta porque casi nadie las contradice. En general las toman en cuenta para no ganar una enemistad, pero si se puede, se las evita. Muchas de estas personas son temidas, porque siendo vengativas, es fácil que recurran a la palabra para hablar mal de una persona. El susceptible, en general, no es silencioso.

Difícilmente se mantienen amistades duraderas con este grupo de personas. Las relaciones se truncan por esta capacidad insidiosa de desorganizar aquello que está bien consolidado, que no estuvo pensado para ofender, pero que ellos sí creen que está programado para desestabilizarlas. Por esta situación de tensión constante, sufren de ansiedad, estrés, nerviosismo, insomnio, irritabilidad. Cuando no pueden soportar la tensión pueden dar espacio a la depresión, pero son muy resistentes para llegar hasta este punto. Su carácter más bien es bastante luchador.

Estos grupos sufren y hacen sufrir mucho. Este repertorio debería tomarse con mucha seriedad y orientar hacia referencias de mayor *serenidad, autoaceptación y estima*. En general tienen todas las condiciones para aceptarse, pero han descuidado la atención fina a su propia persona, preocupados en captar cómo los demás se comportaban con ellos y en qué concepto los tenían. Deben recordar la importancia de "aceptarse positiva e incondicionadamente" y comprender que con sus recursos, pueden alcanzar las altas metas que sueñan. Igualmente podrían ocupar sus propios espacios aprendiendo a respetar los recintos ajenos, reconocer sus valores y cultivarlos; siendo personas agudas, observadoras, de iniciativa, pueden aportar mucho a la sociedad, y sobre todo, a ellas mismas.

12.1.6. El eufónico:

Decía Jarnés:*"Bueno es llamar a las cosas por sus nombres, pero es mejor hallar para las cosas nombres bellos"* (Jarnés B., Ejercicios, XXI). Es su inspiración que me invita a proponer un *modelo eufónico* de comunicación. La palabra hace referencia a aquello que "suena bien" y se extiende a aquello que es armonioso, agradable y melodioso. En un sentido más amplio también quisiera servirme del término "equilibrio" para mejorar mi propuesta: En una sociedad donde se permite más que en el pasado, donde las delicadezas parecen pasadas de moda y en nombre de la confianza o de la sinceridad nos aproximamos a la grosería, tal vez sea oportuno replantearnos la necesidad de introducir mayor deferencia a nuestros diálogos haciendo un uso más sabio de nuestros términos. En este sentido, desde el punto de vista psicosocial la *"eufonía" designaría un modo agradable y equilibrado de comunicación*. No negará jamás la verdad ni la objetividad de aquello que quiera decir, pero siguiendo el consejo de Jarnés intentará que las expresiones sean afinadas y oportunas. Estas palabras, inteligentes por cierto, deberían brotar de lo mejor de la razón, del corazón y del espíritu.

12.2. CONSECUENCIAS DEL AGRAVIO VERBAL:

Como hemos ido demostrando a lo largo de los distintos capítulos, las palabras impactan a las personas de acuerdo al significado que el receptor les otorgue. Las circunstancias y el tono también jugarán un papel importante, pero deseamos recalcar principalmente en este acápite, que el *tipo de vínculo* condiciona de manera muy significativa la "asimilación" de las palabras. Si quien hiere es una persona a quien el receptor se siente muy unido, particularmente por admiración y estima..., el impacto será mayor.

En una persona que comparte una relación amorosa, o un grado de amistad caracterizado por un buen grado de intimidad, las palabras "disfónicas", o sea aquellas que "hieren" o "crean mal estar", comprometen mucho de la persona agraviada: su autoconcepto sufre y emergen síntomas de frustración y decepción:

¿Cómo es posible que me hubiera dicho semejante cosa...? ¡O sea que nunca pensó bien de mí! ¡Esta relación, (o esta amistad), fue siempre una farsa! ¡Esto no podrá continuar! Cuánto habrá sufrido un anónimo latino que en cierta ocasión escribió: *"Miserable de mí, he ofendido con mi boca desvergonzadamente muchas veces; vivo torturado por ser yo mismo un mal ejemplo...Es tal el veneno de mi lengua que a mí mismo me aniquila"*. Lamentablemente, de acuerdo a nuestros estudios, no es muy frecuente que las personas reflexionen sobre las consecuencias de sus palabras. Veamos algunas consecuencias del agravio verbal, cuando éste proviene de personas significativas:

La *subestima*, es uno de los primeros cuadros. Por ella, la persona siente disminuir su autoconcepto, se siente debilitada y decepcionada por haber ofrecido demasiado a quien no lo merecía. Califica su intimidad irrespetuosamente "traicionada", de aquí el sentimiento de decepción, rechazo y venganza. Esta vivencia desaconseja nuevas aperturas hacia otras personas; toma lugar una desconfianza más generalizada: "no se puede confiar en nadie" -piensa.

La subvaloración también le hacen pensar que su "poco valer" tampoco interesa a otras personas, pues si valiera algo más, no la habrían maltratado. Esta idea incrementa su vulnerabilidad, se cree desde ahora más lábil, objeto preciado para burlas y desaires; para evitar nuevos conflictos tiende a mostrarse más sumisa. Su silencio interior albergará más dudas, su aislamiento incrementará su inseguridad. Será más difícil imponerse y resaltar sus valores. Un cuadro recurrente es el de la "neurastenia", por el mismo, la persona se siente desmotivada y falta de fuerza para tomar nuevas iniciativas sociales. En este momento hay que evitar la angustia y la depresión. Si ésta se prolongara por unas semanas, será aconsejable buscar una orientación psicológica, pues las frustraciones verbales no deben deteriorar el equilibrio psicológico y social de la persona. Se puede sufrir por el golpe, pero no se debe prolongar indefinidamente.

El tiempo y el crecimiento personal son los mejores aliados... Se divisa un nuevo horizonte. "Después de todo, no era tan grave... hay gente mucho mejor. Es mejor haber amado y perdido... que no haber amado nunca"-dirá. Ha vuelto a encontrar la confianza en sí y en los demás.

La *frustración*, es otra consecuencia de la herida verbal. El maltrato ha creado molestia e indignación. Esta reacción hay que reorientar a tiempo, pues otorga fácil espacio al rencor y al deseo de venganza debido a que es un sentimiento muy basado en el instinto. La persona ofendida se siente violada y abusada. El enojo concomitante, traducido en ira, enceguece a la razón y estimula la agresión, por eso hay enemistades peligrosas "que nunca olvidan". El disgusto y la rabia son emociones que permanecen por un tiempo hasta que la aceptación de la situación da espacio, ojalá, al olvido. En este contexto corresponde al mejor linaje del hombre dar espacio a dos encomiables virtudes: perdonar y olvidar.

La reacción más deseable es la *asertiva*. Por ella tiende a asumir la circunstancia con carácter inteligente y objetivo. Ha comprendido que la herida ha causado impacto porque uno mismo ha permitido que el agresor ingrese en el recinto sagrado de su intimidad. Ahora aprenderá a administrar mejor los espacios que quiera conceder a toda persona. Si cultiva valores espirituales perdonará y olvidará pronto. En el futuro, la intimidad la ofrecerá sólo a quien la merezca...

Capítulo 13
LA HERIDA ES PROPORCIONAL AL VÍNCULO

Si un niño de 3 años te dice: «*¡Eres un tonto!*», tú como adulto, seguramente reaccionarás de una manera. Pero ¿qué ocurriría si lo mismo te dice tu futuro suegro cuando vas a pedir la mano de su hija; o tu jefe durante una reunión importante de ejecutivos, donde tú querías causar buena impresión?

Las palabras son evaluadas no sólo por el significado y atribución semántica que conllevan, sino y con bastante fuerza, por el *sentido* que cada uno les otorga.

La asimilación e interpretación de las palabras comprometen mucho de tu historia. Muchos aspectos ya los hemos visto en páginas interiores. Ahora trataremos otro de gran importancia.

13.1. VÍNCULOS HUMANOS:

La vida humana nos ha puesto de manifiesto las cualidades sociales que el hombre posee; a través de ellas hemos constatado que está en grado de interactuar, comunicarse, vivir en sociedad, desarrollar cultura, etc.

Desde que el hombre se une a una mujer establece *vínculos* (etimológicamente: *fuerza que une o ata*) y al procrearse éstos se van extendiendo; la conformación de una familia, célula primaria de la sociedad es una prueba de ello.

Ya en la concepción, el niño intrauterino depende totalmente de factores ante los cuales nada puede decir o hacer. Cuando nace es totalmente dependiente y su apego está condicionado por sus necesidades, que además, (salvo excepciones), los padres y adultos responsables, tratan de satisfacer con esmero y amor.

El *apego* (et. cobrar afición o inclinación; adherirse, unirse hacia...) es bastante primario (ligado al instinto y a la sobrevivencia) en las épocas tempranas de la vida.

Los novedosos estudios de René Spitz realizados durante buena parte del siglo pasado y los de Harry Harlow (1970), demostraron cómo la separación de los padres en los primeros meses de nacimiento podía dar lugar a enfermedades, desarrollo físico y psicológico deficiente y en algunos casos incluso conducir a la muerte del recién nacido. La intimidad postnatal, en términos de acercamiento, caricias, abrazos, besos, calor, progenitores-hijo, es fundamental para el fortalecimiento del apego.

Como he advertido en otros párrafos, he evitado en lo posible, referirme a casos realizados en animales, a fin de no caer en el peligro de transferir sus reacciones al humano en situaciones experimentales, pero me permito citar los resultados de Harlow porque su diseño no podría «replicarse» en laboratorio con seres humanos. Sin embargo, los resultados obtenidos en monos también han sido muy próximos a los hallados en situaciones humanas reales.

Este dedicado investigador de la Universidad de Wisconsin, ha revelado cómo la falta de contacto físico por medio de caricias crea condiciones de apatía, indiferencia, lentitud en las reacciones de las crías. En sus laboratorios, crió algunos monos con algunas imitaciones de figuras maternas: algunas estaban confeccionadas con hilo de hierro, una de ellas fue revestida con esponja y recalentada desde el interior con una lámpara; otra proveía de leche pero no tenía revestimiento, consistía simplemente en un esqueleto de metal con un chupón de mamadera puesto en una extremidad. Durante la experimentación se pudo observar que los pequeños preferían recurrir a la figura «materna» hecha de esponja y acudían a la otra sólo para tomar leche. Si se suministraba un sonido fuerte e imprevisto, se apegaban indefectiblemente al objeto revestido de esponja. Era el calor que suscitaba la respuesta de acercamiento y seguridad.

Mary Ainsworth (1990), ha estudiado en niños de uno y dos años las respuestas que el comportamiento de la madre suscita en el hijo. Los resultados señalaban:
a) *Apego seguro:* la madre salía de la habitación y los niños se ponían ansiosos, se agitaban, pero cuando ella regresaba se calmaban y controlaban su exploración siempre en los alrededores de ella.
b) *Apego inseguro:* los niños se desesperaban al separarse de la madre, pero cuando retornaba se olvidaban de ella;
c) *Apego evitativo:* los niños evitaban a la madre y no mostraban ningún interés en sus idas y venidas.

Estos datos se han confirmado en estudios familiares longitudinales, reconociendo principalmente que lo que importaba era la *atención* que tenían con los niños cuando lloraban y sufrían. Los niños con madres desatentas tuvieron también problemas de disciplina en la escuela. Sin embargo, téngase también en cuenta que no siempre era la madre «originalmente» desatenta, sino que algunos niños no respondían a la asistencia de ella, por lo que gradualmente dejaba de ser atenta. Y esto llama en causa las disposiciones genéticas que cada individuo tiene, por eso se insiste en que no todo es ambiente.

Empero, no se puede ignorar en forma alguna que la *seguridad* que los padres dispensan en los primeros años es primordial para el repertorio futuro. Un contexto cálido y sólido en el hogar, obviamente que determina respuestas muy distintas a las observadas en un ámbito frío y hostil.

Quisiera llamar la atención sobre los datos importantes ofrecidos recientemente por Braun y Bock (2003), investigadores del "Instituto de Neurobiología" de la Universidad von Guericke en Magdeburgo.

En los años 1970, ya se había comprendido aquello que ahora estos autores han podido confirmar. Recordemos que la comunicación entre neuronas se realiza gracias a su actividad excitatoria e inhibitoria en unos espacios denominados "sinapsis". Las sinapsis excitatorias se localizan en las dentritas, o en las especializaciones dentríticas denominadas *espinas*; en ellas, según estos autores "las protrusiones de otras células nerviosas, en forma de tapones espinosos, se acoplan a las terminaciones nerviosas que reciben las señales. En el transcurso de esta selección, de entre un exceso de ofertas de conexiones sinápticas inespecíficas, permanecerán al final activas sólo las procesadoras del impulso emocional importante. Tales conexiones quedan fijadas en la red neural; con el tiempo se consolidan incluso más. Pero el cerebro eliminará las conexiones, innúmeras, que no se requieren para el impulso. Gracias a este proceder, podrá reaccionar de un modo más encauzado ante los impulsos significativos" (pp. 79-80). ¿Qué significa todo esto?

Esta *selección* no se da en el individuo que crece sin contacto social, por eso, no optimiza sus circuitos límbicos, determinantes para su vida emocional. Esto significa que la conducta apática, incluso fría de algunas personas, ante eventos con alta carga afectiva, puede deberse, entre otros, a una falta de estimulación emocional en los circuitos neurales responsables de la experiencia emocional.

Para los psicólogos no es nada nuevo que las experiencias tempranas co-determinan varios patrones de las conexiones de sus huellas neurales, pero estos estudios demuestran las bases biofísicas que acompañan tales experiencias íntimas, condiciones que persisten a lo largo de sus distintas épocas de crecimiento y que luego, aunque pueden modificarse con técnicas psicológicas pertinentes, no sólo resulta una tarea difícil sino que también puede haber ya dado lugar a otras conductas menos deseables.

En todo caso, a medida que el niño se desarrolla dentro del hogar, en general va creciendo siguiendo la orientación de los padres o de los adultos responsables. Recibe la instrucción de comer o beber y obedece, podrá hacer un gesto si el alimento no es de su agrado, pero "no pensará que lo quieren envenenar". En su dependencia, vota por la confianza instintivamente. Este *vínculo* lo denominamos *primario*.

Braun y Bock (2003) señalan que los fenómenos de "impronta", o sea aquellos que se dan en "fases sensibles" del desarrollo, y permiten que por determinados tipos de "contacto", se "fijen" en la memoria de manera permanente, posibilitan el "reconocimiento de la voz de la madre" en medio de un gran número de voces. Hijos de madres depresivas o apáticas parecen sentirse emocionalmente desamparados por la falta de atención de las madres, lo que puede también moldear conductas apáticas en ellos mismos. Resulta también interesante la aseveración de que los retoños son capaces de distinguir el olor del pecho de su madre de otros olores y del olor de otras mujeres. Concluyen, asimismo, "que niños criados con biberón no muestran ninguna preferencia por el olor de su propia madre" (p.80).

Gradualmente el niño va creciendo, se va uniendo a otras personas que no pertenecen necesariamente al ámbito familiar y establece nuevos vínculos en un contexto de *inter-relación* o *inter-acción*. Une sus manos, abraza, más tarde, besa, se enamora y si lo desea, hasta contrae matrimonio. Luego comprende que también comparte otros contextos generales como el mundo, el país, la ciudad, el barrio donde vive. A su vez va construyendo otros vínculos unidos a sus intereses, valores, expectativas, proyectos, etc. Las relaciones, conceden, facilitan, abren nuevas vías permitiendo un mayor acceso entre las personas. Con los vecinos, tenemos un tipo de relación; con los conocidos, otra; con los amigos, una muy especial, a ellos otorga mayores espacios en términos de confianza y estima.

Los vínculos *"unen"* y crecen sucesivamente hasta llegar al *apego*.

Este concepto señala una *adhesión íntima y* puede reconocerse a partir de los primeros vínculos de sangre como el que se vivencia en una familia, o también provenir de compromisos afectivos como aquél que experimentan dos novios que dicen amarse. También puede basarse en un repertorio intelectual hecho de admiración y estima, o inspirarse en ideologías y doctrinas. Existen muchas razones para establecer vínculos, y en todos juega un rol importante la propia naturaleza de la persona, su mundo de afectos, intereses, proyectos materiales, espirituales, etc. El ser social está proyectado al mundo y con él se vincula a través de distintos mecanismos.

¿Cuál es la importancia del apego?

Si una persona no tiene una *tendencia hacia...,* o un *interés por...,* no se apega. Una premisa esencial en el proceso de apego es la apertura hacia una mayor *intimidad*. Recuerda cuando de lejos viste por primera vez a la dama de tus sueños; no la conocías y ni siquiera podrías decirle ¡hola! La intimidad que un día se desarrollaría te dio la oportunidad para que hoy sea tu esposa y madre de tus hijos.

La intimidad subraya la cercanía y estrechez de un vínculo. Su misma etimología llama en causa lo privado, secreto, recóndito, lo más profundo e interior. Es en ese mundo reservado que la otra persona te permite ingresar, te autoriza a penetrar en repertorios a los que otros no tienen acceso. Esta concesión debería ser meditada y reflexionada por todo humano, pues la otra persona hace un acto de donación y confianza que siempre se debería honrar, aún en los momentos de conflicto.

Al decir sí a la intimidad y al establecer el apego por el cual la relación con la otra persona se hace importante en alguna manera, *nos sometemos*. Y de ello debemos ser conscientes, pues estamos concediendo a la otra persona un espacio dentro de nosotros mismos, por lo tanto su voz, sus palabras y sus acciones, en función del grado de intimidad e importancia que le brindemos, tendrán un valor apreciable.

Esta concesión (en el sentido más puro y honesto) *es* voluntaria y se espera sea correspondida. Por eso las personas deben "saber" a quien otorgan esta intimidad. Grandes logros y hazañas se deben a este privilegio, pero también graves frustraciones y sufrimientos. Si la libertad y la autonomía, han inspirado este compromiso, el vínculo se conoce como *voluntario*.

Otros vínculos pueden ser *formales* o *funcionales* como aquéllos que se establecen entre el jefe y su empleado, el maestro y el alumno, pero no necesariamente implican apego. *El vínculo precedido de decisión, voluntad, intencionalidad, entrega, sometimiento en algún grado, sí debe considerarse apego*. En la vida de pareja es de esperar que aún respetando la individualidad de cada persona, el sentido de vinculación sea recíproco. Apego unilateral, no crea equilibrio en la relación, siempre habrá alguien que mande y otro que se someta. El vínculo conlleva una relación de causa-efecto, lo que uno hace, afecta al otro en alguna medida. No obstante, mientras que no exista un compromiso voluntario, emocional e intelectual de entrega, no hay aquel apego que nosotros señalamos.

Existen obviamente otras formas de vínculos ligados a intereses comerciales, penalidades legales, casos psiquiátricos, etc., que se conocen como *accidentales*, pero no nos referimos a ellos.

13.2. PALABRA Y APEGO:

En las encuestas que realizamos a millares de poblaciones estudiantiles de ambos sexos entre 16 y 18 años, encontramos que la palabra del padre es la que tiene más autoridad en más del 80% de los casos cuando el hijo tiene que obedecer y cumplir una orden. Empero, el porcentaje se inclina en un 70% a favor de las madres cuando se trata de buscar un consejo. Ciertamente que habrá excepciones, en cuanto las hijas hablan más con la madre y los hijos con el padre, pero lo que importa rescatar es que las palabras son evaluadas de acuerdo a las funciones y papeles que conceden a las personas.

Por otra parte, Aaron y sus colaboradores (1989), encontraron que cuando las relaciones entre las personas se hacen más íntimas, por ejemplo en el compromiso matrimonial, emergen otras variables verbales que fortalecen y estimulan el apego, dando lugar a palabras tipo: calor, reciprocidad, comprensión. La proximidad de las personas, los encuentros frecuentes hacen que la "disponibilidad" de la pareja facilite un mayor apego y expresiones como "eres mía" "te pertenezco", "eres todo para mí", ingresan en su vocabulario familiar.

Nuestros registros en poblaciones juveniles y adultas (CIEH Investigaciones

1970-2003), nos han revelado que las personas valoran más las palabras de una persona que quieren, consideran importante y admiran, que de otras menos importantes. Lo que sugiere la siguiente relación:

- *"a mayor intimidad, mayor apego";*
- *"a mayor apego, mayor impacto";*
- *"a menor intimidad, menor apego"*
- *"a menor apego, menor impacto".*

Esta distribución tampoco excluye excepciones obviamente. Un desconocido podría insultar a una joven que camina sola por una avenida y ésta sentirse dolida. No hay vínculo ni intimidad, pero él ha *tocado* alguna esfera particular-mente sensible de la persona, en ese caso, ella permite que el material propuesto por el desconocido penetre en su intimidad.

El apego, es connatural al hombre. El adolescente a medida que descubre el mundo fuera del hogar se identifica con el grupo asimilando normas, identificándose con sus valores, preferencias y proyectos. No sin razón los padres observan luego cómo la opinión de los compañeros, en casos, se hace más importante que la de ellos.

A medida que el adulto crece, perfecciona sus tipos de relación. Va comprendiendo que las amistades gratifican, aunque también consta que pueden generar conflictos, pero acepta que la amistad también está hecha de ello. Se descubre gradualmente que la interacción comporta muchas consecuencias: nos reunimos el sábado, hacemos fiesta el domingo, oramos, compartimos, nos ayudamos, etc. El bien que comporta la inter-relación une a las partes y abre las vías de acceso a mayor intimidad. Son éstas las "amistades" que conviven alrededor, convirtiéndose en "la familia social" que uno escoge. «*La grandeza de un oficio está acaso en unir a las personas: no hay más que un lujo verdadero y es el de las relaciones humanas*» (A. de Saint-Exupery).

Cuando la cita bíblica menciona: *"No es bueno que el hombre esté solo..."* (Gen2,18), está enfatizando la importancia del vínculo. La condición social del hombre señala desde el principio su capacidad para establecer este tipo de relaciones. Aunque 20% de la población mundial aproximadamente hubiera optado por vivir sola, practica muchos sistemas de vida social que se conforman en función de necesidades, proyectos, ideologías, doctrinas, estableciendo distintos tipos de relación, y realizando una vida muy satisfactoria, acompañada de las dificultades propia de todo humano, casado o no.

En el vínculo íntimo se declara en alguna medida, un grado de *«dependencia»*. Si has asumido la responsabilidad matrimonial por ejemplo, no puedes vivir como soltera. Muchas decisiones ya no las puedes tomar sola. Nuevos compromisos los asumes en función de tu pareja. *La relación de apego, conlleva dependencia y la conducta de uno, afecta al otro.*

La dependencia es frecuentemente mal comprendida, se entiende un sometimiento que despersonaliza y hace a uno víctima del otro. En el vínculo maduro, la dependencia se convierte en *interdependencia funcional*. No debi-lita ni destruye, los grados de dependencia permiten el equilibrio de las partes. Algunas veces una parte tiene más influencia que la otra, y viceversa, pero aceptan que las decisiones asumidas *buscan el bien común* y no son un capricho ni abuso de autoridad de la otra parte. Cada uno tiene su espacio, y la convivencia, poco a poco, va señalando límites y alcances. Para proseguir este importante proyecto el mejor instrumento será el diálogo respetuoso y amoroso.

El individuo egoísta o inmaduro es incapaz de lograr este equilibrio; es en él que la inter-dependencia se convierte en sometimiento a una sola parte (hacia él). Esta postura despersonaliza a la pareja y en muchos casos adquiere la fisonomía del abuso. Si eres autoritario no admites grados de dependencia de tu parte, pero sí exiges de la otra. Existe la intimidad pero a tu gusto: tu esposa sonríe cuando tú determinas, come lo que tú quieres, planifica su día en función del tuyo.

Si la relación sufre las consecuencias de una fuerza unilateral que disminuye a la otra parte, se establece un vínculo basado en el conformismo, en la resignación y particularmente en la sobrevivencia: no hay armonía, la dependencia es indeseable, están juntos por otros motivos pero ya no por amor. El vínculo ya no es libre ni voluntario, y la interdependencia se ha convertido en opresión. El *desapego* se ha iniciado y en el proceso el tipo de relación irá transformando el *"te amo"* por *"me cansaste"*.

Este tipo de contexto familiar, denominado "volátil", es aquel en el que con mayor facilidad se explaya en su verborrea el tipo beligerante, como también el delirante y susceptible, de quienes hablamos en el Capítulo doce.

En la mayor parte de los casos el desapego no es siempre simultáneo para ambos. Alguien empieza, por lo que es posible que a la otra parte le cueste y sufra más.

Mientras el vínculo íntimo (admiración, respeto, diálogo) existe, las palabras adquieren enorme significado, pero a medida que se debilita el impacto va perdiendo su fuerza. *¿Por qué ayer sufrías cuando te dijo que ya no te amaba, y hoy, años más tarde, sonríes al pensar que sufriste casi en vano?*

13.3. LA FUERZA DE LA PALABRA ES PROPORCIONAL AL VÍNCULO:

El desarrollo humano y la experiencia de cada uno, nos has ido mostrando cómo el hombre va canalizando su estilo de vida psicosocial. Nace, crece, trabaja, se reproduce, muere. Transcurre etapas donde va cultivando y respondiendo a las exigencias biológicas, emocionales, sociales, intelectuales, espirituales. Pero como es un ser con una base biogenética que interactúa con el ambiente: va adquiriendo a través del aprendizaje todo aquello que sea menester para su desarrollo ulterior.

El vínculo lo ha vivido con fuerza en su dependencia física, en cuanto que, sin la ayuda de los padres, no habría podido sobrevivir. Ser dependiente significaba sobrevivir. Y el camino hacia la vida adulta le va descubriendo otros horizontes. Requiere un crecimiento intelectual y se somete a las exigencias de la formación escolar y académica. Busca la gratificación emocional hasta encontrarla. Tiene necesidades biológicas o espirituales y busca en el camino la posibilidad de satisfacerlas.

El vínculo maduro, permitiría que la palabra establezca un *diálogo armónico, constructivo y pacífico; e*s el diálogo deseable, de la persona que no necesita ser anciana ni graduada para ser sabia. El *diálogo franco nace del corazón,* proviene de aquél que trabaja en armonía con su inteligencia y su emoción y tiene bajo control los ímpetus del instinto.

Los cambios que el humano vive en sus avatares pueden crear condiciones que conduzcan a la ruptura del vínculo, debilitando y probablemente destruyendo el *apego,* aquél que brindaba seguridad y paz. Ya no se dialoga ni se conversa, se vocifera, se grita, a veces se insulta. ¿Por qué?

Porque se ha roto el equilibrio, se ha derrumbado el cimiento sólido en el que antes se movían. Pero también hay desesperación, porque el desapego ha roto las ataduras por las que antes se luchó y suspiró, el sentido de fracaso, crea frustración, dolor, rabia. Quien ha amado y vivido vínculos intensos, no acepta con facilidad este infortunio.

En la situación de conflicto y frustración el trato es menos considerado, la respuesta poco amable provoca una respuesta similar; el terreno se ha hecho árido, las palabras duras traen nuevas y peores. La sentencia está dicha. La otra parte no busca la paz, el vínculo ha terminado; el desapego anuncia la ruptura. Es el momento de tomar decisiones.

Pero aún en esa circunstancia puede ser difícil el distanciamiento. Cuando se establecen vínculos íntimos, las personas se unen con mayor intensidad que en otra relación cualquiera. La vida sexual por ejemplo, que es una experiencia de entrega notable y que en una pareja se asocia al hecho de procrear y formar una familia, implica elementos que fortalecen en alto grado una relación, por lo que una palabra como «divorcio», no siempre está en grado de abrir un fácil camino a la separación. Autores como Eible-Ebisfeldt (1975) y Short (1979) entre otros, sugieren por ello que la vida emocional y sexual son refuerzos que permiten mantenerse a las parejas juntas y así cuidar la familia y sus frutos. Pero esta perspectiva se ha debilitado por un modernismo que permite fortalecimiento sexual y afectivo fuera del hogar que en muchos casos no obliga a abandonar el hogar y el cuidado del mismo. A pesar de ello, al no ser usualmente proporcional la decisión de la ruptura, las secuelas pueden ser siempre indeseables y por qué no, dolorosas.

Las investigaciones de Weiss (1973, 1988), confirman que variadas reacciones de adultos a la separación es muy similar a las del niño que es alejado de sus figuras significativas: alta ansiedad, depresión, interrupción de su estilo de vida cotidiano, perturbaciones en el ritmo del sueño y alimentación, conductas de búsqueda continua, etc. Los recién divorciados experimentan una compulsión a querer volver con sus parejas. El cuadro empero, tiende a estabilizarse con el tiempo.

Si amas con intensidad, si valoras a tu interlocutor, sus palabras son importantes. Pero si ya no te ama y habla, sus palabras son sufrimiento para ti. Más tarde, cuando te desapegas, no importará (tanto) lo que dice. Y esto porque has perdido la esperanza de que la otra parte te asista, así que ya no esperas el vínculo. *El desapego entierra la palabra, el apego la hace nacer.*

La palabra aprovecha del apego porque el humano, en general, escucha más a quien le cuida, a quien le ama y quiere su bien. Para muchas personas el apego puede ser tan importante como otras importantes funciones humanas como nutrirse, crecer, en suma, vivir. Zeifman y Hazan (2000) confirman el concepto indicando la proximidad del apego a funciones fisiológicas.

El apego también varía con el tiempo y va de acuerdo al tipo de personalidad que se va estructurando. Lo vemos en el paso del niño al adolescente. Pero un púber inseguro seguramente mantendrá mayores niveles de apego que un líder; éste sin embargo, también cultivará otros tipos de vínculos que fortalezcan sus cualidades de liderazgo. Entre adultos, se ha expuesto en demasía la dependencia de la mujer, pero hoy, con los cambios observados en el comportamiento de aquellas, se reconoce también un incremento de la población de varones sometidos a la decisión de la mujer que opta por el desapego. Muchos casos dramáticos bajo forma de suicidio, violencia, amenazas, se dan justamente por la frustración ante la separación.

13.4. BIOQUÍMICA DEL VÍNCULO:

En 1983 Liebowitz publicó un importante estudio sobre la *"Química del amor"*. En su trabajo hipotizaba que las fases del enamoramiento estarían mediadas por la intervención de un neuroquímico denominado *feniletilamina* (PEA) cuyos efectos los describe como similares a los producidos por las anfetaminas.

El rol bioquímico ha sido frecuentemente discutido porque al establecer vínculos íntimos se vivencian experiencias bastante especiales y frecuentemente asociadas a los mecanismos hormonales. Carter (1992) explicaba que la "necesidad de estar juntos" podría deberse a la producción de occitocina, aquella hormona que la mujer produce en distintos momentos (parto, amamantamiento), pero que también producen las mujeres en el climax sexual. Las *caricias* estimulan el establecimiento de ligámenes emocionales efectivos por su concomitancia a reacciones neuroquímicas importantes.

Dopamina y Serotonina son dos neuroquímicos principales que acompañan la relación sexual. Las caricias estimulan esta segregación creando una situación gratificante. Abrazos, contacto físico, palabras susurradas al oído, alimentan el bienestar y muchas promesas: "Eres la mujer de mi vida" etc. El todo crea mayor acercamiento, y cuando hay compromiso emerge la aceptación recíproca y se ofrece el cuidado: "Estaremos juntos para toda la vida". ¿Cómo es que el desapego no debería afectar?

Panksepp (1985) junto a otros autores, se interesaron por estudiar en niños los efectos que el distrés producía al separarlos de las figuras de apego. Las conclusiones revelan que las reacciones eran muy parecidas a aquéllas exhibidas por adictos a narcóticos durante los períodos de abstinencia, o sea cuando no consumían la droga y los niños no estaban junto a sus personas gratificantes. El autor llama en causa los opioides endógenos. La abstinencia de ambos grupos se caracterizaba por llanto, dificultades en la articulación verbal, ansiedad, temblor, estereotípias, etc. Basado en estas referencias, el investigador estudió otras especies demostrando que al suministrar opioides mejoraba la desorganización provocada por la separación mientras que el bloqueo de los mismos, la incrementaba. Liebowitz sugirió también que los efectos tipo-anfetamina mediados por la feniletilamina gradualmente conducen a un sentido de bienestar asociado a los opiodes endógenos.

Investigadores de la Universidad de Basilea en Suiza, dirigidos por Erich Seifritz (2003), han difundido datos muy interesantes relacionados a cómo el cerebro de los padres sintoniza con el llanto de los niños. Durante sus estudios hicieron que padres y adultos sin hijos tuvieran la oportunidad de escuchar grabaciones de niños llorando y riéndose. Revisando las imágenes cerebradas capturadas a través de resonancia magnética, constataron que los padres reaccionaban más ante los sollozos que ante las risas. Confirmando el papel de la *amígdala* en las respuestas emocionales, descubrieron que es ésta que se activaba en el momento que escuchaban el llanto del niño. En cuanto a los adultos sin hijos, se pudo determinar que ellos reaccionaban más frente a las risas que frente a los gemidos. Esto pone en evidencia que en el varón estas reacciones, al menos en cierto grado, se asocian a aprendizaje. En cambio, en el grupo de mujeres, al escuchar el llanto de los niños su atención se centraba en los gemidos del menor, lo curioso es que esto sucedía tanto en madres como en aquéllas sin hijos, lo que Seifritz interpreta el modelo como un comportamiento innato.

En la conformación del vínculo, existe un mecanismo muy íntimo denominado "impronta filial", muy ligado a las experiencias tempranas del recién nacido. Esta impronta, según Braun y Bock (2003), compromete la bioquímica de las células nerviosas, particularmente a los neurotransmisores como en el caso del glutamato. Este transmisor activa los receptores NMDA (Receptores post-sinápticos del glutamato, activados selectivamente por el fármaco NMDA -N-metil-D-aspartato). En su función de anclaje en las células nerviosas, los investigadores opinan que el cerebro "traba la relación emocional entre el recién nacido y sus padres con ayuda del glutamato y de los receptores NMDA". (p. 80).

Si durante el proceso de aprendizaje, el glutamato no puede acoplarse con los receptores NMDA, no se activan las células nerviosas en cuestión, imposibilitando la conformación de la impronta, afectando el tipo de futuros vínculos.

La práctica clínica nos ha demostrado que la frialdad y el maltrato de los padres a niños, ha dado lugar a actitudes de resentimiento, rencor, indiferencia, hacia aquéllos, y esto puede deberse a que realmente el abuso no permite la conformación de "improntas emocionales". Pero a diferencia de los animales que se estudian en laboratorios, los humanos tienen excelentes dotes cognitivas y espirituales, lo que me ha permitido constatar, entre los centenares de individuos maltratados que he atendido clínicamente, un deseo efectivo de compensar sus traumas ofreciendo más bien a su pareja e hijos aquello que no tuvieron, evitando hacer con los hijos lo que ellos experimentaron. No niego que muchos de ellos recurrieron a nuestras consultas por abusos que más del 30% de ellos realizaban en el hogar, pero tuvieron la bondad y la humildad como para reconocer sus errores solicitando y recibiendo la asistencia especializada. ¡Qué admirable acto de nobleza y caridad se verifica cuando la persona herida y traumatizada es capaz de perdonar y sentir compasión por quienes la ultrajaron!".

Queda todavía mucho por conocer para entender mejor el substrato neuroquímico y psicológico del apego, pero quien se enamora por ejemplo, sin conocer algo de neurociencias va descubriendo vivencias que antes no conocía: constata gradualmente los cambios psico-fisiológicos de agrado ante una palabra cariñosa o una caricia, el deseo de mayor intimidad, la necesidad de estar juntos. Reconoce cómo se incrementa la confianza con la persona elegida, el diálogo que se abre a secretos recónditos; valora el bienestar que suscita compartir con alguien que cada vez se siente más cercana y se hace más imprescindible.

La gratificación emocional de amar y ser amado crea satisfacción, plenitud, relajamiento, también ansiedad, pero en un marco de tranquilidad y entusiasmo. Este cuadro, si es fortalecido, se consolida, favoreciendo el fluido de actitudes, sentimientos y sensaciones propias de ese vínculo. Las personas se hacen más importantes, en muchos momentos, imprescindibles. La mente, la emoción, el instinto, el espíritu, todo converge, creando una relación donde se une e integra lo más profundo de las personas.

Dice el poeta:

> *Lo que cuenta en este mundo es el contacto humano,*
> *el contacto de tu mano con la mía,*
> *más valioso para el corazón desfalleciente*
> *que el refugio, el pan y el vino.*
> *Pues el refugio se va con la alborada,*
> *y el pan dura sólo un día,*
> *pero el contacto de la mano y el sonido de la voz*
> *siguen cantando en el alma para siempre.*

(Spencer Michael Free)

13.5. COMPRENSIÓN E INTERPRETACIÓN:

Como ya hemos visto anteriormente, las palabras oídas durante una conversación son percibidas por los centros auditivos responsables y a éstos seguirán otros mecanismos que permitan la escucha atenta, la asimilación, el procesamiento e interpretación del material con un objetivo final: *la emisión verbal de la respuesta*.

La *capacidad perceptiva* se une a la *cognitiva* para dar espacio a la respuesta verbal cuyo contenido dependerá de una multitud de elementos responsables de dar dirección, sentido y significado a lo expresado.

El presidente de una nación ofrece una conferencia de Prensa. Ha tenido problemas muy serios y el periodista le pregunta: *"¿Dado el escándalo moral provocado por su comportamiento, va Ud. a renunciar?"*. El mandatario sabe que la pregunta compromete todo su futuro, cuestiona su credibilidad, la nación lo escucha, es la oportunidad para decir su verdad. No bastará entonces cualquier respuesta instintiva, tendrá que recurrir a lo mejor de sus recursos intelectuales, sociales, emocionales, para expresarse y posiblemente obtener ventaja de dicha circunstancia.

¿Cuántas veces nos hemos arrepentido luego de haber dicho algo? ¿No te sucede que luego retornas a casa y dices: "Debía haber respondido así..., no, mejor así..."?

13.5.1 Asimilación:

El director de Banco reúne a sus colaboradores y afirma:

- *"Uds. son personas muy hábiles..."*
  Empieza bien, piensa un empleado.
  Pero aquél continúa ...
  "... para perjudicarme, para dañar mi imagen", concluye airado.

  El maestro dice al alumno:
- "Mañana debo conversar contigo seriamente"

El joven se preocupa, no duerme la noche, teme la expulsión, últimamente el maestro no lo tomó en cuenta para nada. Durante la reunión del día siguiente el profesor explica:

- *"Te he observado de manera especial esta semana, he revisado tus calificaciones y ahora que terminas el bachillerato quiero ofrecerte una beca para la Universidad"*.

Frecuentemente nos adelantamos a aquello que el otro quiere decir. A veces no sólo concluimos lo que ellos quieren manifestar, si no que también hace-mos nuestra propias interpretaciones sin esperar que finalice el interlocutor.

Para *comprender* hay que *asimilar*, y para asimilar hay que recibir la información, en lo posible completa. El hecho de escuchar no quiere decir que necesariamente se asimile. ¿Cuántas veces oímos que alguien habla y estamos muy alejados de aquello que la persona dice? Si bien suponemos que nuestros procesos mentales mantienen un orden, también están sometidos a otras circunstancias: tensión durante el diálogo, preocupaciones anteriores, malestar físico, expectativas, etc. Las condiciones del momento (y otras pasadas) pueden afectar de alguna manera la asimilación del contenido manifiesto.

El cognitivismo señala que la *memoria a corto plazo* (operativa), servirá para mantener y ofrecer el material hablado (junto a otros datos que se manifiesten en ese instante) y de ser necesario, recurrirá a la memoria a largo plazo para obtener datos que permitan un mejor procesamiento del material y orientar la respuesta (Leahey y Harris, 1998).

La asimilación sugiere la importancia de la *atención* mientras captamos el material verbal, pues la *distracción* o la *dispersión* hace que el contenido a asimilar se una a otras variables que en principio no estaban llamadas en causa: pensamientos sobre otros temas, recuerdos similares, otras preocupaciones, prejuicios, sentimientos u otros. La dispersión puede inducir a ignorar información de relieve por lo que al brindar la «respuesta» ésta no corresponda al verdadero contenido. Una persona que vive el duelo reciente por la muerte de un hijo, escucha que una amiga le relata que ha obtenido un nuevo trabajo. La doliente comenta: *"¡Qué pena! ¿verdad?"* La otra replica, *"Pero no, más bien estoy contenta de haber llegado a esta nueva oficina"*. La doliente estaba más ensimismada en sus pesares que en la conversación de la amiga.

La asimilación debería dar espacio a la *comprensión* del material percibido. Y ello se hace mediante un procedimiento inteligente de elaboración de los datos recibidos. Cuando otorgamos a las palabras el significado correspondiente y las asociamos a las ideas de quien habla, a sus solicitudes directas, construimos una representación del todo y servirán de estímulo que motivará la respuesta.

13.5.2. Elaboración:

Un candidato a un trabajo conversa con el Director de Recursos Humanos:
- «*Hemos revisado su Hoja de vida*», *las pruebas son satisfactorias. Nos interesa...*»

Mientras escucha a su interlocutor piensa:
- «*No debo mostrar mucho interés, no hablaré de sueldo, diré que estoy disponible el momento que ellos digan...*»

El entrevistador concluye:
- «*...Nos interesa mantener contacto con Ud. para que en el futuro, si requerimos de sus servicios podamos llamarle...*».

El postulante, muy apresurado, concluyó que el "nos interesa" era ya un compromiso.

Leahey y Harris (1998) reflexionan al respecto de manera muy acertada cuando escriben "El pensamiento humano es un proceso imperfecto, una cuestión mucho más aleatoria de lo que a muchos de nosotros nos agrada suponer. Ignoramos la información importante, fiándonos demasiado de los estereotipos y de la experiencia personal, llegando a conclusiones que en muchos casos sólo satisfacen nuestra expectativa" (p. 240).

En la conversación seria, solicitamos la atención, justamente porque nos interesa la respuesta y por eso la atención debería ser un recurso regularmente aplicado a nuestro diálogo.

Para que la respuesta sea objetiva, debe corresponder a la realidad de lo escuchado, y estar en grado de evaluar la *intención* del emisor (a veces hacemos decir lo que no han dicho, por eso conocemos tantas aclaraciones tipo: no dije así, no me entiendes...). La objetividad permite identificar las variables del diálogo y facilitar una elaboración racional de la respuesta. Por racional no quiere decir sólo inteligente, puede incluir la emoción y hasta el instinto, pero existe un manejo inteligente, superior y razonable.

- *«Papá he decidido cambiar de Carrera, no quiero ser ingeniero. No entiendo nada de números, mis intereses son más sociales, humanistas, me he equivocado».*

El padre había insistido en esta elección, es Ingeniero y se habían alegrado de poder dirigir juntos un día la empresa. Pero notó que el hijo tuvo dificultades de rendimiento durante el primer curso, no aprobó todas las asignaturas. El padre se siente triste por haber inducido un fracaso, se siente frustrado de ver que la empresa no seguirá en manos del único hijo que tiene, pero responde:

- *«Hijo, tienes razón, yo he insistido y me he equivocado. Has sido generoso y valiente, además has ido más allá de tus deseos para complacerme. Te acompaño en la decisión y estaremos con tu madre, siempre a tu lado».*

La elaboración o procesamiento se sirve de mucha información consciente al dirigir la respuesta, pero también puede intervenir el inconsciente: Llega a casa la suegra indeseable. Abre la puerta el yerno y en vez de darle la bienvenida le dice: "¡Hasta luego!, perdón, ¡bienvenida!".

La buena asimilación facilita una elaboración conveniente, y ésta favorece una mejor calidad de respuesta. La elaboración si es objetiva permite una buena selección del material favoreciendo la respuesta. Mas si impera el prejuicio o la afrenta durante la conversación y la misma se deteriora, entonces es probable que el «diálogo» no incorpore los nuevos datos proporcionados por la otra parte. No se los toma en cuenta y se decide con los repertorios que uno tiene en su mente. Por eso la expresión: «si no gana la empata», correspondiente a personas que siempre tienen la razón, nunca ceden en sus premisas, pese a los nuevos argumentos.

Es oportuno que la *elaboración* tome su tiempo y cuente con un «análisis». Muchos reflexionan y se preguntan si está bien lo que piensan decir, incluso ante la inseguridad postergan: *"prefiero que hablemos mañana, hoy no tengo una respuesta que me satisfaga"*.

Personas inseguras, ansiosas, estresadas, por su misma condición podrán impregnar la respuesta objetiva introduciendo mayores niveles de subjetivismo. Es muy difícil ser totalmente objetivos, pero el valor de la «empatía», la noble cualidad de ver los temas también desde el punto de vista del otro, será de gran ayuda. La persona impulsiva, instintiva, agresiva, impaciente, podría dar menos espacio al análisis y a la evaluación de las consecuencias de la respuesta.

13.5.3. Respuesta:

El procesamiento de los datos que conlleva la elaboración, tiende a *optimizar la respuesta* que hará patente aquello que el individuo piensa, siente y cree en ese instante, respecto del material propuesto. Cuando nos hacen tres preguntas, no siempre respondemos en el orden que enuncian los interrogantes. En función de nuestro punto de vista elegimos cómo contestar. También ponderamos y respondemos algunas veces de manera extensa o sucinta. En algunos casos, respondemos sólo lo que nos parece conveniente. El *«No comment»* tan extendido entre los políticos se integra en este repertorio. Esta referencia nos revela que el material propuesto por el interlocutor es seleccionado, con el propósito de dar acceso a la respuesta, optimizarla y sobre todo, hacer posible que el diálogo humano se prolongue. Si el político no tuviese su escudo en el «sin comentarios», seguramente muchos de ellos ya habrían sido expulsados de sus partidos y muchos políticos habrían tenido que retornar a sus sedes.

Con la respuesta verbal, aunque no siempre podamos identificar la reacción más íntima que se produzca, el hombre habla de sí, es por eso que la respuesta trasluce aquello que en ese momento la persona piensa, siente, desea o le interesa. Es sabido que muchas veces las personas no dicen lo que piensan, pueden desear decir no y dicen sí. De aquí el escrito de Martha Zimmerman: *«Cuando un diplomático dice «sí» quiere decir «quizá»; cuando dice «quizá», quiere decir «no», y si dice «no», no es diplomático»*. Gran polvareda levantó en las canci-llerías europeas Sir H. Wotton en el siglo XVII, cuando dirigiéndose a Venecia como embajador inglés dijo: *«Un embajador es un hombre muy honrado al cual se le manda muy lejos a mentir en bien de su país»* (Goicochea, 2001, p. 194).

En otros casos expresan sin inhibición lo que realmente piensan: Susana ha escrito un libro importante que incluso ha sido galardonado con un premio internacional. Glenda es supuestamente una de sus amigas más cercanas, pero no la ha llamado para felicitarla, tiene celos, casi envidia. Se encuentran en una reunión:
- *No viniste a la presentación de mi libro.*
- *No sabía que presentabas uno.*
- *Pero si toda la prensa habló del tema y también te envié una invitación.*
- *Tú sabes que no leo periódicos. ¿De verdad que publicaste un libro?*
- *¡Claro!*
- **¿Y quién te lo escribió?**

La respuesta es el producto bastante "global", ha llamado en causa todos aquellos factores que puedan ser útiles a proponer el contenido de la misma y brindarle sentido y dirección. Se beneficia de inferencias, asociaciones, revocación, creatividad, sentimientos, celos, envidias, aspiraciones, improvisación y de todos aquellos mecanismos que puedan «convenir» a su objetivo. El procesamiento puede llamar en causa las emociones y la persona responde mientras irrumpe en llanto, puede sentirse ofendida y reaccionar con agresividad, en tal caso incluso dar espacio a cambios psicofisiológicos, palidez en el rostro o enrojecimiento, ronquera al pronunciar las palabras, etc.

      La participación de todas estas variables tiende, como se dijo anteriormente, a optimizar la respuesta, sea aceptable o no por parte del interlocutor. En todo caso, por más que hubiéramos escuchado perfectamente..., ¿hemos comprendido?

Capítulo 14:
CUANDO EL CEREBRO BUSCA EXCUSAS

El repertorio humano es un patrimonio que custodia muchas riquezas que inspiran su comportamiento. No obstante, el hombre, pese a su comprobada fortaleza para afrontar experiencias de distinto tipo, es también un ser frágil, expuesto a la influencia del bien y del mal, de la conducta adaptada y de la inadaptada, de la enfermedad y de la salud. Mas algunas circunstancias, como veremos, no siempre provienen de sus semejantes, si no de sí mismo.

En cierta oportunidad nos reunimos varios compañeros de Colegio luego de no habernos visto aproximadamente veinte años. Todos con esposas e hijos. Me sorprendió que uno de ellos, que jamás fue un estudiante distinguido, delante de todos nosotros relataba sus grandes hazañas intelectuales. Todos quedamos sorprendidos pues la persona distinguida estaba delante suyo, pero él no reparaba. Habrá contado tanto «su historia» que la asimiló como verdadera. Éste es un caso elocuente de «falsa memoria».

Donald Thompson (2003) jamás olvidaría una experiencia mucho más dramática. Luego de una transmisión televisiva fue detenido por la policía acusado de violación. Lo salvó la hora declarada por la demandante, pues coincidía con el momento en el que se transmitía en directo el programa al que había sido invitado, nada menos para explicar por qué los testimonios de delitos no siempre eran confiables. La mujer salió de casa luego de ver al experto, fue abusada y ella «asoció» a su atacante con la persona que había visto en televisión minutos antes.

Elizabeth Loftus (2003) de la Universidad de Washington ha estudiado más de 20.000 personas analizando el síndrome del «falso recuerdo» y el de la «falsa información». Ella concluye que un 25% de la población es capaz de incorporar en su mente como reales, eventos que no sucedieron y que sólo imaginaron. Esto se debería al hecho que el «imaginar o inventar» hace que el evento se haga más familiar. Por eso las mentiras repetidas luego parecen verdades a quien las repite asiduamente.

Roberto Cabeza (2003) de la Universidad de Duke, ha demostrado que la actividad del cerebro varía cuando se recuerda eventos reales o falsos. Cuando la experiencia es real, se activan los centros de percepción y sensación que permitieron el almacenamiento, cuando es falsa, sólo se activa el hipocampo.

14.1. ¿CREES QUE SIEMPRE TIENES LA RAZÓN?

Durante todas las épocas los hombres han hecho propuestas ideológicas y conceptuales útiles y no para la humanidad. Si bien buena parte del alto pensamiento ha prevalecido y alcanzado al mundo (pensemos para nosotros lo que ha sido la filosofía griega), otras propuestas han mantenido restringidas a su entorno o nos han llegado de manera fragmentada (la cultura de oriente por ejemplo).

Pero hoy vivimos un mundo "globalizado" donde la información (y la desinformación) llegan a nuestros hogares de manera casi instantánea. Su influencia, ha condicionado en gran medida la vida del hombre moderno.

Dessalles (2001) afirma que hasta el siglo XVII el humano consideraba *que "su lenguaje era un don divino"* (p.35) Gradualmente aprendieron que el manejo del mismo revelaba mucho de aquello que el hombre era; por ejemplo, aquel dotado de un repertorio pobre de palabras era visto como primitivo, vulgar o ignorante; contrariamente, aquél que pasmaba con su elocución a las multitudes merecía aceptación y hasta recibía reconocimientos. Hoy, el poderío de los Medios de Comunicación pone en evidencia la importancia y alcance del lenguaje en nuestra sociedad.

Dentro de los sucesos modernos descubrimos gradualmente cómo algunas estrategias de acción humana se van imponiendo. En el pasado los comunicadores sociales no contaban con la calidad tecnológica del presente, tampoco estaban tan organizados, pero hoy su «voz y palabra» a través de la información, se han convertido, en muchos casos, en puntos de referencia cardinales para el pensamiento y comportamiento de los ciudadanos. Por citar un par de ellos, recordemos el caso norteamericano de Watergate donde la palabra de dos periodistas, que descubrieron una gravísima trama política, fue la causa para la caída del Presidente Richard Nixon. Y recientemente, las dramáticas circunstancias vividas por Bill Clinton y las revelaciones verbales hechas por la becaria Mónica Lewinski «preocuparon seriamente» al hombre más poderoso del mundo removiendo un piso que pensaba totalmente seguro.

La palabra puede construir o destruir, ensalzar o humillar. Con ella también puedes alcanzar riqueza o ser despedido de tu trabajo porque dijiste algo inoportuno sobre la esposa de tu jefe. El manejo especializado de la palabra se ha convertido para muchos en una profesión rentable. Algunos trabajan a plena luz, otros jamás dan la cara. La *desinformación*, un sistema pensado para distorsionar la verdad o mostrar la mentira como verdadera por medio de la manipulación de la palabra, ha pasado en ciertos momentos de instrumento a arma. Tampoco se puede olvidar el chisme, la calumnia, el insulto, el prejuicio verbalizado, hasta llegar al perjurio que se convierte en el sacrilegio que condena la grave mentira pronunciada en nombre de la divinidad. No sin razón escribía Platón: «*Las palabras falsas no son solamente malas en sí mismas, sino que también contagian el alma*» (Fedone).

14.2. MENTIRILLAS INSTANTÁNEAS DEL CEREBRO:

El hombre ha asumido con mucho orgullo su categoría de *sapiens, sapiens*. John Eskine (1994) decía que el hombre tenía la «*obligación moral de ser inteligente*» y Chuang Tzu (1994) invitaba al hombre a *lograr la gran sabiduría que era generosa* y *prudente*, mientras que la *pequeña sabiduría* se anulaba por sí misma al ser *beligerante*.

La necesidad de la inteligencia y la importancia de la sabiduría se han reconocido regularmente en la acción humana porque se consideran pilares fundamentales del comportamiento maduro. Se estima que la comprensión inteligente de palabras y hechos podría determinar conductas de la misma calidad. Pero entonces ¿por qué cuando alguien corrige o contradice tu pensamiento te enojas, en vez de estar agradecido por aprender un nuevo punto de vista? ¿Era necesario que levantes la voz y grites para imponer tu razón, si lo mismo podrías hacerlo de manera suave y calma? Y por otra parte, ¿crees que cuando defendías alguna de tus conductas, era fruto de tu mejor y sincera reflexión? ¿Y qué tal si tu cerebro estaba inventando meras excusas?

Michael Gazzaniga (1989, 1990, 1999), de quien ya hablamos anteriormente, ha realizado algunas investigaciones muy útiles para enriquecer el tema que tratamos. Este investigador, formado principalmente en Biología, dio comienzo a un tipo de estudios muy originales al llegar a los laboratorios del Dr. Roger Sperry en California, quien había iniciado con gran habilidad, un tratamiento quirúrgico cerebral denominado "split brain" (cerebro dividido), aplicado principalmente a pacientes que sufrían de epilepsia severa. Mediante este sistema estaba en grado de dividir el *cuerpo calloso* para separar los dos hemisferios cerebrales. Por esta innovación Sperry recibió el Premio Nobel.

Gracias a la oportunidad de trabajar con pacientes que tenían el cerebro dividido, Gazzaniga, junto a otros colegas, diseñó ingeniosos experimentos neuropsicológicos que le llevaron a resultados significativos.

Sus treinta años de investigación le autorizan a afirmar que *los procesos biológicos tienen una relación directa con el comportamiento aún cuando el individuo no es consciente de ello*. Destaca, igualmente, que la psicología tradicional concibe los procesos mentales como un evento lineal, mientras que él los representa dentro de un proceso *"modular"*, donde las unidades funcionales son relativamente independientes pero actúan paralelamente. Dicho mejor, él ha demostrado que en algunos momentos un "módulo" si bien está integrado a otros módulos, puede actuar de manera bastante independiente "sin que el individuo tenga siempre conciencia" de ello. Y son estos argumentos que deseamos profundizar porque nos explicarán por qué *no siempre* tenemos la razón cuando hablamos o proponemos excusas, e incluso, cuando formamos nuestras propias creencias.

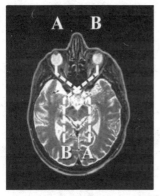

32. *Percepción visual*

Para definir mejor los términos, recordemos que si una persona observa un objeto colocado delante de su campo de visión correspondiente al *ojo izquierdo* (A) éste se proyecta en el *hemisferio derecho* (A); inversamente, la información visual puesta al lado *derecho* (B) se proyecta en el *hemisferio izquierdo* (B). Sin embargo cuando vemos el objeto nuestro cerebro nos lo muestra como un todo integrado.

Los doctores Sperry y Myers (1989) quisieron descubrir el por qué de esta integración, iniciando una vía de investigación muy original. Trabajando con pacientes epilépticos separaron las conexiones interhemisféricas seccionando el Cuerpo Calloso (una faja de fibras compuestas por al menos doscientos millones de neuronas que une los dos hemisferios y cuya labor fundamental radica en el hecho de mantener informados a cada uno de los hemisferios) y la comisura anterior. Haciendo así, separaban los hemisferios otorgando *independencia* a cada uno de ellos y actuaban, en expresión de

— 216 —

ellos, *como si tuvieran dos cerebros separados de aquí la expresión «split brain»* (1989). Este sistema de intervención fue extendido por Sperry porque pacientes con intensas convulsiones epilépticas dejaban de sufrirlas en el mismo grado, sin que su repertorio comportamental se viese perturbado.

Contar con este tipo de pacientes especiales, abrió nuevas posibilidades a otros investigadores jóvenes para indagar otros aspectos que iban más allá de la epilepsia. WJ, un paciente de cuarentiocho años fue el primer caso estudiado por Michael Gazzaniga. La evaluación neuropsicológica antes de la cirugía reveló un perfil normal, pero luego de la división de los hemisferios los resultados no correspondían a los anteriores.

Utilizando una pantalla el investigador proyectaba figuras geométricas y palabras estimulando el campo visual derecho o izquierdo. Cuando se colocaba el estímulo delante del ojo derecho, ejecutaba las órdenes correctamente como antes de la intervención. *Pero cuando los estímulos se situaban en el campo visual izquierdo (delante del ojo izquierdo) WJ no decía lo que veía.* Y cuando se le consultaba si había visto algo "negaba haber visto algo". *Se descubría así que el hemisferio derecho, separado, no transfería la información al izquierdo que habría generado la respuesta verbal.*

Luego se vendaron los ojos de WJ para ver cómo actuaba al recibir en sus manos algunos objetos. *Cuando los objetos eran percibidos con la mano derecha los nombraba fácilmente, pero si se los colocaba en la mano izquierda no podía decir de qué se trataba.* A través del tacto se utilizaba otra vía sensorial pero la interrupción de los hemisferios se hacía igualmente patente en un modo y en el otro. *El estímulo de la mano derecha era percibido y expresado verbalmente porque iba al hemisferio izquierdo, pero cuando era la mano izquierda que recibía el objeto el sujeto no lo definía porque el hemisferio derecho estaba separado del izquierdo.*

Posteriormente Gazzaniga inició otro diseño de investigación junto a un alumno suyo el Dr. Joseph Ledoux (1989). Estimularon al paciente P.S. a efectuar un pequeño ejercicio conceptual: a su hemisferio izquierdo se le presentó la pata de una gallina. Contemporáneamente el hemisferio derecho veía un paisaje de nieve. En la parte inferior se dispusieron ocho imágenes con las cuales los estímulos presentados tenían que emparejarse respondiendo con qué imagen los estímulos se asociaban. La respuesta correcta para el hemisferio izquierdo correspondía a la "gallina" (por eso se mostraba su pata) y para el derecho la "pala" (asociada a la nieve). Cuando P.S. respondió observando los dibujos de la parte inferior señaló con la mano derecha la gallina y con la izquierda la pala. Y se le preguntó: ¿Paul, por qué has hecho así? Y sin titubear respondió: "¡Ah!, es fácil. La pata de gallina va con la gallina y *es necesaria una pala para limpiar el gallinero* " (!)

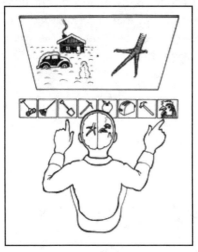

33. *Experimento de Gazzaniga*
(Cfr 1989 p.74)

Los investigadores destacan que *el hemisferio izquierdo tenía que explicar* por qué la mano izquierda mostraba una pala con la mano mientras que sólo había visto una pata de gallina. *Y aunque no sabía lo que había visto el hemisferio derecho* (por la división en el cuerpo calloso) las manos mostraban dos estímulos muy claros. Entonces, *¿Por qué la mano izquierda mostraba la pala siendo que en verdad el cerebro lo que había visto era el paisaje de nieve?* Escribe Gazzaniga (1989): «*El sistema cognitivo del cerebro izquierdo tenía necesidad de una teoría y, al instante, encontraba una capaz de dar sentido a lo que él hacía sirviéndose de la información que tenía hasta ese momento*» (p.75).

Sobre esta base, veamos otra investigación complementaria. Los expertos mostraron al "hemisferio derecho" (mudo, porque no está el centro del habla) una orden que decía «camina» y el paciente usualmente se alejaba de la silla dirigiéndose hacia una puerta de salida. Cuando luego se le preguntaba a dónde iba una de las respuestas era: «*Voy a mi casa a tomar una Coca-Cola*» (!) Nuevamente se constata que el hemisferio izquierdo (verbal) se encontraba en la situación de tener que «explicar» un comportamiento ordenado al hemisferio derecho pero cuya orden el izquierdo ignoraba (por la escisión del cuerpo calloso).

Estos resultados nos muestran cómo el hombre puede responder ante eventos "justificándolos", pero sin que su respuesta tenga una relación directa y consciente con la causa, es como si el cerebro fuese capaz de producir una "mentirilla biológica". El hombre *construye la teoría para explicar el por qué de su conducta*. Es por eso que Gazzaniga escribe: *"Yo sostengo que la persona normal no posee un mecanismo consciente unitario que esté al corriente de todas sus acciones"* (p.77). Los módulos pueden almacenar información, asociarse con reacciones emocionales y actuar de una manera determinada. Estas conclusiones podrían explicar por qué un individuo a veces amanece cansado, triste, aburrido.

Un director de la empresa sufre de estrés, pero no está aún consciente de ello. En la oficina le manifiestan que lo notan muy irritable, nervioso, intolerante, y él se justifica indicando que tiene problemas con su hija adolescente (!). Llega a la casa y se lamenta del desorden, de la comida fría, de la falta de consideración con él. Muchas conductas que hasta hoy se han conocido como neuróticas, emocionalmente inadaptadas, inmaduras, etc., tienen que ver con esta clase de "justificaciones". El hemisferio izquierdo, en su papel de *"intérprete"*, busca explicaciones a su conducta con justificativos que el individuo elabora, pero no significa que correspondan a la realidad objetiva.

Estados psicológicos de diverso contenido, como por ejemplo en el caso del estrés, del duelo, de la depresión, o de dificultades en las relaciones interpersonales y tantos otros, pueden predisponer mayormente, a encontrar justificativos no acordes con la experiencia concreta.

Aunque muchas teorías freudianas han sido ferozmente criticadas, el aporte del psicoanálisis en la comprensión del inconsciente y de los mecanismos de defensa psicológicos es altamente reconocido. A la luz de las neurociencias hoy se comprende mejor aquella *racionalización* que quiere justificar de manera inteligente muchos actos humanos desproporcionados, mentirosos o defensivos; o la misma *proyección*, que transfiere sobre otros el propio sentimiento, prejuicio, a veces con la habilidad de convencer al otro de que él es la fuente del conflicto. Esta capacidad de justificación tiene que ver con la persuasión y la disonancia cognitiva, temas que veremos sucesivamente, pero sobre todo debe prevenirnos sobre la posibilidad de que podemos utilizar recursos inconscientes para manipular la realidad y la vida emocional de personas a quienes amamos.

Una secuela de investigaciones menos dramáticas ha realizado Gazzaniga siguiendo el test elaborado por el neurocirujano canadiense Juin Wada. Por el mismo, el experto inyecta en las arterias cerebrales un anestésico de corta duración. Debido a la particular estructura de los vasos sanguíneos el especialista puede constatar que la sustancia se extiende a un solo hemisferio y no al otro, y

¿qué sucede mientras tanto? Pues que la mitad que recibió la sustancia duerme, mientras que la otra queda despierta. Si la suministración del químico se hace al lado izquierdo, responsable del lenguaje, se puede observar una persona en vigilia pero que no habla.

La descripción detallada la ofrece el mismo Gazzaniga: "Tomemos el caso de un paciente que no es afásico, pero se encuentra con el hemisferio izquierdo dormido por dos o tres minutos. El neuroradiólogo inyecta la sustancia en la carótida izquierda y luego de veinticinco segundos el cerebro izquierdo no comprende el lenguaje y la mano derecha se paraliza. La mano izquierda se mueve y está dotada de sensibilidad porque el cerebro derecho está despierto. Coloco en la mano izquierda un objeto (una cuchara por ejemplo), le pido de recordar el hecho y se la quito después de treinta segundos. Pasan algunos minutos, el efecto de la sustancia comienza a desaparecer y el paciente gradualmente empieza a tomar conciencia. Le pregunto qué siente, usualmente la respuesta es "muy bien"… Prosigo: ´Mientras estaba dormido le he puesto algo en la mano izquierda. ¿Puede decirme lo que era?´. *El paciente aparece perplejo y generalmente niega haber tenido algo en la mano.* Éste es el sistema verbal del cerebro izquierdo, que trata de acceder a una información que existe en el cerebro y que es respondida por alguna parte en un tipo de código o módulo mental que no reconoce los procesos mentales representados por el lenguaje natural. Insisto: ´¿Está seguro de no recordar algo que le he dado hace pocos minutos?´ *Niega nuevamente*. Entonces le presento un grupo de objetos entre los que ha tenido en la mano izquierda durante el test de Wada. Con rapidez y decisión el paciente indica el objeto justo y añade inmediatamente *"¡Ah sí, era la cucharilla!"* (1989, pp.86-87).

La conclusión de la experiencia es interesante porque revela que cuando los procesos lingüísticos se normalizan luego de haber dormido el hemisferio del lenguaje, el módulo que ha almacenado la información "no cuenta sus secretos al verbal" pues de hacerlo, la persona a la pregunta sobre el objeto que Gazzaniga le había puesto en la mano, habría respondido inmediatamente, pero sólo lo hace cuando las manos sienten el objeto reconociéndolo. *La información entonces estaba en el cerebro y preparada para expresarse, pero al mismo tiempo, estaba inaccesible a los módulos del lenguaje*.

Estos "casos especiales" del cerebro nos prueban que el mundo inconsciente es muy vigente en nuestras vidas y en él pueden encontrar residencia aquellos temas que utilizamos para manifestar aquello que sentimos en lo más profundo. Aquí pueden estar las razones por las que la esposa dice al esposo: *"¿Por qué fuiste tan agresivo con tu socio cuando él se portó tan bien contigo? Nada de lo que dijo fue una provocación, pero tú tenías una artillería cargada contra él"* Y el esposo responde: *"la verdad es que yo no lo sé tampoco, creo que exageré..."*. Un análisis más profundo nos revela sus celos, envidias, complejos que en su conciencia quería soslayar pero que el inconsciente o los módulos registraban fielmente.

Nuestro inconsciente determina muchas de nuestras conductas y de manera muy tangible. En un experimento realizado con personas adultas se mostró unas botellas vacías a las que se echó azúcar. Se solicitó a los participantes que pusiesen una etiqueta en cada una de las botellas, una con la palabra "azúcar" y otra con la palabra "cianuro". Cuando sucesivamente trataban de sacar azúcar de cualquiera de las botellas, evitaban recurrir a aquella que tenía la etiqueta con la escrita "cianuro", siendo que ellas sabían que ella también contenía azúcar (Rubia, 2000).

Si nuestra capacidad perceptiva puede "ilusionar" nuestra visión distorsionando la realidad como observamos en la figura anexa, es factible también que otros tipos de estimulación también sufren las mismas variaciones.

34. *La línea superior parece más pequeña que la inferior, sin que ello corresponda a la realidad.*

En términos de conducta, la relación humana, dado su inapreciable valor, merece que todo individuo se esfuerce por beneficiar a su prójimo brindando lo mejor de sí, por esto conviene ponderar la utilidad de conformar huellas neurales de alta calidad que favorezcan las conductas deseables. La reflexión y una mayor consciencia en nuestros actos, nos ayudará a administrar mejor aquello que brota de nuestro interior: *"Habla el sabio porque tiene algo que decir, por el contrario, prefiere callar"*.

La vida agitada y demasiado ocupada nos quita tiempos de autoanálisis y meditación, a veces no somos ni hábiles para calificar nuestra propia conducta. Una persona puede decir: estoy molesto, irritable, ansioso, furioso y puede ser que en verdad tenga miedo, esté celoso o envidioso por algo. Muchos juegos bio-psicológicos pueden tergiversar con frecuencia la raíz de nuestro verdadero sentimiento.

Todo lo mencionado es una enorme preocupación para quienes tratamos de favorecer *la conciencia de la conducta*. Gazzaniga sostiene que el cerebro, al distribuir su organización en módulos, pueden calcular, recordar, sentir y actuar en modo tal, que no siempre es necesario entrar en contacto con el lenguaje natural y con sistemas cognitivos conscientes (o sea que mucho de ello cuenta con su propia elaboración). Por eso concluye afirmando que *"la experiencia que entendemos como consciente es, en gran medida, el recuerdo verbal asociado a las interpretaciones que nosotros damos a nuestro comportamiento"* (p.89) y ese es el repertorio individual.

Pese a nuestras buenas intenciones, no estamos en grado de manejar todos nuestros repertorios conscientes e inconscientes, pero el crecimiento y maduración que como ideal deberíamos lograr, con esfuerzo diario, nos podría colocar en la línea de seguir un camino recto hecho de buenas intenciones y posiblemente de ciertos logros que al menos disminuyan la probabilidad de que tanto nuestra conducta como nuestra palabra hieran al otro. Por eso es menester que la sociedad moderna en vez de estimular únicamente la fatigosa vida productiva y rentable externa, re-oriente también sus horizontes hacia aquello que implica el crecimiento de una vida anímica rica en serenidad, armonía e interioridad, pues, el mundo, como hoy marcha, cuenta con tantos métodos de persuasión que no sabemos qué es lo que al final hace con nuestro delicado mundo de aspiraciones, deseos y convicciones.

Capítulo 15
LA PERSUASIÓN

Ingresas a un negocio simplemente para dar una ojeada. Una atractiva joven se aproxima ofreciéndote probar un chocolate; cordialmente aceptas, lo saboreas. Los ojos de ella te miran solicitantes, tiene al lado el paquete que espera puedas comprar en retribución a su amable comportamiento. Muchos adquirirán el producto sin haberlo pensado al ingresar al recinto.

El alumno ha sido reprobado nuevamente en matemáticas; el maestro, gruñón y exigente se aproxima hacia él y sentencia con rigor que si no mejora su rendimiento perderá el año y no podrá retornar el próximo año al mismo colegio.

Ambas circunstancias tienen algo en común: el intento de inducir en otra persona una conducta determinada. La publicidad moderna, comprometida por ejemplo durante sendas y reñidas campañas electorales, es una prueba constante de lo que busca la persuasión.

Etimológicamente la palabra *persuadir* significa *"convencer, inducir"* y proviene del prefijo latino *"per- = a través de, en todo, cabalmente»*. Mientras que el vocablo *suadere* se relaciona al hecho de *aconsejar, recomendar* (Gómez De Silva, p. 538). En este sentido quien persuade supuestamente «*aconseja cabalmente».*

Como se recordará, en el siglo V antes de Cristo, se inició en la actual Grecia un período de pensamiento muy importante referido al análisis del comportamiento y destino del hombre. Entre los movimientos emergentes se distinguió un grupo conocido como *"sofista"* -del griego *sophistés*, que hace referencia a aquello que *destaca o sobresale en un arte*.

El sofista era un maestro que orientaba en la retórica, iba de una ciudad a otra para enseñar el arte de hablar en público. Platón los criticó porque enseñaban por dinero y porque decían lo que les convenía, sin educar ni buscar siempre la verdad. Escribe en sus Diálogos: *"... el sofista no es otro que un miembro de un género que gana dinero, que posee la técnica de la discusión, que es parte de la contestación, del cuestionamiento, del combate, de la lucha, de la adquisición".* Más duramente escribe al hablar de la "sofística" a la que califica como "aquella parte de la adquisición, del intercambio, de la técnica mercantil, del comercio exterior, del comercio del alma ... (Cfr. Russ, p. 374).

Feliciano Blazquez (1997) define *"sofisma"* como un falso razonamiento puesto de manifiesto con la intención de engañar. Proviene del griego *sophisma=invención ingeniosa, destreza, astucia*. Relacionado a argumentaciones que empleaban razonamientos aparentemente válidos pero incorrectos. Según Russ (1999) el sofisma es un razonamiento aparentemente válido pero falso e insiste en su tendencia engañosa (p.373). Suele emplearse como sinónimo de falacia, paralogismo». La «sofística» sería el arte de servirse de argumentos falsos (sofismas precisamente) en una argumentación. Protágoras, (conocido porque dejó el pensamiento de que el hombre es la medida de todas las cosas), es uno de los representantes de este grupo, lo mismo que Antifón, Crítias, Gorgias.

Los sofistas, no se libraron de las críticas negativas de Aristóteles y Jenofontes llegó a calificarlos como "mercenarios y comerciantes del saber".

Éstos son los antecedentes del concepto que hoy conocemos como persuasión. Pascal (1983) sostenía que la *"persuasión era un arte orientado a convencer y agradar",* y hoy nosotros observamos que se ha unido a la ciencia y a la tecnología con el principal objetivo de convencer y favorecer sendos cambios de actitudes.

Conocer los mecanismos relacionados a la persuasión, es un deber para el hombre moderno, pues por el estilo de vida imperante, el individuo se ha convertido en un constante objeto de persuasión. Escucha radio, lee un periódico, y más aún, mira televisión y me darás la razón. El humano marcha en la vida en una dirección a la cual muchos persuasores quisieran incorporarse a fin de influenciar su pensamiento y conducta, y para ello, todo terreno que secunde su interés será buscado: comercial, profesional, político, religioso, etc.

La explosión de los medios de comunicación de masa ha facilitado las modalidades de acción. Caminas por las calles y ves publicidad en paredes, carteles, vehículos, periódicos, volantes repartidos en las calles, casi todos ellos sugieren conductas que el individuo debería considerar y eventualmente ejecutar. El hogar, los centros educativos, sociales, religiosos, todos, en alguna medida, activan diariamente mecanismos persuasivos y por cierto no es que sea algo criticable, todo depende hacia dónde va el mensaje, cómo la persona lo asume y de qué medios se sirve.

El hecho de que las actitudes comprometan el pensamiento y comportamiento de las personas nos sugiere aproximarnos al estudio de la persuasión desde un punto de vista particularmente *cognitivo*. ¿Por qué una determinada información puede influenciar y posiblemente modificar una conducta?

El repertorio persuasivo *contiene un mensaje que supuestamente es la «materia de impacto»*. Afirma el candidato a presidente: «El futuro de la Patria, está en mí...». Los investigadores concluyen que, *no es el mensaje en sí* que induce al cambio o resistencia (reactancia) *sino el pensamiento* que se suscita alrededor del mismo. O sea, que si tú crees que este candidato es el futuro de tu Patria..., pues votas por él; contrariamente, expresas tu preferencia de otra forma. Cuando una institución internacional de salud exhibe un spot televisivo donde se muestra a un joven en el instante que dona sangre, el observador que se siente motivado a seguir el ejemplo, probablemente no se sienta impactado por la aguja que penetra en la piel, sino por el sentido y significado que adquiere en su pensamiento el hecho de ofrecer la propia sangre para beneficiar a otros seres humanos necesitados.

¿Cómo somos persuadidos de algo?

Según Baron y Byrne (1998), existe un sistema denominado **ruta central** que se establece cuando la información es recibida por el receptor porque la considera personalmente significativa, útil, importante o al menos tan interesante de prestarle, al menos en parte, cierta atención. La retención del dato, permite una evaluación, y si el resultado es pertinente, muy probablemente se traduzca en términos de conducta. Un médico muy diligente y responsable no aprecia en su práctica un determinado medicamento, no le agrada la publicidad que con tanta exageración se ha desplegado, no está convencido de los supuestos beneficios que ofrecen en los comerciales, pero luego, en una conversación personal, un maestro suyo de fama mundial, muy bien considerado en el ámbito clínico y científico habla de los beneficios y alcances de aquél. Estos argumentos convincentes lo invitan a una reflexión congruente que podría traducirse en un cambio de actitud hacia el fármaco. Contingentemente digamos que el maestro fue persuasivo, aunque no necesariamente hubiera sido ésta su intención.

En otras circunstancias las rutas pueden ser periféricas. ¿Qué puedo hacer para vender más pan, camisas o bolígrafos? ¿Qué argumentos poderosos puedo interponer para convencer al cliente que se sirva de mi producto? Todos conocen los beneficios del pan, de una prenda de vestir y de un instrumento para escribir. En estos casos los expertos en persuasión pueden utilizar la *ruta periférica*. Se reconoce este sistema cuando se observa una atractiva dama que para invitar al público a preferir una bebida, casi se ha desnudado. Pues estos sistemas buscan impacto emocional, sensitivo, perceptivo, no necesariamente «elaboración mental» inteligente. Por eso también se recurre a personajes famosos para prestar alguna de sus cualidades asociadas a los productos que se quieren promover.

Pero el hombre tiene repertorios propios y para que la persuasión se declare tienen que darse ciertas condiciones. Robert Cialdini (2001) señala seis factores fundamentales para obtener una respuesta positiva:

1. **Reciprocidad:** Por la misma si una persona nos debe algún favor o ha recibido un beneficio de nosotros, por reciprocidad, es probable que sea persuadida antes que otra persona. Más aún si reconoce en quien persuade una cierta autoridad y/o estima.

2. **Coherencia:** si recurrimos a un religioso que pregona el amor y el bien, pidiendo apoyo para una campaña que promueva los mismos valores, es probable que acepte participar.

3. **Convalidación social:** si unos lo hacen, nosotros también. Un juego muy frecuente entre jóvenes fue un experimento sencillo y simpático realizado por Stanely Milgram junto a otros psicólogos de la Universidad de Nueva York. Un individuo se detenía en una calle de la ciudad para dirigir su mirada hacia el cielo. En dicha circunstancia, 4% de los transeúntes se detenían a hacer lo mismo. Cuando se pusieron cinco hombres a hacer lo mismo, la porcentual alcanzó a 18% y cuando llegaron a 15, los observadores «asociados» contaban nada menos con un 40%. La moda, la influencia del grupo, de los miembros del club, de los compañeros de clase ejercen influencia consciente o inconsciente, directa o indirectamente por lo que los persuasores utilizan estos sistemas para modificar conductas. Si a una joven competitiva, bastante sensible a la opinión ajena, le comunican que las amigas del grupo opinan que su peinado o vestimenta están regularmente fuera de moda, posiblemente lo piense bastante, y eventualmente modifique su repertorio. Téngase presente,

empero, que toda influencia e impacto, depende de las características de cada persona. Hay personas con repertorios menos influenciables.

4. **Simpatía:** El ámbito educativo es un depósito de experiencias. El alumno responde muy mal en matemáticas, al siguiente año mejora, al subsiguiente vuelve a disminuir la tasa de rendimiento. ¿Por qué? La maestra del segundo ciclo era una excelente pedagoga, amiga de los alumnos, respetuosa, paciente, novedosa, simpática. Las otras, aburridas, autoritarias, neuróticas y hasta poco atractivas. Peter Reingen (1993) demostró que los recolectores de donativos para la «Sociedad Americana del Corazón» reconocidos como más simpáticos y atractivos recaudaban 42% de los fondos mientras que el resto llegaba a un 23%. Se ha determinado igualmente que si la simpatía se une a palabras amables, alabanzas adecuadas, la persuasión tiene mejores perspectivas de éxito. Aunque insistimos, no se debe tomar la «tendencia» como una norma indefectible.

5. **Autoridad:** Habrás observado que en algún caso la madre reprime al hijo amenazándolo, además, asegurando que si no cambia para mejorar su comportamiento, no tendrá permiso para salir el domingo.

El niño no modifica la conducta e igualmente sale el domingo. En este caso, una madre que repite sentencias sin llevar a consecuencias sus aseveraciones, pierde gradualmente su autoridad ante el hijo. Ella recurre al padre, más enérgico, habla poco, pero lo que dice cumple. Ordena lo mismo y el hijo sí cambia. En Alemania, la voz del médico o del Profesor universitario es muy respetada, tanto que en algunas encuestas el ideal matrimonial conlleva el enlace con uno de estos profesionales. Los sistemas persuasivos frecuentemente rezan: «5 doctores sobre 4 lo recomiendan», «lo dice el profesor...» Es muy probable, sin embargo, que un joven rebelde a la autoridad, pueda reaccionar de manera adversa; en igual forma individuos prevenidos, prejuiciados u otros. A veces los medios persuasivos suscitan la conducta opuesta.

6. **Carencia:** En muchas poblaciones europeas, la carne de caballo no era un producto atractivo para su mesa (aunque con excepciones obviamente), pero con las dificultades provenientes del fenómeno de las «vacas locas» no sólo que esa carne se hizo más deseable sino que hoy ¡se habla de sus atributos! *«Ordinariamente nos convencen más aquellas razones que nosotros mismos encontramos, que las que proceden de otros»* (B.Pascal).

La carencia también puede estar relacionada, en términos afectivos, a la ausencia y lejanía. La novia pide al enamorado que deje de fumar y de beber tanto, pero él nunca cumple. Ahora él vive en otra ciudad, no se ven como antes y él escribe informando que al fin ha cumplido la promesa, es más, promete que no lo volverá a hacer, etc. La lejanía de algo que apreciamos, inclusive su pérdida, modifican los repertorios haciéndolos más sensibles al impacto del contenido persuasivo.

15.1. REACTANCIA O PROTESTA DEL LIBRE ALBEDRÍO:

Algunos años atrás llegaba una persona a tu domicilio y dejaba en tu buzón o en la portería de tu edificio un catálogo que exponía de manera elegante y gratuita todos los productos que podías comprar a través de ellos. Hoy es tanto el material ofrecido que los edificios multifamiliares prohíben la distribución indiscriminada, y otros, más tolerantes, han instalado, buzones especiales que indefectiblemente también pasan al basurero. El exceso y el abuso, han creado *reactancia*, o sea *una actitud negativa que rechaza intromisiones* en el «propio» buzón.

El esposo ha escuchado con atención la sugerencia de la esposa de no frecuentar un cierto amigo porque ha escuchado malas referencias sobre el mismo. Pero luego ella atribuye los mismos calificativos a un segundo, un tercero, etc. En el fondo, la mujer es posesiva y no desea que otras personas se vinculen con algo que sólo es de ella. El esposo se molesta y actúa de manera contraria, más bien los frecuenta con mayor intensidad, ahora, incluso, llega tarde a casa.

Es efectivamente por esta capacidad de reacción que muchas medidas de persuasión fracasan alcanzando el resultado contrario. Recuerdo una campaña contra el uso y abuso de drogas que se hizo en una ciudad sudamericana. Los temas fueron tratados con alto nivel profesional presentando el peligro de las drogas y la gran cantidad de jóvenes que en esa población abusaban de ellas. El resultado registrado por los expertos demostró que luego de la campaña el consumo había aumentado. ¿Cuál era la razón?

En primer lugar se mostró el abuso como una miseria de los jóvenes, quienes en consecuencia, se sintieron ofendidos acusando a su vez a los adultos de ser ellos quienes abusaban de otros productos socialmente aceptados como el alcohol y el tabaco que también eran drogas. Es por eso que luego se tomaría en cuenta esta variable introduciendo además jóvenes en sus programas de persuasión. Pero el segundo efecto puso en evidencia que muchos jóvenes que no usaban drogas, se sintieron animados a hacerlo porque era un fenómeno "bastante común" a su grupo etáreo.

Un programa pedagógico muy curioso nos revelará cómo ciertos sistemas educativos pueden llevar a conductas inesperadas. Un país de Europa del norte quiso efectuar en algunas escuelas primarias una campaña de educación sexual para niños en *poblaciones rurales*. Para ello de manera artística y supuestamente cuidadosa, utilizaron el ejemplo de cómo algunos animales de granja copulaban, particularmente patos y gallinas. Luego de varios días, ciertos padres muy consternados visitaron la escuela para expresar su preocupación, pues algunos de sus hijos querían hacer lo mismo que los gallos con sus gallinas (!)

La información llega a las estructuras cerebrales, pero a su vez son elaboradas y no siempre se puede pronosticar la respuesta final. Es por eso que las investigaciones extienden las muestras y realizan estudios locales, nacionales, internacionales, transculturales para poder conocer cómo reaccionan ante circunstancias similares hombres, mujeres, niños, ancianos, pobres, ricos, nórdicos, sureños, americanos, chinos, etc. Es aquí donde la distribución de las diferencias individuales adquieren pleno significado, pues, las generalizaciones no son fáciles y obligan a mejorar los sistemas de evaluación, diagnóstico y pronóstico. Un hombre que escucha a un candidato a la presidencia, *sabe que busca su voto,* esta *prevención*, determina una actitud asociada a las tendencias de la persona de rechazo, aceptación o indiferencia. Un individuo que presiona para persuadir, puede suscitar reacciones de reactancia. Por eso algunos personajes públicos a veces son agredidos porque su presencia o argumentos originan resultados contrarios.

La tecnología, si bien ha ofrecido muchos medios para persuadir, ha favorecido también otros para combatirla. En modo sencillo el famoso zapping o zapeo, por el que utilizando el mando del televisor cambias de canal cuando aparece la publicidad, es un modo de liberarte de su influencia. No obstante, esto ha obligado también a que los persuasores cambien de estrategias evitando el preaviso e incluyendo su propaganda, cuando es posible, en el mismo programa transmitido. Muchas personas saturadas y cansadas de malas noticias se abstienen de la compra de periódicos o evitan noticieros para no ser objeto de impactos negativos. Es una respuesta también a ello, un tipo de prensa banal y libre de complicaciones a la que se recurre para alejarse de rutinas agobiantes.

Hoy se ha llegado a pensar que el exceso de información, para mucha gente ya no es digerible, crea reactancia por saturación.

En el hogar, en general, la palabra es el principal vehículo de persuasión. "Come, porque si no, te vas a enfermar; apúrate, llegarás tarde al colegio y te castigarán; si no obedeces le aviso a tu padre". En la oficina, "si usted sigue con este alto rendimiento, tendrá un aumento de sueldo; le ruego llegar puntual, porque contrariamente, tendrá una reducción de sueldo y probablemente una carta de retiro". Amenaza, premio, castigo, etc., son formas de persuasión.

Es deseable, sin embargo, que la persona madura, tenga conocimiento y convicción sobre sus deberes y obligaciones, de tal modo que ella misma se persuada: "si no cumplo mis deberes, no estoy actuando correctamente", a esto se llama "autogestión" y es un repertorio deseable. Naturalmente que es un proceso de crecimiento, pero todos debemos aspirar a esta sabia conquista. La sabiduría fue el ideal a alcanzar de todo gran hombre. Dentro de tus aspiraciones modernas, no sueñes únicamente con el bienestar material ignorando el interior, busca *"la dulzura de poder acoger en tu cognición aquella sabiduría que se ha cimentado en el conocimiento, la comprensión y el amor"*. Aunque la sabiduría cuesta y el proverbio latino nos dice por qué: *"Hay tres fundamentos de la sabiduría: ver mucho, estudiar mucho, sufrir mucho"*.

La palabrería, la cháchara, crean reactancia, hay que hablar lo necesario y con sentido, *"nada sabes, si sólo hablas, hablas y hablas"*. El «valor del silencio», debería ser también parte del conocimiento de todo hombre.

Personas emocionalmente inestables, individuos con complejos de inferioridad, dependientes, sugestionables, pueden ser presa fácil de programas persuasivos, particularmente en épocas críticas de enfermedad, separaciones, desocupación, etc. Por éstas y otras razones, se ha desplegado un gran esfuerzo para introducir en el ámbito de la tarea persuasiva normas éticas que la rijan.

15.2. DISONANCIA COGNITIVA:

León Festinger (1957), es uno de los personajes que más he apreciado por su enorme contribución a través de la Psicología social, a las Ciencias del Comportamiento. Su efectividad consta nuevamente al reconocer que sus teorías luego de más de cuarenta años adquieren mayor relieve. En esta oportunidad hablaremos de la "disonancia cognitiva", un fenómeno psicológico tan importante, que motivó sustancialmente la extensión de este libro, pues soy testigo, seguramente como tú, de la excesiva disonancia que influencia la vida del hombre moderno.

La *disonancia*, tal como hoy la comprendo, y ampliaré sus aplicaciones, *es un estado en el cual una persona registra inconsistencia entre algunos factores de su repertorio personal*. Festinger explica que es un estado desagradable declarado en concomitancia al hecho de mantener actitudes o ejercer conductas "inconsecuentes" con aquel bagaje que conforma nuestro repertorio. ¿Qué sucede con el hombre a quien no le agrada alimentarse de pescado y llega a una población donde sólo se consume aquello? Tiene que alimentarse todos los días, la circunstancia ya le ha creado disonancia; los primeros días resiste, busca alternativas, pero el 98% de los productos en la población donde se encuentra provienen del pescado. ¿Qué hacer? *La disonancia cognitiva implica que su vivencia puede inducir a cambios en el repertorio y a una eventual modificación de las actitudes*.

La disonancia subraya el hecho de *"no sentirse bien con la circunstancia"*. Se identifica un estado de incongruencia que obliga a revisar posturas y asumir determinaciones. Un político ha definido su postura contra el racismo pues conviene a su proyecto. Pero ha sido amonestado por algunos que financian su campaña. Su equilibrio y coherencia están en discusión. La situación exige definición: quiere estar tranquilo con sus principios pero le preocupa perder el apoyo económico. Tal vez elimine de su repertorio su supuesta conducta pro-racial o renuncie al tema económico para sentirse bien con sus principios sociales.

Muchos matrimonios donde uno de los esposos engaña al otro con una relación amorosa externa, sucumben precisamente por la disonancia, pues alguien no puede mantener la incongruencia por tiempos prolongados. Claro que esto también depende de los valores del individuo. *Una persona cínica, con principios sociales discutibles, podrá resistir más que otra más sensible*.

La disonancia estimula el reconocimiento de la incongruencia y anima determinadas conductas. Un empleado bancario que cuenta con la confianza y amistad del director, inicia un manejo doloso que trae consecuencias para su jefe. Muy posiblemente, si el trabajador tiene un grado de sensibilidad, al ver sufrir una persona inocente, pueda modificar su conducta reprochable. Es exactamente el "malestar" de la disonancia que induce a buscar vías de cambio que eliminen o disminuyan dicho estado. Muchas personas han confesado sus culpas por este mecanismo. Al final, quien la vivencia, busca mediante el alivio, una conducta más coherente con lo que sostiene.

El hecho de buscar alivio no siempre quiere decir que la conducta tomada sea ideal. El empleado bancario podría convencerse de que su necesidad es mayor que la del director y que se justifica lo que hizo, así no sufre más por las consecuencias que sufre su director. El amante puede "racionalizar" sus argumentos (o sea justificarse de manera inteligente pero mentirosa), convenciéndose de que ya hizo mucho por su hogar, que la esposa no responde ya a lo esperado y que merece algún tipo de gratificación para no abandonar el hogar. Es más, añade, que muchos lo hacen, por lo que tampoco la disonancia debe afectar su comportamiento. Un buen número de personas viven desgastadas en sus ambientes de trabajo, en su grupo de amigos, quisieran abandonarlos, pero luego dicen: "es por mis hijos, es por mi esposa, siempre sirve mantener relaciones". En muchos casos se supera la situación mediante la *trivialización*, considerando que el contexto no tiene importancia alguna y que posiblemente el individuo exageraba su evaluación. Sueño con comprarme un automóvil, he visto el precio, pero me he desanimado... Poco tiempo después, decido que sí, debo comprarlo, me dirijo al negocio para su adquisición y me entero que ha sido vendido, era el único. ¿Cómo relativizo el hecho? "Al final no era un gran auto, el color no era perfecto, era muy pequeño, etc." Así..., no sufro más.

En el campo clínico nuestros estudios realizados sobre el estrés (1992), han demostrado que la situación de conflicto proveniente de estresores (estímulos desagradables, presión, ansiedad, angustia, deudas, muerte, etc.), generan variadas formas de disonancia. La prolongación de la situación, las dificultades para encontrar respuestas o modificaciones pueden incluso llevar a patologías psicofisiológicas.

Existen ciertas situaciones en la vida cotidiana en las que la inconsecuencia se manifiesta con facilidad. Por ejemplo, en una reunión social, una persona afirma rechazar a determinado autor de teatro, argumenta, justifica, cita el nombre del libro en cuestión. En ese instante, por casualidad, ingresa el escritor, conversan, y el incongruente se expresa en términos de aprobación y admiración cuando hablan de una de sus más recientes obras. Por un lado, puede explicarse este hecho, como una actitud diplomática y conciliadora que no compromete la coherencia profunda de su pensamiento crítico. O también podía haber ocurrido que, al conocerle personalmente y escucharle, revise sus juicios y disminuya su prevención o prejuicio. En muchos momentos vivimos situaciones en las que se declara una *aceptación forzada*. Podemos tener muchas ideas distintas, pero si la suegra o el dador de trabajo las expone, nos acomodamos... siempre que sea necesario y oportuno. En temas más serios, una persona coherente, difícilmente rompe su compromiso interior (se espera al menos).

Desde el punto de vista psico-social, es la incomodidad de la disonancia que induce a buscar respuestas. Una importante manifestación de la disonancia la vivimos cuando tenemos *"vergüenza"* de algo. Esta incomodidad, que puede traducirse en rubor, balbucie, ansiedad u otros, ha servido en muchos momentos para modificar una determinada conducta. "No debería haber dicho eso..., lo lamento..." Dijo Diógenes a un joven que se ruborizó: «*¡Ánimo! Éste es el color de la virtud!*» (Diogenes Laercio, sec. 54).

Hoy, desafortunadamente, evitamos sentir vergüenza, pues en una sociedad cada vez más tolerante "todo está bien y permitido", y ya no es suficientemente apreciable la discreción, la prudencia, el buen gusto. Esta permisividad ha disminuido el recurso a la auto-crítica y al deseo de ejercer conductas más gratificantes para los demás. En una sociedad, sin... vergüenza, el deterioro de los valores de crecimiento y maduración moral se pronuncia cada vez más. Escribe don José Hernández en su clásico Martín Fierro: «*Muchas cosas pierde el hombre, que a veces las vuelve a hallar, pero les debo enseñar -y es bueno que lo recuerden-, que si la vergüenza la pierden, jamás se vuelve a encontrar*».

Y ya que hablamos de persuasión, tal vez sea útil finalizar mencionando que este recurso dinámico, también podría utilizarse positivamente para animar a los hijos del siglo XXI, a empeñarse en el redescubrimiento, reactualización y vivencia de tantos preciosos valores que se van olvidando.

Capítulo 16

EL MUNDO DELICADO y SENSIBLE DE TUS EMOCIONES

Escribe Franz Tamayo (1932):

> Claribel: *Era real como un astro,*
> *Un sueño vivo!*
> *En rosa y alabastro*
> *Fulgor cautivo!*
> *Sin un lamento*
> *Su tumba, el mar! y sólo*
> *La nombra el viento!*

¿Qué emociones inspiran al poeta boliviano versos similares? ¿Por qué quiere hacernos cómplices de su intimidad y tal vez, ayudarnos a alimentar nuestros propios sentimientos? ¿Qué buscamos al querer leer o escuchar aquello que brota de su alma?

Susana es hermana de José, él sufre una grave enfermedad terminal, a pesar de tener varios hermanos y hermanas, ella es la única que permanece a su lado ¿por qué?

Roberto y Carlos son amigos desde muy niños. Frecuentaron la misma escuela, siguieron juntos hasta la Universidad e incluso estudiaron la misma carrera: Ingeniería de Sistemas. La Facultad ha ofrecido tres becas para realizar una Maestría en una Universidad de mucho prestigio. Los dos deciden postular, se preparan juntos y afrontan la prueba. Roberto aprueba y obtiene la beca, Carlos no. El primero reconoce la frustración del amigo. Por un acto que él asume como leal y solidario decide renunciar a la beca y Carlos replica: "No necesitas hacerlo, sigue tu camino y yo el mío. Mientras preparábamos las pruebas tú leías libros que no me mostraste, seguramente tenías allá las preguntas, por eso aprobaste y yo no". Roberto aclara que la suposición es falsa, que leía novelas para relajarse pero nada técnico o científico. Ninguna explicación sirvió, Carlos jamás le volvió a dirigir la palabra.

Estas experiencias tienen que ver con una de las dimensiones humanas más importantes, enclavada en lo íntimo de la historia de toda persona: la emoción.

El mundo emocional es motivo constante de conductas presentes y futuras como también lo fue en el pasado, y no puede dejar de reclamar nuestra atención porque las relaciones humanas están impregnadas de una variedad inmensa de afectos, que quisiéramos vieran en el *amor* su más venerada expresión, pero dada la naturaleza humana, no podemos negar que muchas veces la aceptación da lugar al rechazo o a la envidia; la paciencia a la ira; la tolerancia a la agresividad, los celos al odio, y el sí dicho durante un matrimonio pueda trastocarse en motivo de dramáticas contiendas durante un eventual divorcio. El mundo de las emociones puede teñir nuestro universo de color rosa alegre o escribir páginas de dolor en nuestros corazones y en nuestras mentes.

Mi actividad profesional la he concentrado en buena parte, a entender esta cualidad humana tan noble y delicada. He escrito sobre la angustia, el ansia, la depresión, las neurosis, la "emoción y el estrés", sobre la esperanza, el suicidio, etc., etc., porque como estudioso del comportamiento humano veía cómo la época moderna iba incidiendo profundamente en nuestra vida emocional, de forma jamás vista en el pasado: Puedes llegar a casa feliz y tranquilo, pero enciendes el televisor y ves un crimen horroroso perpetrado en Londres por dos niños de siete y ocho años, quienes sirviéndose de dos piedras, aplanaron el cráneo de una anciana de ochenta para robarle dos libras esterlinas. Pero no necesitas ir a Inglaterra para ello: el hijo de tu vecino, de seis años, ha vuelto del Colegio donde una maestra ha permitido, por no saber la lección, que cada compañero le propinara una bofetada en el rostro; y la hija de un colega, no quiere regresar al Colegio porque la llaman gorda, fea, spaghetti, negra, sudaca, etc.

Pero no sólo eso, tu esposo ya no te pide por favor, sólo ordena, y eres una de aquel cuarenta o cincuenta por ciento que alguna vez ha sufrido violencia física en el hogar ¿Qué tal? Pero también el esposo en paro, no trabaja hace un año y la esposa le reprocha a diario vociferando que es un inútil y que ella no se ha casado para mantenerlo. Y todavía no hemos hablado de la guerra en Irak, del terrorismo nacionalista español que además ahora, luego del sangriento y doloroso 11 de marzo, se extiende a nivel internacional. No queda ya ánimo para hablar de la inacabable guerra palestino-israelí, de la gigantesca deuda externa de los países llamados en desarrollo, de la nueva fiebre de los pollos, de los pederastas, de la alta tasa de divorcios y separaciones, de los abortos, homicidios, intentos suicidas, depresiones, etc., etc. El todo, un triste reflejo de un mundo emocional atropellado, lastimado, ultrajado, injuriado, ofendido, herido... y todavía creemos que nos va muy bien.

¿Cómo no hablar con más calma de ese precioso mundo, fino, sensible y delicado sometido a presiones psicológicas constantes? ¿Acaso cuando naciste no sonrió el sol mientras te acariciaba con sus rayos y tus padres te arrullaban entre sus cálidos brazos impulsados por sus corazones palpitantes para contemplarte y llenarte de besos?¿Cree alguien que por ser adulto, has cercenado el esplendor de tu capacidad de amar y ser amado o amada? *"El amor, es la poesía de los sentidos"*, declaraba Honorato de Balzac, ¿dónde lo hemos escondido? Tal vez sea momento para que todo el mundo una sus manos e inicie un nuevo caminar para redescubrirlo.

El término emoción nos recuerda el significado latino de *"emovere"*, sugiriendo la idea de *agitar, remover o excitar,* orientado hacia el concepto general de *conmover*. ¿No has escuchado decir alguna vez: *«Tus palabras me conmueven...* queriendo decir *Tus palabras me emocionan?»*

La población mundial ha recibido con mucho entusiasmo la obra de Daniel Goleman (1996) dedicada a *"La inteligencia emocional"*. En ella recopila las investigaciones realizadas por numerosos autores a lo largo de los años y expone en una excelente visión motivadora, aquello que el hombre puede hacer con sus emociones, particularmente en relación al autodominio, la persistencia y sobre todo la capacidad de motivarse uno mismo (p.16). El éxito de la obra, también reveló la preocupación de las personas por algo que veían importante para su vida.

A la luz de nuevos conocimientos, la psicología y las neurociencias han podido ayudarnos a entender mejor este inapreciable caudal humano.

Antonio Damasio (2000), nos recuerda que la mera palabra *emoción* se asocia por una parte, a alguna de las *emociones primarias o universales: alegría, tristeza, miedo, ira, sorpresa o repugnancia;* y por otra, evoca otras conductas conocidas como *emociones secundarias o sociales: vergüenza, celos, culpa, soberbia,* etc. También distingue las *emociones "de fondo"* como el *bienestar, malestar, calma, tensión,* etc. El mundo de las emociones *también incluye las pulsiones, motivaciones y los estados de dolor y placer.*

Su punto de vista es bio-psicológico, por eso refiere que las emociones son colecciones de respuestas químicas y neurales que *conforman un patrón (innato)*. Tienen una función reguladora en cuanto buscan circunstancias ventajosas para preservar la vida del organismo. "Las emociones se refieren a la vida de un organismo..." (p.67). El proceso emocional está determinado biológicamente a través de sus mecanismos encefálicos dispuestos de manera innata. Estos despliegan su actividad de manera automática sin deliberación consciente. La capacidad de asumir conciencia de las emociones da lugar al *sentimiento*, o sea que el sentimiento es la conciencia que el hombre tiene de sus emociones (2003), sin olvidar la influencia de aquella naturaleza interior espiritual que tiene el hombre y que seguramente es la que otorga calidad a la emoción humana cuando se expresa en forma de caridad, perdón o compasión.

El aprendizaje y la cultura pueden influenciar los tipos o formas de expresión emocional, la razón puede moderarla y el espíritu ayudarla a trascender.

La emoción constituye una predisposición *innata* y, en parte *involuntaria*, que induce al individuo a reaccionar en función de las características del evento: tipo de estímulo, intensidad, impacto, duración, etc. Es así que el hombre puede tener miedo, deprimirse, asustarse, agredir, complacerse, etc. Estos dinamismos acompañan la lucha por la sobrevivencia. El miedo ante un evento y la fuga consiguiente, permite en muchos casos que la persona salve la vida. Los mecanismos son tan fundamentales que consienten hasta hazañas extraordinarias. En cierta oportunidad cuatro soldados norteamericanos atravesaban un estrecho puente en Viet-Nam cuando comprendieron que el enemigo los esperaba al final del mismo. Quisieron maniobrar para retroceder y huir pero las condiciones del puente no lo permitieron. En su desesperación pensaron que lo más fácil era bajarse del Jeep, levantarlo por los lados y darlo la vuelta. Y así lo hicieron liberándose de la emboscada. De retorno a su base contaron lo sucedido y el escuadrón de compañeros se mofó del relato, los soldados en cuestión no entendían por qué no creían. Entonces el comandante les pidió que repitieran la hazaña delante de ellos. Para su sorpresa no pudieron. El comandante advirtió que era imposible que cuatro personas levantaran un vehículo cargado de equipamiento de guerra tan pesado. En el campamento el grupo no creyó y los participantes al evento quedaron consternados. No obstante, hoy se sabe que la presión psicológica o la vivencia de emociones intensas sí puede lograr proezas que usualmente no podrían realizarse en circunstancias cotidianas.

La percepción de un evento puede suscitar respuestas especiales en función del *Tipo de estímulo,* y el mismo tipo, por ejemplo, un estímulo que asuste, puede provocar respuestas distintas en cada persona. Una madre camina con dos de sus hijos, uno se cae y la madre se horroriza, expresando su preocupación con un intenso grito, teme que hubiera sufrido una fractura o algo peor, pero el hermano del niño ríe a carcajadas. El procesamiento mental de cada uno recurre a un esquema propio denominado *selección.* De aquí la variabilidad de respuestas (por eso no hay que molestarse cuando no todos reaccionan de la misma manera). No obstante, existen circunstancias donde la selección puede suscitar respuestas similares en distintas personas. Durante el entierro de una persona usualmente impera el silencio y casi resulta impensable que alguien lo rompa con una sonora carcajada, aunque dada la diferencia humana pueda existir una excepción que no constituye la norma.

La *procedencia* del estímulo también tiene importancia capital. Si un joven tiene un problema importante y busca un consejo, probablemente busque el de una persona que él aprecie y considere sabia. El contenido recibido seguramente podrá iluminarlo y tranquilizarlo. Pero supongamos, que en vez del buen consejo, brota una grave discusión y el adulto ofende verbalmente al joven, el impacto será vivido por éste con mayor pena, pues fue con gran expectativa por un problema y sale con dos..., además de decepcionado. Pero no siempre una actitud de rechazo provoca frustración: están reunidos los papás de Pepe con varios amigos adultos, falta un jugador e invitan a Pepe a participar, pero él no juega bien y su grupo empieza a perder. Su padre con voz autoritaria le pide salir del juego. Él lo hace con sumo agrado, pues no tenía interés alguno en el asunto.

En la vida de las personas las emociones asumen diverso *grado*. Podemos preocuparnos por perder un billete de corte pequeño, pero si tenemos otros miles más, posiblemente dure poco el malestar o sencillamente no fastidie en grado alguno, pero en otra persona para quien el billete sea único, las reacciones serán diferentes y su resonancia podría prolongarse mayormente en el tiempo. Otras experiencias emocionales se hacen memorables para el individuo: el primer enamoramiento, el primer fracaso en público, etc. En muchos casos albergamos emociones hasta por eventos que no nos tocan directamente, como los desastres acaecidos en un país lejano, terremotos, asesinatos en una escuela, etc. La capacidad de situarse en el lugar del otro es una cualidad importante que los psicólogos humanistas como Rogers (1974) pretenden enseñar a las personas. Esta aptitud para intentar *sentir y comprender las emociones de otra persona* se denomina *Empatía*, un valiosísimo recurso que debería activar todo ser humano para optimizar sus relaciones humanas. Por él te pones en el lugar del otro cuando le hablas, para tratar de entender cómo asimila tus palabras o para intentar conocer sus sentimientos y aprender a regular tus palabras. A veces no sabemos cómo afecta en la vida del otro, aquello que le decimos.

Si los padres de familia midieran el pulso de un niño asustado cuando le gritan, muchos dejarían de hacerlo, comprobarían una aceleración cardíaca de la que nadie habla. Si nos empeñáramos otra vez en re-descubrir las maravillas de nuestro patrimonio emocional, no abandonaríamos a nuestros ancianos en un asilo, ni nos avergonzaríamos de aquello que dice a los 90 años, ni pensaríamos que la eutanasia sería un remedio para ellos. Recordaríamos con más amor y gratitud el tiempo en el que ellos preparaban nuestro mundo y nos tomaban de la mano para acompañar nuestros primeros pasos y entregarnos sus amores y sus conquistas; no sentiríamos repugnancia por el pobre mal vestido y hasta tal vez mal oliente; los enfermos estarían más acompañados y ciertas madres, en vez de abortar, se apurarían en acunar a sus hijos en sus brazos para darles el calor que ellas mismas tuvieron al nacer. Seríamos mejores amigos, prontos a aconsejar, a compartir alegrías y tristezas, dejaríamos mucho de lo nuestro, para ofrecerlo al amigo o a cualquier necesitado. Éstas son las riquezas del amor que nacen en el espíritu, por eso hay que interiorizarse nuevamente en estos territorios que peligrosamente empezamos a abandonar.

La capacidad emocional del hombre conforma una estructura polifacética y multiestructurada, de alto nivel operativo; cuenta con componentes mentales e instintivos, donde las actitudes encuentran varias referencias de acción: atracción-rechazo, resistencia-sufrimiento, placer-dolor, esperanza-desazón, deseo-apatía, etc. Este dinamismo es importante en la conformación de actitudes, tan ligadas a polos positivos o negativos, atractivos o no, agradables o desagradables.

Aunque la emoción se entiende como un fenómeno interior, sus expresiones pueden reconocerse a través de algunas unidades de conducta observa-bles: gestos, palabras, movimientos, etc. Y como vimos en el capítulo 11, también es factible estudiar los cambios electrofisiológicos que las emociones suscitan, además de otros cambios bioquímicos y hormonales. Empero, los "sentimientos" que interpretan la emoción, quedan como un bagaje subjetivo, exclusivo para la intimidad de la persona que "siente".

Damasio (2003) señala que la emoción compromete al cuerpo, el sentimiento a la mente, pero olvida que estas invalorables dimensiones adquieren mayor significado gracias a la calidad *espiritual* y *trascendente* que anima la vida interior de cada humano.

Decíamos en una obra anterior, «La Nueva Primavera», que todo hombre está hecho para amar y ser amado (Castañón-Gómez, 1993), justamente porque creemos como Damasio, que el mundo afectivo tiende a favorecer la *sobrevivencia* de todo humano. Las personas luchan y se superan porque encuentran motivos para hacerlo en su mundo de valores y creencias. Y todas sus condiciones físicas, desde sus recursos inmunológicos más complejos hasta los metabólicos más simples, se ponen en marcha para favorecer los pasos a seguir. Los mecanismos observados ante el eu-estrés (estrés positivo) y el distrés (estrés negativo), constituyen una prueba fehaciente de lo afirmado. El organismo, ante cualquier estímulo, físico o emocional, se "prepara" para afrontar al estresor, y en lo posible "vencerlo", favoreciendo el restablecimiento de la homeostasis amenazada.

El repertorio humano permite el almacenamiento de mecanismos integrales listos a manifestarse de acuerdo a las circunstancias y a las condiciones impuestas por su mismo proceso evolutivo, es así que crece y también se actualiza, conservando un bagaje amplio y variado. Por lo mismo, está capacitado para desplegar habilidades, gustos y preferencias, afectos e ideales. Todos esos rasgos identifican al individuo en su *identidad emocional* y lo definen en su *unicidad*. El repertorio emocional, en muchos casos, es tan particular que nos es difícil entender. De aquí que en muchos diálogos en los cuales las personas expresan sus sentimientos digan:"*¡ tú no me entiendes..!*". Su emotividad es un flujo perenne de sensibilidad alimentado por nutridas experiencias. Cuánta emoción evoca en este momento recordar tu graduación, tu matrimonio, el reciente nacimiento de tu hijo, o escuchar una pieza musical asociada a hermosos tiempos pasados.

La emoción es una experiencia inherente a todos los individuos desde el nacimiento. *La emoción es aquello que más humanos nos hace,* nos alegramos, reímos, lloramos, nos lamentamos, amamos, etc. Estar ausentes de estas experiencias, presentaría al individuo alejado de vivencias humanas típicas, íntimas e insustituibles. Tenía que sentirse muy herido Wilde (1945) cuando escribió en la cárcel: *"El dolor es un momento prolongado que no es posible dividir en estaciones... Para nosotros hay tan sólo una estación: la estación de la amargura. Hasta el sol y la luna han huido de nuestro lado. Afuera, el día puede ser azul y oro, pero la claridad que se filtra a través del cristal empañado de la ventana enrejada bajo la cual estamos sentados, es gris y mísero. El crepúsculo invade nuestra celda y reina también en nuestro corazón".* (p.1163). Y en otro momento también expresará: *"Detrás de la alegría y de la risa, puede esconderse un temperamento grosero, duro e irascible. Pero tras el dolor, sólo se encuentra el dolor mismo".*

A pesar de que todo humano es sede de emociones, todavía queda mucho por descubrir. A medida que va superando tantas necesidades primarias, intenta profundizar más sobre el *sentido y significado* de las cosas, y su mundo afectivo es uno de los principales temas que buscan respuesta desde épocas que se pierden en el manto del tiempo. No sin razón anotaba Manuel Machado: «*De querer a no querer, hay un camino muy largo, que todo el mundo recorre sin saber cómo ni cuándo*».

Los estudios sobre la vida intrauterina (Castañón-Gómez, 1991), muestran cómo el feto gradualmente es capaz de inquietarse, o asustarse; y en sus primeros meses de vida, el niño admite el acercamiento de unas y rechaza el de otras. El adulto con mayores recursos intelectuales profundiza el sentido de la relación emocional: *busca* a quien le gratifica, afectuosamente, *evita* y hasta *teme* a la persona agresiva, violenta, envidiosa, chismosa. Muchas enseñanzas vienen cabalmente, de la comprensión de esta dinámica, y encuentran en la amistad verdadera, un ejemplo de equilibrada estima. Al respecto, escribía Cicerón:

"Éste es el primer precepto de la amistad: pedir a los amigos sólo lo honesto, y sólo lo honesto hacer por ellos...
Si la amistad desapareciera de la vida, sería lo mismo que si se apagara el sol, porque nada mejor ni más deleitoso hemos recibido de los dioses inmortales. Vivir sin amigos no es vivir".

Los Libros Sagrados, al hablar del amigo, dicen:

- «*Quien encuentra un amigo, encuentra un tesoro*» (Eclesiástico, 6, 14).
  Y Cicerón concluye:
- *"La amistad brilla más entre iguales"*
  Y tampoco se puede dejar de citar al respecto un pensamiento crítico:
- «*Los amigos del presente son como el melón, es necesario probar cincuenta, para encontrar uno bueno*» (Mermet).

Las *emociones acompañan la conformación de los hábitos y actitudes* afectando la vida entera, por eso les dedicamos tanto espacio en los capítulos anteriores. La emoción es una experiencia subjetiva que *acompaña la conformación de hábitos y actitudes* afectando la vida entera y resulta difícil objetivizar. Es por ello arriesgado expresar*: "Yo sé cómo te sientes"* tanto en la vida rutinaria como en el mismo ejercicio de la profesión clínica. El deseo de penetrar en la intimidad de las personas ha impulsado a conformar tipologías que las identifiquen a partir del tamaño del cráneo, el peso, la conformación de las manos, del iris, hasta llegar a la misma astrología que quiere definir a los individuos en función del signo zodiacal. La realidad es más complicada, en muchos casos, ni el mismo sujeto está en grado de describirse con precisión; miles de mecanismos interfieren sus apreciaciones como el subjetivismo, los complejos internos, los altos deseos de superioridad, la racionalización, la proyección y aquella autoestima que generosamente nos sobrecalifica, junto a aquel «ego» que siempre nos quiere dar la razón.

Los sistemas de diagnóstico psicológico han tratado de acercarse con objetividad a la evaluación de lo más profundo de los hombres, en parte han logrado sus intentos, a pesar de ello, ningún resultado es absoluto. Si fuera fácil una evaluación del interior del hombre el *"conócete a ti mismo"* no habría permanecido hasta nuestros tiempos como una de las grandes tareas del hombre.

Las emociones son difíciles de comprender porque no son únicamente buenas o malas, ni siempre fácilmente comprensibles, pueden ser también ambivalentes: se puede vivir una situación de felicidad y amar en un momento dado y estar tristes o melancólicos porque uno debe marcharse lejos; estar orgullosos y felices por haber obtenido un puesto importante y sentir pena o culpa por haber desplazado a otro de su ocupación; estar contentos de jubilarse a los 65 años, no trabajar más, recibir un sueldo regular, pero estar temeroso de la experiencia futura en soledad y sin nada o poco que hacer. Mi experiencia clínica me ha mostrado con frecuencia la racionalización de algunas personas que me venían a expresar su decisión de separarse o divorciarse de su pareja indicando que era fruto de una prolongada meditación. El asunto es que mientras lo decían, sufrían y acompañaban sus palabras con desolador llanto. Al final, la decisión ni era tan meditada, ni era la correcta. Sólo expresaba un período prolongado de frustración.

Existe un cuadro denominado *alexitimia* que se caracteriza por la dificultad que puede tener una persona para expresar sus emociones, justamente por ello, a veces puede detenerse en agentes exógenos menos significativos, descuidando los interiores, que al final, pueden ser los que más importen en ese contexto. En momentos de terror, ansiedad, deceso de un ser querido, no siempre una persona está en grado de expresarse, el evento desorganiza la modulación biológica y cognitiva. En situaciones de miedo paroxístico, o sea cuando el niño está totalmente asustado por algo que ha hecho, y teme un castigo, no es oportuno insistir con preguntas, explicaciones, gritos; en muchos de estos momentos es cuando orina espontáneamente, sin control del esfínter, otros se desmayan, pues la experiencia emocional ha superado su umbral de tolerancia. Esto tampoco está ausente en el adulto, sólo que tiene un mejor control o disimula más. En muchos ancianos estos descontroles fisiológicos a veces los atribuyen a problemas de próstata, que de hecho hay, pero en muchos casos, lo hemos constatado, son "descontroles" unidos a estados emocionales que frecuentemente se descuidan en la evaluación médica del hombre mayor (Castañón-Gómez, 1989).

Las emociones también han servido de parámetro para definir poblaciones, y aunque no correspondan a un criterio científico, han conformado estereotipos: inglés flemático, alemán seco, español amable y orgulloso, sudamericano alegre, etc. Y en el manejo del idioma se ha ido aprendiendo mucho sobre maneras de expresar las emociones; se ha contado por ejemplo hasta 400 palabras en inglés; en otros idiomas las cifras también son abundantes. Tranquiliza pensar que cuando la lógica y la tecnología del hombre no alcance a resolver una circunstancia delicada, exista una palabra sensible y significativa o un gesto pertinente que responda a ello; y si faltara, habría que inventarla.

Insinuábamos con anterioridad que las emociones también nos pueden confundir. Por ejemplo en el caso de una persona que al recibir una noticia feliz, no reacciona con saltos de alegría ni sonrisas, sino con un tácito silencio o incurre en un prolongado llanto. Muchas mujeres se lamentan de tener una pareja que nunca o muy rara vez les manifiesta su amor, pese a verse aparentemente muy contentos. La estructuración de la personalidad, la educación, el modo de ser, temperamento, carácter, influencian de distinta forma la vivencia y manejo de nuestras emociones. Para comprender estas dimensiones la psicología ha ofrecido una gran cantidad de modelos: introvertidos, extrovertidos, primarios, secundarios, flemáticos, pícnicos, etc.

Últimamente con la ayuda de la genética y neuroquímica, Cloninger (2001), está intentando una clasificación basada en el *Temperamento* (hereditario) y el *Carácter* (aprendido) en concomitancia a la presencia activa de algunos neurotransmisores. Hasta el momento ha sugerido que la personalidad se basa en la interacción de tres rasgos temperamentales fundamentales pero que ofrecen gran cantidad de combinaciones: el *necesitado de recompensa*, el *buscador de novedad* y el que *evita el sufrimiento*. Las composiciones arrojan: *apasionados ambiciosos, arribistas, heroicos, histriónicos; cálidos, simpáticos, seductores, extravagantes; reservados, tímidos, depresivos,* y muchas más. Obviamente que los más de cinco mil rasgos que pueda contener una personalidad difícilmente se reducen a unos cuantos, por eso toda clasificación es sólo indicativa. Iniciativas de este tipo, revelan continuamente la inquietud humana que trata de comprender a aquel hombre que, pese a sus innumerables manifestaciones, nos resulta con frecuencia, bastante desconocido.

16.1. SENSIBILIDAD EMOCIONAL:

La vida emocional no es un repertorio único e independiente separado de otros módulos. Se integra a otras variables importantes que conllevan mucho de aquello que uno es: actividad cerebral, esquemas y procesos mentales, rasgos de personalidad, carácter, temperamento, humor, etc. A la reconocida individualidad humana le corresponde una particularidad emocional. Estás con tres amigos, es Navidad, compras regalos para los miembros de tu familia, ellos hacen lo mismo. Al salir del negocio ven un niño casi desnudo, los dos amigos pasan cómodamente a su lado. Tú vuelves a la tienda y compras un obsequio y lo entregas al niño. ¿Por qué tú sí y los otros no? ¿Por qué un 20% de los jóvenes se une a tareas de voluntariado y no los demás?

Los estudiosos en el campo de la genética y del comportamiento coinciden al afirmar, como ya mencionamos algunas veces, que muchos repertorios conductuales están marcados por la programación genética, pero también por el ambiente. El hombre aprende mucho en su entorno y el manejo de su vida emocional depende en buena parte de cómo es educada en su gestión. Las madres ansiosas, fumadoras, sobreprotectivas por ejemplo, han demostrado con alta frecuencia, que en su educación afrontan luego hijos ansiosos, inestables y caprichosos; como también padres autoritarios, por su parte, crean las bases de una conducta tímida e insegura en sus hijos.

El mundo de las emociones es uno de los más importantes en la vida del hombre. En él reside nuestra capacidad de amar, comprometernos, construir o destruir familias, mantener un mundo habitable o contaminarlo hasta dañar la calidad de la vida humana. El crecimiento humano depende de cómo integramos nuestras fuerzas para cumplir nuestro cometido humano y espiritual. Es nuestro repertorio que nos permite captar un mensaje, o no.

"Cómo no quisiera volar a aquella cima,
donde respirábamos el mismo aire.
A aquel lugar
donde el viento venido de lejos,
se unía a nuestra alegría
acariciando nuestros rostros con su cálida brisa.
Donde tú y yo soñábamos
en el mañana que sí llegó,
pero tú...
¡ya no estás!" (J.Gómez-Gareca)

No sólo es emotivo el que siente o vive un poema. También aquel individuo que busca sensaciones en la velocidad, en el deporte de alto riesgo, en el baile, en el canto, está expresando mucho de sus emociones.

Por su sensibilidad, el mundo de las emociones está muy expuesto a distintos tipos de influencia. Hoy se ha determinado que un promedio del 20 al 25% de niños en edad escolar requieren atención psicológica a causa de dificultades en el hogar (divorcios, separación, violencia). La vida emocional que desarrollan estará condicionada por el hecho de vivir con uno de los padres lo cual, pese a afirmaciones optimistas socio-culturales que disminuyen la gravedad del problema, no es lo mismo que vivir en una familia completa y bien integrada y esto vale no sólo para los hijos, sino también para los cónyuges que en general, luego de separaciones rehacen sus hogares para llenar los vacíos que experimentan. Estas circunstancias condicionan la evolución emocional y aconsejan reconocer el *tipo* de emocionalidad que aportamos al vincularnos con otras personas. Existen personas hipersensibles, dependientes, susceptibles e inseguras que convierten su vida emocional en un sistema bastante vulnerable. Es menester que conozcamos nuestras características, pues frecuentemente pensamos que somos de una manera pero los otros nos captan diversamente y esto no ayuda a una relación. Justamente el vínculo, la intimidad, el amor, la confianza, son las bases que permiten ese mejor conocimiento.

Una amiga no quiere hablar con su compañera. Ésta pregunta el por qué y no obtiene respuesta alguna. Luego de dos semanas la ofendida decide hablar:

- *Estoy molesta porque no me has invitado a la fiesta de tu hermano.*
- *Pero si no hemos celebrado fiesta alguna, mi hermano prestó nuestro salón para el bautizo de la hija de un amigo.*
  La amiga quiere creer, pero su impulso y su susceptibilidad son mayores:
- *No tienes que inventar excusas... Ya noté que estabas muy cambiada conmigo. ¡Dejémoslo así!*

Las personas susceptibles e inseguras son muy vulnerables, del mismo modo las dependientes e impulsivas. Quieren que todo vaya como ellas lo dicen. La falta de satisfacción a sus expectativas puede convertir su repertorio en agresivo, intolerante, sin excluir extremos de violencia. En estos casos no sólo escucharán las palabras otorgándoles el mayor impacto, sino que también podrán usar una verborrea bastante cargada de epítetos ofensivos. La interacción debe tomar en cuenta estas características para no deteriorar más la situación. Aquí es bueno recordar el consejo alemán: «el inteligente..., cede».

16.2. EMOTIVIDAD INADAPTADA:

Aunque en la clasificación de quienes hieren con más frecuencia hemos descrito un perfil aproximado (capítulo 12), hay que tener en cuenta que la vida emocional puede asumir una fisonomía muy extendida en la sociedad moderna: la *neurótica*, subrayando una inestabilidad emocional basada en ansiedad, angustia, que impulsa a decir y hacer justamente aquello que se debería evitar. Un cuadro similar delimita mucho la relación con las otras personas, pues se cometen demasiados errores como para que la pareja o la buena amistad las soporte. Dicen por ello: «*Si tu amigo dijese lo que piensa de ti... no sería tu amigo"*, subrayando cómo es la estima la que mantiene algunas relaciones que tendrían muchas razones para deteriorarse.

Ciertas personas viven con tanta intensidad su vida emocional, que un conflicto o ruptura puede llamar en causa varias partes de su organización física y mental. Una pareja pide concluir la relación porque la ve deteriorada. La otra no lo comprende así, entra en un cuadro depresivo donde se distingue:

- *Cuadro psicológico:* deficiencias ideacionales con falta de iniciativa, desmotivación, insomnio, falta de concentración, angustia, aislamiento.
- *Cuadro orgánico:* taquicardia, temblores, náusea, sensaciones punzantes de pecho, etc.
- *Organización motora:* rigidez motora, falta de coordinación fina.

La vida emocional compromete mucho de lo que somos, por eso es delicada y merece la mejor atención por parte de cada uno y de los demás. Y como hemos insistido, tal vez no podamos gobernar en demasía sobre nuestra disponibilidad genética, pero sí sobre aquello que aprendemos, y la calidad de éste nos podrá orientar hacia mejores modelos de comportamiento: *"Avisan a un piel roja que su padre ha muerto... va al cerro, mira las estrellas conversa con el alma de su padre, enciende el fuego y con el humo le envía un saludo. En nuestros países, tan atemorizados de la muerte, la misma noticia provoca llanto, desesperación, dolor, pena, los amigos se asocian, lloran juntos, se visten de luto muchos meses o años".* Y cada una de estas conductas es digna de respeto, admiración y comprensión.

16.3. EXPRESIÓN Y FUNCIÓN EMOCIONAL

La *expresión emocional* tiene como función importante la comunicación del estado emocional, tanto que se ha llegado a definir como *«el vehículo público de la actividad privada interior».* Por lo mismo, llaman la atención algunos grupos sociales y hasta culturales, donde el mundo de las emociones es reprimido, y no se permite la expresión de una interioridad, activa por excelencia y que encuentra su realización nada menos que en la *expresión misma.*

Recuerdo el relato de un paciente muy enamorado que quiso compartir la intensidad de su sentimiento con un amigo y una amiga. El contenido expuesto con tanto romanticismo causó risa en quienes le escuchaban, la burla caricaturizó la figura de la novia y se habló de ella con desdén. Desde entonces el enamorado jamás volvió a compartir sus sentimientos ni con éstas ni con otras personas. Este dolor se provoca cuando "no se respeta ni se aprecia" el sentimiento del otro (por más que a otro le parezca ridículo, incomprensible o absurdo), y cuando falta la *empatía. Nadie expresa una emoción sin algún objeto,* la emoción siempre está relacionada a algo o alguien, no existe en el vacío existencial abstracto, y por más individual que ésta sea, su pensamiento, imaginación, se origina de algo hacia algo o alguien, por más que se detenga en el espacio individual y sea una meditación sin interlocutor. Muchos suicidas desarrollan estrategias comunicativas, exhiben sus sentimientos, incluso previenen sobre sus intenciones, exactamente porque buscan la comunicación. Jamás debe responderse a la angustia emocional de quien se expresa con desprecio, sorna o indiferencia. Es efectivamente en estos momentos donde se puede desplegar la mayor calidad emocional de quien sabe escuchar porque ama al prójimo, lo respeta y se dispone a ayudarlo si es necesario.

Me disculpo si a algún lector no le agrada la poesía, pero ésta es altamente instructiva y contiene una verdadera síntesis de una intensa vivencia emocional:

SOLEDAD DEL AMOR DESPRENDIDO
Por Manuel Benítez Carrasco

Mira si soy desprendido
que ayer, al pasar el puente,
tiré tu cariño al río.
Y tú bien sabes por qué tiré
tu cariño al río.
Porque era anillo de barro
mal tasado y mal vendido.
Y porque era flor sin alma
de un abril en compromiso
que puso en zarzas y espinas
un fingimiento de lirio.

Tiré tu cariño al río
porque era una planta amarga
dentro de mi huerto limpio.
Tiré tu cariño al río,
porque era una mancha negra
sobre mi fachada blanca.
Tiré tu cariño al río
porque era mala cizaña
quitando savia a mi trigo.
Y tiré todo tu amor,
porque era muerte en mi carne
y era agonía en mi voz.

*Tú fuiste flor de verano,
sol de un beso y luz de un día
Yo te acunaba en mi mano
y en mi mano te cuidaba;
y tú, por pagarme, herías
la mano que te acunaba.
Porque, al hacerlo, olvidabas
tal vez por ingenuidad,
que te di mis sentimientos
no por tus merecimientos,
sino por mi voluntad.*

*Yo no puse en compra-venta
mi corazón encendido;
y haz de tener en cuenta
que mi cariño no fue
ni comprado ni vendido
sino que lo regalé
Porque yo soy desprendido,
Por eso te di mi rosa
sin habérmela pedido;
porque yo soy desprendido
y doy las cosas sin ver
si se las han merecido.
Por eso te di mi vela,
te di el vino de mi jarro,
las llaves de mi cancela
y el látigo de mi carro.*

*....Ya ves si soy desprendido
que ayer, al pasar el puente,
tiré tu cariño al río...*

Capítulo 17
MODULADORES EMOCIONALES

Los últimos años han sido muy prolíficos en la comprensión de los mecanismos neurofisiológicos y psicológicos de la emoción. Con placer me he interiorizado en los importantes hallazgos de Antonio Damasio y Joseph Ledoux a quienes ya hice referencia anteriormente. Sus pesquisas han complementado mucho de lo que se sabía en el pasado, pero sus habilidades metodológicas como investigadores imaginativos y su moderna instrumentación han permitido en el caso de Damasio una mejor comprensión de la relación emoción, sentimiento y conciencia presentando un mundo de emociones más racional e inteligente. En cuanto a Ledoux, entre otras, son brillantes sus conclusiones sobre el papel que la *amígdala* desempeña en la respuesta emocional. La labor divulgativa de Daniel Goleman sobre la inteligencia emocional, ha ayudado a redescubrir la dinámica motivadora de la emoción devolviéndole una dignidad que se había descuidado, ahogada por un Conductismo que ignoró en demasía los procesos interiores del hombre.

Damasio (2000) contempla la emoción unida a los valores de la regulación homeostática. Los sentimientos de placer y dolor, acercamiento o fuga y muchos otros, pretenden favorecer la *sobrevivencia* y *equilibrio* del hombre y no únicamente en función de sus reacciones neurofisiológicas instintivas, sino también estimulando los mecanismos de aquella *conciencia* que permite a los sentimientos lograr mejores alcances.

En virtud de esa *"conciencia"*, podemos *sentir y conocer la emoción*. El hombre está en grado de reflexionar sobre aquello que vivencia, y desplegar estrategias sobre sus necesidades de respuesta futuras.

Gran modulador de la emoción es la *razón* y es en su manejo que el humano debe entrenarse; *la sola presencia de la razón no garantiza que el hombre logre el dominio sobre sus emociones e instintos*. Escribía Chamfort: «Uno de los mejores dones de la naturaleza, es la fuerza de la razón que nos eleva por encima de nuestras pasiones y flaquezas, y nos hace que comandemos en nuestras cualidades, facultades y virtudes» (C.R.N.Chamfort, Maximes et pensées).

"En una consulta tengo la oportunidad de escuchar los puntos de vista de una pareja que tiene dificultades en su relación: El esposo es autoritario y dominante, la mujer pasiva, ha insistido en un encuentro ante un especialista para sentirse en una mejor condición de diálogo, pues en casa, según ella, el esposo levanta la voz, agrede y jamás se equivoca. El marido expresa sus puntos de vista, habla sin reparos, no le importa la impresión que suscita en el especialista y se expresa en términos severos sobre la mujer. El rostro de la señora se hace cada vez más tenso, al principio se sonroja ante algunas expresiones del esposo, luego se pone pálida, ya no levanta el rostro, observa sus manos que fricciona con ansiedad elocuente, con los movimientos de su cabeza expresa el desacuerdo con los términos de su compañero de vida, respira profundamente tratando de calmarse, ahora cierra los puños, quiere controlar la situación... rompe en llanto desesperado, su corazón se ha acelerado, la boca está seca, le cuesta hablar fluidamente".

Su organismo ha reaccionado ante la intensa situación emocional. El bagaje neuronal, del que hablaremos enseguida, ha empezado a *liberar sustancias químicas* en distintas localizaciones del cerebro estableciendo una dinámica propia del contexto emocional. La situación de tensión que se vive durante esta conversación, estimula por ejemplo la secreción de *cortisol*, una sustancia que modifica el perfil químico del medio interno, preparando al organismo a soportar una situación de conflicto y favorecer la *resistencia*. Los *neurotransmisores* que ya conocimos en capítulos anteriores tales como las *monoaminas*, *noradrenalina*, *serotonina*, *dopamina*, son llamados en causa. Esta revolución interna prepara al organismo a resistir la confrontación y en lo posible, facilitar una salida airosa.

Cuando el organismo se prepara para afrontar esta situación de emergencia, lo que le importa es la sobrevivencia del organismo y hará lo necesario para defenderlo, en el pasado era muy fácil que esta respuesta se asociara a medidas físicas de ataque, hoy, en un mundo supuestamente más civilizado, la fuerza es mesurada y su exceso incluso está castigado por las leyes, pero es el momento en el cual la beligerancia verbal se puede hacer presente, pues lo que alguien "diga" tiene menos probabilidades de condenarle legalmente que obrando físicamente. Además, muchos creen que pueden vociferar a su antojo porque creen que las *"palabras se las lleva el viento..."*, mas vamos entendiendo que no es así.

Según Damasio, la dinámica emocional se reconoce a partir de un número reducido de sitios emplazados mayormente debajo de la corteza cerebral (subcortical). Las localizaciones subcorticales que mayormente interesan a nuestro argumento se encuentran junto al *tronco del encéfalo, hipotálamo y cerebro anterior basal.* En esta distribución se encuentran las dos *amígdalas* (una correspondiente a cada hemisferio cerebral), el *cíngulo* y la *región ventromedial prefrontal.*

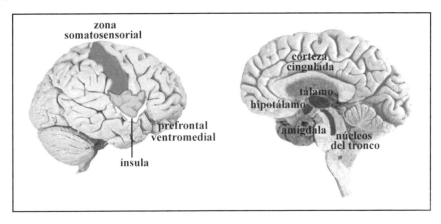

35. *Dinámica emocional*

Hoy se conoce con mayor precisión la función de cada uno de los sitios gracias al sistema de "Imaginería PET" y al cual hemos hecho referencia en capítulos anteriores. Damasio ha registrado con esta instrumentación que aunque el miedo, la tristeza y la ira excitan el tronco del encéfalo, la tristeza estimula la activación hipotalámica y ventromedial prefrontal de manera específica. Sus conclusiones sobre el papel de la *amígdala* también son importantes y *la reconoce como fundamental para advertir el miedo en las expresiones faciales, prepararse a alguna reacción y expresar el mismo miedo. Lesiones en esta zona hacen que al no reconocer el peligro las personas asuman conductas temerarias y peligrosas.* Muchos accidentes en «juegos» temerarios han demostrado su relación con disfunciones en la amígdala. Sin embargo, la misma amígdala no cumple funciones en el reconocimiento de estímulos repugnantes o alegres, para ello hay otros centros altamente especializados.

El organismo cuenta con patrones de activación emocional muy definidos. Ante el estímulo emocional, está en grado de movilizar respuestas que modifican el estado del cerebro y del organismo. Este despliegue favorece respuestas que crean el *"estado emocional"* (Damasio, p.97) y está dado por un importante mecanismo donde la movilización neural suscita *sensaciones* como consecuencia de la activación. Al hacerlo así, el individuo *siente lo que sucede,* y *toma conciencia de sus emociones*. Este estado es el que se conoce como *sentimiento*. En resumen, *el sentimiento es la conciencia que tiene el hombre de sus emociones*.

Muchas situaciones emocionales crean un cuadro de estrés muy intenso por eso las parejas podrían exhibir nerviosismo, irritabilidad, intolerancia, depresión, etc. El modelo del doctor Hans Selye (1946), uno de los pioneros en el estudio del estrés, ve en el "Síndrome General de Adaptación" (SGA), la respuesta del organismo a la necesidad de restablecer la homeostasis. Las situaciones de emergencia suscitarían el siguiente mecanismo:

a) **Fase de Alarma:** caracterizada por la manifestación de varias modificaciones de carácter bioquímico hormonal, involucra la participación del eje hipófiso-suprarrenal. El organismo reacciona a algún cambio vigente en el ambiente, despliega su estrategia defensiva adaptativa. Cambio ambiental significa algo interno (variaciones en el balance químico dentro del organismo), o externo (una amenaza o cambios barométricos).

b) **Fase de Resistencia**: donde el organismo se organiza funcionalmente para mantener su integridad y *resistir* a los cambios impuestos. Esta fase es la más larga dentro del SGA, puede durar días, meses, años o décadas (un prisionero por ejemplo que no acepta estar encarcelado). Cuando se consigue la adaptación, entonces, los índices de corticoesteroides vuelven a sus niveles usuales, desapareciendo la sintomatología. De persistir, contrariamente, el agente causal de la reacción, en casos extremos, puede llegar a producir alteraciones hasta en los mismo tejidos. Si el mecanismo o estrategia desplegada no logra efectividad, la exigencia induce a la fase de *agotamiento* donde el organismo podría morir.

c) **Fase de Agotamiento:** es la última del cuadro y se declara cuando uno o más órganos no pueden mantener la tasa de rendimiento exagerado que solicita el esfuerzo adaptativo, en tal caso sucumbe, algo se debilita y fractura, dando lugar a la *Enfermedad de adaptación*. En estas circunstancias el estrés se manifiesta en modo definible como un problema médico de tipo: infarto, úlcera gastroduodenal, surmenage, etc. Por eso Selye define la enfermedad como *el resultado de un proceso prolongado de adaptación o estrés,* definiéndolo *como una reacción adaptativa y fisiológica inespecífica ante cualquier requerimiento de modificar al organismo, por parte de una situación de amplia variedad de estímulos heterogéneos.*

Si coincidimos en que el estrés es la respuesta del organismo a cualquier solicitud de adaptaciones, tenemos el siguiente esquema:

Estresores} Estímulos físicos
Estímulos biológicos >>> Organismo >> > Estrés
Estímulos psicosociales   *Rta. fisiológica inespecífica*

El esquema siguiente muestra los 8 modelos expresivos correspondientes a humanos y animales. Son categorías funcionales en cuanto sirven a un propósito y obviamente cada ser vivo las experimenta de acuerdo a sus características propias e innatas. *Es oportuno reconocer estos estados porque el "descontrol verbal" encuentra residencia en varios de ellos.*

EMOCIÓN	FUNCIÓN	DESCRIPCIÓN
Miedo	Protección	comportamiento designado para evitar el peligro o daño físico. Modelo: fuga, evitación o elicitación de cualquier conducta que lo aleje de la fuente de peligro
rabia, cólera furia	Destrucción	comportamiento designado para eliminar un obstáculo visto como amenazante o impide el logro de un fin. Incluye: lucha, golpes, mordizcos, hasta actos simbólicos tipo amenaza.
alegría	incorporación	compromete la aceptación de estímulos benéficos provenientes del ámbito externo: comida, apareamiento, afiliación, pertenencia.
disgusto	rechazo	comportamiento designado para expeler algo digerido, dañino: vómito, defecación. Se asocia a los sentimientos de hostilidad y competencia, sarcasmo y otros, evidenciando la actitud de rechazo a personas o ideas.

aceptación	reproducción	permite el contacto sexual a fin de perpetuar la especie. Expresiones son el cortejeo, signos sexuales y cópula.
tristeza	reintegración	se asocia con la pérdida de alguien importante en el pasado. Expresiones de llanto, malestar, búsqueda de protección y mimos. Se persigue una gratificación sustitutiva a lo perdido.
sorpresa	orientación	permite el contacto con un estímulo nuevo, posiblemente desconocido, rumor fuerte, animal, nuevo territorio. El organismo ante lo extraño se detiene rápidamente para que los órganos de los sentidos se informen sobre el nuevo estímulo.
anticipación	exploración	comportamiento designado para contactar al organismo con muchos aspectos de su ambiente. Conociendo las proximidades el animal y el humano pueden prevenir actitudes que le permiten sobrevivir (Plutchik, 1980, p.73).

Plutchik (1980) ve en la capacidad cognitiva un óptimo apoyo para mejorar la calidad de nuestras emociones. Un intelecto preclaro, podría favorecer actitudes emocionales muy importantes y sobre todo regulares, permitiendo respuestas cada vez más adaptativas sin que dejen de ser racionales. Todo ello nos insiste en la importancia de conocer mejor nuestro sistema emocional para valorarlo y protegerlo. La maduración humana debería estimular regularmente la búsqueda de un equilibrio entre el intelecto, la emoción, el organismo y el espíritu.

17.1. LA AMÍGDALA:

Los trabajos de Joseph LeDoux (1999) se han convertido en un verdadero pilar de la biopsicología moderna. Gracias a su infatigable labor se han descubierto novedosos mecanismos que explican secuencias importantes de nuestro mundo emocional. Tal vez el conocer su dinamismo nos ayude a tener más cuidado con aquel sensible mundo hecho de instinto, emoción y cognición.

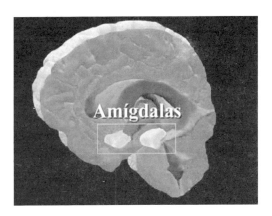

36. Importancia de la amígdala

La palabra amígdala tanto en su origen griego como latino significa "almendra", y este nombre se ha aplicado a un pequeño centro cerebral, porque asemeja a la forma de una almendra.

Desde el punto de vista neuroanatómico, la amígdala describe dos estructuras situadas en ambos hemisferios dentro de la región antero-inferior de los lóbulos temporales. Por su proximidad se interconecta con el *hipocampo*, los *núcleos del séptum*, el área *prefrontal* y el *núcleo dorso-medial del tálamo*. La definición común la afilia principalmente a las actividades emocionales, al humor, a estados de miedo, agresividad, placidez, etc. Por su relación con el miedo, su función se asocia a conductas de acercamiento o fuga y se destaca su importancia en las respuestas de alerta, lucha, reconocimiento del peligro y amenazas entre otras.

Como veremos sucesivamente, estudios de casos han demostrado que lesiones en la amígdala podrían generar conductas agresivas, docilidad descontrolada, sexualidad indiscriminada y desde el punto de vista afectivo, exhibir conductas indiferentes al riesgo. Cierto tipo de lesiones o patologías pueden inducir dificultades en discriminar la atracción o rechazo que suscite en ella la presencia de una persona. Piénsese en lo delicado del hecho si alguien no sabe distinguir que se le acerca una persona armada para agredir. Por otra parte, tumores en la amígdala han explicado la conducta violenta de francotiradores que asesinaron decenas de personas sin motivos aparentes. (Castañón-Gómez 1991).

LeDoux (1999), otorga gran fuerza a las emociones afirmando que dirigen con potencia las reacciones humanas. No es raro que tengamos un estremecimiento que nos pone la "piel de gallina" antes de saber de "qué tenemos miedo"; mientras tanto el organismo ya ha ordenado secreciones hormonales, el corazón late apresuradamente y el organismo todo se prepara a las futuras eventualidades. Esta especie de "inconsciencia" emocional tan unida al programa instintivo constituye la fuerza misma de la emoción.

Es muy ilustrativo el caso tratado por Damasio (2000). Lo identifica como "S" y corresponde al de una mujer casada. El escáner correspondiente reveló que las dos amígdalas del lóbulo temporal izquierdo y la del derecho estaban calcificadas. El cuadro fue diagnosticado como síndrome de Urbach-Wiethe. Por su cercanía al hipocampo (importante para la memoria), el especialista quiso determinar si registraba dificultades de aprendizaje, pero más bien resultó que aprendía eventos nuevos normalmente. Lo que sí evidenció es que no se la podía condicionar a sentir rechazo ante estímulos desagradables. En su actitud era positiva y muy prosocial, casi excesivamente amistosa, no huía a algún contacto físico. "No medía el alcance del acercamiento, por ello algunos habían tratado de abusar de ella. Desde el punto de vista neurológico sus destrezas básicas, percepciones sensoriales, movimiento, lenguaje e inteligencia no eran diferentes a los de una persona saludable promedio" (p.82).

Lo que sí llamaba la atención era una particular dimensión de su vida emocional: parecía haber descartado de su repertorio todo tipo de emociones negativas tipo miedo, ira, dando espacio sólo a emociones positivas. Estudios sucesivos efectuados por otros especialistas, confirmaron que situaciones que provocarían miedo a otras personas no producían en ella ni el menor atisbo. En consecuencia, por los daños sufridos, no aprendió a prevenir el peligro ni a reconocer estímulos de amenaza y es lo que explica en casos similares la conducta temeraria. Pero también nos hace entender su función en aquellas personas que impulsadas por raptus agresivos, no ven las consecuencias de sus actos, ni valoran el riesgo extremo de su comportamiento. Un resumen de más casos seguidos por Damasio y colegas confirma que los pacientes que tenían lesiones en ambas amígdalas reconocían perfectamente personas recomendables, pero no aquellas a las que nosotros jamás quisiéramos encontrar por sus expresiones de miedo o amenaza. Esta incapacidad para discriminar el peligro se convierte en una amenaza para estos pacientes, pues se ven desprotegidos ante el peligro que pueda provenir del entorno.

Otra variedad de caso la cita el mismo Damasio (1999) al referirse al "abogado que no podía decidir". Al paciente en cuestión se le diagnosticó un pequeño tumor en los lóbulos prefrontales, pero durante la cirugía, por accidente sufrió el corte de los circuitos que conectaban esos lóbulos con la amígdala. El resultado fue dramático porque lo convirtió en un individuo inepto en el trabajo que luego perdió. Cuando buscó la ayuda del especialista éste le proponía los horarios para la cita y no estaba en grado de decidir cuál le convenía. No tenía una sensación sobre sus pensamientos, por lo que carecía de preferencias. Casos similares revelaban una incapacidad para decidir convenientemente, evaluaban una estrategia correctamente, pero al decidir se equivocaban e iban en bancarrota; algunos se casaban y divorciaban, invertían y perdían.

Rubia (2000), menciona que la estimulación eléctrica de la amígdala, suscita alucinaciones de tipo visual y auditivo además de crear sensaciones de familiaridad. La amígdala también tendría un rol en los estados disociativos, sensaciones de despersonalización y alucinaciones.

Pero seguramente son los estudios de Joseph LeDoux (1999) que han aportado mayor conocimiento no sólo al mundo de las emociones sino también a la comprensión de funciones más específicas de la amígdala. Sus conclusiones lo invitan a afirmar que *"la emoción es más fuerte que la razón" en cuanto esta última puede ser moderada por la reflexión mientras que la emoción cuesta manejar desde el punto de vista racional*. Aunque su opinión es autorizada, no se debe pensar en un hombre "víctima" de su emoción. La historia humana está gratamente iluminada de individuos que han superado el instinto, la emoción gracias no sólo a su razón sino además gracias a una fuerza espiritual que muchos neurocientíficos ignoran con excesiva frecuencia.

LeDoux cuenta con muchas connotaciones que lo acreditan como prominente científico. Gracias a su talento, encontró una modalidad para utilizar rastreadores químicos en distintas secuencias neurales, pudiendo demostrar que *el aprendizaje emotivo puede realizarse sin que en el sistema de transmisión neural llame en causa otros sistemas de elaboración superior como el pensamiento,* en respuestas repentinas de emergencia y poco estructuradas. Quiere decir que puedes tener miedo de algo, y asustarte antes de que tomes conciencia de ello o pienses en lo que te está sucediendo, por eso saltas para evitar que un toro te embista, sin embargo no has pensado si saltas a la derecha o la izquierda, si te lastimas o no, saltaste y punto (pp.150ss).

Si te sientes amenazado por un reptil, no piensas si es cobra o boa, captas el peligro inmediatamente y posiblemente salgas corriendo sin tener conciencia del rumbo que tomas para huir, lo que importa a tu organismo es alejarte del peligro. Pero como la respuesta es poco estructurada, insisto, es una emergencia, no viste la altura desde la que saltaste y te has roto el pie. Posteriormente constatas que la serpiente era inofensiva..., pero ahora estás lesionado. Esto ya es fruto de tu pensamiento inteligente, en eso, no pensó tu amígdala...

Normalmente el estímulo sensorial recurre a los niveles corticales superiores para la elaboración de la respuesta, pero en su original contribución, LeDoux logró demostrar que esto, no siempre ocurre. El asocia el hecho a eventos repentinos de emergencia. Puede suceder a cualquier humano, y obviamente en otros cuadros patológicos que incluyan disfunciones en la amígdala. Este notable científico afirma que el mecanismo se debe a que el tálamo informa velozmente primero a la amígdala antes que al lóbulo prefrontal (para prevenir el ataque, induciendo una respuesta instintiva), esto, para favorecer tu respuesta al peligro.

¿Por qué es esto importante?

Porque cuando te maltratan y te dicen lo que quieren, también tú respondes de la misma manera, sin reflexionar... Porque cuando un padre abusa de su autoridad para aterrorizar al niño que se orina en sus pantalones, incluso defeca, ha puesto en movimiento estas respuestas de emergencia; porque cuando una persona ya no puede escuchar las ofensas verbales toma un florero y te lo arroja a la cabeza, sin medir las consecuencias, pues rompió su límite de tolerancia. Así nacen muchos crímenes pasionales. Por eso la palabra, en esos momentos puede ser tan peligrosa *como un bisturí mal maniobrado*. ¿No crees que todos éstos son motivos, para meditar sobre cada uno de estos capítulos?

El miedo se ha demostrado altamente asociado a las funciones de esta almendra biológica. ¿Por qué la amígdala prescinde en estas emergencias de la parte más intelectual y fina? LeDoux explica que este desvío tiene un sentido cardinal en términos "de tiempo". Cuando procesas una información de manera inteligente, el camino que lleva a la amígdala a través de la corteza toma el doble de tiempo que el más directo (hacia la amígdala). El uso de este "desvío" se hace aunque no se sepa con precisión cuál es la amenaza, pero lo que importa es el "anuncio" de que sí eventualmente hay un peligro. El "preaviso" trata de inducir una respuesta, y en la vida, milésimas de segundo son detalles; lo vemos en las carreras de Fórmula 1 y en las carreras de 100 metros planos.

Aunque el peligro sea distinto, en una situación real podría suceder que el individuo se estremezca porque ha visto una sombra; se pone a correr mientras en una secuencia siguiente piensa que por esa zona habían muchos delincuentes. Mientras corre, casi sin saber por qué… recién toma conciencia sobre la probable razón por la que corre. La amígdala motivó su respuesta de defensa.

17.2. APRENDIZAJE EMOCIONAL

El hecho de que la respuesta sea bastante primitiva o primaria, no quiere decir que sea perfecta. Insistimos que no es un repertorio de respuesta altamente elaborado, pero cumplió su cometido: ¡previno, avisó! En términos comunes esta reacción la habrían atribuido a un presentimiento o intuición.

Es de esperar que la inter-relación consciente entre humanos se inspire en estímulos y respuestas bastante inteligentes. Pero ¿qué sucede en el momento en el cual el sujeto empieza a proferir palabras duras, ofensivas, insultos, amenazas, e incluso llega a acciones de contenido agresivo y violento? ¿No será el momento en el cual el organismo reacciona de manera instintiva, sin procesos corticales altamente pensados, sino siguiendo rutas primitivas que inducen a respuestas nada meditadas y que tienen como consecuencia dolor, pena y en casos no raros muerte, como sucede en tantos crímenes pasionales?

Aquí radica la importancia de conocer que hay un lóbulo prefrontal inteligente que debemos educar sabiamente para que sea el patrón de lo otro. Y de la misma manera debe saberse que la fuerza instintiva y aquella emocional en determinados momentos no es controlable y nos deja desnudos, vulnerables, incapacitados ante fuerzas que nos oprimen y hacen de nosotros verdugos y víctimas. ¿Quién puede afirmar que jamás dijo algo inoportuno u ofensivo a alguien? ¿Cuántas veces nos hemos excusado por aquello que no quisimos hacer o decir? Son las pruebas de este juego bio-psicológico que debemos afrontar con sabio criterio.

Le Doux señala que debido a las experiencias, la reacción de la amígdala puede entrenarse, o sea que si alguien tiene experiencias frecuentes de miedo, la amígdala "aprende" a ser más sensible a ciertos estímulos de amenaza, de manera que aunque no se aparezca una serpiente, puede generalizar (como decían los conductistas) a otros eventos, por ejemplo a un ratón que le atraviesa de manera repentina. A esto llama el "aprendizaje emocional". Los traumas de niños maltratados, hombres y mujeres abusados, experiencias de guerra, y tantas otras miserias humanas, "sensibilizan" a la amígdala debido al excesivo bombardeo de malas experiencias. Atendí en el consultorio a una señora que tenía tal terror a su esposo, que ella y sus hijos, cuando escuchaban que aquél retornaba del trabajo a casa, *escuchaban* perfectamente el momento en el que él introducía la llave a la cerradura de la puerta de calle. Era el momento en el que la familia se dispersaba. Los hijos huían a sus habitaciones y la madre "corría" a cumplir sus deberes. Por la curiosidad que suscitó en mí el hecho, fui a visitar la casa acompañado de otro psicólogo. La cerradura era normal pero ni mi colega ni yo pudimos escuchar cuando experimentalmente la dueña de casa introducía la llave.

Muchos hijos en el hogar, que luego son fríos con los padres, responden mal o no tienen voluntad con sus mayores o con sus hermanos, han vivido situaciones de alarma que los "previenen" físicamente ante la presencia de ciertos individuos o estímulos. Y no es un prejuicio psicológico, es un condicionamiento físico, por eso es bueno entender que nuestra presencia, nuestra conducta, si se asocia a estímulos negativos que han condicionado negativamente los repertorios de otros, está en grado de crear malestar.

La amígdala al recibir las señales del mundo exterior vía sensorial, al activarse, produce una *reacción de alarma* que ayuda a evitar la amenaza y a huir de ella. La reacción conlleva la producción de hormonas del estrés, las hormonas adrenérgicas, moviliza los músculos del movimiento, activa mayormente el corazón, etc. La química del cuerpo se moviliza en gran extensión.

Mas el mundo de las emociones no es sólo ello, así como lastima, cons-truye, ama, abrasa al mundo con un encendido vivo y tácito. Lo saben los grandes hombres que han puesto su instinto al servicio de la razón y han unido su corazón a su espíritu para legar obras inmortales en favor de la humanidad. En pocas palabras, se puede entender el sabor y alcance de aquel mundo emocional que esos héroes del tiempo sin tiempo tienen. Dijo una elegante dama a Teresa de Calcuta: *"Yo no besaría a uno de esos pordioseros ni por un millón de dólares"*. La religiosa le contestó: *"Y yo ni por dos millones..."*. Obviamente no besaba ni curaba por dinero, lo hacía sólo por amor.

Tal vez en la dimensión emocional sea donde el hombre mejor puede demostrar que su rótulo de *sapiens* verdaderamente lo distingue de las otras especies, por el equilibrio que, si lo desea, puede lograr entre la razón, las emociones y el instinto, guiados, por una dimensión espiritual que creemos, tiene todavía todo que decir, incluso a los científicos. Las palabras salvan y condenan, mejor orientarse hacia lo primero. Se ha dicho que "somos dueños de lo que callamos y esclavos de lo que decimos" tal vez sea hora en cuanto a la palabra nos toca, de ser patrones y no esclavos.

La cultura ha ido fomentando desviaciones como cuando se dice que "un hombre no llora" o que la "mujer llora de todo". Ambas son afirmaciones anodinas que nos muestran la superficialidad con la que calificamos el delicado y valioso mundo de las emociones. La necesidad de amar y de ser amados; la búsqueda de vínculos y apego; la aspiración a una vida de conjunto; el obsequio de la intimidad, nos hacen vulnerables, nos ponen a disposición de quien es objeto de nuestro sentimiento. Por todo ello, quien recibe la honra de estas concesiones, debe "apreciar y valorar" este don, pues, si la confianza se convierte en abuso, la persona a la que se ama será fuente de muchos sufrimientos para quien se ha entregado.

El humano por el temor a sufrir no dejará de amar y de ser amado. Por lo mismo, para no deteriorar sus óptimas posibilidades, es oportuno que se eduque para ser principio de equilibrio, comprensión y armonía, pues no tiene derecho a "herir" a quien ve en su persona una insigne aspiración de amistad. "Mejor marcharía el mundo, y mejor caminaría el hombre, si hiciera de la amistad y del amor, un auténtico vehículo de comunicación".

Capítulo 18
COMUNICAR ES UN ARTE

"Cuando hables, hijo mío, hazlo con cariño y respeto,
porque la persona que tienes delante es la mejor obra de la Creación,
y no sólo merece, sino que espera de ti tus mejores palabras"

(Nélida Gómez Gareca, 2003)

Una joven pareja me había invitado a su casa y mientras conversábamos, el esposo, por algún mal entendido, profirió un par de palabras poco amables a la esposa. Ésta quedó en silencio y él, reconociendo su torpeza le dijo: "Te pido perdón por lo que acabo de decir, soy un hombre muy torpe, lleno de defectos". Ella, agradecida, lo miró fijamente con mucha bondad, y tomándole de la mano le respondió: *"... pero tus cualidades son mucho más numerosas que tus pequeños defectos..."*.

Un adolescente se despedía de sus padres porque debería cambiar de ciudad para seguir sus estudios universitarios. Llegada la hora, el joven se fue a despedir de sus padres y mientras lo abrazaban el padre le preguntó: "¿Te falta algo? El hijo abrazándolos les dijo:" *Me faltarán ustedes..."*.

En una familia había cuatro hijos. Alberto de 20, Luis de 17, Carlos de 16 años y Diego. Los hermanos habían discutido por asuntos propios, pero Carlos afirmaba que su opinión era la verdadera, no la de Luis. Alberto, daba la razón a Luis y la discusión cada vez subía de tono. En su desesperación, Carlos pidió a su padre que llamara a su hermano Diego. Yo pensé que se trataba de otro hermano mayor, pero me sorprendí al constatar que era el menor de todos, tenía 11 años. Entonces le pregunté a Carlos por qué quería que Diego estuviera presente, a lo que los tres hermanos me respondieron: *"porque Diego nunca miente..."*.

Estos relatos breves reflejan cómo las palabras dicen mucho de las personas. He sido testigo de otras discusiones donde uno de los cónyuges ha pedido disculpas por el error, pero en vez de recibir una respuesta "sabia", como señalo en el primer caso, he escuchado replicar: *"tú siempre eres así, abusas de mi bondad, ya no soporto más, jamás vas a cambiar, no debería haberme casado contigo, etc., etc.".* Respuestas similares no animan a que ante un futuro error, la persona vuelva a disculparse.

A través de las palabras expresamos mucho de lo que somos y sentimos:

> *Aunque de pueblos distintos vengamos,*
> *y nuestros intereses se opongan,*
> *mi voz, siempre voz amiga es,*
> *pues, cuando yo hablo... lo que hablo soy.* (J. Gómez-Gareca, 2004)

18.1. TÚ ERES LO QUE DICES:

El profesor Howard Gardner (2000), ha dedicado toda su vida profesional a entender el comportamiento humano. En una conferencia dictada en Tokio, insistía que dos valores deberían cuidarse y transmitirse en la educación moderna: la *responsabilidad* y el *humanismo*. Responsabilidad, para cuidar nuestros *valores* y entre los que situaba en primer lugar a la *familia*, piedra fundamental de la sociedad. Al hablar de humanismo, insistió en la necesidad de volver a *"apreciar"* aquello que el hombre es. Tampoco ignora sus errores, pero quiere animar un acercamiento a su capacidad para hacer maravillas, como aquellas que exhibe cuando ama y construye.

Redescubrir al hombre, es la consigna. Caminamos tan de prisa, nos ocupamos tanto de "efectos especiales" y digitalización, que nuestra realidad cada vez está más influenciada por la llamada "realidad virtual", y menos por aquella vida interior que asiduamente toca nuestras puertas sin ser escuchada.

A pesar de tantas "crisis" que se atribuyen al contexto familiar, de acuerdo a numerosa información estadística y encuestas realizadas particularmente en España y Latinoamérica, hemos comprobado que la familia sigue siendo el crisol donde el hombre tiene su principal referencia. Estamos seguros, igualmente, que para la mayor parte de los humanos la familia sigue siendo el lugar donde anida su corazón, la fortaleza donde habita el padre valiente, la madre amorosa, el hijo obediente, el hermano comprensivo.

Como nuestros lectores se distribuyen en una población internacional, no podemos ofrecer estadísticas para cada país, pero quisiera ponderar que las tendencias en los países de habla hispana ven en la familia entre 55-70% como su principal foco de influencia. Otras referencias para los grupos restantes son la fuente de trabajo, el centro educativo y el grupo (G.I.P.L.P., 2004).

Los valores que más se aprecian son: *confianza, honestidad, diálogo, solidaridad, respeto*. Los jóvenes se inclinan a confiar en coetáneos aquello que creen pueda ser censurado por los adultos, pero cuando requieren un sabio consejo, seguro y confiable, tienden a buscar a una persona adulta, que en más del 60% corresponde a un familiar, principalmente la madre, el padre, un hermano o hermana, sin olvidar religiosos o maestros, amigos de la familia.

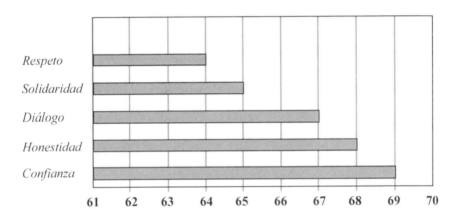

37. *Valores dentro de la Familia (%)* (CIEH Investigaciones, 2004)

Los padres de familia, por su parte, siguen estimulando en los hijos la responsabilidad, el estudio unido a un buen rendimiento académico, la profesionalización, el sentido religioso. Perciben que el joven se esfuerza menos, busca más la comodidad y la diversión, le cuesta tolerar límites, problemas y frustraciones, pero sigue acariciando metas de crecimiento y realización: quiere una profesión, trabajo, independencia, economía saneada. Sus principios sociales muestran rechazo por la violencia y las guerras, critican la corrupción y la injusticia; aprecian el hogar y la amistad.

Los miembros de la familia, ven como importante el *respeto* entre sí mismos, destacan la necesidad de orientar adecuadamente la *comunicación* a fin de fortalecer, y en lo posible, prolongar los vínculos.

18.2. IMPORTANCIA DE LA COMUNICACIÓN:

Hemos indicado en pasajes anteriores que el hombre es un ser social y uno de sus modos de socializar consiste precisamente en el uso del lenguaje verbal para realizar una de sus experiencias más notables: la *comunicación*.

He viajado a países remotos, a pueblos muy alejados de Japón, Corea, Israel, Egipto, y en todos, pese a los límites de idioma, siempre encontramos el modo de comunicar, pues hacerlo es parte de nuestra esencia. De Mauro (2002) sostiene que en los símbolos fónicos se debe buscar todo el movimiento de la conciencia. Las palabras, las frases, la lengua que habitualmente hablamos, tienen raíces muy profundas. Desde la primera infancia las palabras comprometen nuestra capacidad de memoria, y a través de ella, usando el lenguaje, traemos en causa todo nuestro pasado que se une a nuestro presente.

El hombre tiene variadas formas de comunicación, nosotros nos hemos concentrado en el vital uso de la expresión verbal que el arte ha sabido valorizar en su originalidad y creatividad y la ciencia entender sus mecanismos de precisión, mucho de lo cual hemos visto en capítulos anteriores.

El ámbito familiar es un contexto muy rico para las posibilidades de comunicación, es más, constituye la forma primaria de organización humana y es la célula base en la conformación de la vida comunitaria y social. Aquí se desenvuelve el hombre y da sus primeros pasos hacia la socialización. En esta "cuna", en general, empezamos a hablar y ensayamos nuestras rudimentales formas de comunicación:

Por la comunicación verbal, establecemos contacto con una o más personas e iniciamos un *proceso* mediante el cual *emitimos* y *recibimos* mensajes.

La comunicación a la que me refiero, se realiza entre personas. Tu padre habla contigo por ejemplo asumiendo el papel de *emisor*. Desea conversar contigo para transmitirte algo, un *mensaje*; si tú lo escuchas, te conviertes en el *receptor*. Recurre a un canal de comunicación, la *palabra*, cuyos códigos y significados, en general, tú conoces. Así que estás en grado de establecer una comunicación.

¿Qué sucede cuando vas donde tu maestro, le pides un consejo y se queda en silencio o después de haberte expresado con la mayor sinceridad e intimidad, te dice que no tiene más tiempo?

En la comunicación has transmitido un contenido a través del mensaje, y es usual que esperes una respuesta, una opinión, por eso te decepciona cuando buscas diálogo y la otra persona no responde. La comunicación supone uno de sus atributos importantes: la *reciprocidad*. Las respuestas y comentarios retroalimentan la plática permitiendo que se prolongue. La reciprocidad nos muestra cómo ha sido recibido el mensaje. Buscamos a ciertas personas para el diálogo precisamente porque sus actitudes son gratificantes, muestran interés por lo nuestro. Las amistades se forman por reciprocidad en muchos contextos.

Debemos tener en cuenta, sin embargo, que aunque podamos hablar con cualquier persona, la comunicación *se aprende*. Aprendes por ejemplo que si alguien te comunica una intimidad dolorosa, no puedes empezar a reírte a carcajadas. Cuando comunicas no sólo intervienen las palabras, hay gestos, movimientos, expresiones faciales, y hasta el mismo *silencio*, en algún momento, puede ser parte reflexiva de la comunicación en curso.

¿Podrías vivir en tu hogar sin comunicarte? *"No se puede no comunicar"*. Aún cuando te quedas en silencio porque no quieres responder a tu emisor, sí estás comunicando (que no quieres hablar por ejemplo).

Durante la comunicación se transmiten pensamientos, ideologías, sentimientos, juicios, opiniones, etc. Toda esta dinámica se desarrolla en un *medio físico*, que en nuestro caso, es el *hogar* o tu *ámbito educativo*. Es deseable, que si comunicas, tengas las condiciones para ello. Si de fondo tienes uno que grita, otro que canta, un perro que ladra, o todo a la vez, es difícil conversar, ¿verdad? Un ambiente familiar donde prevalece la tensión, el estrés, los conflictos entre cónyuges o hermanos, no es un ámbito que favorece el diálogo, por eso algún miembro de la familia busca otras personas y entorno para comunicar. Muchos padres se molestan porque sus hijos "no se abren", pero algunos no comprenden que jamás tienen tiempo y otros olvidan que la última vez, el diálogo terminó en pelea por la incomprensión de uno de los progenitores.

Aunque por necesidad técnica hablemos de emisores y receptores, lo que más hay que comprender es que hablamos entre *PERSONAS* con repertorios humanos y espirituales que pregonan la *DIGNIDAD* que les precede. Además, son miembros de la misma familia, por lo tanto unidos por ligámenes de sangre y afecto. Esto nos obliga a afinar nuestros repertorios. ¿No es o debería ser mi padre, mi madre, mi hermano, mi hermana, mi hijo, mi hija, mi primera y mejor opción para comunicar? Es sabido que no siempre lo es, por eso reflexionamos hoy sobre este asunto, para evitar que en el futuro se declaren nuevas formas de distanciamiento.

Cuando nos comunicamos, tenemos un propósito: *transmitir un mensaje*. Hablamos para algo, para facilitar la ocurrencia de algo. La comunicación *tiene objetivos, y por ello cuando dialogamos,* se espera que seamos *conscientes* de aquello que decimos. Esta conciencia le otorga a nuestra comunicación una *intencionalidad*. Lo vemos cuando conversamos con el hijo para reflexionarlo y pedirle un cambio de actitud, más comprensión, participación, etc.

Este aspecto es fundamental porque la transmisión debe ser activa, lo que significa que uno, por más amante y cariñoso que sea de su familia "no está obligado a adivinar". ¿Por qué lo menciono? Simplemente porque he comprobado con suma frecuencia en mi práctica clínica y social, que muchos esperan que uno les pregunte todo. Se molestan con los padres acusándoles de "incomprensivos" porque no se dieron cuenta que la hija sufría interiormente. Muchas veces las esposas o esposos, buscando una gratificación emocional a su modo, esperan que su pareja "perciba o adivine" su estado interior, pero ello no siempre es posible. Esta especulación nos lleva a destacar una *regla de oro* en el hogar: *si tienes una solicitud, si tienes peticiones, si deseas ayuda, buscas orientación, etc., expresa tu requerimiento claramente*. Se espera, obviamente, que aquél a quien solicites la asistencia esté en grado de comprenderla.

La *escucha*, de la que hablaremos luego, es fundamental para este tipo de dinámicas inevitables dentro del medio familiar. Cuanto más *sencillo* y *transparente* sea nuestro lenguaje, mejor revelará nuestra interioridad, pues las palabras mientras más cristalinas sean mejor muestran las expectativas de nuestros corazones.

La familia es una estructura en la que hay de todo. Puede existir un abuelo que pierde la memoria y hay que repetir la historia muchas veces. El amor familiar debería ser comprensivo con dicho estado. Existen familias donde alguien sufre una enfermedad prolongada. He observado que en varios lugares se "aburren" del enfermo, lo que por cierto comporta dramáticas consecuencias en el paciente y en la familia misma. Todos estos eventos excepcionales merecen una especial atención, que traducida en una reorganización, ayuden a afrontar los acontecimientos con renovado amor, introduciendo una variable fundamental: *la compasión,* noble expresión de caridad comprensiva y generoso amor incondicional.

Por otra parte, los hijos más jóvenes son portadores de novedades que requieren, por parte de sus mayores, una mentalidad bastante lúcida y elástica para comprenderla. Los hijos a medida que crecen, se van haciendo muy independientes en su conducta y más autónomos en su pensamiento, esto hay que entenderlo. Muchos conflictos entre padres e hijos derivan de esta incomprensión. Si los padres no reciben la respuesta esperada y tornan instantáneamente su comportamiento en agresivo o intolerante, habrán dañado la posibilidad de modificar esa conducta, al menos en ese momento.

La atención y respeto que merecen los hijos no impiden las sugerencias y disciplinas necesarias para un crecimiento armónico y maduro. El joven requiere orientación, orden, disciplina y los mayores deben estar en grado de transmitir sus principios fundamentales. El joven para entender busca razones y afectos, no imposiciones.

Con los niños particularmente, aunque vale para todos, las promesas se deben cumplir. Frecuentemente los adultos llegan a compromisos que luego no honran. Para ellos puede ser una banalidad pero para el menor es su mundo, es la palabra del padre, de la madre, del hermano mayor. Su incumplimiento gradualmente crea desconfianza y distanciamientos que no siempre se expresan pero que anidan en el interior de la persona. En el hogar, el corazón y el oído deben estar atentos, para no descuidar, en lo posible, los requerimientos de una interioridad que nos circunda buscando ayuda.

La buena intención y el buen tono, no siempre garantizan la adecuada comunicación. Una persona susceptible se hace difícil en cualquier diálogo que implica crítica o reflexión sobre sus errores. Personas defensivas, difícilmente se abren para escuchar una sugerencia que ayude a modificar algún rasgo de su comportamiento. Comunicar es un arte y deberíamos esforzarnos todos para desarrollar en nosotros buenas destrezas de comunicación. Las palabras dichas "no retornan", por eso importa que nuestras palabras sean fruto de nuestra mejor conciencia y riqueza. Esto no impide ni el humor, ni la alegría, tampoco la ligereza de ciertas charlas superficiales que nos hacen pasar el tiempo. La conciencia nos debe hacer sabios y oportunos en lo serio y en lo menos serio, pues como decía Séneca: *"Son las palabras el semblante del alma; por ellas se ve si el juicio es entero o quebrado".*

Los valores que más aprecian las poblaciones latinas, incluyendo España, son, ya lo decíamos: la *confianza* y la *honestidad*. Y ven en el diálogo, la solidaridad y el respeto, valores primordiales. Esto nos debe animar a honrar estas expectativas. La familia invita a la confianza, por lo que buenamente puede ser depósito de intimidad. Importa en consecuencia que la sinceridad, acompañe a la honestidad.

Muchas personas creen que siempre deben "explicar y justificar" todo lo que hacen, y para dar fuerza a sus explicaciones, en muchos momentos inventan o mienten. Por ejemplo, el hijo ha olvidado de cumplir un recado que el padre le pidió..., pero inventa que tuvo un examen importante en el colegio, que salió tarde, etc. El descubrimiento de estas pequeñas mentirillas sociales, debilita gradualmente la confianza, por eso en el hogar, se debe acostumbrar a hablar para decir la verdad. La alternativa no es la mentira "piadosa" *primero es la verdad,* y si no se puede, "el silencio".

El mejor contexto para comunicarse en intimidad es el de la *confianza*, en modo tal que quien habla sienta que será bien interpretado y que puede esperar de ti, reserva, respeto y afecto.

La comunicación coherente y verdadera, estimula las buenas relaciones interpersonales. Buscamos un buen consejo frecuentemente en las personas que nos dicen siempre la verdad, no en aquellas personas que especulan con el chisme, la apariencia o que incluso nos han mentido a nosotros con escandalosa frecuencia.

La comunicación se realiza en nuestro caso, a través de la plática o conversación entre dos o más personas, estableciendo un *diálogo*: preguntas, respondes, enfatizas, insistes, explicas. El *diálogo íntimo* es uno de los modos *más privilegiados* de la comunicación, compromete mucho de cada uno de nosotros. El tema es político, tu amigo se expresa con fuerza, habla levantando la voz y gesticula, en su relato te expresa sus emociones. La palabra te muestra su mundo de afectos, simpatías, antipatías, etc. ¡Qué cómodos nos sentimos cuando hablamos con las personas que nos comprenden! ¡Qué desesperación cuando sufres solo y nadie puede estar atento a lo que tu alma suspira!

Lo expresa muy bien Tato Ortega:

> *"A veces pienso, qué sería de mis manos,*
> *de mis sonidos,*
> *de mis miradas,*
> *si no tuviera tu mano,*
> *tu oído,*
> *tus ojos,*
> *amigo mío"* (p.49).

Al hablar usamos palabras que en general comprendemos, pero no siempre asimilamos el sentido que le imprime nuestro emisor. En la comunicación fami-liar, sobre todo en cuestiones de carácter íntimo, no hay que quedar con dudas. Si el emisor espera tu respuesta o consejo, pregunta siempre que tengas dudas: mientras más conozcas, mejor opinarás. Muchas conversaciones aparentemente "diplomáticas" no permiten intimidad alguna porque son contextos en los que se dice y no se dice, y sólo denuncian que las partes interesadas no pretenden encontrar soluciones. Son contextos de no diálogo. Pero en la familia se viven historias en conjunto por lo que es aconsejable allanar los caminos siempre que se pueda. Las incompresiones pueden brotar en un futuro, precisamente debido a los malos entendidos, pues toda palabra o acción siempre es dicha o ejecutada por alguien a quien luego se le puede atribuir la responsabilidad.

Las parejas que sinceramente manifiestan sentirse bien o felices en sus hogares, en situaciones de conflicto, se empeñan por buscar soluciones, evitan agravar la situación, actitud que luego de pasada la crisis, fortalece la relación y la vida en común. Contrariamente, las que se sienten infelices, alimentan el malestar dando espacio a situaciones dramáticas y hasta catastróficas. Se reconoce fácilmente el hogar en dificultad cuando:

- la pareja ha disminuido los niveles de comunicación,
- han perdido aquellos detalles de atención y amabilidad,
- las discusiones se hacen más frecuentes, una palabra provoca otras...,
- tienden a ignorarse, cada uno hace lo suyo. Salen juntos para cumplir socialmente,
- no comparten proyectos, ignoran las vicisitudes del otro,
- uno de los cónyuges es menos conciliador, es el que más infeliz se encuentra,

- no se excluye la existencia de una relación extra-marital.

Para no llegar a situaciones extremas, es menester reconocer a tiempo ciertas dificultades:

+ *criticismo*, que conlleva frecuente crítica negativa, destructiva, hiriente,
+ *desprecio*, rechazo a la persona, donde se asumen actitudes evidentes de distanciamiento,
+ *defensa*, donde el diálogo no se establece porque no se aceptan sugerencias para cambios ulteriores, no se permite la crítica ni se ejerce la autocrítica,
+ *frialdad*, traducido en desinterés, desmotivación, la indiferencia prevalece, la relación es de sobrevivencia y puede anunciar una futura separación.

¿Por qué escuchamos con gusto a ciertas personas y a otras no?

La comunicación debería ser *gratificante*, porque cuando no lo es, la evitamos. Pueden haber momentos difíciles donde se enuncian críticas y eso no gusta mucho. Entonces *hay que saber decirlo*. La verdad muchas veces duele, pero por más que la poseas no puedes hacer de ella un instrumento que perfora. Cuando la expreses hazlo con amoroso pulso. Esto no significa que a veces uno no sea más enfático y vehemente. ¿Quién no ha levantado la voz alguna vez? Es que a veces no entendemos, tenemos miedo, nos abruma el argumento, entonces..., hay que detenerse, que disminuya la adrenalina y el cortisol para reintentar en otro momento el intercambio verbal. Te sorprenderá, pero a veces, ese compás de espera y de silencio, te revelará contenidos secretos, luego de lo cual podrás expresarte mejor. El que mejor dialoga, es aquel que también sabe callar.

Nunca insistas en una conversación cuando alguien está excitado y su lenguaje revela su nerviosismo. Ya has conocido mucho del cerebro, de la amígdala... aplica estos conocimientos. Espera, y mañana, mejor será. El diálogo en general requiere de mucha cabeza, pero también de mucho corazón, ambos deben prepararse para expresarse con exquisita atención y sutileza.

Pese a tanta instrucción mundana, no hacemos una escuela de comunicación, guiamos nuestros diálogos por instinto y azar. Pocas personas se forman buscando de optimizar su nivel de comunicación. Muchos lo hacen para incursionar en actividades de liderazgo, políticas y comerciales. Rara vez he escuchado que una persona me pregunte cómo comunicarse mejor en el hogar.

18.3. ¿SABES ESCUCHAR?

"El amigo verdadero escucha y piensa, intuye y medita de modo tal que su cabeza se ilumina mientras su corazón se enciende" (Ortega, 1992).

Oímos la lluvia que cae, el motor de los coches, el ruido de las industrias, incluso sin querer. Escuchar con *atención* es un valiosísimo y generoso *acto de voluntad*, es un homenaje que puedes realizar siempre en beneficio de aquella persona que te ha escogido para dialogar.

Escuchas verdaderamente *cuando la palabra que has escuchado adquiere un significado*. Escuchar, según Steil (1991) es un proceso complejo por el que aprendemos a percibir, interpretar, evaluar, almacenar y responder un mensaje oral". *Oyes, como proceso físico, pero escuchas como un proceso mental inteligente.*

Hoy tenemos menos tiempo para escuchar, pero la gente siempre necesita comunicar y para asegurarse de ser escuchada pregunta con frecuencia durante el diálogo: "¿me entiendes?, ¿comprendes? y generalmente el receptor responde que "sí", aunque no siempre corresponde a la verdad, pero quien escucha, quiere creer que el otro le sigue, pues "necesita" comunicar.

Quien sabe escuchar, dispone de su tiempo para hacerlo, presta atención, pregunta si duda o no comprende. *Asume una actitud de respeto, valora a la persona y aquello que ella quiere comunicar.* Una persona distraída, que mira el reloj a cada instante, que se ocupa de otras cosas mientras otra persona habla, revela que no está escuchando, por más que diga "te escucho", posiblemente oiga, pero no le presta la atención que el emisor espera.

En este sentido, *acoger* la comunicación de una persona, significa tratar de focalizar la atención en el contenido que presenta. La acogida es importante, porque quien te ha buscado para transmitirte su mensaje, ha recurrido a ti con alguna expectativa. Si se siente comprendido la habrás satisfecho, pero si la respuesta fuera desatenta, además de la desilusión, seguramente no fortalecería la posibilidad de un próximo retorno. A veces el hijo confía "el tesoro de su secreto" a algún miembro de la familia, pero si éste se burla, revela la confidencia o no toma en serio su mensaje, puede crear una gran frustración. La reserva de los hijos frecuentemente se debe a actitudes de este tipo.

La comunicación es valiosa para toda persona. Los mismos padres confían en los hijos y los hijos deben dignificar esa confianza. Todos necesitamos expresarnos, algunos pueden tener más necesidad que otros, lo innegable es que en algún momento *todos* comunican. En ciertos momentos incluso, cuando la voz enmudezca, una leve caricia podrá convertirse en la expresión que la palabra no supo decir. Y nadie se sorprenda, más bien acoja con amor aquel instante en el cual la interioridad pueda expresarse en forma de llanto: la emoción se habrá hecho física y nos invita a acogerla con cálido respeto y comprensión.

Tenía motivos el poeta inglés para expresar: *"Ningún lazo une fuertemente a dos corazones como la compañía en el dolor"* (Southey).

Acoger, no quiere decir que uno esté siempre de acuerdo. En función del mensaje la persona podrá ofrecer su respuesta: algunos buscan un consejo, otros piden ayuda para entender mejor su situación, otros esperan palabras de consuelo, compromisos; lo que importa en todo diálogo es que la persona que escucha muestre *empatía*, o sea que exhiba el interés de ponerse en el lugar del otro para entenderlo, y si es posible asimilar su mensaje con la comprensión esperada. No siempre es fácil, pero ya el hecho de escuchar de manera atenta puede hacer comprender al emisor que existe toda la voluntad por comprender y si es posible ayudar. *Tu voluntad de escuchar, es la medida de tu empatía y solidaridad.*

A veces quien habla espera una aceptación incondicionada, o sea que espera escuchar lo que piensa, pero no siempre es así. Quien escucha debe ser siempre honesto, y dirá su opinión comprensiva y cálida, pero en unión a su propia convicción y conciencia. Esto no agrada a muchos emisores que frecuentemente se molestan cuando uno no comparte alguno de sus juicios u opiniones.

La comunicación ideal espera *congruencia* en quien habla y escucha. El árbol más frondoso bajo el cual mejor puedes crecer, es aquél que sólo da frutos verdaderos.

18.4. EL MONOLOGANTE:

No es raro encontrar en los hogares al hombre o mujer *monologante*. Son personas que quieren ser escuchadas, emiten voces para crear presencia "aquí estoy", pero no les interesa un consejo u opinión. Esta es una forma de *no-diálogo*. Se da mucho en personas autoritarias, déspotas, egocéntricas, narcisistas, beligerantes, inmaduras, etc. Por eso a veces las conversaciones en el hogar no funcionan porque el monologante, luego del supuesto diálogo, expone sus puntos de vista y permanece con ellos "sin escuchar". El monólogo es una conducta indeseable cuando se busca la comunicación participativa o empática. Estas personas hablan y hablan, y no es raro escuchar que se lamentan de no ser ni escuchadas ni comprendidas, pero la razón es clara. En el diálogo hay que ayudar a tomar conciencia de este comportamiento indeseable.

El hogar visto como sede de comunicación es el ámbito en el que se vivencian distintas formas de diálogo, pero cualquiera de sus formas debería buscar el establecimiento y mantenimiento de la *armonía* familiar. Existen normas que regulan su dinamismo: cada uno, esposo, esposa, padre, madre, hijos, hermanos, tienen un lugar y cada uno debería intentar con su conducta, facilitar el mantenimiento del equilibrio esperado. Los padres son figuras de referencia importantes y se espera puedan ejercer su autoridad con razón y calidez, sin violencia ni despotismo, reconociendo los alcances y límites de cada miembro y actuando en consecuencia.

Es en el entorno familiar y educativo donde el niño conforma sus "modelos" de comunicación, es la época sensible en la que va conformando sus "huellas neurales" y sus "esquemas mentales". Por eso interesa que los estímulos recibidos faciliten el crecimiento armónico, favoreciendo su buen desarrollo intelectual, afectivo, social, físico, etc., con especial atención a su maduración emocional.

Burlarse de un adolescente que está buscando su autoafirmación personal, puede tener peores consecuencias. En esta fase valora en demasía la aceptación externa, y si quien se mofa, es para él alguien importante, el impacto negativo será mayor. El grito, el insulto, la ofensa, incluso el castigo físico, son estímulos que deterioran. *"No puedo dialogar con quien me ofende"* decía un joven y otro se lamentaba: *"Me dicen que sea más obediente y más educado..., pero me lo dicen a empujones y con golpes en mi cabeza"*.

Los padres y los maestros, a veces se dirigen a los menores olvidando que son personas, no siempre practican la empatía, pocas veces se reflexiona sobre cómo el alumno o el hijo menor recibe el impacto de sus palabras, incluso bajo la apariencia de reflexión. Aunque los jóvenes cada vez se van haciendo más independientes, existen parámetros importantes que no se debe cesar de estimular, entre ellos: auto-conocimiento, autoestima, seguridad personal, afectividad, valores humanos y espirituales, conducta ética, disciplina, orden, dedicación y rendimiento, etc. Y algo que en todo el mundo hemos visto como fundamental: el *sentido de pertenencia,* por el cual saben que son parte primordial de un hogar donde son amados y tienen un sitio insustituible, pues saben que cada hijo tiene su lugar.

El diálogo no siempre supone respuestas verbales, a veces, ya lo mencionamos anteriormente, el silencio cubre la conversación. Hay momentos en los cuales puede haberse comprometido alguna esfera íntima que el receptor prefiere conservar para sí. El silencio, la ausencia de respuesta, incluso a veces alguna mentira vista como fuga de la situación presente, se debe respetar. Habrá otro momento para aclarar cada argumento. El diálogo es libre, no presiona para llegar más allá de lo que la persona desea comunicar. Lo que hay que evitar, es siempre la ambigüedad, aunque existan silencios o rechazos, los términos hay que dejarlos claros: *"Hijo, no me has querido responder, o te justificas de esta manera y no me es claro el panorama..., está bien, tomo acto de tu palabra..., si deseas lo hablamos en otra oportunidad"*. O el hijo al padre: *"Papá, sé que no me crees, dejémoslo así..., espero demostrarte en un futuro que he dicho siempre la verdad..."* Pese a eventuales polémicas el diálogo no debe terminar con sentimientos encontrados o resentimientos. Existen hogares donde los miembros de la familia no se hablan durante meses y años, esto es algo que los padres con sabio tino deberían re-orientar, sin imposiciones pero con amorosa intuición o conocimiento.

Hay que prevenir también a los hijos que en la vida, en muchos momentos en los que quieran dialogar, no encontrarán con quien hacerlo, por ejemplo si se encuentran en una ciudad nueva para ellos. Deben comprender entonces, que su capacidad de ser independientes les enseñará a encontrar sus propias respuestas, tal vez por medio de la *meditación*, la *reflexión*, la *lectura*, la *oración*. Cuando sean capaces de auto-dirigirse con criterio, verán que están en buen camino hacia la madurez.

18.5. AMBIENTE COMUNICATIVO:

En la comunicación familiar es deseable el "clima o ambiente" comunicativo. En un hogar beligerante, nervioso, tenso, colérico, difícilmente se establece este ambiente. Pero sí en aquel cálido, casi democrático, donde todos opinan y sus pensamientos son respetados. El autoritarismo, el abuso, perturba este sistema y aleja el clima comunicativo, hecho de cariño, espontaneidad, libertad, sinceridad, etc. Un lugar donde impera el grito, la pelea continua, la rigidez intolerante, la mano que castiga, obviamente no crea un buen entorno. Mientras la familia quiere "ser" a través de la comunicación, la ausencia de comunicación lleva a un "no-ser" familiar. Las altas tasas de divorcio y separación en el mundo nos revelan cómo las familias van dejando de "ser" más y más. ¡Qué hermosa es la familia donde sus miembros sienten su hogar como el recinto donde el ritmo de sus corazones es comprendido al ritmo de sus palabras y que juntos armonizan una sinfonía de amor y comprensión! Y esto no es poesía, más de la mitad de los pobladores del mundo sueñan con familias intactas, entonces, ¡trabajemos todos para ello!

El ámbito familiar y educativo, se debería caracterizar por ser un medio que *facilita* el diálogo y éste no se impone, es un proceso gradual de conformación de un perfil dialogante. No funciona decir "hoy conversamos", es una conquista continua, donde lo que más se persigue es la confianza de los miembros de la familia. Por eso es pertinente educar en la *«eufonía», instruyendo a las personas a expresarse verazmente, pero siempre de manera considerada y empática. Puedes observar, incluso criticar, pero empleando un vocabulario correcto, recurriendo a una idea constructiva y motivadora, no a aquella que humilla y disminuye. Todo padre de familia, educador, médico, psicólogo, amigo; en suma, todo humano, debería asumir una conducta eufónica, teniendo en cuenta que toda palabra amorosa y constructiva, es eufónica por excelencia.*

Para conformar el contexto comunicativo, hay que demostrar interés amoroso por lo que es la vida de cada una de las personas, prestando atención a sus argumentos, respetando sus criterios y tratando de comprenderlos. Cuando la asimilación de algún concepto se hace difícil, hay que preguntar, mostrar interés por buscar clarificación. Esto ayuda de manera especial a los hijos más difíciles, pues se convierte en una prueba del verdadero interés por la persona.

En el núcleo familiar y en el ámbito social, las personas se comportan en función de sus repertorios comportamentales y éstos son imposibles de clasificar. En nuestras poblaciones hemos ponderado algunos rasgos que sin pretender ser exhaustivos o generalizables, y tampoco excluyentes entre las categorías, se convierten en referencias útiles. De acuerdo a esta distribución, los individuos mayormente *integrados* muestran un mejor manejo verbal o sea *menos hiriente* que el de los *dispersos*.

18.6. REPERTORIOS COMPORTAMENTALES:

18.6.1. Integrados:

Esta distribución está conformada principalmente por personas que tienden a la asertividad y a la objetividad, evitan en su conducta el impulso ciego y el prejuicio, prefieren ver hechos concretos. Valoran más las acciones que las palabras o unen la acción a la misma. Aunque son conscientes de su buen raciocinio, no creen que ellos siempre tengan la razón, son autocríticos y valoran el juicio prudente. De aquí deriva su realismo y reconocimiento de contingencias. Son conscientes de sus límites y alcances, de aquí la honestidad con la que actúan. Sus intervenciones son breves, sus diálogos al ser objetivos van al tema, evitando lo superfluo. La personalidad es independiente, se dirigen con autonomía, pero también piden consejo cuando lo consideran oportuno. Son sensibles y empáticos, tienden a la generosidad. Como no son perfectos, pueden equivocarse, incluso herir verbalmente, pero si lo hacen piden perdón y se empeñan en no cometer el mismo error. Su personalidad segura, su auto-aceptación y alto nivel de estima, los impulsa a conductas solidarias, valorando el bienestar del otro. En lo que hacen tienden a ser efectivos, se proponen metas a distinto plazo y se empeñan en conseguirlas.Por su responsabilidad son vistas como personas de confianza, no prometen lo que no van a cumplir, si se sienten inseguros ante alguna empresa lo ponen de manifiesto. Cultivan valores espirituales con convicción, tratan de vivir lo que sostienen. Saben escuchar y aconsejar. Tienden a la *eufonía* en grado admirable. Finalmente, son las personas que uno busca para el diálogo íntimo o como amigos.

18.6.2. Dispersos:

Esencialmente subjetivos, ven las cosas desde su propio prisma y les cuesta desprenderse del mismo, buscan respuestas externas, pero las que encuentran, no los convence fácilmente, tienden a ser desconfiados y susceptibles. Su actitud es frecuentemente disconforme. A fin de conseguir sus objetivos pueden fingir, simular. Son ciclotímicos, su humor es cambiante. Se orientan por la consecución de su propio fin, tienden más al impulso y al afecto que a la razón. Si son emocionales lo son por temporadas, de aquí su inestabilidad. No son malas personas, pero su egoísmo suscita el distanciamiento de otras personas. Se los acepta por conveniencia o a veces por generosidad, pero sus relaciones no tienden a ser duraderas. Se atropellan ante muchos objetivos y se comprometen sin evaluar sus posibilidades reales. Inician una empresa y sin concluirla pasan a otra, luego se deprimen o angustian ante la consecuente desorganización. Los constantes problemas emocionales crean en ellos mismos frustración, depresión, irritabilidad, inestabilidad, ansiedad, estrés, perfil que se traduce en una clara falta de aceptación. Sus frustraciones o fracasos los camuflan con proyectos quiméricos que quedan regularmente en proyectos abstractos. Pierden la objetividad, creen que lo que hacen está bien, pero que es la "mala suerte" o la falta de cariño de los demás que no favorece sus empresas. Al mismo tiempo que justifican sus falencias, creen que no son muy afortunados en la vida, de aquí su negativismo y falta de efectividad. Son proclives a la dependencia afectiva, esperan gratificaciones externas, al no llegar, incrementan su frustración. Tienen también intereses espirituales, pero justamente en esos entornos transfieren sus propios conflictos, sus dificultades de adaptación lo animan a buscar nuevos grupos, sectas, ambientes novedosos donde creen poder encontrar su equilibrio; si fracasa esta búsqueda, prefieren el aislamiento gradual. Son más proclives a herir con las palabras y rara vez se disculpan. Estos precedentes conforman un perfil neurótico que crea sufrimiento en el hogar. Si el perfil es perenne, requieren de orientación psicológica o tratamiento.

Como hemos visto, la comunicación es un valor primordial para la dinámica familiar. La interacción verbal no debería reducirse a la mera transmisión de información, más bien, favoreciendo un mejor conocimiento, podrá ayudar a comprendernos en mayor medida, abriendo espacio para nuevos mecanismos de ayuda, acercamiento y estima.

18.7. ELOGIO DEL SILENCIO:

«En este bullicioso mundo del siglo XXI,
duerme aún, desconocida,
la voz del silencio» (Leopoldo Gómez González, 2003)

¿Podemos hablar de silencio, precisamente cuando hablamos de comunicación?

Escribe Lavelle (1999): *"El silencio es un homenaje que la palabra rinde al espíritu"*. Y Lacordaire (2001) asevera con vehemencia que *"el silencio es, después de la palabra, la segunda potencia"*. ¿Será por esto que Cicerón proclamaba: *"Mientras callan, gritan"*?

En el siglo IV de la era cristiana, los inmensos desiertos de Egipto, Palestina, Arabia y Persia fueron recibiendo la visita permanente de personajes que han dejado detrás de sí una especial reputación. Hablamos de los primeros ermitas que abandonaban la tumultuosa vida de las ciudades para vivir en silencio y oración. Thomas Merton (1997) señala que el fin de estos esfuerzos se concentraba en la conquista de *"la pureza del corazón"* (p.17). Querían alcanzar una visión clara y sin obstáculos del verdadero estado de las cosas, buscaban una mejor comprensión de su realidad interior para unirse, mediante la oración a Dios a través de Jesucristo. Este proyecto llevaba a un fruto importantísimo: el *"descanso"*. Era el encuentro con la cordura y el equilibrio de quien ha progresado en el manejo del cuerpo. Ha luchado contra el instinto, los vicios y las debilidades y su descanso consiste en vivir con mayor plenitud la perfección y la libertad que radica en el espíritu y que frecuentemente no descubrimos por ocuparnos demasiado de lo terreno, hablando y vociferando, a veces innecesariamente, en lugar de sumirnos más a menudo en aquel silencio que nos permita dialogar con nuestra intimidad, para enriquecerla y perfeccionarla beneficiando aún más a quienes nos rodean.

Hombres sabios de la historia humana reconocieron que el *"silencio fortifica las almas"*, permite el encuentro con el *"yo escondido"* que guía hacia virtudes interiores que el exceso de ruido oculta: *la prudencia, la humildad, la mansedumbre, la discreción*. Asimismo, este ensimismamiento reflexivo permite disminuir la importancia de aquel *"falso yo"* que las vistosas luces sociales se empeñan en encender artificialmente insistiendo en grandes títulos, hazañas, roles, funciones, fama. Por eso el silencio discrimina: es para aquél que busca la nobleza interior, la autocrítica, la madurez, aquella sabiduría que hace humildes. Contraria-mente, huye del silencio quien todo lo tiene: poder, riqueza, placer. Algunos buscan el estruendo, justamente para esconderse del silencio que su alma añora.

En nuestra época se habla mucho de estrés ambiental, a tal punto que últimamente en algunos países se ha definido oficialmente que el exceso de ruido al que muchas poblaciones están sometidas, es "dañino a la salud", y se están tomando medidas legales para proteger a los ciudadanos. Tokio, Nueva York, Londres, Roma, México DF., Santiago de Chile, entre otras, son ciudades que conocen perfectamente este estrés.

En medio de este estrépito, vive el hombre con su familia. Si ella misma se hace fuente de estrés, ¿dónde iremos?

No siempre podemos acallar el perenne ruido que nos rodea, pero sí podemos intentar serenar nuestra propia conducta y ayudar a que otros hagan lo mismo, esencialmente para que nuestros hogares perduren como una preciada sede de atractiva convivencia.

La comunicación entre las personas aunque empleen palabras, puede ser también fuente de mucho ruido: contenidos inoportunos, agresiones, ofensas, etc. Respuestas similares, nos pondrían en la tristeza de su misma situación. ¿Qué hacer?

Hay momentos en los que no conviene callar, particularmente cuando los emisores están dispuestos a escuchar y a aprender. Pero el elogio al silencio al que yo me refiero, se realiza efectivamente cuando "nuestro impulso, acompañado por razones y sin-razones está por traicionar nuestro buen modo de pensar y sentir; está provocando a la sabiduría de nuestro espíritu para empobrecerlo con su ingreso a la arena y combatir una batalla verbal en la que habrá heridos", pues, *"un golpe de látigo produce moretones, un golpe de lengua rompe los huesos"* (Eclo 28, 17).

¡Qué difícil el autodominio, el silencio cuando tienes la razón! Pero la persona con la que hablas o discutes, no está dispuesta a escuchar, habla más fuerte, tiene la razón en todo; además, se está poniendo violenta, no es la primera vez. Es el momento para recordar el consejo bíblico: *"Haz para tus palabras balanza y peso, pon a tu boca puerta y cerrojo"* (Eclo 28, 25).

"¡Pero es injusto, yo tengo la razón!" No te preocupes, te la devolverán un día. Lo más importante es que tú sabes que tienes la razón. En este instante no te creerán, no te harán caso. La adrenalina, el cortisol, su instinto, han inhibido la lucidez de su lóbulo prefrontal, insistir..., comporta una pelea real. En su justo momento, cuando las aguas se calmen y la serenidad vuelva, dirás tu verdad.

Comienza a comprender desde ahora, su debilidad y la tuya. No te creas más fuerte y más perfecto (aunque hoy tengas la razón). Todos somos débiles. Y si te cuesta callar es porque tu impulso irracional es más fuerte que tu voluntad de callar. Tu crecimiento y madurez te ayudarán a invertir los papeles. Tendrás que ser una "persona en pie": aquella que con la fuerza de la razón y el espíritu, sabe dirigir al instinto y a la emoción.

Aprende a callar desde ahora, así como hoy te perturban esas palabras, las tuyas también han perturbado a otros en algún momento. Cuando callas, no eres únicamente generoso con la otra persona, lo eres también contigo porque estás accediendo a un crecimiento superior. Muchos no entenderán tu decisión silenciosa, no te preocupes, son aquellos que se ocupan de ganancias sólo terrenas y tienen poco ojo para los asuntos del espíritu. Si tú te abandonas, habremos perdido alguien más que sueña con un mundo mejor.

En el silencio también se forjan asuntos importantes, ya lo decíamos: "mientras callas, gritas..." No creas que el silencio es nada, es "algo" por sí mismo. Imagina que me conoces mucho, estoy muy dolido por la pérdida de un ser para mí muy querido y permanezco en silencio... Entenderías inmediatamente que mi luto, mi duelo, mi dolor, me ha sumido en el silencio que envuelve mi pena. Aquí no corresponde añadir palabra alguna. Sólo hay que esperar que el dolor se atenúe y vuelva a nacer la palabra, la interacción, como una promesa que espera su cumplimiento en un amanecer próximo o lejano.

El silencio, tiene la cualidad de ser profundo, importante, siempre "trae y dice algo", no deja de estar rodeado de algo, particularmente de antecedentes, y conduce a mucho..., pero como no recurrimos a él con frecuencia, no sabemos reconocer sus valiosos frutos. ¿Crees que Dios vive en medio del gran ruido? Todo aquello que se hace importante y adquiere significado, nació en algún momento, luego de largos silencios. Como cuando dibujas sublimes pensamientos en tu mente para luego inscribirlos en tu corazón y convertirlos en acción.

Sin el silencio, ignoramos la realidad plena, impedimos nuestro ingreso en lo profundo de nuestro ser, donde "contemplamos" nuestro espíritu, aquel al que otorgamos tan poco espacio, por eso nos resulta bastante desconocido.

El silencio está cerca de ti, pero todavía no te pertenece, tienes que conquistarlo. Si quieres conocer la voz de tu alma, busca y edifica silencio a tu alrededor. ¿Has admirado alguna vez a uno de tus maestros ancianos y encorvados? Los que admiras, en general son silenciosos, hablan lo necesario. Han vivido la vida, han asimilado su esencia. Me decía en Madrid mi sabio amigo Leopoldo Gómez González cuando empezaba a perder el oído: *«No te preocupes, ya he oído demasiado..., es hora de 'escuchar' el silencio y de ser felices, con todo, y sin nada, solos o acompañados»*.

Para entrenarte a construir silencio, tienes que buscar momentos de *recogimiento*, a fin de facilitar el encuentro entre tus pensamientos inteligentes y tus inquietudes interiores. El fruto será la unidad del alma, cuya conducta expresará las riquezas de tu espíritu. Entonces, descubres que *"el silencio viene antes que la palabra"*; reconoces el valor de la humildad como contrapuesto a la soberbia y al deseo de ganar siempre; constatas que el amor y la caridad son tan importantes, que quisieras difundirlos, aunque a veces te resulte difícil; que la pureza de pensamiento y la honradez, no son valores pasados de moda; que este mundo necesita más que nunca, sentimientos nobles y conductas compasivas; que el tumulto y el anhídrido carbónico están ahogando nuestros pulmones y nuestro espíritu y que es hora de hacer algo. Y ese algo, empieza, hoy, contigo, con la *Palabra* de la que *todo* proviene...

Capítulo 19
LA PALABRA ES VIDA

"Al principio ya existía la Palabra...
En ella estaba la vida"

(Jn 1, 1,4)

El hombre aprende a leer y escribir, pero no aprende a escuchar. Y si no aprende a escuchar ¿de qué puede hablar?

El ultra-modernismo que nuestra sociedad vive, ha recibido una herencia basada principalmente en el conocimiento y la razón, lo cual nos parece importante, pero su búsqueda se va orientando hacia la producción, al rendimiento y a la posesión material, en un desmedido esfuerzo por conquistar un bienestar tangible que le ha alejado notablemente del deber de comprender y vivir mejor su *dimensión espiritual*.

Comprendo que para la ciencia, la referencia espiritual sea siempre un argumento delicado, en cuanto lo espiritual se asocia a la fe y no es parte de un programa de laboratorio. Pero la fe es un valor reconocido entre los hombres, toca las puertas del espíritu humano y encuentra apoyo en más del 85% de la población mundial. Si es así, ¿por qué para numerosos científicos de gran influencia mundial se convierte en el tópico indeseable del conocimiento?

Cada uno tiene su respetable punto de vista, obviamente, pero también existen prejuicios como aquellos que afirman que la fe no es tema de conocimiento y que no se puede hablar del espíritu porque no hay pruebas tangibles. ¿Puede la materia biológica por sí misma, dar lugar al juicio comprensivo o a la compasión?

Para la extensión de esta última parte, he consultado centenares de autores, revistas, libros, asistido a innumerables conferencias de luminarias de la ciencia, de la filosofía y de la religión. Me he concentrado en el pensamiento científico de los últimos 20 años. He quedado muy sorprendido ante la dispersión que existe en los puntos de vista. Algunos daban la impresión de que realmente éramos unos simples monos pero con menos pelo, para otros un conjunto de cables regidos por un sistema de in y out-put; para los más atrevidos, un puñado de neuronas que explican todo el sentido de la vida. Y todos están clasificados: evolucionistas, materialistas, monistas, dualistas, deterministas, empiristas, idealistas, ocasionalistas, funcionalistas, emergentistas, cognitivistas, creacionistas, etc., etc.

Ante este panorama tan disgregado, frecuentemente tuve que detenerme en mis lecturas para saber si todos hablaban del mismo hombre que puebla esta maravillosa tierra. Todos decían que sí...

Los pensadores también son humanos y a muchos de los más y menos conocidos, el mundo y todos nosotros les debemos algo. Pero también hay otros que tienen otras "huellas neurales" aprendidas y consolidadas que crean prejuicio. La muerte de Dios proclamada por Nietzsche, el exacerbado empirismo de Comte, el extremismo materialista de Huxley que fue quien quitó a Dios de la evolución, no fue Darwin que más bien reconocía la mano Creadora; el exacerbado materialismo de tantos neurocientíficos que niegan el soplo del espíritu al hombre, etc.

Hemos hablado de hábitos, de actitudes, de esquemas mentales, y la palabra de los científicos, filósofos, religiosos, investigadores (también la mía, como autor), está conformada por esas huellas y por innumerables factores conscientes e inconscientes que pueblan las mentes, por lo tanto, la objetividad que se busca, aunque salga de un laboratorio, no está privada del subjetivismo con el que se diseña una pesquisa. En el caso de algunos científicos: ¿cómo pueden estudiar las neuronas o la química cerebral y concluir que el hombre no está dotado de espíritu?

19.1. CUANDO LA PALABRA DESORIENTA:

> «La ciencia que se aparta de la justicia,
> más que ciencia, debe llamarse astucia». (Cicerón).

Para el hombre moderno la ciencia se ha convertido en un punto de referencia y su opinión condiciona, en alguna medida, la vida de las personas. Vemos cómo el tema del colesterol ha entrado a la vida cotidiana, propiamente porque la ciencia lo aconseja. El éxito de las revistas de divulgación científica constituye otra prueba del lugar que esta información ocupa.

¿Pero qué si la ciencia se equivoca como ocurrió con la Talidomida? o ¿no parte de la objetividad que se espera sino de los prejuicios de quienes planifican, para luego extender sus resultados con apariencia científica? Todo psicólogo sabe que los primeros estudios sobre el Cociente Intelectual (IQ) realizados a principios del siglo pasado en Estados Unidos, se inclinaban a demostrar la "inferioridad intelectual" de la raza negra; y los grandes resultados logrados en Estados Unidos por el reconocido Profesor boliviano Jaime Escalante fueron discutidos y cuestionados al principio sólo porque "no se podía comprender" que gracias a su excelente metodología, poblaciones latinas lograran altísimos niveles de rendimiento matemático.

Por último, y lo decimos con pesar: ¿qué sucede si el investigador falta a la verdad como lo expone claramente Federico de Trocchio en su libro*: "Las mentiras de la ciencia"* en sus ediciones de 1995, 1997, 1998 y 2002? o comete graves errores como lo señala el suizo Luc Bürgin en su obra "Errores de la ciencia" de 1999?

Te hará reflexionar mucho algo que te contaré: «La prestigiosa revista norteamericana 'Social Text' publicó bajo el sugestivo título 'Transgressing the Bounderies: Toward a Transformative Hermeneutics of Quantum Gravity' que en español te impresionará más: *'Transgredir las fronteras: hacia una hermenéutica transformativa de la gravedad cuántica'*. Su autor era Alan Sokal, de la Universidad de Nueva York.

Para su artículo, él recurrió a citas de intelectuales célebres, *divagando e inventando todo*, sí, como lo lees, 'inventando' toda su teoría. ¿Cómo lo sé? Porque no sólo el lo declaró públicamente, sino que explica sus razones en un libro que reviso en este instante: *«Imposturas intelectuales»,* escrito junto a Jean Bricmont (1999), profesor de Física Teórica en la Universidad de Lovaina. ¿Por qué Sokol, físico famoso, hizo esta parodia? Él afirma que deseaba 'desenmascarar' el uso intempestivo de la terminología científica y las extrapolaciones abusivas de las ciencias exactas a las humanas (peor a las espirituales). Él ha querido denunciar 'el relativismo posmoderno' para el cual la llamada 'objetividad científica' se asocia a convención social, cultural y situacional, por eso no tuvo problema en que una Revista de prestigio publicara su discutido artículo. Con nombres y apellidos, acusa a los 'pseudo'-científicos famosos, que ilustran sus mistificaciones físico-matemáticas aplicadas a distintos campos del saber, bien acogidas por su público, pero que ¡no corresponden a la evidencia científica!

(yo no los cito para no herir con mi palabra sus nombres). Sokal y Bricmont concluyen que, bajo la aparente erudición científica y tantas revoluciones socio-culturales, el hombre de la calle y el mismo científico..., siguen desnudos». (Y para que nadie dude, aquí va la referencia completa: Alan Sokal y Jean Bricmont, «Imposturas intelectuales» Ed. Paidós-Transiciones, Barcelona, pp. 315,1999)

Todo esto, sólo debe invitarnos a asumir una actitud crítica con la información que recibimos, aunque obviamente confío y sostengo la honestidad de la mayoría de quienes se dedican a la ciencia y a la investigación.

He mencionado en capítulos anteriores que hablar del espíritu en el ámbito de la ciencia era un tabú. Hoy el tema del alma, espíritu, experiencias próximas a la muerte, la religión, son argumentos que han ingresado en los mayores centros educativos: El famoso "MIT" Instituto de Tecnología de Massachusetts ha realizado muchas publicaciones dedicadas al sector; lo mismo Stanford; la Universidad de Columbia ha abierto su departamento de Ciencia y Religión; Cambridge, etc. Pero las conclusiones parecen ir particularmente en una línea: todo está en el cerebro y no hay nada más que explicar... ¿Será así?

El decenio pasado fue dedicado al "cerebro" y gracias a la tecnología moderna se ha podido penetrar al mismo en instancias que en el pasado eran impensables. Las Neurociencias están tomando hoy el rol que tuvo la física en el siglo pasado. Y el concepto de cerebro y mente, ha despertado el antiguo dilema de la relación entre el alma y el cuerpo, suscitando un debate entusiasta pero también muy álgido. Las posturas desencadenan mucha susceptibilidad, pues en una sociedad donde se quiere tener el control de todo basado en el placer del cuerpo y en el éxito material, queda poco espacio para el sacrificio y la solidaridad.

Las investigaciones neurocientíficas al tratar de entender la relación entre el cerebro y la mente, mente y cerebro, han vuelto a plantear los debates alrededor del cuerpo y del espíritu, lo que ha reconducido a dos antiguas posturas: el monismo y el dualismo.

El *Monismo* materialista, es una visión filosófica para la cual no hay otra realidad que no sea aquélla de la materia, de la energía, del tiempo y del espacio. Sostiene, asimismo, que no existe una realidad inmaterial o espiritual. Los neurocientíficos que defienden este postulado y afirman que todo proviene del cerebro, representan este punto de vista; para ellos no hay algo inmaterial en la "mente" ni en el "yo" ni en el concepto del "sí mismo". El alma como concepto abstracto de vida, no existe. Al morir el cerebro, muere el yo que fue una ilusión, pues, jamás existió materialmente. Pero a un monista, si le preguntas quién fue ese yo o quién fue el que tuvo la ilusión, tendrá dificultad para responderte.

Para el *Dualismo* las dos realidades tanto materiales como espirituales sí existen. La afirmación de que Dios creó al hombre infundiéndole su espíritu para darle vida, corresponde a esta categoría.

Las cosas serían más fáciles si se comprendiese que la Ciencia y la Religión tratan aspectos distintos de la realidad. La ciencia ilumina y puede ser muy brillante para descubrir las leyes de la naturaleza, pero sus instrumentos de laboratorio no podrán medir la "intencionalidad" de un Dios Creador. El error está, en mi opinión, en asumir que por haber descubierto un mecanismo químico y eléctrico neuronal se sienta el investigador autorizado para incursionar en un terreno distinto, sobrenatural en este caso, descalificando la existencia del alma. La Biblia no es un libro de ciencia experimental, pero para el creyente es la fuente de la Palabra revelada y aquí encuentra el sentido de su existencia.

Por su parte, la ciencia, tampoco está en grado de explicar el destino final del hombre y del mundo. Allan Sandage (2004) es uno de los astrónomos más famosos del mundo y las miles de horas que durante años ha dedicado a la observación del cosmos lo han llevado al siguiente planteamiento: *"La ciencia puede explicar el increíble orden natural, las interconexiones existentes en varios niveles de las leyes físicas, las reacciones químicas en los procesos biológicos de vida, etc., Pero la ciencia sólo puede responder preguntas fijas concernientes al qué, cuándo y cómo. Pero ciertamente no puede responder al por qué, aún contando con su potente método... ¿Por qué hay algo en vez de nada?", "Por qué todos los electrones tienen la misma carga y masa? Los asuntos del espíritu no son cosas de la ciencia"* (p.1-2).

Se especula que la teoría del Big Bang podría explicar el origen del mundo sin la intervención de Dios, pero qué científico puede responder si está hablando de ¿la causa o del efecto? ¿Hubo un solo Big Bang? Y si se habla de uno, ¿por qué sólo uno en tantos millones de años?

A muchos científicos, conocer más del cerebro y de su química los ha invitado a apreciar sobre todo el cerebro, pero a otros, los ha proyectado a comprender de que esta maravilla viene de una gran arquitectura planificada más allá de una casualidad material y es lo que los ha orientado a la búsqueda de esa esencia. Muchos la han encontrado, pero no en el laboratorio, sino en la Palabra de Dios, que no estaba contenida en ningún libro de química molecular o de fisiología.

Muchos científicos investigaban para entender, pero no llegaban a la esencia, entonces, siguiendo a San Anselmo (1033-1109) se obsequiaron una oportunidad: *"empezaron a creer para entender..."*

19.2. ¿SOMOS ÚNICAMENTE UN PUÑADO DE NEURONAS?:

El profesor Francis Crick, conocido premio Nobel por su aporte en el descubrimiento de la estructura del ADN, se ha dedicado hace varios años al estudio del cerebro. Los resultados de sus investigaciones le han conducido, como veremos luego, a concluir que la conciencia es una banal fusión de neuronas del cerebro y defiende la convicción científica de que la mente y el comportamiento cerebral pueden ser íntegramente explicados por la interacción de las células cerebrales.

Su colega y colaborador en algunas investigaciones, doctor Christopher Koch, afirma que la conciencia nace de reacciones químicas del cerebro, lo que les hace construir un esquema que denominan coherente, de los correlatos neurales de la conciencia en términos filosóficos, psicológicos y neurales. Profetizan por último, que la humanidad aceptará un día que el concepto de que el alma y la promesa de la vida eterna no existen, así como en el pasado debió aceptar que la Tierra es redonda. *No deja de sorprender que estos eminentes investigadores ingresen a sus laboratorios a estudiar materia orgánica y salgan con resultados supuestamente científicos de contenido espiritual* (!)

En su obra *"The Astonishing Hypothesis: The scientific Search for the Soul"* (1994), que podemos traducir como "La Hipótesis sorprendente: la búsqueda científica del alma", Crick plantea que existe en el cerebro un conjunto de neuronas que conforman el origen del alma y de la conciencia, y de ese modo la mente y sus productos más sublimes, se explican merced a las reacciones bioquímicas del encéfalo. Insiste también afirmando que todos nuestros gozos y dolores, nuestros recuerdos y ambiciones, nuestro sentido de identidad personal y el mismo libre arbitrio, no son otra cosa en realidad, que un basto conglomerado de células nerviosas junto a sus relativas moléculas.

Sendos críticos, como veremos, han subrayado que el trabajo de Crick no trata del *alma* sino de la *conciencia*, y que sólo habla del alma cuando quiere negar las entidades místicas o espirituales.

Michael Reiss (2003) religioso y científico de la Universidad de Londres respondió al Premio Nobel afirmando que sus resultados no hablan de la esencia del alma sino de los "componentes neurológicos de la conciencia". Aunque valora sus trabajos de investigación, sostiene que la conclusión de negar el alma de ese modo es simplista: es como decir -añade- que "una catedral es un conjunto de piedras y vidrios" (p.2).

Don Watson (1995), se ha interesado desde muy temprano en la Transmisión química del impulso nervioso, luego se ha orientado en varios temas de gran importancia en neurofisiología en el Colegio Albert Einstein de Medicina. Él opina que es muy difícil que se pueda investigar la "conciencia" porque el concepto de autoconciencia por ejemplo, es un dato subjetivo, y no se puede operacionalizar de manera objetiva. Pero para hacerlo e introducirlo en el laboratorio Crick ha "aniquilado la conciencia" equiparando la mente al cerebro (p.2), cometiendo metodológicamente un grave error de categorías.

Watson observa que no se puede unir la noción de "conciencia" (que la ciencia empírica no puede explicar) con el concepto religioso del alma (eterna). Afirma que es erróneo y falsea la verdad al querer unir el concepto científico al religioso, ya que el primero proviene del método empírico y el segundo del método racional axiomático. Luego identifica que Crick usa el término conciencia equiparándolo al hecho de estar despierto y no lo afronta como "conciencia de ser auto-consciente". Pero lo que más llama la atención es que para el premio Nobel "pena, visión, pensamiento y auto-conciencia", todo corresponde a una categoría, y "utiliza la fisiología de una de ellas, ´la visión´, para generalizar a las otras... y el mismo Crick insiste en este error cuando escribe que si puede explicar sólo uno de los aspectos de la conciencia, habrá avanzado un gran trecho hacia la comprensión de *todas* las demás. Para Watson esta actitud le hace pensar que Crick sugiere que las manzanas y las naranjas son frutas, por lo tanto las manzanas son iguales a las naranjas. En consecuencia, si estudio una manzana, entiendo una naranja.

El asunto es muy complejo, porque los fenómenos en cuestión comprometen dinámicas muy específicas: la *percepción*, que se ocupa de la información sensorial; el *pensamiento* que opera para que la información sea percibida o no; y la *conciencia* que permite ser consciente de la propia existencia de su propio "yo" (gracias a este yo nos proyectamos como personas, reconocemos nuestro yo individual). ¿Cómo puede ir todo en una categoría?

¿Cómo anula Crick la conciencia?

Recurre a los estudios dedicados a la percepción visual. Para él las imágenes del mundo externo son mapeadas en un conjunto neural de la corteza visual, luego interpretadas y organizadas en una información significativa en otras regiones del cerebro. Asemejando este proceso a una pantalla de TV conformada por células nerviosas él concluye que no hay "nadie -ningún homúnculus- que esté mirando la pantalla". Concluye así que la evidencia de una actividad neural organizada elimina la necesidad del concepto de conciencia (así de simple).

J.J. Hopfield del "California Institute of Technology" ha publicado en la *Revista "Science"* (1994), una crítica al trabajo de Crick señalando que el mismo constituye "un heroico tentativo de arrancar la *conciencia* de la mente de los filósofos para colocarla en las manos de los científicos" (p.696). Pero más polémico, John W. Fowler (1994), también del Instituto de Tecnología de California rebate al laureado Nobel indicando que la oferta filosófica que hace a los científicos puede compararse al hecho de "transferir de la mente de un concertista de piano el Vals de Chopin compuesto en ´Do sostenido menor´, para colocarlo en las diestras manos de unos hábiles zurcidores" (p.14).

Hopfield concluye la crítica a Crick, afirmando que "La hipótesis sorprendente" está llena de contradicciones..., y que sin una adecuada definición ope-racional de "conciencia", independientemente de la trama cerebral humana, no hay posibilidad para que la ciencia pueda hacer algo por la conciencia (p.696).

Es importante que el hombre se haga preguntas y busque respuestas. La duda promete respuestas y es una premisa para el descubrimiento, incluso puede ser un sufrimiento para el entendimiento, pero llegadas las respuestas, se convierte en vía de acceso a mayor conocimiento. La duda, no obstante, no excluye la consciencia que se debe tener para comprender los alcances y límites del conocimiento humano.

Para el doctor Watson resulta una hazaña imposible penetrar en la conciencia a través del cerebro, porque en sí, no es el cerebro el consciente sino la persona, pues en ella están sus dos naturalezas: natural y espiritual. En la persona descubres la intención, la decisión, la voluntad y aquello que quieres conocer de su "yo" consciente.

Crick sólo es uno de los tantos que han orientado su investigación en una dirección reduccionista. El panorama es muy variado y por cierto, democráticamente respetable. Pero es útil que el lector conozca otros enfoques para asumir ante tanta información, un sentido de análisis más prudente. Una firma de prestigio no siempre garantiza todo su contenido, y mucho más cuando se expresan sobre campos que no conciernen a su especialidad. Por eso Watson finaliza opinando que la conclusión de Crick es *filosófica y cultural,* pero no científica porque la ciencia experimental no está en grado de estudiar el alma.

El Dr. Andrew Newberg (2001) de la Universidad de Pensilvania, dice haber descubierto en su rama de la llamada neuro-teología un "módulo divino" cerebral en el que existe una arquitectura neural que no deja otra opción que explicar el mundo en términos de dioses y monstruos, simplemente porque urge sobrevivir. Él declara que el cerebro está predispuesto para tener esas experiencias y es por eso que mucha gente cree en Dios. O sea que no hay libre albedrío, y siguiendo su opinión, debemos concluir que los no creyentes... carecen de ese circuito neurológico.

Ha fascinado que el doctor Newberg muestre unas imágenes impresionantes de unos monjes budistas que oraban y unas religiosas franciscanas. ¿Qué es lo que vio? Actividades en el lóbulo frontal, parietal y en el tálamo. De ello concluye que el impulso religioso está codificado en la biología de nuestros cerebros. Pero si la persona está orando, cumpliendo un acto inteligente, ¿por qué no tendría que mostrar actividad el lóbulo frontal que justamente se ocupa precisamente de procesos cognitivos superiores? Significa entonces que la boca debe servir sólo para introducir alimentos y no para conversar? Acaso los registros de Newberg no muestran simplemente la base neural de un acto inteligente y espiritual? En base a ello se especula que las experiencias de grandes místicos en las distintas religiones se debían a un descenso de la actividad en el lóbulo parietal (Vedantam, 2001).

En esta línea otro neurólogo, profesor en la Universidad Laurentian en

Sudbury, Ontario, el Dr. Michael Persinger (1999), ha elaborado un casco parecido al de un motociclista. Una vez instalado en la cabeza de un voluntario, dispara ondas magnéticas de baja frecuencia sobre los lóbulos temporales prometiendo suscitar "experiencias místicas". Según este investigador las personas "sienten la presencia de una entidad cercana a ellos..., algunos lloran, otros sienten que Dios los ha tocado, otros tienen miedos y hablan de demonios y espíritus malvados. Persinger determina que la "religión es propiedad del cerebro, del cerebro únicamente y tiene poco que ver con algo que esté fuera de él" (p.2). En otras palabras, si una persona asimila una droga y experimenta una alucinación de contenido religioso, la droga es la causa de su religión (!)

Entre la gran cantidad de artículos y libros que he revisado en esta línea de pensamiento, he verificado que cuando hablan de la presencia "neurológica" de Dios, hablan siempre de "sentirse bien, felices, alegres". Contrariamente a estas descripciones, los místicos que he estudiado en el Asia, en las Américas y Europa en los últimos años (Castañón-Gómez, 2000), también tienen experiencias dramáticas, dolorosas y de vacíos interiores profundos y prolongados. Esta ausencia tal vez muestra una falta de claridad "operacional" en la definición divina de aquellos autores, que los veo más inspirados en la idea de que todo es bello, hermoso y suspendido en el aire. Todo católico, sin ser místico, sabe, que el camino del creyente en la tierra, no es ni todo fácil ni totalmente feliz.

Por otra parte, los estudios parece que se han concentrado en *estados de meditación,* como se podría también haber estudiado a un poeta mientras leía algunos versos, pero el resultado no necesariamente conducirá a la religión, al espíritu o a Dios. Durante las investigaciones uno podría meditar sobre su vida en el paraíso y otro sobre sus permanentes gozos en la tierra. Éstos son contenidos personales y subjetivos dentro de variables muy específicas en la investigación que no revelan los tomógrafos.

Parece que los llamados neuro-teólogos, *están confundiendo el espíritu con la conducta religiosa, la meditación con la experiencia mística, la oración con la presencia-ausencia de Dios, la actividad bioquímica de la neurona con el alma, y llegan a conclusiones a las que el método objetivo no podría conducirlos. Decir que el cerebro produce la religión o la idea de Dios, es como decir que un violín produce la música, o la pintura el cuadro de Picasso o Guzmán de Rojas.* El absolutismo o el reduccionismo en humanos que todavía no saben curar un simple resfriado (y que se asustan rápidamente si se ven privados de electricidad o de combustible), debería más bien invitar a una humilde actitud de búsqueda, sin privarse de aquellas verdades de rico contenido espiritual. *«La ciencia es orgullosa por lo mucho que ha aprendido, pero la sabiduría es humilde porque no sabe más»* (W.Cowper).

Seguramente este antiguo y tradicional debate continuará como lo ha hecho durante siglos. Para comprender un tópico hay que comprender su contenido. Entonces ¿cómo podrá coincidir la comprensión del alma que el científico califica de un modo... y el concepto divino que Dios le otorga?

Buscando en la fe...

19.3. LA PALABRA QUE ILUMINA:

Mientras algunos neurocientíficos reducen el alma y la conciencia a un cúmulo de neuronas, el prestigioso profesor John Eccles (1993), también premio Nobel, afirma que el humano es algo más que simple materia. Reconoce sus deseos, planes, esperanzas. Como gran neurofisiólogo que es, sabe que el cerebro está formado por una compleja red de neuronas, pero en él también advierte un sistema abierto enormemente creativo. Según este prominente investigador hay en el hombre un centro "unificador" un "yo único e irrepetible que debe su origen a una entidad externa a él e indudablemente superior". Su actitud es humilde. Sabe que todo lo que se conoce del cerebro es aún poco; explica incluso que ni siquiera sabemos qué ocurre en la mente y en el cerebro en el momento en el cual queremos mover el dedo pulgar ¿En qué instante nace la capacidad de movimiento? -se pregunta.

Para él la inteligencia *"no es una secreción de la masa cerebral"* (p.2), tampoco el alma. Reconoce en el recién nacido un espíritu que le otorga su "yo único", es la conciencia del "yo" que lo proyecta al hombre a la dimensión espiritual. Afirma que la espiritualidad del hombre pertenece a un acto de creación y reconoce la importancia del cerebro en los procesos mentales

Viene hoy a mi memoria que al profesor Eccles, alrededor de 1970, no se le permitió presentar en un Congreso científico una conferencia sobre el cerebro y el espíritu, nada menos porque el determinismo materialista había segregado las posibilidades espirituales del hombre.

El pensador australiano (1985), sostiene que cada alma es una nueva creación divina, y no encuentra otra explicación para ello. Para el creyente cristiano el "alma" es el principio espiritual del hombre y ha sido creada por Dios quien transmite al hombre así, su imagen y semejanza (espiritual). Cree que existe algo que podríamos llamar el origen sobrenatural de su irrepetible autoconsciente, o de su irrepetible individualidad o alma". Ponderando el "yo humano", este médico australiano siempre sostuvo que ese "yo" es el efecto de una creación sobrenatural, de eso que en el sentido religioso se llama alma, que además, es inmortal. *Es esta entidad que hace del individuo humano una persona.*

En la actualidad estas fronteras se han abierto un poco, pero el análisis es materialmente reduccionista. Por eso Eccles declaraba que su postura era considerada por sus colegas como visionaria. Él ha respondido que las verdades que salen de los laboratorios son verdades relativas y que ninguno de esos conocimientos puede autorizarles a anular la dimensión espiritual del hombre. El investigador puede explicar hechos, pero no quiere decir que haya llegado a la "verdad final". Y dice algo de los científicos: *"Creo que vivimos en una era increíblemente supersticiosa y los más supersticiosos son los científicos, que creen falsamente en todo tipo de criterios, particularmente los científicos distanciados de la metafísica y de los valores espirituales. Aunque quieren huir de la ética, siguen necesitando algo que impulse la ciencia y la mantenga en movimiento"* (p.5).

Para la Iglesia Católica *"el alma es el principio vital del hombre"* y este concepto corresponde al depósito de la fe (Denzinger, 2004). *"El alma es la parte espiritual del hombre que sobrevive al cuerpo, y es la sede de las operaciones espirituales como, por ejemplo el raciocinio que es una realidad no material responsable de la actividad consciente y libre del hombre"* (Carreira, 2004, p.4).

Para algunas personas, tan ligadas a la prueba concreta, resulta difícil comprender esta entidad que "no se ve", pero tampoco se ve la presión atmosférica, el perfume de una flor ni el tiempo. El alma no se ve porque es espíritu. Tampoco se veían los átomos cuando Rutherford y Bohr (1919) los descubrieron; fueron los datos obtenidos que les orientaron a esa conclusión. El cerebro es una base fundamental para que el repertorio humano y espiritual se exprese, pero no quiere decir que este grupo de neuronas sea su causa. No podemos decir que porque un foco se encienda, el foco sea la corriente eléctrica; tampoco podemos asegurar que el pincel hace el cuadro. Cuando recuerdas un momento agradable de tu vida: el nacimiento de tu hijo, tu matrimonio, tu graduación, todo ello es memoria, son recuerdos que se refugian en tu cerebro, pero tu memoria no es el cerebro. Un libro clásico, el que más aprecias, no es sólo papel y tinta. En la materia sola no hay ilusión y esperanza, proyecto intencional, idea del mañana. Un animal puede también aprender y conocer, pero "no sabe que sabe", no deduce. El profesor Lewis (2004) de la Universidad de Oxford, también afirma que la naturaleza es absolutamente incapaz de producir pensamiento. En la misma línea, otro premio Nobel de Medicina, Alexis Carrel anotaba: "el alma es el aspecto de nosotros mismos que es específico de nuestra naturaleza, y que distingue al hombre de los demás animales" (2004).

La materia, aún el cerebro, reacciona ante estímulos, "obedece" porque se atiene a las leyes, pero ¿quién inclina sus preferencias, decisiones, deseos, ilusiones? Sólo una reacción químico-eléctrica? La materia no tiene autonomía ni libertad, sólo obedece. Si hoy en la mañana el motor de tu coche no arrancó no es porque "no quiso".

Y aquí están las diferencias mayores. El hombre no sólo es instinto, es voluntad, es libre albedrío, es moral, de aquí su mundo de valores, contexto para una vida personal armónica y social. Si el hombre se orienta únicamente por medio de la materia, realmente se quedará con un puñado de neuronas.

El joven pensador David Chalmers (2004), es ya muy conocido por sus trabajos en Ciencias Cognitivas en la Universidad de Indiana y en Washington. Se define como un naturalista y no un sobrenaturalista. Para él la conciencia no se reduce a nada físico, como por su parte la biología a la química y la química a la física. Y añade: "Aunque pudiéramos explicar la actividad entera del cerebro, de cada neurona y cada conexión, tampoco estaríamos en grado de entender la conciencia" (p.1), pues para entenderla desde el punto de la ciencia hay que tener los parámetros y la ciencia no los tiene. ¿Cómo estudiar en laboratorio el yo, la autoconciencia o una idea? Conocemos la conciencia por su producto. Obviamente que las opiniones de Chalmers, tampoco quedan sin respuesta, pues Daniel Dennett (2004), un filósofo de moda, afirma que teniendo un mapa de las células del cerebro y sabiendo lo que hacen, tenemos la explicación de la conciencia.

Y las teorías y las discusiones se prolongan. Hablan de espíritu, alma, conciencia, yo, casi como sinónimos. Algunos dicen que la conciencia es estar despierto, otros saber que somos, y el espíritu y alma aquel hombrecito que en el pasado se creía habitaba en el cerebro, en la pituitaria. Para nosotros, y es una cuestión de fe, el alma es la vida (por eso la planta tiene alma vegetal, y el animal alma animal) y el espíritu es la parte divina que cada hombre tiene en sí, transmitido por Dios en el momento de la concepción. Nos hemos alejado tanto de Dios y del amor que siente por los hombres, que no nos imaginamos a este Dios pendiente de la vida de cada hombre que viene a la tierra, preocupado por conceder sus dones a todo aquél que nace. *Nos hemos alejado tanto de lo espiritual, que nos resulta difícil reconocer sus manifestaciones, tan sometidos estamos a una razón fría que mide y pesa, ignorando el calor eterno que brota del espíritu. La ciencia nos puede traer la luz para divisar y conocer el camino, pero la fortaleza para recorrerlo proviene únicamente del Espíritu.*

Todo el mundo, creyentes y no, han reconocido las bondades de la hermana Teresa de Calcuta, su vida fue la expresión de un espíritu maravilloso, fundamentalmente inspirada por el amor al más necesitado. Nuestras actitudes, nuestro comportamiento, expresan la calidad de nuestro espíritu. Hitler, tenía espíritu, sí, pero el hombre es libre, y orienta su alma, su vida, conforma con autonomía las huellas que prefiere, porque el espíritu no te hace esclavo, te hace libre. Y Dios te ha concedido una libertad con la que incluso, puedes ofenderlo, como lo hacemos cuando con la inteligencia recibida, en vez de entender su Majestad Creadora, queremos negarla y atribuirla al caso y al azar, no a Su Amor. Nuestra conducta, en suma, expresa el estado de nuestro espíritu.

19.4. VIDA EN LA PALABRA:

Es justamente la *Palabra* que abre el primer capítulo del Evangelio de Juan:

"Al principio ya existía la Palabra.
La Palabra estaba junto a Dios,
y la Palabra era Dios...
En ella estaba la vida
y la vida era la luz de los hombres..."
(Jn 1, 1,4)

Para una publicación en el "Anuario de Filosofía 2004", se ha consultado al cardenal Camillo Ruini, responsable de la diócesis de Roma si "las nuevas fronteras de la neurociencia y de la inteligencia artificial estaban acabando con el alma". El purpurado ha puntualizado que el debate "alma y cuerpo" es antiquísimo y que él no considera que la situación sea tan tajante, pero subraya que *las tecnologías se están apropiando del conjunto del cuerpo humano, incluido el cerebro, al cual la farmacología puede inducir los "estados mentales" que quiera y los laboratorios están dispuestos a programar incluso la procreación humana*. Se reduce el alma a la mente, la mente al cerebro y se afirma luego que incluso la inteligencia artificial puede o podrá superar el recurso cerebral humano... ¿Qué queda del hombre? Algunas aseveraciones extremas me recuerdan otra, luego de darse a conocer los resultados del Genoma humano: "el hombre no necesita de Dios, pues ha descubierto el secreto de la vida".

El trabajo clínico y de investigación realizado durante más de treinta años me ha permitido acercarme al hombre sugiriéndome una perspectiva más extensa, por lo que no estoy en grado de "reducir" su extraordinaria ingeniería biológica a una fórmula ni sintetizar sus maravillosos repertorios psicológicos a un concepto. Por ello, hablo del hombre "integral" que crece en una dimensión biológica, psicológica, social y espiritual.

Las rígidas posturas reduccionistas olvidan el devenir del hombre y su fascinante pero constante misterio. La habilidad de los investigadores, a pesar de sus extraordinarios avances, nos ofrece pocas respuestas, pero su preciosa información nos acerca un poco más a los fundamentos. Por lo tanto, hay que tener presente que en unos cuantos siglos, algo hemos aprendido pero queda todavía mucho por conocer, aprender y comprender. La ciencia, por los límites naturales a las que está sometida, sólo podrá revelarnos lo que pueda y le sea accesible, y no sería ético recurrir a ella para confundir o coartar prejuiciosamente las aspiraciones interiores de multitudes, como puede ser para el creyente la fe en la Verdad Revelada. Séneca nos recuerda que *«la naturaleza nos ha dado las semillas del conocimiento, no el conocimiento mismo»* (Epistolae ad Lucilium, CXX, sec.4a). Un buen número de científicos prescinden de este tipo de verdades, porque no las pueden medir y pesar. Pero el "no poder", no autoriza a negar su existencia o a desechar la posibilidad de otra "realidad" no tangible. Conocemos algo de la naturaleza humana, pero ¿es eso suficiente para negar la naturaleza espiritual?

Visité Gibraltar un par de veces y conocí las famosas "Columnas de Hércules" que señalaban hasta hace pocos siglos los límites del mundo, el fin de aquella tierra que además era "plana". ¡Cuántas verdades del pasado hoy nos hacen sonreír! ¿No será lo mismo en el futuro cuando generaciones futuras revisen nuestras "últimas" conclusiones reduccionistas? El científico debería asumir actitudes menos soberbias y más humildes, y como señala Eccles, menos supersticiosas. Dan la impresión de que solicitan más fe para las verdades naturales y menos entusiasmo para las sobrenaturales.

Nosotros creemos que el mundo occidental ha ido perdiendo demasiada ilusión y esperanza. Su intenso correteo detrás del confort y el placer inmediato están orientando su atención hacia lo caduco y va descuidando sus posibilidades trascendentes. Los conceptos mecanicistas y racionalistas han reducido al hombre a una realidad pensante excesivamente materialista y muy centrada en sí mismo, de aquí el individualismo y egoísmo imperante, muy justificado por la idea iluminista de que el hombre era un "animal racional". Había que explotar esa razón en modo tal que la lógica gobernaría guiando la ciencia y la tecnología, que además tendría una respuesta para todo, ofreciendo al hombre un mundo esencialmente pragmático.

Como se buscaba el bienestar del ser humano, se apostó a sus derechos, haciéndolo centro de muchos cuidados, lo cual es admirable, pero mientras con una mano se hacían tratados de igualdad y fraternidad, con la otra se construían armas, para disparar sobre aquellos cuyos derechos supuestamente querían defender. El humanismo parecía que era para los más fuertes, no regían las mismas normas para los colonizados. Hace unos siglos la industrialización hizo abandonar los campos y los hombres se hacinaron en las ciudades. Hoy, las grandes ciudades del superdesarrollo nos muestran gente que corre y corre queriendo entender si su confusión idealista que lo anima a poseer más y más es correcta o si debe optar por aquella vida de campo serena que acaricia como una quimera dorada para su vejez.

La rigidez positivista en el campo científico, unido a un desdén por el contenido espiritual entre los científicos, no ha favorecido un trabajo complementario entre la Ciencia y la Fe, pero se empiezan a obtener algunos datos que seguramente en el futuro animarán nuevas y prometedoras reflexiones de conjunto.

Sam Parnia (2001), ha presentado a los científicos del Instituto de Tecnología de California unas investigaciones realizadas en el Hospital General de Southhampton. Este médico se interesa hace muchos años de "experiencias cercanas a la muerte" (ECM), o sea de aquellos casos de personas que se diagnosticaron como muertas, pero que por razones que se tratan de determinar, volvieron a la vida. Esta indagación comprometió a 63 pacientes infartados calificados como "clínicamente muertos". Del grupo total, 56 dijeron que no tenían noción de aquello que ocurrió durante el tiempo que estuvieron inconscientes, pero 7 indicaban tener recuerdos. De ellos, 4 fueron clasificados indiscutiblemente como individuos que entraban en la categoría ECM. Éstos referían tener pensamientos muy claros, razonamientos, movimientos y comunicación con "otros" después de que los doctores determinaron que sus cerebros "ya no funcionaban".

El especialista aclara que cuando hay un paro cardíaco, el daño al cerebro es tan severo, que éste deja de funcionar completamente. Por lo tanto, es de esperar una pérdida importante de la memoria antes y después del incidente. "La función cerebral que se pudo registrar en estos pacientes mientras estaban inconscientes, es considerada como incapaz de sostener procesos de pensamiento lúcido o de permitir que se formen recuerdos de larga duración, por eso no se puede comprender cómo un cerebro "inactivo" pueda generar pensamientos que luego se relatan con tanta vivencia y claridad.

El doctor Parnia sostiene "que la conciencia humana podría trabajar independientemente del cerebro, usando la materia gris como un mecanismo para manifestar los pensamientos, tal como un televisor transforma las ondas que vienen por el aire, en imágenes y sonidos" (p.1-2).

Estas investigaciones, de las que sorprendentemente no se habla demasiado, han abierto interesantes perspectivas para preguntarse cómo es que el cerebro trabaja cuando está paralizado. Si siguiendo a Crick y sus colegas, pensamos que el alma está en un puñado de neuronas ¿cómo es que éstas funcionan cuando el cerebro está inactivo? Para el doctor Parnia y para sus colegas, estas pesquisas podrán ayudar a entender mejor la existencia del alma.

Por ahora la investigación se encuentra a este punto. Pero no impide que recordemos la importancia de esta dimensión espiritual, tal vez extraña aún al lenguaje del laboratorio, pero por nada ajena al corazón y a la mente del hombre.

La Palabra era la luz verdadera,
que con su venida al mundo
ilumina a todo hombre.
(Jn 1, 9)

Si asumimos por fe, que esta Palabra es vida..., que es luz... ¿Cómo puede germinar esta semilla si el terreno está hecho de sólo neuronas y es regado con neuroquímicos? ¿Cómo podrá esta Palabra de luz, iluminar, cuando las propuestas que recibimos nos encegüecen? ¿Cómo podrá nuestra razón alumbrarnos si la nutrimos de sin-razones?

No es objeto de esta obra polemizar sobre un debate tan antiguo. Pero me parece un acto de justicia tratar un tema que compromete la vida de más de tres cuartas partes de la población mundial, que creen en el espíritu y no reducen su vida a una mecánica actividad neural.

Esta dimensión no se puede medir con instrumentos tecnológicos. La Palabra del Espíritu llega como el susurro que hace el viento entre los abetos. Sopla dulcemente a quien la acepta, para reanimar, caldear, inflamar el corazón del hombre. Es el Espíritu que anima y vivifica y da la vida a todo ser viviente. Sopla a todos, pero unos lo acogen, otros no. Quien sofoca la palabra no llega a conocerla. A muchos da fastidio esta Palabra, porque no entra dentro de los esquemas que el hombre busca para encasillarla; es trascendente, infinita, no se reduce, pero es para todos. *No sólo de pan vive el hombre... sino de toda Palabra que viene de Dios.* (Mt 4,4)

Las palabras del Espíritu se sirven de nuestras cualidades inteligentes y sensibles, pero invitan también a que se inscriban en el corazón. No insisten en los centros de Broca o Wernicke, tampoco en la interpretación del lóbulo izquierdo, pero sí le importa cómo la acoge el corazón de cada hombre. Esta Palabra no se detiene en el aspecto externo de las cosas, busca la sustancia, el interior, el Espíritu que penetra y que hace morada. Esta Palabra es el fácil tránsito de la materia al espíritu.

Es el desconocimiento de esta Palabra que hace débil al hombre, y en el fondo, tal vez ésta su inseguridad es la que le hace construir otras palabras que parezcan verdaderas, para que sean su refugio y consuelo temporal.

Parece que no es el gran sabio en términos terrenos que se beneficia de esta Palabra, sino el "pobre de espíritu, el bienaventurado" (Mt 5, ss), aquél que se entrega a esta Palabra para asimilar su sustancia y alimentarse de ella.

Porque los Libros Sagrados no son científicos ¿carecen de verdades? Y aunque los científicos expliquen algunos mecanismos cerebrales, ¿quién de ellos puede explicar cómo trabaja nuestro entendimiento en el cerebro humano? Y porque no pueden explicarlo ¿podrán entonces negar el propio entendimiento humano simplemente porque no comprenden realmente cómo es y ni saben cómo existe en la cabeza?

Es pertinente reconocer, por otra parte, que esta Palabra, ha sido mal entendida, insuficientemente difundida y lamentablemente, mal vivida, en cuanto, en mi opinión, no se ha dado suficiente testimonio de la misma. A través de mis viajes por el mundo, advierto cómo hoy, se hace tanto esfuerzo para difundir la palabra que confunde, y menos para difundir la que nosotros consideramos Verdadera. Pero el hombre, siempre puede enderezar sus caminos, pues no es ningún testimonio de vida comprometida, que algunos usen la Palabra como escudo y arma para justificar perfidias, guerras y divisiones. Tienen razón tantos críticos cuando consideran que las religiones deberían unir a los pueblos en el amor y en la comprensión y no dividirlos mediante guerras y distintas formas de odio y persecución. El *«antitestimonio»*, exhibido por creyentes incoherentes o peligrosamente fanáticos, es la principal razón por la que muchos se alejan de la búsqueda espiritual. ¿Cómo se puede creer en quien predica y no practica en su vida aquello que pregona?

El hombre ha sido ya víctima de mucha confusión, llegando inclusive al oscurantismo. Tal vez todos deberíamos darnos nuevas oportunidades para adentrarnos con actitud abierta otros horizontes. La ciencia al descubrir la verdad natural, construye un valiosísimo cimiento para reconocer la Verdad Sobrenatural. Acercarse a esta Palabra puede inspirar conductas de mayor hermandad y unión. Esta Palabra, mueve al bien, se sirve obviamente de bases humanas, pero su soplo viene del Espíritu..., y en verdad, un osciloscopio no lo registra, pero llega como el viento..., no lo ves..., pero mueve las hojas. Porque no conocemos esta Palabra, o no la vivimos, nuestra propia palabra no se perfecciona y hiere con una frecuencia que nosotros mismos quisiéramos evitar. Cuántas veces nos arrepentimos de haber dicho o hecho algo.

Probablemente el científico no sienta satisfacción al leer estas aparentes abstracciones, sobre todo porque esta Palabra no es de laboratorio, pero tal vez si la dejara ingresar dentro de su corazón sin buscar explicaciones curiosas, sentiría su fuerza operante y vivificante. La Palabra produce vida en quien la recibe, lo descubrió el mismo Pascal y tantos como él. El hombre debería esforzarse por conocer esta Palabra y asimilarla, así empezaría a conocer cómo obra.

Quienes nos dedicamos a la investigación, podemos entender la inquietud interior que anima a los científicos a buscar la verdad donde crean encontrarla. Piensan que el derecho de investigar la naturaleza les otorga también las condiciones para ello. Si conocieran mejor los límites humanos, comprenderían que la dimensión sobrenatural avasalla nuestros poquísimos recursos: ¿qué puede comprender el entendimiento del hombre nacido ayer de la nada y convertido mañana otra vez en polvo? ¿Se anima a definir a Dios o a negar su obra, simplemente porque no la entiende? Tal vez aquel «motivo» que le impulsa a indagar, sea cabalmente el ahogado grito de ese gen espiritual que todavía no reconoce.

Dios, al crearnos a imagen y semejanza, nos ha plantado en medio del corazón esa necesidad de buscar Su corazón, una especie de "gen espiritual" que, no es el lóbulo temporal de algunos neurocientíficos, es la "religación" que une al hijo con el Padre, al Creador con lo creado. Nadie se basta a sí mismo. El hombre está llamado a más y eso explica el límite de sus respuestas naturales y terrenas. El saber natural y sobrenatural nos motiva, excita nuestra sed de conocimiento, pero lo que encontramos no la apaga. ¿Cómo podremos hallar la verdad si utilizamos el medio inapropiado o buscamos donde no está?

Busquemos e indaguemos, es un buen caminar para el hombre en busca de sentido y significado. Pero que no sea él mismo que oculte la luz que lo ilumina. Diez o cincuenta años de investigación personal y la lectura de pocas o muchas teorías, no son nada para desautorizar un misterio infinito. El conocimiento es de beneficio cuando ayuda a descubrir y a vivir la Verdad, no cuando nos aleja de ella. Por algún motivo el pensamiento erudito del pasado nos aleccionaba: *«Mal vestido va aquel hombre que sólo se viste de razón»*.

El hombre sabio y humilde reconoce sus límites; haciéndolo se prepara a aprender, pues entiende que el mundo aún cobija verdades para él ignoradas, que sólo al mañana le será permitido revelarlas. Sabe, por lo tanto, que no está en su poder delimitar la trascendencia, pero sí puede abrirse a ella para conocerla y apreciarla.

Decía al principio, que la Palabra es Vida, que ésta, alimente tu cuerpo y tu espíritu; y las «palabras» que has leído en esta obra, sean luz para tu mente y dulce ardor para tu cálido corazón.

ANEXO I

SISTEMAS DE RELIEVE NEURO-PSICOLÓGICO y COGNITIVO

El trabajo psicológico se ha integrado muy bien al campo de las Neurociencias, en cuanto su aporte ha sido fundamental para proponer a los bio- y neuro-científicos sistemas para analizar la conducta humana en concomitancia a determinados cambios físicos ocurridos en el cerebro.

El estudio del aprendizaje y del mundo emocional por ejemplo, ha ocupado mucho al profesional de la psicología, por lo tanto, cuando la tecnología empezó a ofrecer mejores recursos para estudiar el cerebro "en vivo" cuando aprende o siente, se llamó al psicólogo para integrar estos equipos de investigación neuro-psicológica y cognitiva.

Para nosotros, recurrir a esta tecnología, no quiere decir que queramos imitar la labor correspondiente al biólogo, al neurólogo o al bioingeniero, simplemente que, tanto ellos como nosotros, nos servimos de estos resultados para ponderar, ellos: los mecanismos físicos y fisiológicos, nosotros, los comportamentales y cognitivos. Sin olvidar a los físicos, a los ingenieros de sistemas, matemáticos, que también se han unido a estos extraordinarios equipos multidisciplinarios.

Hoy, como consecuencia del trabajo interdisciplinario entre neurocientíficos, ingenieros y psicólogos cognitivos, se ha establecido una metodología muy valiosa para mapear la actividad neuronal del cerebro. El primer psicólogo que propuso la medición de los procesos de pensamiento a través de la neuroimagen funcional fue el holandés Franciscus C. Donders (1968). Su estrategia se introdujo por primera vez en el sector de la neuroimagen funcional mediante la Tomografía a Emisión de Positrones (TEP), en el estudio del procesamiento de palabras simples (1988, 1989, 1990). En la actualidad, su metodología es la predominante en la investigación de la cognición humana mediante técnicas de neuroimagen.

De manera suscinta quisiera explicar que nuestra documentación, presenta resultados obtenidos a través de diferente tecnología.

La Tomografía Axial Computarizada (TAC), la Tomografía Computarizada (TC) e Imágenes por Resonancia Magnética (IRM), que permiten obtener imágenes de las estructuras anatómicas del cerebro (fíjate por ejemplo en la página 42 y similares).

En el Anexo II, podrás reconocer otros datos logrados a través del sistema de Tomografía por Emisión de Positrones (TEP). Esta tecnología permite estudiar siguiendo trazos de glucosa radioactiva por ejemplo, humanos despiertos, no anestesiados, a quienes se puede suministrar órdenes y solicitar tareas que se orienten a los temas de investigación. De acuerdo al doctor Marcus Raichle (2002), a quien se deben los mejores estudios, la señal que se utiliza en el sistema TEP e IRM, se basa en que a los cambios registrados en la actividad celular en el cerebro de humano, se acompañan imprescindiblemente cambios en el flujo sanguíneo cerebral (fíjate principalmente en el color rojo). El mismo investigador nos indica que la TEP mide el flujo sanguíneo directamente, las IRM funcionales o IRMf, se basan en los cambios locales de las propiedades de campos magnéticos que se dan en el cerebro, y que provienen de las modificaciones del flujo sanguíneo cerebral que se suceden a los cambios en el consumo de oxígeno. En nuestro material, por razones didácticas y para facilitar tu comprensión, hemos eliminado aquello que no concierne a los objetivos de este trabajo.

Gracias a este dinamismo es que hoy se puede hablar con precisión del *"impacto de la palabra y del aprendizaje"* en diversas circunstancias y reconocer *qué* sucede en el cerebro y *dónde*, cuando pensamos, hablamos, interpretamos, recordamos, etc. Todos estos datos nos permiten reconocer las maravillas del humano y de su tecnología, y nos debería animar a cuidar con esmero todo lo que es y hace.

Mis reconocimientos a "Positron Emission Tomography Imaging" del "Brain Imaging Center", por todos los recursos puestos a disposición y por sus diestras explicaciones. Lo mismo al Hospital Nacional de Naju en Corea del Sud, a la Universidad de Dinamarca y a Peter Topf. De manera especial mi gratitud a los pioneros: Michael I. Posner y Marcus E. Raichle, del programa De Boeck Université de Bélgica.

ANEXO II

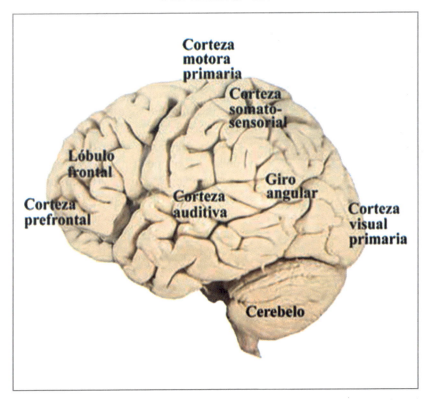

Principales zonas cerebrales.

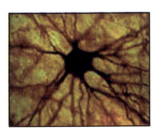

Neurona

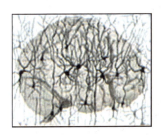

Huellas neurales

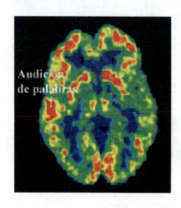

En el momento en el cual una persona escucha unas palabras y habla, se activan centros específicos del lenguaje (fíjate especialmente los relieves de color rojo). El intento de comprender el mensaje, activa los lóbulos frontales, igualmente distintos centros de la memoria. Gracias a ello recuerdas muchos significados.

Es interesante también reconocer la actividad del lóbulo occipital, responsable de la visión, pues entra en acción aunque no esté leyendo..., pues su centro mnémico visual, "recuerda" lo que una vez leyó... Lo que se hace posible gracias a las famosas "huellas neurales".

¿Lo sabías?

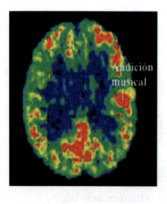

Estoy seguro de que también te agrada escuchar música. Cuando lo haces, activas zonas específicas del hemisferio derecho, también responsable de ayudarte a reconocer el tono y melodías, no sólo cuando escuchas una canción, sino también cuando te hablan (prosodia).

No sin razón los alemanes dicen: "El tono hace la música" para indicarte que si empieza alguien a vociferar en mala forma, es que está algo nervioso o irritado... y gritando, no se dialoga, ¿verdad?

La actividad del lóbulo frontal caracteriza en grado excelente la facultad inteligente del hombre. Cuando elaboras tus mejores proyectos, o comprometes tu palabra en una decisión importante, estás activando a altísimo nivel esta extraordinaria facultad. Los "grandes hombres", aquellos que han escrito la historia con letras gloriosas, han hecho de su lóbulo frontal un valiosísimo recurso. Pero los hombres que más me han conmovido, y he admirado durante estos años de investigación, han sido los humildes y los mansos, pues ellos necesitaban 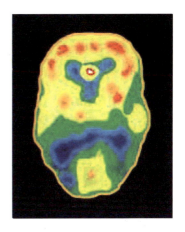 mayor voluntad y decisión para sobrevivir en un ámbito tan soberbio y competitivo... He descubierto su secreto... y te digo cuál es... su *espíritu*, de ahí proviene su admirable fortaleza: aquella que les ha permitido dominar lo indeseable del impulso ciego, orientar equilibradamente su emoción, y usar su cognición, no para confundirse como muchos de nosotros, sino para trascender. Estoy seguro de que con más humildad y compasión, el mundo sería mejor, ¿qué piensas tú?

Porque me han dicho que mucho te distraes en clases o cuando conversas con alguien, te presento al "cíngulo anterior", muy importante para que mantengas la atención y no te disperses...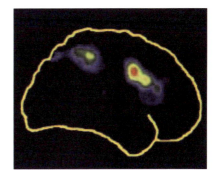

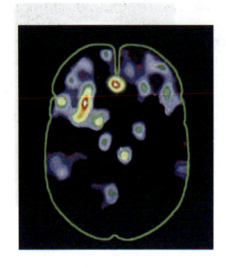

Quisiera que observes con mucha atención esta imagen, la puse para que te enteres de algo muy importante. Cuando "hablas solo", o recuerdas palabras y argumentos que has tratado con otras personas, se activan los centros que preparan el habla, como si realmente estarías pronto para conversar con alguien. Tu memoria se une a los recuerdos, dibujando en tu mente, como si vivieras otra vez... tus experiencias más o menos gratas. No sin razón se dice: *"recordar es vivir"*.

Si invito a una persona, a leer unas palabras, y luego le solicito que cierre los ojos y recuerde las que leyó, aún con los ojos cerrados, vuelve a activar las zonas responsables de la visión. Por eso te aconsejo, cuando estudies y quieras aprender algo, que hagas notas, resúmenes, así, durante tus pruebas académicas tendrás ayuda suplementaria de la "memoria visual", además de todos los otros centros mnémicos que vimos en los primeros capítulos de este libro.

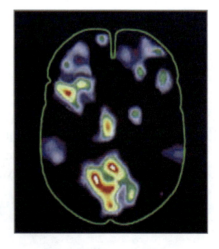

Esta persona, durante un experimento, no está viendo estímulo alguno, pero su centro de la visión está activo, pues se le ha solicitado recordar las palabras apenas vistas. Es otro detalle de la imagen anterior, sólo que permanece en silencio.

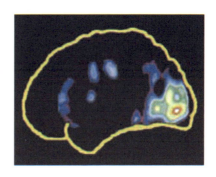

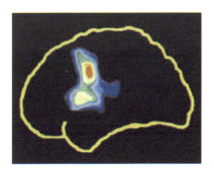

Cuando una persona habla puro "bla, bla", o sea que habla mecánicamente, no activa los centros frontales, su función es casi, sólo motora, pues no hay un compromiso cognitivo con lo que dice. Esto es frecuente en personas que hablan por hablar, lo hacen sin convicción. Si alguien no tiene algo que decir, es mejor el silencio, ¿no crees?

Lo ideal sería, que cuando una persona hable, despliegue su mejor repertorio verbal y cognitivo, así hablaría pensando. Se lastima con la palabra porque no se medita suficientemente en lo que se dice. La persona *"eufónica"*, como tú, es alguien que piensa antes de hablar, y si critica, lo hace con sabiduría y amor, sin herir. Esta imagen te muestra la actividad de alguien que *"sabe lo que dice"*.

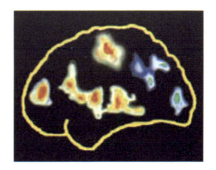

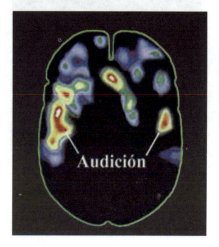

Cuando conversas con una persona, los centros auditivos (que reconoces principalmente en rojo), se activan. Pero a su vez, los centros de la atención y de la cognición (zonas frontales de la foto inferior), despliegan su mecanismo para que captes el mensaje que se te transmite. Hay personas que pueden "atender" varias cosas a la vez, pero son contadas. Los normales como tú y yo, cuando queremos entender y comprender una información, debemos "concentrarnos"... bastante.

El aprendizaje llama en causa muchos módulos, como has visto a lo largo de los capítulos anteriores. Es importante comprender que aunque contemos con centros especializados para la memoria, éstos se distribuyen en varias sedes del encéfalo, son los famosos *"centros de convergencia"*. Cuando tratas de recordar el material que has aprendido, se activan distintas sedes, por eso es bueno que cuides todo tu organismo, particularmente, evitando la nicotina, el alcohol y otras drogas peores. Un cerebro sin contaminación rinde mejor.

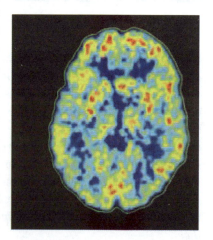

Habrás escuchado decir a algunas personas: *"perdono pero no olvido"*. Yo no entendía, desde un punto de vista científico, por qué costaba tanto olvidar. Claro que siempre he respetado las razones que mis pacientes exponían. Sin embargo, durante mis recientes investigaciones he constatado algo muy interesante: cuando alguien recuerda las palabras ofensivas (y 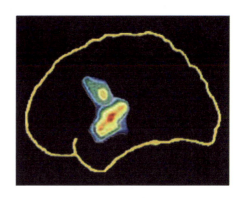 obviamente, no sólo ellas), el cerebro se activa, en gran medida, *como si las escuchara de nuevo*. Y no es porque recurra solamente a los centros generales de la memoria, más bien se debe a que, curiosamente, activa los centros de la audición, donde también existe una "memoria auditiva". Esto hace que la huella (del pasado, dicho o hecho) se mantenga y persevere. Por todo ello, yo creo que los que recurren con frecuencia a recuerdos ingratos, los "fortalecen" continuamente. Esto significa que, si alguien cultiva "rencor" hacia una persona, las reminiscencias siguen reforzando el "doloroso recuerdo", con indeseable frecuencia.

Para evitar todo este desorden, que al final se convierte en una inoportuna fatiga cerebral y mental, sugiero: *perdonar e intentar olvidar* lo más pronto posible, pues, *"perdona el hombre justo e indulgente, olvida el generoso cuyo corazón está lleno de piedad"*.

En toda esta obra, he tratado de explicar que no se hiere únicamente con una espada, también la vida interior de las personas puede verse afectada gravemente a través de palabras y conceptos. Es oportuno entonces que concluyas tu lectura, depositando en tu hipocampo y en todo centro mnémico, la palabra *"eufonía"*, gracias a ella tendrás presente que tu palabra debe ser en lo posible, *"eufónica"*, o sea agradable, positiva, constructiva, cálida..., aún cuando critiques y re-eduques. De hoy en adelante, esfuérzate para que cada término que pronuncies contenga algo de aquel amor que, estoy seguro, abunda en ti. Y también, si lo deseas, incorpora el prudente "silencio", como un nuevo valor en tu vida.

El modelo bio-psicológico integral, trata de unir las condiciones biológicas del hombre, con aquellas aprendidas, considerando, además, la dimensión espiritual del hombre, pues él es una unidad, integral.

Los "Esquemas Mentales", no provienen de la genética pura como el color de tus ojos, más bien se van formando en función del aprendizaje. El repertorio "aprendido", se va almacenando sobre la base biológica que tu organismo ofrece, por eso importa que la "información" que se asienta en tu vida, sea "altamente" cualitativa, para que luego, desplegando tu conducta, aquello que provenga de ti, sea siempre un *bien* para la sociedad.

Observa entre tus coetáneos: ¿cuándo han planificado una visita a un hospital o a la cárcel, para compartir su brillantez con gente que sufre? Viajes y fiestas, se preparan con mucha asiduidad y frecuencia, pero tareas de servicio comunitario, menos.

Todo esto depende de los "valores" que vayas conformando y cultivando. La diversión es grata obviamente, pero también la empatía, el altruismo, la cooperación, la fe, el servicio, el trabajo, el esfuerzo, incluso el sacrificio.

En tu vida, tienes la gran responsabilidad de hacer que tus "huellas neurales" y tus "esquemas mentales" se conformen para tu propio bien, para bien del mundo, y ciertamente, no lo olvides, para la gloria de Dios..., si no, no has hecho nada.

GLOSARIO

ABLACIÓN: Separación intencional o destrucción de alguna porción del sistema nervioso central.
ACETILCOLINA: (ACh), Neurotransmisor liberado por las motoneuronas, neuronas simpáticas preganglionares y las neuronas parasimpáticas de los vertebrados. Su efecto a nivel de la placa neuromuscular puede ser bloqueado por la suministración de curare, como ha verificado Miller en sus numerosas investigaciones. Se ha identificado su importante rol en la memoria.
ACÚSTICA: Estudio de las propiedades físicas del sonido, como su intensidad, frrecuencia y duración.
ACTH: Hormona adrenocorticotropa, producida y liberada por la glándula pituitaria anterior en respuesta al factor liberador producido por el hipotálamo.Su rol es importante en el estrés, dirigiéndose hacia las glándulas adrenales, activa las hormonas adrenales.
ADJETIVO: Categoría gramatical que abarca aquellas palabras que hacen referencia a una propiedad o a un estado. Ej: Susana estaba muy *asustada*.
ADN: Acido desoxirribonucleico, sustancia que codifica la información correspondiente a la herencia genética de cada individuo.
ADRENALINA (Epinifrenina): Es la hormona más conocida entre las personas. Es secretada por la médula adrenal y produce efectos fisiológicos característicos del sistema simpático. Prepara al organismo a reaccionar ante situaciones de tensión y emergencia. Muchos de nuestros datos evidencian su alta producción en situaciones de sobreestimulación. Hemos registrado su producción, también en situaciones psicoterapéuticas.
AFASIA: Disfunciones en la producción y/o producción del lenguaje hablado y/o escrito.
AFECTO: Relacionado a emociones y sentimientos.
AFERENTE: Axones que llevan el impulso hacia el sistema nervioso central.
AGNOSIA: Falta de habilidad para reconocer el significado de los estímulos sensitivos. Importante en los estudios del cerebro dividido que permitió explicar el rol «interpretativo» del hemisferio cerebral izquierdo.
AGRESIÓN: Conducta ejercida con el propósito de herir, lastimar o dañar a alguien, o destruir algo.
AGRAMATISMO: Cuadro a veces asociado a afasias de Broca donde el paciente registra ausencia de palabras funcionales y terminaciones léxicas.
AMINOÁCIDOS: Moléculas orgánicas con funciones de amina y ácido, están unidos entre sí por péptidos, entran en la composición de las proteínas.
ANÁLISIS SINTÁCTICO: Proceso mental comprometido en la comprensión de oraciones, por él se determina las categorías gramaticales de las palabras.
ANALGESIA: Insensibilidad al dolor sin pérdida de la conciencia.

ANARTRIA: Pérdida del habla, sin deterioro cerebral.
ANOSOGNOSIA: Negación de la enfermedad.
APTITUD: En breve, es una predisposición aprendida que compromete el intelecto, las emociones, preferencias, tendencias de una persona, y orientan la respuesta ante un estímulo, proveniente de una persona, circunstancia o situación.
ASERTIVO: Que tiende a la objetividad.
ÁREA CORTICAL: Son sectores delimitados de la corteza cerebral, cada uno se distingue por su arquitectura celular y por sus funciones correspondientes, existen por ejemplo áreas sensoriales y áreas motrices, áreas de asociación, etc.
ÁREAS DE ASOCIACIÓN: Regiones de la corteza cerebral cuya función está dada por la integración de la información de entrada y coordina la toma de decisiones. Su enorme extensión no ha permitido conocerla en mayor proporción, pero es una de las zonas «misteriosas» del cerebro. Ha respondido de manera sorprendente en situaciones de coma, lesiones, accidentes, etc. Es una zona vista con esperanza por la neuropsicofisiología, por las tareas «compensatorias» que podría tener.
ARN: Acido ribonucleico, cuya función está dada por la decodificación de los genes de ADN en proteínas, por ello, determina qué proteínas deben crearse durante el proceso de síntesis proteica.
ASL: Lenguaje de signos empleado en Estados Unidos de Norteamérica.
ATENCIÓN SELECTIVA: Habilidad para focalizar la atención sobre un objetivo, ignorando otros de igual o distinta intensidad.
AXÓN: Es una importante prolongación de la célula nerviosa cuya principal función está dada por la transmisión de información mediante sinapsis a otras neuronas, músculos o glándulas.
BEHAVIORISMO (CONDUCTISMO): un movimiento psicológico en el cual se otorga relieve al aprendizaje en el desarrollo del organismo. Su importancia está dada por el énfasis que hacen de la medición de la conducta a través de instrumentos objetivos.
BIOFEEDBACK (BIORETROALIMENTACIÓN): Un sistema que permite el control y monitoreo de ciertas funciones que en el pasado se consideraban altamente autónomas, como por ejemplo la frecuencia cardíaca, las reacciones galvánicas, la presión arterial, etc. Su aplicación en psicoterapia ha demostrado sus prometedores alcances. El capítulo 18 está dedicado al tema.
CANAL IONICO: Es la zona de paso de iones a través de la membrana celular. Existen variables en función de su selectividad y su sensibilidad a los potenciales eléctricos.
CATARSIS: Descarga, liberación emocional a través de la expresión, de un material reprimido.
CATECOLAMINAS: Compuestas por un núcleo de catecol y una función amina, la noradrenalina y la dopamina son un ejemplo, actúan como neurotransmisores.
CÉLULAS GLIALES: Uno de los dos tipos de células que conforman el tejido cerebral, en el pasado se insistió en su importancia como sostén. Recientes descubrimientos dicen más de ellas.
CÉLULA NEUROSECRETORA: Neurona que secreta hormona o una sustancia para-hormonal en el fluído intersticial.

CUERDAS VOCALES: Junto a la glotis son parte de la laringe. La vibración de estas dos masas musculares, es la fuente del ruido sonoro, o sea de la fonación.
CISURA: Surco profundo en la corteza cerebral.
CIENCIA COGNITIVA: Estudio de la capacidad inteligente del hombre a partir de distintas disciplinas: psicología experimental, neurociencias, informática, sistemas, filosofía, lingüística.
CIRCUNVOLUCIÓN (gyrus-giro): Porción externa y visible de uno de los pliegues del cerebro.
COGNICIÓN: Cualquier actividad mental, incluye el pensamiento, lenguaje, razonamiento, conceptualización, recuerdo, imaginación, memoria, control motor, resolución de problemas. El hombre es el más cognitivo en la escala mamífera.
CONDUCTANCIA: Es la inversa de la resistencia eléctrica, mide la facilidad con que un circuito conduce la electricidad, su medición permite conocer la permeabilidad de las células excitables para uno o varios iones.
CONTEXTO: Escenario de conversación o discurso, situación.
CONTINGENTE: Dependiente
COLINÉRGICO: Se dice de las neuronas que liberan acetilcolina como transmisor.
CORTEZA CEREBRAL: Cubierta externa del cerebro, región en la cual se encuentran las habilidades para recibir y procesar datos sensoriales, integra la información presente y pasada, pensamiento y movimiento.
CORTISOL: Una de las principales hormonas de la corteza suprarrenal, con un rol fundamental en el metabolismo de las proteínas, de los azúcares y de las grasas; su producción está bajo control de la hipófisis anterior, por medio de la ACTH, y su concentración en la sangre varía en el curso del día de acuerdo a un preciso ritmo biológico. Es altamente sensible a los estímulos emocionales y a las situaciones estresantes. En cuanto al estrés, también se ha visto que un rol importante tiene la hormona del crecimiento STH.
CORRELACIÓN: Relación entre dos variables. Para considerar su validez, importa que las correlaciones entre funciones sean «altas».
CROMOSOMA: Cadena de ADN, contiene miríadas de genes. Tanto el óvulo como el espermatozoide humanos, contienen cada uno 23 cromosomas, y todas las otras células del organismo 23 pares. Aquí está la herencia genética que recibimos de nuestros progenitores.
DEMENCIA: Enfermedad cerebral que califica un deterioro gradual de las capacidades intelectuales de una persona.
DENTRITAS: Prolongación de las neuronas capacitada para actuar como receptor de señales que a su vez transmiten al cuerpo de la célula o soma.
DESÓRDENES FUNCIONALES: Muy estudiados por la psicosomática o psicofisiología. Designa desórdenes en los cuales no se reconoce un origen o base orgánica.
DESPOLARIZACIÓN: Reducción del potencial de membrana desde el valor de reposo hacia cero.
DISARTRIA: Trastorno del habla, que puede subseguir a alguna lesión cerebral, se distingue por el deterioro de la articulación debido a parálisis, pérdida de coordinación o movimientos de tipo espástico de los músculos que intervienen en el habla.

DISCRIMINACIÓN: Proceso cognoscitivo por el cual se puede distinguir entre fenómenos similares.
DISTRESS: Estrés negativo.
DISONANCIA COGNITIVA o COGNOSCITIVA: Es una tensión generada por cogniciones (ideas, conceptos, etc.) en conflicto; éste crea tensión, y el individuo busca de disminuirlo, para ello recurre a variantes en las actitudes, altera la conducta, intenta modificar el medio. Este concepto elaborado por L.Festinger, nos ha sugerido el concepto de «disonancia fisiológica», una forma de respuesta del organismo a las tensiones provenientes del ambiente.
DOPAMINA: Uno de los neurotransmisores más importantes hasta hoy conocidos, juega un rol importante en el control del movimiento y del placer. La neuro-psico-fisiología ha demostrado su rol en las situaciones de depresión, estrés, ansiedad. Las situaciones de conflicto disminuyen su tasa, las de placer la aumentan. La relación sexual, por ejemplo, se relaciona altamente con la producción de dopamina.
DSM-III: Es un manual de amplio uso, propuesto por la Sociedad Norteamericana de psiquiatría, describe los últimos avances y términos de clasificación de los desórdenes mentales y conductuales.
EFERENTE: Axones que conducen los impulsos que emergen del sistema nervioso central.
ELECTROINDUCCIÓN: Aplicación de sistemas eléctricos de baja potencia para estimular determinadas zonas del organismo, el Biofeedback es un modelo y una variante accesible al psicólogo clínico y al neuropsicofisiólogo.
ELICITAR: Producir, provocar una respuesta o iniciar una conducta.
ELECTRODO: Un conductor eléctrico (generalmente hecho de metal) que sirve para la estimulación eléctrica o para registrar potenciales eléctricos.
ENCEFALINA: Neurotransmisor peptídico conocido por su rol de «morfina endógena»
ENDORFINAS: Término general que designa todos los péptidos endógenos que actúan como opiatos, incluyendo la beta-endorfina y las encefalinas.
ESTÍMULO CONDICIONADO: En el condicionamiento un estímulo neutro previo, a través del apareamiento con un estímulo incondicionado, adquiere la habilidad para suscitar una respuesta.
ESTRÓGENOS: Hormonas sexuales femeninas de importancia en el desarrollo de los caracteres secundarios. Por los estudios concomitantes a la menopausia la psicofisiología ha entrado en mayor acción por la angustia, acaloramientos, pérdida de calcio, espasmos del esófago, etc., que acompañan este importante ciclo.
ETIOLOGÍA: Se refiere a las causas de desórdenes o enfermedades, determinadas por medio del diagnóstico psicológico, médico o ambos.
ETOLOGÍA: Ciencia que estudia el comportamiento de los animales.
EUFONÍA: En nuestra propuesta, designa un modo de hablar positivo, buscando la expresión cálida y constructiva. Un modo de hablar que aún educando o criticando, evita herir a las personas.
EUFÓNICO: Carácter referido a la persona que habla de manera bella y positiva. Aquella que ha incorporado en su repertorio verbal la eufonía.

EU-STRESS: Estrés positivo.
EXCITACIÓN: proceso que tiende a producir potenciales de acción.
FONEMA: Unidad de sonido que se une para conformar un morfema ejemplos: ch, o, r, i, etc.
FONÉTICA: Modo en que se articulan y perciben los sonidos del lenguaje.
GABA: ¥-aminobutírico, ácido aminado que tiene el rol de neurotransmisor inhibidor.
GANGLIO: agrupación discreta de células.
GANGLIOS BASALES: Grupo de núcleos de gran proporción situados en el techo del cerebro anterior. Se ha reconocido su alta activación en situaciones de fobia y obsesiones y ataques de pánico.
GEN: Fragmento o fragmentos de ADN que contienen la información que se transmite como carácter hereditario.
GENERALIZACIÓN: Tendencia de una respuesta que se ha condicionado, a asociarse a otros estímulos distintos de los originales.
GENOTIPO: Corresponde a la constitución genética de un individuo.
GLÁNDULAS ADRENALES: Un par de glándulas del sistema endocrino situadas encima de cada riñón, producen la adrenalina y noradrenalina, al comenzar la pubertad también producen hormonas sexuales y algunas otras que regulan las funciones corporales.
GRAFO: Una unidad que describe la geometría de una red. Para nosotros importantes los grafos neurales o huellas.
HABITUACIÓN: Proceso por el cual un individuo ofrece menos respuestas a un estímulo, debido a su repetición.
HIPERTENSIÓN ESENCIAL: Forma clínica de la enfermedad hipertensiva con etiología desconocida, pero donde se reconoce el amplio impacto de los factores emocionales.
HOMEOSTASIS: un sistema por el cual las funciones se mantienen funcionando dentro de los niveles óptimos, favorece el mantenimiento y sobrevivencia a través de una armonía dada entre impulsos y necesidades. El estrés en algún grado, siempre altera esta homeostásis o equilibrio.
HUELLA o GRAFO NEURAL: Conformación biológica proveniente de un programa genético o de un programa neural aprendido, o producto de la interacción herencia-ambiente.
ION: Atomo o molécula que lleva una carga eléctrica.
IMPRINTING o IMPRONTA: Patrón de seguimiento precoz que se observa en muchos animales jóvenes, reflejando un vínculo social. El término etológico fundamentalmente se ha ampliado a factores neurogenéticos.
INHIBICIÓN: Capacidad de una neurona de impedir que otra inicie una acción.
INNATO: Con lo que se nace.
LATENTE: Que existe en forma subyacente, inconsciente o no palpable, ciertos eventos pueden provocar su manifestación o elicitación externa.
LEXICÓN: Base de información inteligente, especie de diccionario mental, donde radican los conocimientos intuitivos que las personas tienen sobre las palabras y sus significados.
LINGÜÍSTICA: Dícese del estudio del funcionamiento del lenguaje.

MECANISMOS DE DEFENSA: Es un término sugerido por Freud, para designar aquellos sistemas cognitivos que se utilizan para «defender, justificar» actitudes, situaciones, etc., que ofenden o molestan al yo. Por ellos uno justifica tantas cosas creyendo que uno tiene siempre la razón por ejemplo. Nuestros estudios sobre la susceptibilidad muestran su enorme aplicación.
MIASTENIA GRAVIS: Designa una enfermedad neurológica grave de carácter neuromuscular, debida a la depleción de los receptores de la acetilcolina, un neurotransmisor importante.
MNÉMICO: Relativo a la memoria o al recuerdo. Huella mnémica, huellas de la memoria.
MOLDEAMIENTO: Una estrategia de reforzamiento positivo, para enseñar nuevas acciones.
MONOAMINAS: Una clase de aminas que incluyen las indolaminas (ej. la serotonia) y catecolaminas (ej.dopamina y noradrenalina).
MORFEMAS: Se denominan así a las unidades mínimas dotadas de significado en que se pueden descomponere las palabras: in-cre-du-li-dad.
MORFOLOGÍA: Estudia la construcción de las palabras a partir de los morfemas que las componen.
MUESTRA: Término estadístico que designa la porción de una población estudiada.
NEURONA: La unidad por excelencia del sistema nervioso, compuesta por un cuerpo celular o también llamado soma, contiene un núcleo y prolongaciones de dos tipos: dentritas que convergen hacia el soma, y el axón que parte de él.
NEUROHORMONA: Hormonas secretadas por las células nerviosas, mediadores en el sistema neuroendocrino.
NEUROPÉPTIDOS: Mensajeros químicos extremadamente pequeños hechos de pequeñas cadenas de aminoácidos, entre ellos recuérdese la beta-endorfina, la vasopresina, encefalinas, sustancia P., etc.
NEUROSIS: Estado emocional paradójico que perturba la marcha cotidiana de las personas. Su componente fundamental es el ansia, es paradójico porque se hace precisamente aquello que se quiere evitar.
NEUROTRANSMISOR: Es una sustancia química que interviene en la transmisión de las señales nerviosas a nivel de los procesos sinápticos químicos. Existen en una amplia variedad, su rol es importante en la función neuropsicofisiológica. Se ha demostrado que las situaciones de estrés pueden inhibir o sobreactivar sus funciones.
NOCICEPTIVO: sensible a los estímulos dañinos.
NORADRENALINA: Un neurotransmisor que corresponde al grupo de las catecolaminas. Es secretado a nivel de la médula suprarrenal y de las terminaciones nerviosas simpáticas. A nivel de hipotálamo es uno de los principales neurotransmisores comprometidos en la regulación de la producción de neurohormonas.
POTENCIAL DE ACCIÓN: Potencial eléctrico todo-o-nada, regenerador, de corta duración que se propaga a lo largo del axón o de la fibra muscular.
POTENCIAL DE REPOSO: Potencial eléctrico estable transmembrana en estado de reposo
PREPOSICIÓN: Categoría gramatical relacionada a aquellas palabras que hacen referencia a una relación especial o temporal: con, desde, en, hasta, para, por.

PROSODIA: Hace referencia a la entonación con la que se pronuncia una palabra o una oración. Consta de melodía y ritmo (acento y métrica).
PSICOLINGÜISTA: profesional que estudia la forma en que las personas adquieren el lenguaje, lo comprenden y lo producen.
PSICOLOGÍA INTEGRAL: Una parte joven de la psicología clínica que integra el conocimiento de las funciones neurofisiológicas a la comprensión de las causas y consecuencias de la conducta.
PSICOSOMÁTICA: Una parte de la psicología clínica que se ocupa de estudiar los fenómenos físicos registrados en el organismo debido a causas psicológicas. El nuevo concepto habla de psicofisiología.
PSICOTERAPIA: Procedimientos de la psicología clínica diseñados para tratar la conducta desadaptada modificando los excesos o generando nuevas conductas.
RAÍZ: Dícese del morfema más elemental de una palabra o familia de palabras que se relacionan.
RECEPTOR: Designa una terminación nerviosa sensorial, o una molécula en la membrana celular que se combina con una sustancia química específica.
REFLEJOS: Movimiento involuntario u otro tipo de respuesta desencadenada por la aplicación periférica de un estímulo que se transmite al sistema nervioso central y que regresa nuevamente reflejado a la periferia.
REFORZADOR, REFUERZO: Consecuencia que incrementa la probabilidad de que una respuesta específica se realizará en condiciones similares en el condicionamiento operante o respondiente.
REFORZADOR SOCIAL: Refuerzo que depende de otros individuos o del ambiente.
REPRESIÓN: Mecanismo por el cual se excluye de la conciencia, motivos, ideas, conflictos, recuerdos, etc. Si bien el material no entra en la conciencia, puede condicionar la conducta. Freud le dio mucha importancia señalando este mecanismo como causa de las neurosis. En cuanto al estrés, ha demostrado el importante rol que juega en la elicitación de las enfermedades.
SEMÁNTICA: Se ocupa de las reglas relativas al significado de un morfema, de una palabra, un sintagma o una oración.
SEROTONINA: A nivel cerebral uno de los principales mediadores comprometidos en la regulación de la producción de neurohormonas hipotalámicas.
SÍMBOLO: En semántica, algo que representa a otra cosa de forma arbitraria: león es un símbolo que nos representa el concepto del animal león.
SIGNO: Una cosa que representa a otra de un modo intrínseco.
SINTAGMA: Conjunto de palabras agrupadas que funcionan como una unidad en una oración.
SINAPSIS: Sherrington introdujo el término, designando el sitio de contacto neuronas, en el cual una neurona es excitada o inhibida por otra.
SONORO: En nuestro caso, sonidos del habla que requieren vibración de las cuerdas vocales para su producción.
SOMA: Cuerpo celular de las neuronas, pero también designa el cuerpo, la parte física del organismo.

TRANSDUCTOR: Sistema para convertir una forma de energía en otra (una célula fotoeléctrica, un micrófono, etc.
VALIDEZ: Capacidad de un instrumento de medir lo que debe medir. Es válido si mide lo que se busca.
VARIABLE: Con dicho término se refiere a cualquier cosa que pueda cambiarse o adoptar diferentes valores o peculiaridades.
VICARIO: Por medio de la participación imaginada, al observar a los otros.
VIVENCIA: Experiencia vivida por la persona con consciencia plena.
YO (Ego): En el psicoanálisis, designa la parte consciente y voluntaria de la personalidad.

BIBLIOGRAFÍA

ACKERMAN, S., "Discovering the Brain" Ed. National Academy Press, Washington, 1992.
AINSWORTH, M., cit. por Gazzaniga, 1990.
ALGARAÑAZ, J., "Francis Crick afirma que la conciencia es una banal fusión de neuronas" En: Clarín, 11.3.2003.
ALLINGHAM, , W., cit. por Doval G., 1996.
ALLPORT, G., «La Personalidad: su configuración y desarrollo» Ed. Herder, Barcelona, 1968.
ARISTOTELES, cit. por Blazaquez, 1997.
ARISTOTELES, cit. por Berti, 1988.
ARTIGAS, M., "Las fronteras del evolucionismo". Ed. Espalsa, Madrid, 1985.
BALZAC, H., cit. por Señor Gonzalez, 1998.
BANKHEAD, T., cit. por Doval, 1996.
BALLUS, C., "Psicobiología" Ed. Herder, Barcelona, 1983.
BARON, R., BYRNE, D., "Psicología social", Prentice Hall, Madrid, 1998.
BARTLETT, F.C., cit. por McCabe, 1999.
BEM, En: «Le Scienze», 2003.
BENNET, W.J., "El Libro de las Virtudes". Ed. Vergara, Bs.A. 1995.
BERGER, cit. por Castañón-Gómez, R., 1991.
BERGMAN y JOHNSON, cit. por Castañón-Gómez, R., 1991.
BERNARD., cit. por Castañón-Gómez, R., 1991.
BERNSTEIN, A. J., «Vampiros emocionales». Ed. Edaf, Madrid, 2001.
BERTI, E., «Il metodo della filosofia pratica secondo Aristotele» En: «Studi sull´etica di Aristotele». A cargo de A.Alberti, Bibliopolis, 1988.
BETTETINI, M., "Breve storia della bugia... da Ulisse a Pinocchio" Ed. Cortina, Milano, 2001.
BIBLIA DE AMERICA. Ed. La Casa de la Biblia, Madrid, 1997.
BÍKOV, cit. por Platonov.
BLAZQUEZ, F., «Diccionario de las Ciencias Humanas». Ed. Verbo Divino, Estella, 1997.
BRAUN, K., y BOCK, J., "Las cicatrices de la infancia". En: Rev. Mente y Cerebro", 5/2003, pp. 78-81.
BREZNEV, L., cit. por Doval G., 1996.
BROCA, P. «Sur le siége de la faculté du langage articulé» Cit. por Castañón-Gómez, 1995.
BROWN, B., "L´arte del biofeedback". Riv.Psic.Contemp., Giunti Eds., Firenze, 1975.
BUDD M y ROTHSTEIN, L., "Tú Eres lo que Dices", Ed. Edaf, Madrid, 2001.
BÜRGIN, L., "Errori della scienza" Ed. Bompiani, Milano, 1999.
BUSH, W., cit. por Señor Gonzalez, 1999
CARREIRA, M., SJ., "Metafísica de la materia". Cit. En: "Origen del hombre" Ed. Digital, 2004.

CARREL, A., cit. En "Origen del hombre" Ed. Digital, 2004.
CARTER, R., «El nuevo mapa del cerebro» Ed. Integral, Barcelona, 1998.
CARTON, cit. por Castañón-Gómez, R., 1991.
CARLSON, N.R., «Physiology of Behavior». Ed. Allyn and Bacon, NH, 1991.
CASTAÑON-GÓMEZ, R., "Das Studium des menschlichen Verhaltens". En: "Verhalten" I, 1:11-30, 1979.
CASTAÑON-GÓMEZ, R., "Lerntheorien und Alkoholismus: Therapeutische Kriterien» En «Verhalten» Vol.II, Heft 2, 1980.
CASTAÑON-GÓMEZ, R., "Comportamiento Humano y Alcoholismo" Ed, Los Amigos del Libro, CBB, 1983.
CASTAÑON-GÓMEZ, R., "Gerontología: la Tercera Edad del Hombre» LP, 1989.
CASTAÑON-GÓMEZ, R., "Emoción y Estrés" Ed. IEN, CIEH Investigaciones, Roma-LP, 1991a.
CASTAÑON-GÓMEZ, R., "Las Neurosis» (Ed.) Ed. CIEH Investigaciones, 1991b.
CASTAÑON-GOMEZ, R., «La Nueva Primavera» Ed. Librería Espiritual, Quito, 1994.
CASTAÑON-GÓMEZ, R., "De la Neurona a la Persona". Ed.CIEH Investigaciones, LP,1995.
CASTAÑON-GÓMEZ, R., "Documentos para la Ciencia y la Fe" Ed. GIPLP-CIEH, Investigaciones, 1997.
CASTAÑON-GÓMEZ, R., "¿Llora Cristo en el Valle? Ed. CIEH Investigaciones, GIPLP, LP, 2000.
CELDRAN, P., «Inventario General de Insultos». Ed. del Prado, Madrid, 1995.
CELDRAN, P., «Anecdotario histórico» Ed. Edimat Libros, Madrid, 2000.
CELESIA, 1968, 1976, cit. por Eccles.
CHANGEUX, J.P., «El hombre neuronal». Ed. Espasa Calpe, Madrid, 1986.
CHANGEUX, J.P., «Concluding remarks on the ´singularity´of nerve cells and its ontogenesis» En: «Progress in Brain Research», 58, pp. 465-478, 1983.
CHANGEUX, J.P., DEHAENE, S., «Modelli neuronali delle funzioni cognitive» En: «L´automa spirituale». REd. Laterza, Roma, 1991.
CHALMERS, D., En: "Conscious Objections: Part 3, Can consciousness be reduced to brain cells" Ed. Digital, 2004.
CHEN,G., HARATA, N.C., TSIEN, R.W., "Paired-pulse depression of unitary quantal amplitud at single hippocampal synapses". En: "Proceedings of the National Academy of Sciences, 31, 12. 2003.
CHOMSKY, En Kandel, 1997
CIALDINI, R., «La scienza della persuasione» En: «Le Scienze» n.391, pp.56-65, 2001.
CICERON, "Amistad" cit. por Señor Gonzáles, p. 5.
CICERON, Cfr. Ortega Blake, 2001, pp.146-147
CIEH Investigaciones, "Archivos psicológicos", 1970-2003.

CIEH Investigaciones, "Reportes,", 2004.

CLARK, W.R.-GRUNSTEIN, M., «Geni e Comportamento». The McGraw-Hill Co., Milano, 2001.

CLONINGER, R., En: «La triologie du tempérament» pp.60-63. «Sciences et Avenir» No. 652, Juin, 2001.

COLEMAN, J.C., «Abnormal Psychology» Ed. Scott, Foresman and Co., Dallas, 1976.

CRICK, F., "The Astonishing Hypothesis: The Scientific Search for the Soul" Ed. Scribner, NY, 1994.

CRICK, F., "Reflexiones en torno al cerebro" En: "El Cerebro" Ed. Scientific American, pp. 220-228, Barcelona, 1980.

CRICK, F., Scientific American, Vol. 241, Sept., p.224, 1979.

DAMASIO, A., «El Error de Descartes» Ed. Crítica, Barcelona, 2001.

DAMASIO, A., «Sentir lo que sucede» Ed. Andrés Bello, Barcelona, 2001.

DAMASIO, A., 1999, cit. por Goleman, D., 1999.

DAMASIO, A.R., y DAMASIO HANNA, «Cervello e linguaggio». En: Le Scienze», 291, pp. 65-72, 1992.

DAMASIO, A.R., y DAMASIO HANNA, «Cervello e linguaggio». En: Le Scienze», 101, pp. 76-82, 1998.

DAMASIO, A., «Looking for Spinoza: Joy, Sorrow and the Feeling Brain» A Harvest Book, Ed. Harcourt, Orlando, 2003.

DARWIN, C., «The Origen of Species» Ed. Penguin, Londres, 1968.

DAVIS y colbs., cit. por Castañón-Gómez, R., 1991.

DEHAENE, S., «Come calcola il nostro cervello?» Le Scienze, 101, pp. 83-89, 1998.

DE LA BRUYERE, J., En: Señor Gonzales, L., "Diccionario de Citas célebres". Espasa, Madrid, 1998.

DE LARRA M.J., cit. por Señor Gonzalez, 1999

DE MAURO, T., "Prima lezione sul linguaggio" Ed. Laterza, Roma-Bari, 2002.

DESSALES, J.L., «El origen político del Lenguaje» En: «Mundo científico» 224, pp.35-39, 2001.

DE SAUSSURE, F., 1980, cit. por Russ.

DELAY Y PICHOT, cit. por Russ

DENNETT, D., «La mente e le menti: Verso una comprensione della coscienza» Ed. BUR, Milano, 2000.

DENNETT, D., En: "Conscious Objections: Part 4, Dennett: consciousness explained" Ed. Digital, 2004.

DENZINGER: "Magisterio de la Iglesia" No.1783, En: "Origen del hombre". Ed. Digital, 2004.

DONDERS, F., 1968, Cit. En: "Enciclopedia MIT de Ciencias Cognitivas", 2002. Madrid, 2002.

DOMAN, G., «Leggere a tre anni» Ed. Armando, Roma, 1993.

DOVAL, G., "Florilegio de Frases envenenadas" Ed. Del Prado, Madrid, 1996.

DUNBAR, R., «Estudios Universidad de Liverpool», 2001.
ECCLES, J., "Evoluzione del cervello e creazione dell´io". Ed.Armando, Roma, 1991.
ECCLES, J., «L´interazione mente/cervello: configurazione ultramicroscopica e funzione della corteccia cerebrale» En: «L´automa spirituale». Ed. Laterza, Roma, 1991.
ECCLES, J., «El cerebro y la mente» III, 4, Ed. Herder, Barcelona, 1985.
ECCLES, J., "Entrevista" Rev. Atlántida, IV-VI, 1993.
ECCLES, J., En: Artigas M., "Las fronteras del evolucionismo" (Prólogo) Ed. Espalsa, Madrid, 1985.
EDELMAN, G.M., 2000, 1993, ver Edelman-Tononi, 2001.
EDELMAN, G.M., TONONI,G., «Consciousnes:How Matter Becomes Imagination». Ed. Penguin Books, 2001.
EIBL EBISFELDT, I., 1975. cit. por Zeifman y Hazan
EIBL-EIBENSFELDT, I., "Ethology: The Biology of Behavior" Ed. Holt, Rin & W., NY,1970.
ELIOT, G., cit. por Señor Gonzalez, 1998.
GOLEMAN D., «La inteligencia emocional en la empresa» Ed. Vergara, Buenos Aires, pp.74-75, 1999]
FELBERBAUM, T., et al. cit. por Platonov, 1958.|
FERÉ, cit. por Castañón-Gómez, R., 1991.
FERRATER MORA, J., «Diccionario de Filosofía abreviado». Ed. Sudamericana, Buenos Aires, 1993.
FESTINGER, L., «A theory of cognitive dissonance». Evanston, Ill., Ed. Row, Peterson, 1957.
FLOURENS, cit. por Imbraíno, 1983.
FöLLIG, A., cit. por Greenspan, 1997.
FORMAN, R., cit. por Vedantam, S.,
FOWLER, JOHN W., "Sience", Vol. 264, 1 April. 1994, p.14.
FREEMAN, W., "La fisiologia della percezione" Le Scienze, 101, pp. 32-39, 1998.
FREEMAN, W., "Come pensa il cervello" Ed. Einaudi, Milano, 2000.
FREUD, S., Biografía y cit. por Bürgin, L., 1999.
FREUD, S., «Obras completas» Ed. Biblioteca Nueva, 4a. Ed., Madrid, 1981.
FRIEDERICI, A.D., «Procesamiento cerebral del Lenguaje» En: «Mente y Cerebro» 5, pp. 26-29, 2003.
FUSTER, J.M., «Reti di Memoria» En: «I Misteri della mente» Le Scienze, 101, pp. 67-75, 1998.
FUENTES, M.A., R.P., Dr., "La conciencia y el Magisterio" En: "Foro de Teología Moral San Alfonso. Inf. Digital, 17.1.2004.
GARDNER, H., «Conferencia Universidad de Tokio», 2000.
GARDNER, H., «Una molteplicitá di intelligenze» En: Le Scienze Dossier, 1, pp. 18-23,1999.
GAZZANIGA S.M., «El pasado de la mente» Ed. Andrés Bello, Barcelona, 1999.
GAZZANIGA, S.M., «Il cervello sociale» Ed. Giunti, Firenze, 1989.

GAZZANIGA, S.M., «Il cervello sociale» En: «Psicología contemporánea» Vol.16, No.95, pp. 8-16, 1992 (1990, Appunti, Roma).
G.I.P.L.P., "Documentos" 2004.
GARDNER, H., "Conferencia en Japón" 2000.
GELLATLY-ZARATE.
GERSHON, M.D., «The Second Brain» Ed. Harper Perennial, Nueva York, 1998.
GESCHWIND N., "Especializaciones del cerebro humano" En: "El Cerebro" Ed. Scientific American, pp. 142-152, Barcelona, 1980.
GESCHWIND, 1988, cit. por Castañón-Gómez, 1995.
GHEZ y GORDON, cit. por Kandel, 1997.
GLEASON, J. B., RATNER, N. B., "Psicolingüística". Ed. McGraw Hill, Madrid, 1999.
GOICOCHEA, C., "Diccionario de Citas" Ed. Dossata, Madrid, 2001.
GOLDMAN-RAKIC, cit. por Posner-Reichle, 1998.
GOLGI, C., En: "Enciclopedia MIT de Ciencias Cognitivas" Ed. Síntesis, pp.573-574, Madrid, 2002.
GOMEZ DE SILVA, G., «Breve diccionario etimológico de la lengua española» Ed. Fondo de Cultura Económico, México, 1993.
GRAI y SINGER, cit. por Castañón-Gómez, 1995.
GREENSPAN, R., et. al., «Genes y Conducta». En: «Neurociencia y conducta». Prentice Hall, Madrid, 1997.
GRAILING, A.C., "El sentido de las cosas" Ed. Crítica, Barcelona, 2002.
GRODDECK, cit. por Castañón-Gómez, R., 1991.
GUILLEN FERNANDEZ y WEBER, B., «Las Redes de la Memoria». En: Rev. Mente y Cerebro, 5/2003, pp. 51-57, 2003.
HARGIE, O., SUNDERS, C., DICKSON, D., "Social Skills in Interpersonal Communication" Ed. Routledge, 3ª. Ed., Londres, 1999.
HARLOW, 1965 cit. por Zeifman y Hazan.
HARLOW, H., "Learning to love" Am.Psych., 25, 161-168, 1970.
HART, B, RIDLEY, T., cit. por Ratey, 2002.
HEBB, D., cit. por Castañón-Gómez, 1995.
HICKOK, G., BELLUGI, U., KLIMA, E.S., "Sign Language in the Brain". En: Scientific American, vol. 284, No.6, pp. 42-49, 2001.
HITT, J., "This is your Brain on God". En: Wired" 7.11.1999.
HOBBES, En: «Leviatán», Parte 1a., Cap. IV. Ed. Nacional, Madrid, p. 138ss., cit. por Russ.
HOLFNOT, 6., cit. por Goicochea, 2001.
HOMBURG, cit. por Castañón-Gómez, 1991.
HOMERO, cit. por, A.C., 2002.
HOPFIELD, J.J., "Sience", Vol. 263, 4 Feb. 1994, p.696.

HORACIO, cit. por Ortega Blake, Ed. Trillas, México, 2001.
IGLESIA CATOLICA, Sagrada Congregación para la Doctrina de la Fe: Documento, 17.5.1979. En: "Origen del hombre" Ed. Digital, 2004.
HUBEL, D.H., «El Cerebro» En: «El cerebro» Ed. Scientific American, Ed. Labor, pp.11-21, Barcelona, 1980.
HUBEL, D., y WIESEL, T.N., «Mecanismos de la visión», En: «El cerebro» Ed. Scientific American, Ed. Labor, pp. 114-128, Barcelona, 1981.
HUME, D., En: «Enciclopedia MIT de Ciencias cognitivas» pp.616-617, 2002.
IMBRAINO, A.E., «El lóbulo prefrontal y el comportamiento humano» Ed. JIMS, Barcel. 1993.
JACOBS, D., «Frontal Lobe Syndromes» En «Medicine» 8.12.2003.
JAFFARD, R., «Investigaciones en Neurociencias cognitivas» Univ. de Bordeaux, 2001.
JELLISON, cit. por Kraft, 2003.
JUNG, C., cit. por Castañón-Gómez, R., 1991.
KALAT, J.W., «Biological Psychology». Ed. Wadsworth, 2001.
KANDEL, E.R., & SCHWARTZ, J.H., «Principles of Neural Science». Ed. Elsevier, NY,1985.
KANDEL, E.R., «Microsistemas de neuronas», En: "El Cerebro" Ed. Scientific American, pp. 39-49, Barcelona, 1980.
KANDEL, cit. por Mirsky, S., 2002.
KANDEL, JESSEL, T., SCHWARTZ, J.H., Ed. Prentice Hall, Madrid, 1997.
KANT, E., cit. por Señor Gonzalez, 1998.
KIRKUS REVIEWS, Kirkus Associates, LP., November 1, 1993, Digital edition.
KOESTER, J. y SIEGELBAUM, S., "Canales iónicos" En Kandel, 1997.
KRAFT, U., "Mentiras". En: "Mente y Cerebro" No. 5, pp. 39-43, 2003.
KUPERMANN, I., KANDEL, E., «Aprendizaje y Memoria». En: «Neurociencia y conducta». Prentice Hall, Madrid, 1997.
LACORDAIRE, cit. por Ortega-Blake, p. 260.
LANGLEBEN, D., cit. por Kraft, 2003.
LASCH, C., "La cultura del narcisismo" Ed. A.Bello, Barcelona, 1991.
LAVELLE, cit. por Russ, p. 350.
LEAHEY, T.H. y HARRIS, R.J., "Aprendizaje y Cognición", Ed. Prentice Hall, Madrid, 1998.
LEDOUX, J., "The Emotional Brain" Ed. Touchstone, NY, 1998.
LEWIS, Y.C.S, cit. En "Origen del hombre" Ed. Digital, 2004.
LIEBOWITZ, "Appunti Universitá di Roma", 1983.
LOFTUS, E., En: "La memoria miente" En: Quo, 92, mayo 2003, Madrid,2003.
LORENZ, K, cit. por Castañón-Gómez, 1995.
LURIA, A.R., "Congreso Internal. de Psic. Aplic, Actas, Amsterdam, 1969.
LURIA, A., cit. por Posner-Raichle, 1998.

LUVER y Bucy, CIT. POR cHABGEUZ, 1986.
MACHADO, M., En: Señor González, p. 10.
MAQUIAVELO, cit. por Ortega Blake, 2001.
MARTINET, cit. por Russ
McCABE, A., "Oraciones combinadas" Texto y Discurso" En: Psycholingüística" Gleason-Ratener, 1999.
McHANN, G., "La Neurobiología del lenguaje: la base de la comunicación humana" En: "Dolentium Hominum" No. 16, pp. 198-199, 1991.
MELENDO, M., "Comunicación e integración personal" Ed. SalTerrae, Santander, 1985.
MERMET, C., "Le temps passé
MERTON, T., "La sabiduría del desierto" Ed. BAC, 1997.
MERZENICH, M., cit. por Kandel y Kupfeermann, pp. 354-355, 1997.
MILGRAM, S., cit. por Cialdini, 2001.
MILNER, B., Memory and the human brain. In: How we know. Shaffo M. Ed. Harper and Row, S. Francisco, 1985.
MIRSKY, S., "The future of Psychiatry" HHMI Bull, Vol. 13, 3, pp.6-8, 2003.
MULLER, D., cit. en: La mémoire en Photos" En: "Dossier pour la Sience, No. 31, 2001.
MIZNER, W., cit. por Doval G., 1996.
NASA NEWS, Dr. Chuck Jurgensen: "Lenguaje sub-vocal", 17.3.2004.
NEWBERG, A., "Why God Won´t Go Away", Ed. Digital, 2004.
NIETO SAMPEDRO, M., "Plasticidad neural". En: "Mente y Cerebro" 4, pp. 11-19, 2003
OLIVERIO, A., "L´evoluzione del cervello" En: "Scienza e Dossier" 8, p.19, 1986.

OLIVERIO, A., "La plasticitá nervosa" En: "Psicologia contemporanea" 106, pp. 25-31, 1991.
ORTEGA BLAKE, A., "Antología de Frases latinas" Ed. Trillas, México, 2001.
ORTEGA, T., "Amistad:vocación de diálogo". Ed. Paulinas, Caracas, 1992.
PAES, D., «Cultura y Alexitimia». Ed. Paidós, BsAs. 2000.
PANDOLFI, A., "Trattato del governo della famiglia".
PANKSEPP, J., SIVIY, S.M., NORMANSELL, L.A. «The psychobiology of attachment and separation", Academic Press, London, 1985.
PARNIA, S., "La muerte sobrevive a la muerte cerebral" En: "Times of India" 1.7.2001.
PASCAL, B., cit. por Russ (1999).
PAVLOV, I., 1927, cit. por Castañón-Gómez, 1995.
PENFIELD, W., cit. por Castañón-Gómez, 1995.
PENFIELD, W., cit. por Pinel, 2001.
PERSINGER, M., cit. por Hitt J., 1999.
PETKOVA, K.G., AJZEN, I., & DRIVER, B., L., "Salience of anti-abortion beliefs and commitment to an attitudinal position: on the strenght, structure and predictive validity

of anti-abortionist attitudes". Journ. of Applied Soc. Psych., 25, 463-483.
PINEL, J.P., "Biopsicología" Ed. Prentice Hall, Madrid, 2001.
PINKER, S., "Lenguaje" En: "Neurociencia y Conducta". Ed. Prentice Hall, Madrid, 1997.
PLATONOV, K., "La Palabra como factor fisiológico y terapéutico" Eds. Lenguas Extranjeras, Moscú, 1958.
PLUTCHIK, cit. por Castañón-Gómez, R., 1991.
POSNER-REICHLE «L´esprit en Images» Ed. De Boeck Université, Paris, 1998.
POSNER, M.I., y FERNANDEZ-DUQUE, D., "Atención y cerebro humano". En: "Enciclopedia MIT de Ciencias Cognitivas" Ed. Síntesis, pp. 2245-247, Madrid, 2002.
RAMACHANDRAN, V.S., y BLAKESLEE, S., «Fantasmas en el cerebro» Ed. Debate, Barcelona, 1999.
RAMON y CAJAL, cit. por Oliverio 1986.
RATEY, J.J., «El Cerebro: Manual de Instrucciones» Ed. Mondadori, Barcelona, 2002.
RAICHLE, M.E., «Visualizing the Mind» En: Sicentific American, 270, pp.58-64, 1994.
REINGEN, P., cit. por Cialdini.
REISS, M., cit. por Algarañaz J., Clarín, 11.3.2003.
RENDON, URIBE, A., RAMIREZ FRANCO M., «El desarrollo cognitivo y su relación con el aprendizaje» Ed. Digital, 2004.
RESTAK, R., M., «The Mind», Ed. Bantam, Toronto, 1988.
RICO F., «Mil Años de Poesía Española» Ed. Planeta, Barcelona, 2001.
RICHARDS V.M., y KIDD, G.D., «Audición» En: "Enciclopedia MIT de Ciencias Cognitivas" Ed. Síntesis, pp.250-253., Madrid, 2002.
ROGERS, C. y KINGET, M., "Psicoterapia e Relazioni Umane". Ed. Fenice, Roma, 1974.
RUBIA, F.J., "El cerebro nos engaña". Ediciones Temas de Hoy, Madrid, 2000.
RUINI, C., cit. por Agencia Zenit, Roma, 13.1.2004.
RUIZ AGUILERA, V., cit. por Sintes Pros, 1989.
RUSS, J., «Léxico de Filosofía». Ed. Akal, Madrid, 1999
RUTHERFORD y BOHR, 1919. cit. por García-Pelayo y Gross, Diccionario Larousse, Paris, 1994.
SAMMS, y colbs., 1993, cit. por Leahey y Harris.
SAN J. DE LA CRUZ, «Tesoros de la Poesía en lengua castellana» Ed.del Prado, Madrid,1995.
SHERRINGTON, Ch., cit. por Castañón-Gómez, 1995.
SHORT, R.V., 1979, cit. por Zeifman y Hazan.
SHEARN, D.W., cit. por Castañón-Gómez, R., 1991.
SCIENTIFIC, American: «El Cerebro» Ed. Labor, Barcelona, 1980.
SCHATZ, Carla J., «Lo sviluppo del cervello» Le Scienze, 101, pp.18-25, 1998.
SCHULTZ, J.H., "Autogenes Training" 1908. Reg. En: "Verhalten", Dortmund, 1979.
SEIFRITZ, E., Biological Psychiatry, 2003.

SELYE, H., cit. por Castañón-Gómez, R., 1991.
SENECA, "La tranquillitá dell´animo" Ed. Mondadori, Milano, 2003.
SEÑOR GONZALEZ, L., "Diccionario de Citas célebres". Espasa, Madrid, 1998.
SHAW, B., cit. por Celdrán, P., 2000, p.220.
SINGER, T., «Nature» Press Info: March, 2004.
SINTES PROS, J., "Diccionario de Agudezas, Dichos y Ocurrencias" Ed.Sintes, Barcelona, 1989.
SKINNER, James, E., «Neurociencia: Manual de Laboratorio» Ed. Trillas, México, 1983.
SOUTHEY, cit. por Ortega Blake, p. 85.
SOUTHEY, cit. por Ortega Blake, p. 85.
SPAAK, P.H., cit. por Señor Gonzalez, 1999.
SPAGNOL, E., «Il Dizionario delle Citazioni» Ed. Avallardi, Milano, 1994.
SPENCER, F.M., «El contacto humano» En: «El libro de las Virtudes» p. 255
SPENCER Y THOMPSON, cit. por Kandel, 1997.
SPERRY, R., «Il problema della coscienza a una svolta: Un nuovo paradigma per la causazione» En: «L´automa spirituale», Ed. Laterza, Roma, 1991.
SOEMBERG, cit por Castañón-Gómez, R., 1981.
SOERRY y MYERS, cit. por Castañón-Gómez, 1995.
SPITZ, R., cit. en «Psicología de la Adolescencia» Ed.UCB, 1973.
STHOMPSON, R.F., «Condicionamiento y Cerebro» En: «Enciclopedia MIT de Ciencias cognitivas» Ed. Síntesis, Madrid, pp. 359-361, 2002.
SQUIRE, L., cit. por Ratey, 2002.
STEVENS, CH, F., GHANDI, S., cit. por «Le Scienze» 8.6.2003.
STEIL, cit. por Hargie y col., 1999
STROOP, 1935, cit. por Posner y Fernández-Duque.
SUE, D, et.al., «Understanding Abnormal Behavior». Ed. Houghton Mifflin Co, Boston, 1986.
SWARTZ, L., cit. por Platonov, 1958.
TACITO, Cfr. Ortega Blake, 2001, pp.146-147
TALES DE MILETO, cit. por Señor Gonzalez, 1998.
THOMPSON, D., En "La memoria miente" En: Quo, 92, mayo 2003, Madrid,2003.
TROCCHIO, F., "Las mentiras de la ciencia" Ed. Alianza, Madrid, 2002.
ULPIANO, Cfr. Ortega Blake, 2001, pp.146-147
USTINOV, P., cit. por G. Doval, 1996.
VARELA, F., "La coscienza nelle neuroscienze" Convers. con S.Benvenuto, Psychomed. 2001.
VEDANTAM, S., "Tracing the Synapses of Our Spirituality: Researchrs Examine Relationship Between Brain and Religon" . En: Washington Post, 17.6.2001.
VENTER, C., Celera Genomics, declaración personal, 2000.
VINCENT, J-D., "Biologia delle passioni" Ed. Scientifica Einaudi, Torino, 1988.
WATSON, J.B., cit. por Coleman, 1976.

WATSON, D., "Are We 'Nothing but a Pack of Neurons?'" Telicom, XI, 25: 62, Feb, 1995.
WATSON, J., cit. por Castañón-Gómez, 1995 y Pinel, 2001.
WEISS, R.S., cit. por Zeifman y Hazan.
WILDE, O., "De profundis". En: "Obras completas". Ed. Aguilar, Madrid, 1945.
WILSON, R.A., - KEIL, F.C., «Enciclopedia MIT de Ciencias Cognitivas, Ed. Síntesis, Vol. I-II, Madrid, 2002.
WOLDORFF, M. G., "Atención auditiva". En: "Enciclopedia MIT de Ciencias Cognitivas" Ed. Síntesis, pp. 238-240, Madrid, 2002.
WOLPE, J., "Psychotherapy by reciprocal inhibition" Stanford Univ.Press, 1959.
WURTTMAN, R., "Consiglio Nazionale delle Ricerche". Encuentro personal, Roma, noviembre, 1990.
XENOCRATES, cit. por Señor Gonzalez, 1999
ZEIFMAN, D., HAZAN, C., "A Process Model of Adult attachment Formation" En "The Social Psychology of Personal Relationships". Eckes y Duck Editores. Ed. Wiley, New Sussex, 2000.
ZOHAR,D-MARSHALL,I., "La Coscienza ntelligente". Ed. Sperling and Kupfer, Milano, 2001.
ZWEIG, S. cit. por Sintes, 1989.